正定古今

张炬　张素钊　主编

河北出版传媒集团
河北人民出版社

图书在版编目（CIP）数据

正定古今 / 张炬，张素钊主编．—石家庄：河北人民出版社，2017.3（2023.7 重印）
ISBN 978-7-202-11726-2

Ⅰ．①正… Ⅱ．①张…②张… Ⅲ．①正定县-地方史 Ⅳ．①K292.24

中国版本图书馆 CIP 数据核字（2016）第 325990 号

书　　名	**正定古今**
	ZHENGDING GUJIN
主　　编	张　炬　张素钊
策划编辑	马千海　荆彦周
责任编辑	陈小彦　阴耀华
美术编辑	李　欣
责任校对	张三铁
出版发行	河北出版传媒集团　河北人民出版社
	（石家庄市友谊北大街 330 号）
印　　刷	河北新华第一印刷有限责任公司
开　　本	787 毫米×1092 毫米　1/16
印　　张	24.75
字　　数	366 000
版　　次	2017 年 3 月第 1 版　　2023 年 7 月第 2 次印刷
书　　号	ISBN 978-7-202-11726-2
定　　价	128.00 元

出版说明

在华北大平原中西部、滹沱河北岸，有一座闻名全国的历史文化名城——正定。千百年来，正定这片热土孕育了灿烂的历史文化，养育了无数的英雄豪杰、仁人志士，创造了不胜枚举的辉煌历史。正像习近平同志所说："正定，有一个值得自豪的历史，也将有一个光辉灿烂的未来。"

30多年前，时任中共正定县委书记习近平同志提议，组织编写一部《正定古今》，县委、县政府立即抽调精干力量，组织有关部门人员编辑撰稿，1985年2月完成初稿，1987年5月由河北人民出版社正式出版。全书共分上、中、下3篇17章内容，实事求是地讲述了正定县的社会经济、科学技术、文化教育、自然地理、物产资源、历史沿革、历代名人、重要事件、名胜古迹、风俗民情、土特名产、民间传说、古代诗文等情况，全面系统地介绍了正定的基本县情，为各级领导干部科学决策提供了借鉴和依据，产生了较好的社会反响。当时已经离开正定到福建任职的习近平同志为本书作序。

2015年底，在编辑出版习近平同志担任中共正定县委书记期间的重要著作《知之深 爱之切》的过程中，我们参考了有关正定的社会历史文献，感到1987年版《正定古今》具有重要的社会历史文化价值。30多年过去了，正定县全面坚持改革开放基本国策，社会经济、文化建设、基础设施等各项事业取得长足发展，人民生活水平大幅提高，社会面貌发生了巨大变化。为了全方位展现近年来正定县各条战线取得的新成就、新成果，更好地挖掘整理正定县的历史文化内涵，提升正定名片的社会影响力，激发全县人民热爱正定、宣传正定、树立正定良好形象的热情，2016年春，河北人民出版社提出修订再版《正定古今》的设想，邀请石家庄市科技工程职业学院及石家庄市、正定县有关部门的专家学者参加修订再版工作。经过认真规划和研讨，在诸位作者的艰苦努力、辛勤耕耘下，新版《正定古今》初稿终于在2016年10月完成。

新版《正定古今》包括优越通衢的地理区位、一脉相承的历史沿革、群星荟萃的古今名人、回味无穷的史海撷英、古朴迷人的名胜古迹、高雅瑰丽的文学艺术、特色独具的民俗风情、物阜民丰的经济基础、安居乐业的幸福生活和华丽嬗变的现代正定等10章内容，全面介绍了正定的政治经济、社会生活、历史文化、民俗风物、名胜古迹等基本情况。书稿不仅突出了正定人民坚持科学发展取得的重要成就和建设宜居城乡的新风貌、新气象，而且以更加宽广的视野增补了正定的历史地理、古今名人、名胜古迹、文学艺术和民俗风情等方面研究的新成果，且在谋篇布局、编写体例、内容取舍、装帧设计上，做了较大的调整和改进，以求增加信息含量，做到雅俗共赏，更加贴近生活、贴近读者。

我们衷心希望新版《正定古今》能够成为宣传正定、介绍正定的媒介和桥梁，让社会各界朋友更加全面、深入、准确地了解和认识正定，并进一步热爱正定和建设正定，促进正定社会经济的全面发展。

河北人民出版社

2016年12月

目 录

第五章　古朴迷人的名胜古迹 /125

第六章　高雅瑰丽的文学艺术 /167

第一章　优越通衢的地理区位

正定县位于河北省中南部，紧邻省会石家庄市，古称常山、真定，历史上曾与北京、保定并称“北方三雄镇”。自古就有“燕南古郡，京师屏障”之称，具有“东出西联、承南接北”的独特区位优势。

正定牌楼

（一）地理位置

正定县位于华北平原中西部，河北省的中南部，石家庄市的北部。东经 114° 23′ ~ 114° 42′、北纬 37° 58′ ~ 38° 21′ 之间。南与石家庄长安区、新华区隔滹沱河相望，东、西分别与藁城区、鹿泉区接壤，北靠新乐市，西北接灵寿县、行唐县。县城在县境的南部，县界南距石家庄市中心 15 千米，东北距首都北京市 258 千米，东距渤海岸（直线）300 千米。整个县境呈火盆型，南北最长 29 千米，东西最宽 29 千米，总面积 468 平方千米。境内 G5（京昆高速）、G2001

（石家庄绕城高速）、S9902（新元高速）互通交汇，G107、京广铁路纵贯南北，河北石家庄正定机场、石家庄机场高铁站坐落在新城铺镇。京石高铁开通后，与北京形成 1 小时交通圈，而津石高速建成后，将与天津形成两小时交通圈。

（二）行政区划

现辖 3 个镇、5 个乡、1 个街道办事处，174 个行政村街（居委会），县政府位于正定镇常山路 1 号。

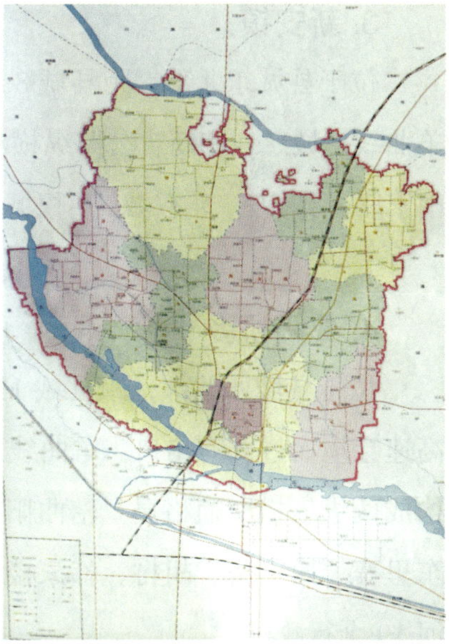

2005 年正定县政区图

1. 正定镇

正定县人民政府驻地，是全县政治、经济、文化和商贸旅游中心。紧邻省会石家庄，占据着交通、区位、信息、人才、资源等诸多优势，G107、京广铁路、京昆高速、石家庄绕城高速、新元高速、南水北调工程穿境而过。面积 83 平方千米。辖西关、西门里、西南街、生民街、四合街、南关、顺城关、东门里、大众街、胜利街、北门里、北关、车站街、西北街、太平街、民主街、城李庄、城杨庄、木厂、太平庄、永安、北贾村、西邢家庄、三角村、岸下、教场庄、树林、五里铺、东柏棠、西柏棠、斜角头、塔元庄、野头、戴家庄、王古寺、大孙村、新村、小孙村、战村 39 个行政村，是全县人口最多、区域最广、综合经济实力最强的乡镇。曾列入“国家社会发展综合改革试验区”，入选河北省“百强乡镇”、石家庄“十大知名村镇”。

2. 新城铺镇

位于县城东北部，距县城 17.5 千米。东、北分别与藁城区、新乐市接壤。面积 33 平方千米，辖新城铺、北王庄、小吴村、小邯村、北辛庄、合家庄、西咬村、东咬村、中咬村、东白庄、西白庄、东平乐、冯家庄、台上 14 个行政村。

新城铺历史悠久，东周时期曾为鲜虞国国都，是当时政治、经济、文化中心。交通便利，京广铁路、G107 从镇西穿过，新元高速贯穿全境，河北石家庄正定机场、石家庄机场高铁站坐落境内，镇内有机场路、蟠咬公路等城乡公路构成四通八达的交通网。

3. 新安镇

位于县城东北部，距县城 8.5 千米。东有 G107 和京广铁路穿过，西有行贯线贯通，南有羊曲线、城慈线和新吉公路纵横相连。面积 41 平方千米，辖吴兴、新安、李家庄、柳树科、南王庄、于家庄、东权城、西权城、秦家庄、北白佛、七吉、西慈亭、东慈亭、窑上 14 个行政村。

4. 曲阳桥乡

位于县城西北部，距县城 13 千米，面积 64 平方千米。西接灵寿县，南靠鹿泉区。京昆高速穿境而过并有出口。羊曲线、S201 贯穿东西，与西周线、韩东线内外相通，阡陌相连，构成两纵三横交通格局。辖曲阳桥、西叩村、上曲阳、东曲阳、南曲阳、西辛庄、周家庄、东里寨、西里寨、胡村、韩家楼、高平、前塔底、后塔底、北白店、邵同、西汉、东汉、西河 19 个行政村。

5. 南牛乡

位于县城东部，距县城 10 千米。面积 40 平方千米。东接石家庄藁城区，南靠正定新区。京广铁路、G107 从西侧擦境而过，新元高速纵贯南北，羊曲线、蟠咬路横穿东西、南北。辖东洋、树路、侯家庄、南永固、北永固、南牛、东贾村、东杨庄、西杨庄、河里、曹村、木庄、牛家庄、东邢家庄、塔屯、拐角铺 16 个行政村。

6. 西平乐乡

位于县城东北部，距县城 15 千米。北与新乐市交界。京广铁路、G107 穿境而过。面积 23 平方千米，辖西平乐、中平乐、西杜村、中杜村、东杜村、西安丰、东安丰、大寨、南化、正民庄 10 个行政村。

7. 北早现乡

位于县城西北部，距县城 10.5 千米。京广铁路、G107、S201 横贯全境，中华大街北延线纵贯南北，滹沱河依乡而过。面积 43 平方千米。辖北早现、南早现、北孙、丰家庄、小客、东房头、西房头、东叩村、中叩村、戎家庄、雕桥、雕桥庄、南岗、上水屯、下水屯、丰隆疃、安谷、平安屯、平安村 19 个行政村。

8. 南楼乡

位于县城西北部，距县城 15 千米，北与行唐县接壤，东北、西北分别与新乐市、灵寿县相连，属四县交界之地。境内公路两纵两横，行贾路、房里路纵贯南北，平许路、良陈路横穿东西，京昆高速公路从境内西部穿过。面积 86 平方千米，辖南楼、北楼、东吉、韩家庄、北石家庄、巧女、丁旺、完民庄、良下、陈家庄、东宿村、西宿村、宿村庄、樊家庄、厢同、许香、傅家村、东里双、里双店、西里双、孔村、陈家疃 22 个行政村。

9. 城区街道办事处

位于正定镇恒山东路，成立于 1996 年，是县政府派驻机构，属乡镇序列，负责管理城区非农业居民、新建小区行政事务和社会工作。辖区总面积 26.5 平方千米，管辖城区内 9 个街道（解放街、常胜街、民主街、大众街、车站街、胜利街、西南街、西门里、东门里）、5 个居民小区（常山小区、恒山小区、恒州小区、恒东小区、现代城小区），共 14 个社区。

（三）自然资源

1. 地形地貌

正定县地处太行山东麓，山前冲洪积扇的中上部，为山前倾斜平原。总的地势是西北高、东南低，由西北向东南倾斜。海拔高度在 105 米至 65 米之间，自然坡度 1.3‰，正定县城海拔高度为 70 米。地貌单一，局部地域微地貌较为突出。滹沱河、周汉河、木刀沟东西横贯。

2. 河流

（1）滹沱河

据《正定府志》《正定县志》记载，滹沱河原名滹池，亦名恶池，别称亚驼，又称呼池，《山海经》称滹池河，自宋代改称为滹沱河。

发源于山西省繁峙县泰戏山下孤山村一带，是流经正定县的最大河流，现为一条行洪河道。位于县城南部，距南城门不足 1 千米，为西北—东南流向，1988 年境内长 34.6 千米，河宽一般为 3000 米，最宽处可达 5000 米，最窄处仅 470 米，河道占地面积 93.3 平方千米，境内流域面积 333 平方千米，安全泄洪流量 3600 立方米每秒，多年平均入境水量为 62452.4 万立方米，出境水量为 51712.3 万立方米。1986年以后河滩地开荒造田、植树造林有较大发展。2007年，

滹沱河

石家庄市启动滹沱河综合整治工程，对滹沱河河道进行生态恢复与治理，重建流域自然生态，打造具有防风固沙、涵养水源、滨水游览等多重功能的绿色生态长廊，总面积120平方千米。2010年7月，滹沱河市区段全线蓄水，河道内恢复湿地草甸的自然河流景观，治导线外形成以文化、旅游、休闲、娱乐等功能为一体的蓝色魅力生态带。

（2）木刀沟

现为一条行洪河道。发源于山西省五台县，西自南楼乡陈家疃入境，为西北—东南流向，东经西平乐乡大寨村出境，流经正定县两个乡7个村，境内河长10千米，流域面积170.5平方千米，多年平均入境水量为4989.1万立方米，出境水量为4766.4万立方米。

（3）周汉河

发源于正定县西北部，上游为两股，一股发源于周家庄西北的周泉，取名周河。另一股发源于西汉村东南的韩泉，名西韩河。据史料记载，韩信伐赵住此，故名，后讹为汉河。汉河向东南与大鸣泉、小鸣泉汇为一流，又名大鸣河。周河与汉河到雕桥村北汇合，从发源地各取一字，称为周汉河。

该河紧依滹沱河东行，绕县城西、南、东三面，为西北—东南流向，全长27千米，河床宽度10～20米不等，由固营出境，至藁城区南只照村西南汇入滹沱河。流量一般在5～10立方米每秒，最大流量为27立方米每秒。为防旱、排涝两用河道。

20世纪70年代后期，由于泉水干涸，周汉河逐渐变为全县最大的排沥、排污河道。县城90%以上的工业废水和城市生活污水均汇入周汉河。2014年3月，周汉河综合治理工程正式开工，重点治理河段为城区护城河段，西起西城门，东至新元高速，长4.307千米。河道由原来的不足18米拓宽至30米，形成水面面

周汉河

积约12万平方米，河道行洪能力由不足5年一遇提高到20年一遇。沿岸种植不高于0.6米、宽2.5 ~ 3米的绿篱，铺设沿河景观道路。沿河新埋设一条直径2米的排污管道，彻底实现雨污分流，使河道治理和恢复古护城河有机结合在一起。

（4）磁河

于正定县西北陈家疃村、西宿村一带入境，为西北—东南流向，至咬村、东杨庄一带出境，入藁城区，境内长23.5千米、宽5千米，河道总面积6.15万亩。久无水，也不行洪，为干枯河道，沙质河滩，俗称“老磁河”，正定段现已成为一条故道，经多年开发，改造为农、林、牧、副生产基地。

3. 土地资源

正定县位于太行山东部的沉积岩石上，没有地震带，地震基本裂度7度。地表向下揭露厚度17米范围内，可分为4层。最上层为耕土层，厚度0.4 ~ 0.6米；第2层为轻亚黏、亚黏土，厚度为2.75 ~ 5.5米；第3层为砂类土，厚度为0.3 ~ 5.28米；第4层为黏土。

土壤类型分为褐土、潮土、水稻土，主要是褐土，占土地总面积的80%，除滹沱河及其沿岸，均属褐土区。耕土层土壤平均有机质含量为1. 24%，全氮含量0.077 %，速效磷为10. 6PPM，碱解氮为59. 4PPM，速效钾为94.4PPM 。土壤养分状况在全国属于中等水平，在河北省属上等水平，是农作物单产较高的土地。

4. 气候资源

正定县位于北温带半干旱、半湿润季风气候区。其特点是大陆季风气候明显，主要气候特点是四季寒、暖、干、湿分明，光照较多，雨热同季，降雨集中，旱涝频繁。

气温：日平均气温13.1℃，最高气温42.8℃（2004年7月15日），最低气温 –26.5℃（1951年1月8日）。

湿度：平均相对湿度62%。

风向：年平均风速 1.4 米 / 秒，7 级以上大风天数 9 天，全年主导风向为西北风。

降水：平均年降水量 534 毫米。1954 年降水量最多达 1105 毫米，1957 年降水量最少，仅 265 毫米。

霜雪：初霜日平均为 10 月 17 日，终霜日平均为 4 月 4 日，无霜期年平均 198 天。

降雪：初雪日平均为 12 月 1 日，终雪日平均为 3 月 9 日。土壤开始冻结日平均为 11 月 12 日，终冻日平均为 3 月 13 日，年最大冻土层深度为 54 厘米（1984 年）。

日照：年平均日照时数 2527 小时，日照率 58%，太阳辐射总量平均 127 千卡 / 平方厘米。

水蒸发：年平均水面蒸发量 1800 毫米，年平均蒸发量是降水量的 3.5 倍。

5. 水资源

正定县地质构造砂卵石比例较大，天然补给条件好。全县地下水综合补给量 1.8 亿立方米。浅水层含水组（0 ~ 70 米）蓄积量 338 亿立方米；中层承压水组（70 ~ 160 米）蓄积量为 661 亿立方米。水质好，矿化质在 0.2 ~ 1 克 / 升，pH 值在 6.5 ~ 7.8 之间，汲取地下水不需要做任何处理即可直接使用，是理想的生活饮用水和工业用水。

6. 生物资源

（1）植被

滹沱河正定流域野草地植被多属温性禾本科、莎草科和菊科草，主要有芦苇、三棱草、车前草、羊胡子草、苣荬菜等。

老磁河沙滩有少数半野生植被，属菊科、豆科、禾本科，有酸枣科、萱草等。

闲散在耕地中的有棒棒草、芬莠草、扒地蔓、红毛草、星毛草、菅草、沙蓬、蒺藜、胡兰等。

药材有枸杞、酸枣、防风、苍术、生地、柴胡、甘草等。

野生植物主要分布在老磁河故道和滹沱河流域。老磁河故道主要有：酸枣、杜梨、黄蒿、白蒿、小叶杨、白蒺莉、苍耳、臭椿、榆树及禾本科植物。在滹沱河流域主要有：杠柳、酸枣、芦山苇、柳树、蓟草、白蒺藜等野生植物。

（2）野生动物

正定县滹沱河、老磁河两大河滩沙地共有 7 万余亩林场，由于地理位置优越，林业植被保护良好，成为鸟类栖息地。据不完全统计，长期生活在这里的鸟类有：雀、斑鸠、喜鹊、啄木鸟、家燕、金腰燕、杜鹃、山雀、灰雁、鹰类、雕类等 71 种。兽类有：草兔、黄鼬、赤狐、蝙蝠、刺猬等。两栖类有：青蛙、蟾蜍等。爬行类有：玉斑锦蛇、棕黑锦蛇等。

（四）人口、民族、宗教

1. 人口

截至 2015 年 12 月，全县（户籍）总户数 127947 户，总人口 500110 人。其中农业人口 354552 人，占人口总数的 70.89%；非农业人口 145558 人，占人口总数的 29.11 %。在总人口中，男女比例为 100 ： 103.16。

2015 年，全县出生人口 6768 人，人口出生率 13.53 ‰；死亡人口 2817 人，死亡率 5.63‰；自然增加人口 3951 人，自然增长率为 7.9‰。0 ~ 14 岁儿童人口 95792 人，占人口总数的 19.15 %；60 岁以上人口 83037 人，占人口总数的 16.60%；65 岁以上人口 52423 人，占人口总数的 10.48%。

2. 民族

截至 2015 年 12 月，全县除汉族外，另有回族、满族、蒙古族、土家族、白族、壮族、纳西族、黎族、傈僳族等 34 个民族，共 5003 人。其中回族人数比较多，有 3287 人，主要聚居在正定镇的顺城关、四合街、生民街、胜利街和五里铺村。其他少数民族大都为非正定籍，系正定工作人员或家属。

3. 宗教

正定县内的宗教有佛教、道教、基督教、天主教、伊斯兰教。截至 2015 年 12 月，共有教徒约两万人，宗教活动场所 45 处。

（1）佛教

1983年，开放临济寺为佛教活动主要场所。临济寺现任主持为慧林法师。截至2015年12月，寺内有僧人 40 人。

每年农历二月十九日、六月十九日、九月十九日，为观音诞生、成道、出家的纪念日，临济寺内举行法会、诵经、拜忏活动，吸引不少居士参加。每月农历初一、十五日，县城周围的居士要到寺内烧香祈祷，进行佛事活动。经常来寺者达千人。

（2）道教

2015 年 8 月 7 日，在正定县玉皇庙设立道教活动点。截至 2015 年 12 月，全县有道士两名，居士 600 人。

（3）基督教

1987 年 5 月，成立正定县基督教三自爱国运动委员会。现任主任李路银。2002 年 8 月 21 日，基督教三自爱国会实行讲道员持证上岗制度，首批讲道员 21 人持《圣经辅导员证》讲道。2004 年 12 月 19 日，教徒任军海、代贵玲被河北省基督教协会分别按立为牧师、副牧师。

2015 年 12 月，全县有传道员 28 人，长老 11 人，牧师两人，教徒 6000 人左右。有教堂 7 座（县城教堂、南牛教堂、中杜村教堂、中咬村教堂、韩家楼教堂、后塔底村教堂、永安村教堂），固定处所 26 个，共有活动场所 39 个。

县城内有 400 多名教徒，每周参加一次由牧师、长老或传道员带领进行祈祷、读经、唱诗、讲道等活动。每年公历十二月二十五日圣诞节，教徒在教堂参加圣诞晚会，以诗歌、唱诗等形式举行庆祝活动。

（4）天主教

1986 年 3 月，正定县天主教爱国会成立。现任主任杨广会。

截至 2015 年 12 月，天主教徒 1599 人，宗教活动场所两个：城内天主小教堂、东柏棠天主教教堂。

每逢星期日为瞻礼日，教徒要到天主教堂做弥撒。每年公历十二月二十五日圣诞节，是纪念耶稣诞生的节日，会有一部分教徒到天主教堂参加圣诞晚会，以歌唱形式迎接和庆祝耶稣的诞生。

（5）伊斯兰教

2015 年，全县有伊斯兰教徒 3287 人，阿訇两人，宗教活动场所两个：正定城内清真寺、顺城关村清真寺。

每逢星期五，穆斯林到清真寺内动水，做礼拜活动。教历三月十二日圣纪（忌）节，是先知穆罕默德诞生和成道的日子，清真寺举行圣会，阿訇诵读《古兰经》，宣扬穆罕默德的生平业绩，寺附近教徒经常参加圣会。教历十月一日开斋节，为庆祝斋戒月圆满完成，众多的穆斯林教徒要净身、理发、剪指甲，前往清真寺参加会礼，听阿訇宣讲教义，举行庆祝活动。会礼前穆斯林要向清真寺交纳乜贴，寺内准备牛羊肉、油香等食品款待聚会者。

（五）交通运输

正定县境内交通干线四通八达，“铁、公、机”一应俱全，京广铁路、京石高铁纵贯南北，建有车站两座：正定火车站、石家庄机场高铁站。境内高速公路 G5（京昆高速）、G2001（石家庄绕城高速）、S9902（新元高速），与 G4（京港澳高速）、G20（青银高速）、G1811（黄石高速）互通交汇，另有 G107、S302（正无公路）、S201（正南公路）、S204（机场路）纵横勾连。石家庄正定国际机场坐落在正定新城铺镇，建有 T1 国际、T2 国内两个航站楼，旅客年吞吐能力达到 2000 万人次以上，也是北京首都机场的备用机场。

第二章　一脉相承的历史沿革

正定历史悠久，早在春秋时期即为鲜虞国国都，秦时属巨鹿郡东垣县，汉高帝刘邦平定东垣改为真定，取“真正平定”之意，清雍正年间为避皇帝讳始称“正定”，沿用至今。自北魏至清末，正定一直是郡、州、路、府治所，是当时北方政治、军事、经济、文化中心和兵家必争之地。

（一）原始部落

正定位于滹沱河冲积平原上，这里土壤肥沃，水源充足，适合农作物生长，早在7000多年前人类就在此居住繁衍。1980年，在正定县城东南的南杨庄（现划归石家庄市）发掘出土了人类的食物——粟以及加工粮食的成套工具石磨盘、石磨棒、两枚陶蚕蛹和三片硬陶片等。这些出土文物表明，距今7000多年前，这一地区的先民就已完成了从粗放的打制石器到磨制石器的历史飞跃，他们在滹沱河沿岸建立定居点，采果种粟、打猎架屋、育蚕织丝、酿酒制陶，形成村落，开启了这一地区农耕文化的序幕。

南杨庄文化遗址并非孤例，1958年，位于正定县城东北部4千米处的西洋村发掘出土红烧土、红陶片、灰陶片等新石器时代的文化遗存。专家考证认为：南杨庄文化遗址和西洋文化遗址都属于原始社会晚期母系氏族向父系氏族过渡阶段的村落遗址。

黄帝

（二）炎黄子孙

上古传说中，黄河流域出现了三个较大的部落：中上游的黄帝部落、炎帝部落，中下游九黎族的蚩尤部落。部落之间经常你征我伐。炎帝联合黄帝讨伐蚩尤，蚩尤败逃南方。后，黄帝又攻打炎帝，炎帝大败归顺黄帝，于是，黄帝部落、炎帝部落便在黄河流域定居下来，世代繁衍生息，后来生活在黄河流域的居民便认为自己是黄帝和炎帝的后代，自称为“炎黄子孙”。这其中一部分姬姓后裔迁徙到滹沱河流域正定段，建立鲜虞族群，原址在今新城铺一带。夏朝的有易氏，便是鲜虞族群的祖先。

（三）先秦封邑

黄帝之后，尧做了部落首领，后年事已高的尧将首领之位禅让于舜，舜将天下分为12州，以河道确定各州的边界，如幽州、并州、冀州等，正定隶属当时的冀州。舜老，又让位于治水有功的禹，禹建立夏朝，禹卒，其子启继承王位。

公元前16世纪，汤推翻夏，建立商。当时的正定隶属商的诸侯易国管辖。公元前1046年，周武王起兵灭商，建周朝。周实行分封制，正定一带属戎狄管辖。

公元前771年，犬戎攻破镐京，西周灭亡。公元前770年，周平王迁都洛邑（今洛阳），东周开始。因周王朝国力衰弱，各地诸侯割据称雄，进入春秋时期（前770—前476年）。周平王元年，北方白狄族人兴起，以正定为中心，建立“鲜虞国”，国都设在新市（今正定新城铺村）。在与鲜虞国并存的70多个诸侯国中，有一晋国。公元前489年，晋灭鲜虞。

公元前475年，春秋结束，战国开启。秦、楚、燕、韩、赵、魏、齐七国成为战国时期的主要诸侯国。正定大部属中山国管辖，中山国是依附于晋国的小国。今天的新城铺、东权城等，都是当时的主要城邑。公元前305年，中山国被邻国赵所灭，正定一带又属赵国管辖。公元前230—前221年，秦先后消灭韩、赵、魏、楚、燕、齐六国，统一全国。秦统一后，实行郡县制，全国分为36郡，赵国原有地盘改建制为巨鹿郡，郡下设若干县，今正定一带属东垣县，治所在今石家庄市长安区东古城村附近。

（四）汉魏常山

公元前206年，秦朝灭亡，汉高帝刘邦在地方实行郡国并行制。公元前204年置恒山郡，辖石邑、桑中、蒲吾、东垣等 18 个县。公元前 197 年 8 月，赵相国阳夏侯陈豨反汉，攻打恒山郡，东垣失守，汉高帝派大将樊哙进攻陈豨，活捉守将赵利，东垣重新归汉。公元前 196 年，汉高帝敕令将东垣县改为真定县，祈国泰民安，取“真正安定”之意。

公元前 179 年，汉文帝刘恒即位，为了避“恒”字，将恒山改为常山，属赵王刘遂管辖。公元前 156 年，汉景帝采纳了晁错的建议，推行削藩政策，赵国的常山郡在削减之列。赵王刘遂不满，便与吴王刘濞等七国发兵 50 多万反叛朝廷。景帝命太尉周亚夫与大将军窦婴平叛，只用三个月，就大破叛军，收复常山，之后改常山郡为常山国。公元前 114 年，常山国内乱，汉武帝派大将张骞平乱，将常山王逮捕下狱，改常山国为真定国，辖真定、藁城、肥垒、绵曼（获鹿）四县，封刘平为真定王。公元 37 年，汉光武帝刘秀废真定国，设常山郡。41 年，常山郡又改为常山国，辖房子、平价、九门、蒲吾等 13 县。184 年，爆发了张角领导的黄巾军起义，常山农民褚飞燕率众响应。东汉王朝派军镇压，褚飞燕部被北方军阀袁绍镇压。

220 年，曹丕建立魏国，真定仍属常山郡。263 年，魏太尉司马懿之子司马昭被封为晋公，其子司马炎于 265 年取代魏帝曹奂，自立为晋武帝，灭掉三国，统一天下，史称西晋。西晋时仍设常山郡，辖石邑、灵寿、蒲吾等 8 县。

西晋后期，统治集团之间矛盾越发尖锐。291 年，爆发八王之乱，持续 6 年。此后，西晋统治一蹶不振，首都南移，北方进入五胡十六国时期。308 年，羯族人石勒发动起义，进攻常山。319 年，石勒攻下常山等郡，建立政权，史称“后赵”。后赵设 24 郡，常山郡所移至真定（今石家庄市长安区东古城村），真定便成为常山郡的政治、经济、文化中心。

后赵立国后，又先后被前燕、前秦、后燕所取代，常山仍为郡。386 年，北方的少数民族鲜卑族首领拓跋珪建立北魏，397 年，攻下真定。398 年，拓跋珪进行统一北方战争后，将都城从盛乐迁到平城。11 月，他巡视北方路过真定，从当时的常山郡所（今石家庄市长安区东古城村）登城北望，认为河北岸那座名叫安乐垒的军事城堡名字吉祥，是富贵之地，于是，便把常山郡治所移至安乐垒，辖行唐、井陉、灵寿等 7 县。

（五）北齐移郡

北魏后期，大将高欢总揽大权，自封丞相。550 年，高欢死，其子高洋废掉东魏孝静帝，自立为帝，国号北齐，仍设常山郡，郡治复移真定县。577 年，北周灭北齐，统一北方后，武帝宇文邕改建制，从常山、定州各分出一部分，增置恒州，属常山郡兼管，真定仍为县。

581 年，隋统一南北方。583 年，废掉常山郡，存恒州和真定县。596 年，置常山县（治所在今藁城区九门）、新市县（治所在新城铺村）、真定县（治所在正定镇），均属恒州管辖。605 年，又改恒州为恒山郡。

（六）唐宋变迁

隋朝后期，农民起义此起彼伏，618 年，李渊夺取政权，建立唐朝。唐废恒山郡为恒州，治所在石邑（今石家庄市振头附近），621 年，又迁恒州于真定。627 年，唐太宗分全国为 10 道，恒州隶属河北道。683 年，唐高宗病死，武则天临朝称制，684 年 7 月，诬告恒州刺史裴贞谋反，将其杀害。同年 9 月，换官改制，将真定县改为中山县。705 年，唐中宗即位，恢复旧制，中山县又复为真定县，隶属恒州管辖。742 年，改恒州为常山郡，治所在今正定镇。

755 年，安禄山叛军向常山进犯，常山太守颜杲卿起兵征讨，11 月斩杀安军将领李钦凑。756 年，安军将领蔡希德攻陷常山，颜杲卿被俘，在洛阳遇害。762 年，安史之乱基本平息，唐代宗李豫设置河北三镇，并在恒州置成德军，治所在今正定镇，辖恒、定、越、易、深 5 州，任原安史部将李宝臣为成德节度使。李宝臣以滹沱河灌城为理由，将后周所建石城拆掉，扩大面积，重建城墙。

821 年，唐穆宗李恒即位。为避恒字之讳，将恒州改为镇州，治所在今正定镇。

唐朝后期，先后发生了裘甫、庞勋、黄巢大起义。黄巢部大将朱全忠于 907 年建立后梁，设镇州，辖真定县。

923年，李存勖灭掉后梁，建立后唐，将原镇州改为北都，作为政治中心，同年又改为镇州。932年，改镇州为真定府，辖13县。

947年，刘知远灭掉后晋，建立后汉。948年，改恒州为镇州，后又改为真定府。951年，大将郭威灭后汉，建立后周，又将真定府重新改为镇州。

960年，后周恭帝柴宗训派赵匡胤抗击入侵的契丹，先锋将领慕容延钊刚到镇州，赵匡胤便在陈桥驿发动了兵变，夺取后周政权，建立北宋，令慕容延钊就地镇守真定。1048年，废镇州，置真定府路，统真定府及真定等9个县。

（七）金元改制

1126年后，金人不断入侵真定。1136年，真定被金将斡离不占领。1156年，金在真定设置本路兵马都管府转运司，实行猛安谋克制，真定府仍存。

在金统治北方时期，蒙古族逐渐壮大。1220年，蒙古军攻打真定，知府兼经略使武仙投降。1228年，蒙古置真定路，以史天泽为统领，真定路直属中书省。1313年，元仁宗置直隶省部，辖真定府及真定县。

（八）明清发展

元后期，红巾军首领刘福通屯兵真定，和元将领索罗铁木儿决战。

1368年，朱元璋夺取元朝政权，建立明朝。是年8月，真定路达鲁花赤钣钠锡彰得知元朝灭亡的消息，跳城楼自杀，由大将平章孙克守城。10月，明大将军徐达来到真定，平章孙克投降，真定被明朝接管，改真定路为真定府，辖5州27县。1396年，明太祖置道，最高长官为道台，真定府隶属燕南道。后实行卫所制，1403年2月，开平中屯卫治真定府。1428年，又在真定增设神武卫。1449年，真定府御史陆矩与陈金增重新修筑真定城，方圆24里，高3丈多，顶宽2丈多。1567—1572年，正定知县周应中申请府库银6万两，于1576年修成今正定城墙。

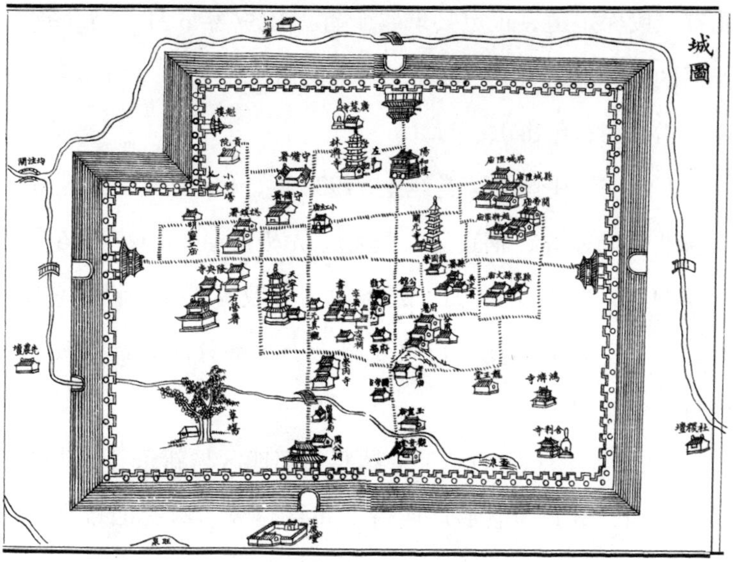

清代正定县城图

明朝末年，李自成发动起义，1644年，命监方、匹化进攻真定，杀死总督徐标，占领真定城。是年，李自成败走，清兵入境，改真定为署镇公署。

1659年，清设直隶巡抚，省治在今正定镇。1723年，因避清世宗胤禛讳，改真定府为正定府，辖1州13县。1727年，又设京西南局，辖正定县。1733年，设置清河道，辖正定府、正定县。

1856年，法国传教士在正定建天主教区，辖32县。1900年，法军镇压正定义和团运动。同年，法国、比利时在正定建京汉铁路（今京广线一段。1928年至1949年又称平汉铁路）。1911年，设清河道（治所保定），辖保定、正定2府。

（九）民国叠乱

1912年，中华民国成立，直隶省行政区仍同清制。1913年2月，裁掉正定府，保留正定县，正定县属直隶省范阳观察使署。1914年，改范阳道为保定道，仍领正定县。1925年6月24日，以正定县城厢为正定市，隶属正定县，不久即撤销正定市。1928年6月20日，直隶省改为河北省，废保定道，正定县隶属于省。1937 年 3 月，河北省划为 17 个督察区，正定县属第十二督察区。1937 年 10 月 8 日，日军侵占正定县城。1938 年 2 月，建立伪正定县公署，隶属真定道（治所在石门市）。

1921 年，中国共产党诞生，1924 年，正定县党支部建立。1926 年 11 月，成立中共正定地委，直属北方局领导，辖正定、藁城、无极等县。1927 年 6 月，正定地委改为正定县委，属临时省委领导。1937 年 11 月，晋察冀边区政府成立，设置冀中、冀东等 5 个行政公署，正定一分为二，一小部分属冀中行政公署，一大部分属冀晋行政公署，先后在后塔底村、许香村建立抗日民主政权。

1938 年 4 月 25 日，正定县西北部地区与新乐县化皮地区合并建立正（定）新（乐）县（抗日）政府，驻正定县后塔底村，属晋察冀边区第四特别委员会。8 月 25 日，撤销正新县，建立正定县（抗日）政府，仍属第四特别委员会。10 月，县政府改属冀西区第三专署。年底，县政府改属晋察冀边区第三专署，县委仍属第四特别委员会。1939 年 1 月，第四特别委员会改为第四地方委员会。

1939 年 10 月，正定县滹沱河以北、平汉铁路以东地区与藁城县北部地区建立藁正县联合办事处，属晋察冀边区冀中区第二专署。正定县滹沱河以南地区与获鹿县东部地区建立正获县，县委属冀南区第一地方委员会，县政府属冀南区第四专署滏北办事处。1940 年 1 月，滏北办事处改为冀南区第一专署。6 月，冀南区第一地委、第一专署改为冀中区第一地委、第一专署。10 月，第一地委改称第六地委，第一专署改称第七专署。正定县辖滹沱河以北、平汉铁路以西地区，共 4 个区 84 个村。

1940 年 2 月，藁正县与新乐县佐合并建立藁正新县，属冀中区第二地委、第二专署。1940 年 7 月，晋察冀边区第三专署改称第五专署，仍辖正定县政府。1940 年 8 月，撤销藁正新县，将原藁正县与无极县西部地区合并建立藁无县。县委属冀中区第七地委，县政府属冀中区第八专署。1944 年 3 月，第八专署改称第七专署。1941 年 1 月，中共晋察冀边区委员会改称中共北岳区委员会。正定县委属北岳区第四地方委员会。

1941 年 2 月，正定县改属冀中区第七专署，县政府迁驻藁城县小西门一带。8 月，复归晋察冀边区第五专署，县政府又迁回县西北部地区。1941 年 11 月，藁城县滹沱河以南的西部地区与正获县合并建立藁正获县，县委属冀中区第六地委，县政府属冀中区第七专署。1943 年 9 月，撤销藁正获县，恢复正获县，隶属关系未变。1944 年 6 月，冀中区第七专署改称第六专署。1944 年 6 月，晋察冀边区第五专署改称第四专署，仍辖正定县。9 月，正定县改属冀晋区第四专署。1945 年 3 月，栾城县与正获县合并建立栾正获县，属冀中区第六专署。

1945 年 8 月，日本投降，9 月，国民党在城内建县政府。

正定县解放区仍属冀晋区第四专区。撤销藁无县，恢复正藁县，属冀中区第七专区。1946 年 2 月，撤销正藁县。置正定县佐，辖正定县平汉铁路以东（滹沱河南、北）地区。撤销栾正获县，恢复正获县，仍属冀中区第六专区。1946 年 3 月，建立中共正定市委员会和市政府，属冀中区第六专区。1946 年 5 月，改属第十一专区。1946 年 5 月，正定县改属冀晋区第三专区。复设藁正获县，属冀中区第十一专区。1946 年 9 月，撤销正定县佐，恢复正藁县，属冀中区第十一专区。

晋察冀野战军占领正定城

1947年4月12日，人民解放军解放正定县城。城内为正定市，属冀中区第十一专区。西北部农村为正定县，仍属冀晋区第三专区。5月，改属第四专区。

1947年7月10日，国民党军复占正定县城，在城内建县政府。

1947年8月24日，人民解放军第二次解放正定县城。建置未变。

1947年9月20日，国民党军又向正定县城反扑。此后，国民党军每天上午前来骚扰，下午逃回石门市。中共正定市委、市政府的干部每天傍晚进城工作，次日凌晨撤至城外。

1947年10月26日，正定县城第三次解放，建置未变。

1947年11月，撤销正藁县和藁正获县。原属正定县的村庄除西南部17村划归获鹿县外，复归正定县。正定市改为县辖市，正定县改属北岳区第四专区。1949年1月，正定县改属察哈尔省建屏专区。1949年6月，撤销正定市，改为正定县城关区。

1949年8月1日，河北省人民政府成立，下设10个专区。正定县属石门专区。1949年8月10日，石门区行政督察专员公署在正定城内建立。

1949年9月28日，石门区行政督察专员公署改称石家庄地区行政督察专员公署，仍辖正定县。

（十）新生涅槃

1949年10月，石家庄地区行政督察专员公署由正定迁石家庄市。1950年9月9日，石家庄地区行政督察专区改称河北省人民政府石家庄专区，仍辖正定县。1958年11月5日，正定县、灵寿县合并为正定县（12月20日国务院批准）。

1960年5月3日，撤销石家庄专区，正定县改属石家庄市。1961年5月23日，复置石家庄专区，辖正定县。1962年1月1日，恢复正定县、灵寿县建置，正定县仍属石家庄专区（3月27日国务院批准）。1967年11月22日，石家庄专区改为石家庄地区，辖正定县。

原正定县委、县政府大院

1986年1月，正定县隶属石家庄地区管辖，同年6月划归石家庄市管辖。辖4个镇、21个乡、221个行政村、6个居民委员会，总面积585平方千米。1994年3月，石家庄经济技术开发区（后改为石家庄高新技术产业开发区）成立，将正定县原留村乡的留村、赵村、小岗上、郝家营、南庄、北庄、大西帐、小西帐和二十里铺乡的周通等9个行政村划归石家庄经济技术开发区管理。

2001年3月，在石家庄市行政区划调整中，将正定县滹沱河以南的西兆通、南村、二十里铺3个镇39个行政村整建制划入石家庄市辖区。其中西兆通镇的西兆通、东兆通、凌透、店上、西庄屯、西庄、东庄、西塔口、东杜庄村、十里铺、南石家庄；南村镇的南村、南杨庄、董家庄、中塔口、东塔口、侯帐、小屯、北中奉、南中奉、大丰屯、东五女、北五女、南五女、吴家营等25个行政村划归石家庄市长安区。二十里铺镇的二十里铺、小马村、大马村、三教堂、西仰陵、中仰陵、东仰陵、南辛庄、宋营、北豆村、南豆村、岗当、韩通、八方等14个行政村划归石家庄市新设的裕华区。正定县区域面积减少99平方千米。

2005年底，全县共有4个镇、5个乡、1个街道办事处、174个行政村、14个居民委员会。县域面积468平方千米。

2009年，河北省政府提出重大规划调整，石家庄市委、市政府结合实际作出北跨滹沱河、建设正定新区的重大战略决策。这将使石家庄旧城区与正定古城融为一体，使滹沱河成为石家庄市区的内河，使石家庄市由百年城市、五十年省会成为千年古城。正定新区位于滹沱河北岸、正定古城东侧地区，规划面积135平方千米，现有17万人，包括正定、藁城7个乡镇

62个村。其中，起步区约35平方千米，位于正定县境内。

2015年12月，正定全县面积468平方千米，辖8个乡镇、1个街道办事处、174个行政村（街）。

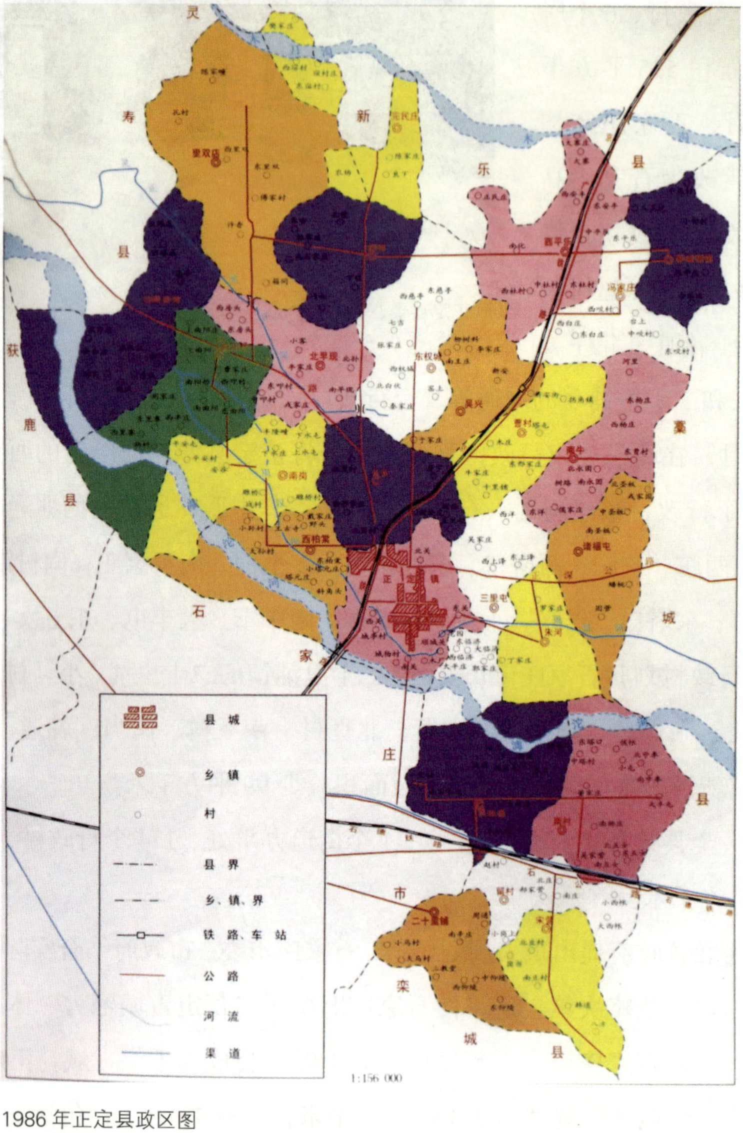

1986年正定县政区图

第三章　群星荟萃的古今名人

三关雄镇，依河耸立，久远的历史，厚重的文化，孕育了一串辉煌的名字！他们灿若星辰，闪烁着绚丽的光芒，照耀着、影响着、塑造着一段历史，一个时代；他们的智慧、行为、道德如江河流水，绵绵不断，滋养着一代又一代人……

（一）古代名人

1. 汉代常山王张耳

张耳（公元前264—前202年），汉时常山王，原籍大梁（今河南开封西北）。《史记》载："张耳者，大梁人也。其少时，及魏公子无忌为客。"秦朝末期，张耳和朋友陈余一起参加陈胜、吴广起义，抗击暴秦。在巨鹿之战中，曾牵制秦国大将章邯的主力军，为项羽获胜创造了条件，之后同各路诸侯跟随项羽攻入关中。公元前206年，项羽自立为西楚霸王，同时分封十八路诸侯为王。项羽素闻张耳之才名，又念其扶赵抗秦之功，乃立张耳为常山王。后张耳因与陈余之间发生矛盾，投奔刘邦，并与韩信共破赵军，于汉高帝四年（公元前203年）被立为赵王，封在东垣。张耳的事迹在正定一带流传甚广。据《史记》《汉书》和《正定县志》记载：西汉初，张耳为常山王时，曾在正定南部一村庄安营扎寨，设立军帐，后人为纪念其战功，将该村定名"小西帐"（后写作"小西丈"），并建张耳庙一座。该庙原址在正定县原留村乡（今石家庄市高新技术产业开发区）小西丈村，今无存。清代诗人赵文濂、王世勋均写有《张耳庙》诗作。

2. 汉代南越王赵佗

赵佗（约公元前240—前137年），恒山郡真定县人，原为秦朝将领，与任嚣南下攻打百越，平定岭南地区。秦亡后，赵佗自立为南越武王，创建了"东西万余里"的南越国，成为南越国第一代王和皇帝，公元前203年至前137年在位。执政期间，一直实行"和辑百越"政策，把中原地区的先进文化和生产技术带到岭南，发展生产，耕地掘井，设衙筑城，实行汉越通婚，促进了汉越民族的融合，使岭南地区得到了更好的发展。南越国曾一度脱离朝廷，汉景帝时归附汉朝，岭南正式列入中国统一的版图。毛泽东称赵佗是“南下干部第一人”，是开发岭南的第一人。

南越王赵佗

今石家庄市赵陵铺原系正定辖境，据传，此地是赵佗先人墓冢所在，后护冢人繁衍成村庄，乃名曰“赵陵铺”。元末著名文人傅若金写诗道：“殊方久识汉庭尊，异代能忘圣主恩。南粤若逢人僭问，尉佗先冢至今存。”

3. 西汉音乐家、文学家王禹

王禹，常山真定人，西汉时音乐家、文学家，生卒年月不详。据史书记载，汉武帝时，前内史丞王定曾将《乐记》授予王禹，《乐记》是战国以前的著名音乐理论书籍，内容深奥。王禹音乐造诣很高，曾被汉成帝任用为乐官。《正定县志卷四十六·艺文》录王禹著作《乐义》24 篇，均见汉班固所著《汉书·艺文志·王禹记》中。王禹还是一位杰出的《诗经》传播者，班固《汉书·礼乐志》说：“常山王禹世受河间乐，能说其义。”

4. 汉末黄巾军首领张燕

张燕，本姓褚，名燕，生卒年不详，常山真定人，东汉末黑山军首领。黄巾起义爆发后，他聚众万余人响应。博陵（今河北蠡县）人张牛角也聚众起事，自称将军，与褚燕合兵。褚燕推举张牛角为首领。后张牛角被流箭射中，临死之前令其部下尊奉褚燕为首领。张牛角死后，众人一起拥戴褚燕为首领，于是褚燕改姓张，唤作张燕。“燕剽捍捷速过人，故军中号曰飞燕。”（陈寿《三国志》）后张燕与常山、赵郡、中山、上党、河内等地义军联合，部队发展到近百万人，号称“黑山军”。黄巾军被镇压后，张燕降汉，被任为平难中郎将。官渡之战时率众归顺曹操，任平北将军，封安国亭侯。

5. 常胜将军赵云

赵云（？—229 年），字子龙，常山真定人，三国时蜀汉武将，以勇敢善战著称。初从公孙瓒，后归附刘备，为其麾下主将。曹操取荆州，刘备败于当阳长坂，弃妻儿南逃。赵云单枪独骑，奋力厮杀，于曹军重围中救出刘备妻甘夫人和其子刘禅，留下“单骑救幼主”千古佳话。因功劳显著，被封为牙门将军。后跟随刘备取益州、攻汉中。历任翊军将军、中护军、征南将军，封永昌亭侯。建兴六年（228 年），从诸葛亮攻关中，分兵拒曹真主力，以弱敌强，失利于箕谷，退回汉中。翌年病逝，追谥为顺平侯。

常胜将军赵云

赵云跟随刘备将近三十年，先后参加过博望坡之战、长坂坡之战、江南平定战，独自指挥过入川之战、汉水之战、箕谷之战，都取得了非常好的战果，被刘备誉为“一身都是胆”，将士们称之为“虎威将军”。因其征战一生，少尝败绩，后人遂称为“常胜将军”。随着《三国演义》小说的流传，赵云的故事更是家喻户晓，“常胜将军”的名号妇孺皆知。此外，赵云于平定益州时引霍去病故事劝谏刘备将田宅归还百姓，又于关羽、张飞被害之后劝谏刘备不要伐吴，被后世赞为有大局观的儒将。

赵云不仅智勇双全，而且忠勇仁义，是蜀政权的重要缔造者和捍卫者。有诗赞曰：“常山有虎将，智勇匹关张。汉水功勋在，当阳姓字彰。两番扶幼主，一念答先皇。青史书忠烈，应流百世芳！”

6. 隋代第一博学大儒、国子博士房晖远

房晖远（约531—602年），字崇儒，恒山真定人。隋代经学家、学官。据《隋书》记载：晖远世传儒学，幼有志行，潜心研究《三礼》《春秋三传》《诗经》《尚书》《周易》，同时擅长图谶和纬书等神学内容。以教授儒学经典为务，远方前来从学者达千余人。

北齐南阳王绰为定州刺史，闻其名，召为博士。北周武帝平齐，遍访儒士，晖远首应诏命，授小学下士。杨坚称帝，任晖远为太常博士，后经吏部尚书韦世康举荐，迁太学博士，后又任国子博士。当时诸儒都称赞晖远学识通博，另一通儒太常卿牛弘称誉他为“五经库”。晖远虽无著述，但精通南、北经学，又久任学馆，终生以讲授儒经为务，对促进经学的统一作出贡献。

7. 隋代高僧释灵达

释灵达，恒州人。原来为儒生，饱读诗书，参透生死穷通无常，于是入佛门，并跟随师父进入京师。后住持京师延兴寺，为得道高僧。隋文帝仁寿二年（602年），特命居于京师的释灵达送佛舍利到恒州龙藏寺（今正定隆兴寺）供奉安置。据载，释灵达在龙藏寺内建造舍利灵塔，当时出现种种奇异现象。遍寺生香，殊异无比；宝屑天花，犹如雪落；黄白异气，龙形宛转；四只白鹤，盘旋塔上（隋代王劭所作《舍利感应别录》中有详细记载）。隋炀帝大业初年（605年）释灵达坐化于墓丛。唐代释道宣著《续高僧传》中有传。

8. 唐代高僧、“东方菩萨”释慧净

慧净（578—645年），唐代僧人。俗姓房氏，真定人，隋代国子博士房晖远之侄。家世儒宗，乡邦称美。十四岁出家，住京师纪国寺。神采孤拔，博通经论，唐朝宰相房玄龄等求为法友。贞观二年（628年），翻译《大庄严经论》，撰疏三十卷，“义冠古今，英声借甚”，三藏法师“抚

净背而叹曰：此乃东方菩萨也”。贞观十三年（639 年），因其才华出众，讲经论法无人能敌，皇子李治（即后来的高宗）请他出任普光寺住持，并继续兼任纪国寺上座。贞观十九年（645 年）玄奘归朝，皇帝下令让他参与编译佛经。时慧净已 68 岁高龄，且身体有病，未能奉诏。

慧净法师能言善辩，潜心佛法，著述宏富，有《杂心玄文》《俱舍论疏》等（见《唐高僧传》）。为续萧统《古今诗苑英华》，慧净选编了《续诗苑英华》，时间从梁大同年间（535—546 年）开始，体例亦与萧书相同，是唐人编选诗歌总集最早的选本之一。唐代释道宣著《续高僧传》第三卷对其事迹有详细记述。

9. 佛教临济宗开创者义玄

义玄（？—867 年），唐代高僧，中国佛教禅宗临济宗创始人。俗姓邢，曹州南华（今山东省菏泽市东明县）人。曾师从洪州黄檗山希运禅师学法 33 年，之后往镇州（今正定）滹沱河畔建临济院（位于正定县临济村）。该院最早建于东魏孝静帝兴和二年（540 年）。在此，他广为弘扬希运禅师所倡启“般若为本、以空摄有、空有相融”的禅宗要义，结合希运及德山宣鉴大师的用棒之法，创立了断喝之法，即对于初学者不是用棒打，只是大喝一声，以验其根基之利钝。这种禅宗新法因义玄在临济院举一家宗风而大彰天下，后世遂称之为“临济宗”，而正定临济寺也因之成为临济宗祖庭。

中国佛教“临济宗”开创者——义玄

唐咸通八年（867 年）四月十日，义玄圆寂。正定城中大户舍地，佛徒遂将临济院迁至城中，并为义玄建塔葬之，取名“澄灵塔”（现坐落于正定县城生民街东侧临济路）。唐懿宗谥其为“慧照禅师”。清雍正十二年（1734 年），皇帝加谥为“真常慧照禅师”。

临济宗禅风痛快峻烈，以“棒喝”著称。在禅宗五个主要流派中，临济宗影响最大，法脉延续最久，也最具中国禅的特色，到南宋初期遍及全国，形成“临济遍天下”之势。12 世纪末传入日本，后来发展成为很大的派系，今仍流行。

10. 北宋名相赵普

赵普（922—992 年），字则平，宋朝名相，开国功臣。祖籍蓟州（今天津市蓟县），后唐末年因避战乱，随父赵回及全家先徙保州（今河北保定），后徙真定（今河北正定）。赵普在真定长大后娶真定望族魏氏之女为妻。显德初年（954 年），赵普成为归德军节度使兼殿前都指挥使赵匡胤的军事判官，于显德七年（960 年）辅佐赵匡胤发动陈桥兵变，顺利推翻后周而建立宋朝。在宋太祖、宋太宗两朝三次拜相，曾帮助宋太祖策划“杯酒释兵权”，巧妙削夺诸大将兵权，加强了中央集权统治。此外，策划制定了宋太祖时期的多项重大国策，为宋朝开国兴盛立下了卓越功勋，是北宋初期杰出的政治家。

世传赵普“半部《论语》治天下”。赵普年轻时熟悉官吏事务，但学问不高。等做了宰相，宋太祖曾劝说他要读书，赵普遂手不释卷。每次退朝后回到家里，就关上门打开书箱拿出书，整天读书。等到第二天处理政务，很是果毅决断。他去世后，家人打开书箱，看到里面的书籍，原来是一部《论语》。故留下“半部《论语》治天下”之誉。

北宋名相赵普

据宋代吕颐浩《燕魏杂录》记载：“忠献韩王赵普……相太祖、太宗，开基创业，谟谋行事，俱载国史。公于真定府居，今真定府大会院乃其故宅。府城有庙，邦人奉之甚谨。”光绪元年《正定县志》记载：“绍圣五年（1098 年）诏真定府立赵普庙。”

11. 北宋勇将高怀德

高怀德（926—982 年），字藏用，常山真定人，宋太祖赵匡胤的妹夫，北宋开国功臣。出身将门，其祖父为后唐中军都指挥使高思继，父亲为后周天平节度使、齐王高行周。高行周曾跟随后唐明宗李嗣源部镇守真定，高怀德即出生于真定。

高怀德青年从军，武勇过人。随父出战，被辽军围于戚城（今河南濮阳北），怀德单骑奋击，左右冲杀，挟父突出重围。皇帝念其有功，赐他轻裘名马，领罗州刺史。后来出兵后唐时因功升任侍卫马军都指挥使。宋太祖即位，因拥立有功，拜为殿前副都点检、义成军节度使，镇守滑州（今河南省滑县）。宋建隆元年（960 年），与石守信共平李筠叛乱，升为忠武军节度使、检校太尉。后出任归德军节度使，加同平章事。太平兴国四年（979 年），从宋太宗灭北汉，镇守曹州，封冀国公。太平兴国七年（982 年），病逝。死后追封渤海郡王，谥号“武穆”，葬于永安县（今河南省巩义）。

12. 北宋“良将第一”曹彬

曹彬

曹彬（931—999 年），字国华，北宋初著名大将。祖居真定灵寿。父亲曹芸为成德军都知兵马使，驻真定，曹彬生于真定。曾为后汉、后周将领。宋初为客省使，擢左神武将军兼枢密都承旨。

曹彬严于治军，尤重军纪。乾德二年（964 年）率军灭后蜀，以不滥杀著称，受太祖褒奖，升宣徽南院使。灭南唐，约束兵士不得肆意杀掠，使南唐都城江宁府（今江苏南京）免遭破坏，后任命为枢密使。太宗时宋分兵三路攻契丹，曹彬为东路军主将，率兵自雄州（今保定雄县）北进，连克固安涿州新城，因孤军冒进、兵疲粮乏撤军，至岐沟关（今涿州西南）被契丹军击败，降右骁卫上将军。后复起为侍中、武宁军节度使，宋真宗即位复任枢密使。咸平二年（999 年）去世，真宗亲自致祭痛哭，赠谥号“武惠”。

曹彬性格仁义谦敬、和气厚道，为官忠实，廉洁谨慎，不贪财货。《宋史》评价其“仁恕清慎，能保功名，守法度，唯彬为宋良将第一”。

13. 宋真宗之母李贤妃

李贤妃（943—977 年），真定人，乾州防御使李英的女儿。宋太祖听说李氏有容德，为太宗聘之。开宝年间，封陇西郡君。宋太宗即位，晋封夫人。生皇女二人，皆早亡，次生楚王赵元佐。传说李妃曾经梦见太阳靠近自己，用衣襟接住，光耀遍体，后来生下宋真宗。太平兴国二年（977 年）去世，时年 34 岁。真宗即位，追封贤妃，又晋上尊号为皇太后。谥“元德”。咸平三年，葬永熙陵。大中祥符元年（1008 年），追赠其父李英检校太尉、安国军节度、常山郡王，其母魏国太夫人。

14. 北宋礼部尚书、参知政事、著名诗人王化基

王化基（944—1010 年），字永图，恒州真定人。北宋大臣，真宗年间著名诗人。太平兴国二年（977 年），举进士，为大理评事，通判常州。历任节度判官，著作郎，右谏议大夫权御史中丞，工部侍郎，参知政事，扬州、河南知府，礼部尚书。真宗大中祥符三年（1010 年）辞世。赠右仆射，谥“惠献”。

王化基为官清廉自律，气度宽宏，待人宽厚。虽身居高官，但他教子有方，故其子都能自立，其中王举正曾任国史编修官、参知政事、观文殿学士、礼部尚书。

15. 北宋国史编修官、参知政事、观文殿学士、礼部尚书王举正

王举正，字伯仲，真定人，王化基之子，生卒年不详。幼年好学，厚重寡言。以荫补秘书省校书郎，进士及第，授知伊阙，历官馆阁校勘、集贤校理、《真宗实录》院检讨、国史编修官。三迁尚书度支员外郎、直集贤院，修《三朝宝训》，累擢知制诰。后为翰林学士，

拜右谏议大夫、参知政事。皇祐初，拜御史中丞，后又任观文殿学士、礼部尚书，兼翰林侍读学士。晚年以太子少傅致仕。死后赠太子太保，谥号“安简”。

王举正敢于直言进谏，“每进读及前代治乱之际，必再三讽喻”。皇帝称其“得风宪体”，并赐白金三百两派人送到府上。文章雅厚，文如其人，著有《平山集》《中书制集》《内制集》五十卷。《宋史》有传。

16. 北宋工部尚书、参知政事、节度使李至

李至（947—1001 年），字言几，真定人。太平兴国初进士，授官将作监丞、通判鄂州。擢知制诰，直史馆。太平兴国八年（983 年），为翰林学士、右谏议大夫、参知政事。雍熙初，加给事中，兼秘书监。淳化五年（994 年），兼判国子监。至道初，为太子宾客。真宗即位，拜工部尚书、参知政事。咸平元年（998 年），授武信军（一作“武胜军”）节度使，徙知河南府。咸平四年卒，赠侍中。《宋史》《隆平集》《东都事略》等均有其传。李至“刚严简重，好古博雅”，善词翰，尝师从徐铉（南唐、北宋初年文学家、书法家），与李昉多有唱和诗，今存有《二李唱和集》。

范仲淹

17. 北宋名臣范仲淹

范仲淹（989—1052 年），字希文，生于真定，北宋著名政治家、军事家、文学家。范仲淹生父范墉曾任真定府掌书记［见范仲淹为其胞兄范仲温所写《范府君（仲温）墓志铭》］，其间，其妻陈氏病逝，后娶高平村大户人家谢氏为妻，遂居家高平。范仲淹在高平村降生百日后，范墉调往今徐州，仲淹即随父到徐州赴任。仲淹 2 岁时丧父，随母亲改嫁山东朱文翰，遂更名朱说（音 yuè）。大中祥符八年（1015 年），范仲淹中进士，授广德军司理参军，迎母归养，后经皇上恩准，复姓范，改回本名。

历任兴化县令、秘阁校理、陈州通判、苏州知州等职，因秉公直言屡遭贬斥。康定元年（1040 年），与韩琦共同担任陕西经略安抚招讨副使，采取“屯田久守”方针，巩固西北边防。庆历三年（1043 年），出任参知政事，上疏《答手诏条陈十事》，提出十项改革措施。庆历五年（1045 年），新政受挫，范仲淹被贬出京，历任邠州、邓州、杭州、青州知州。皇祐四年（1052 年），改知颍州，范仲淹扶疾上任，行至徐州，病逝，享年 63 岁，谥号“文正”，世称“范文正公”。《宋史》有传。

范仲淹文武兼备，智谋过人，在政治、军事、诗文、哲学诸方面均卓有成就。尤其在士风方面，开创了一代士大夫的“先天下之忧而忧，后天下之乐而乐”（出自范仲淹《岳阳楼记》）的新风尚。北宋欧阳修评价其：“公少有大志，每以天下为己任。”据《宋史》载，范仲淹作品有《文集》二十卷、《别集》四卷、《尺牍》二卷、《奏议》十五卷、《丹阳编》八卷。

范仲淹曾给在真定府为官的好友韩琦写信，信中说：“真定名藩，生身在彼。自识别以来，却未得一到，谅多胜赏也。”表达了对生身之地的眷恋。

18. 宋仁宗皇后曹皇后

曹皇后（1016—1079 年），真定人，宋仁宗赵祯的皇后。祖父是宋初枢密使曹彬。曹皇后熟读经史，善飞白书（书体之一）。性情慈爱、节俭，重视稼穑，常常带领宫嫔们在宫苑内种植谷物，采桑养蚕。

仁宗第一位皇后是郭氏，宋仁宗明道二年 (1033 年)，仁宗母亲刘太后死后，他以郭氏无子为由废郭后为尼，幽居长宁宫。18 岁的曹氏奉诏入宫，第二年九月被册为皇后。

曹皇后出身将门，有非凡胆识。庆历八年（1048 年）的“夜半平宫乱”事件中她临危不惧，应变有方，指挥若定，深得仁宗佩服。这年正月的一天，仁宗宿于曹皇后宫中。至半夜，侍卫叛乱，仁宗要出去看发生了什么事，曹皇后劝其不可轻动，免遭毒手。曹皇后把内监宫人集中起来，分别把守宫门，取水防火，终击退叛逆者，粉碎了纵火烧宫的阴谋。曹皇后还亲手为每人剪下一绺头发，叛乱平息后，以发为记，论功行赏。

仁宗生三子，均早夭。早些年，曹皇后将濮安懿王赵允让第十三子赵宗实接进宫中抚养。当时宗实四岁，但始终没有立为太子。嘉祐八年（1062年）八月，31岁的宗实立为皇太子，赐名曙。次年三月，仁宗驾崩。赵曙进宫即位，是为英宗，尊曹皇后为皇太后。英宗即位不久生病，无法料理朝政，应大臣请求，皇太后垂帘听政，主持大局。其间，“天下计不从一人出”，大臣有疑而不决的事请她定夺，她会召集众人商议，从不擅权。垂帘一年，朝政井然。英宗病情好转后，曹太后即撤帘归政。

治平四年（1067年），英宗病逝，其长子赵顼即位，为神宗。尊曹太后为太皇太后。神宗重用王安石变法，革除许多弊政。曹太后认为“祖宗法度不宜轻改”予以反对，但神宗没有采纳。神宗元丰二年（1079年），苏轼以“乌台诗案”下狱，由于曹太后出面求情，苏轼方免于一死。同年冬，曹太后病逝，享年64岁，谥号为“慈圣光献皇后”，葬永昭陵。

19. 北宋著名僧人、工程师怀丙

怀丙，真定人，北宋僧人，出色的工程学家，生卒年不详。据史书记载，怀丙和尚聪明善思，精于建筑工程技术，曾多次解决当时谁也解决不了的工程难题。真定城内有一座十三级木塔凌霄塔，因年代久远，中间一根承重柱子腐朽，塔身向西北倾斜。为了修缮，官府请来许多工匠，无人敢为。这时怀丙和尚先度量坏柱的尺寸，另做一根柱子，又设法将其吊至塔上，关闭塔门，他亲自操作把坏柱子换下，把宝塔扶正了，在场人却没听到斧凿声。

怀丙铁牛故事雕像

赵州（今河北赵县）洨河石桥因“乡民多盗凿铁”，损坏了大桥上大批铁榫，桥身歪斜欲倒，千余人不能扶正。怀丙和尚没有请众人帮工，只凭自己高深的技艺，就把桥修复如故。

河中府（今山西永济市西）有座浮桥，原来用八尊巨大的铁牛牵引固定，一头铁牛将近几万斤重。宋英宗治平年间，洪水暴涨把浮桥冲断，铁牛沉没到河底，官府广征能够打捞出铁牛的人。怀丙把两只大船填满土石，用绳子把铁牛绑在两只大船之间的横木上，慢慢去掉船上的土石，巧妙利用浮力原理，船上浮，铁牛被打捞出来。转运使张焘把这件事汇报给朝廷，皇帝特赐紫衣，以示奖赏。《宋史・方伎》中有传，记载了他正凌霄塔、修赵州桥、捞黄河铁牛的故事。

20. 永葆气节的易州户曹褚承亮

褚承亮，字茂先，真定人，生卒年不详。少时潜心攻读，善写文章。一次，苏轼自定武谪官路过真定，承亮以文拜谒，苏轼大为称赞。宣和五年（1123 年）秋，应乡试，同试者八百人，承亮为第一。第二年，中进士，调易州户曹，未及赴任，便遭遇金兵南下，进犯中原。金将斡离不攻破真定，按名册将城内进士拘押在安国寺，承亮匿而不出。金军知其才，严令押赴，与诸生对策。策问试题为“上皇无道、少帝失信”，承亮很生气，对主持官员刘侍中说：“君父之罪，岂臣子所得言耶？”拒不应对，后一直归隐不仕。年七十终，门人私谥号“玄贞先生”。

21. 金代文坛盟主蔡松年

蔡松年（1107—1159 年），字伯坚，真定人，金代文学家。因家乡别墅有萧闲堂，故自号萧闲老人，曾做真定府判官。金主完颜亮为了南渡灭宋，曾对两代仕宋的蔡松年擢以显位，以图影响南人。历任吏部侍郎、户部尚书、右丞相等，封卫国公。金正隆四年（1159 年）去世，终年 53 岁，加封吴国公，谥号“文简”，归葬于真定。

蔡松年在文学上很有造诣，是金初重要文学家之一，工于乐府诗。作品风格隽爽清丽，词作尤负盛名，有文集《萧闲老人明秀集》存世。金代中后期文坛领袖元好问评价：“百年以来乐府推伯坚与吴彦高（吴激），号‘吴、蔡体’。”元好问编撰的《中州集》收入其诗59首。《中州乐府》录其词12首，清初编选的《全金词》录其词作86篇，均为金人第一。

22. 抗击金兵杀身成仁的濮州知州杨粹中

杨粹中，真定府人，宋抗金名将，生卒年不详。南宋建炎元年（1127年）任濮州（今河南省濮阳县）知州。建炎二年（1128年），金兵入侵中原时，粹中率兵坚守濮州，和金对峙。杨派大将姚端趁敌不备夜捣敌营，金将粘罕赤脚而逃，才免于一死。后来，金遂调集重兵大举进攻，恶战33天才攻下濮州。城破后，粹中登上寺院的高塔继续抵抗。金军赞赏其忠义，答应他下来后不死。杨粹中大义凛然，痛骂金贼，宁死不屈，跳塔自尽。后被皇帝追封为“徽猷阁待制”。《宋史》有传。

23. 金代文学开山者蔡珪

蔡珪（？—1174年），字正甫，真定人，金朝文学家，蔡松年之子。少有才名，7岁能诗，天德三年（1151年）中进士。任登州军事判官、三河县主簿。后历任翰林修撰、同知制诰、户部员外郎兼太常丞，官至礼部郎中，封“真定县男（爵名，从五品）”，终潍州刺史。

蔡珪以文名世，博学善辩，号称天下第一，在金代文坛占有特殊地位。元好问称金代文学“断自正甫为正传之宗”，即言蔡珪开金代文章之正宗，实为金代文学的实际奠基人。著有《文集》55卷，诗存46首，入《中州集》，词入《中州乐府》。另有《补正水经》3卷、《南北史志》30卷、《续金石遗文跋尾》10卷、《晋阳志》12卷。文集已佚。

24. 金代进士第一名李著

李著（？—1220年），字彦明，真定人。高才博学，精于诗文，工于字画。金章宗承安二年（1197年）中进士第一名，入馆翰林，历任临洮府判官、西京路按察司判官、彰德府（今河北邢台市）治中。元军攻城，李著坚守，后城被攻陷，李著避于塔上，元军招降之，著大骂不从。元军掘塔，塔倒著死，以节义殉职。金代元好问所编的金诗总集《中州集》收入其诗作。

25. 金元名医李杲

李杲

李杲（1180—1251年），字明之，号东垣老人，世称李东垣，真定人，金元间著名医学家，与刘完素、张从正、朱震亨并称“金元四大家”。少读四书五经，博闻强记，精通《春秋》《书》《易》。年轻时因为母亲患病，遍请医家，未获疗愈，终为庸医所误，从此矢志学医。曾携重金拜易州名医张元素为师，历数年苦学，尽得其传。

时值战乱之际，人们最为常见的病是脾胃之疾，饮食劳伤。李杲结合长期行医实践，潜心钻研《内经》《伤寒》等医书，医学上形成了自己独特的理解和建树，创建了中医脾胃学说。这种学说强调土为万物之母，脾胃乃万物之源，后天之本。他认为“内伤脾胃，百病由生”，故治病重在调理脾胃，曾经自制补中益气汤、升阳益胃诸汤方，并力倡“甘温除热”之法，以解虚人饮食劳倦外感发热之疾。后世尊之为“补土派”，为金元四大家之一家代表人物。

在伤寒治疗上，他也有所阐释，推崇医圣张仲景，提出“三禁”说，即经禁、食禁、病禁，并撰成《伤寒会要》。用药制方，深得其师张元素之真传，在补泻升降、归经法象、君臣佐使方面颇有法度。

李杲不仅医术精湛，且信守医者仁心。身处战乱年间，竭力救死扶伤，救治了大量患者，时人称为“神医”“国医”。主要著作有《脾胃论》三卷，《内外伤辨惑论》三卷，《兰室秘藏》三卷、《用药法象》一卷、《东垣试效方》三卷、《医学法门》三卷等。

李杲的中医脾胃学说，极大地丰富了传统医学在治疗脾胃疾病方面的理论和经验，对中医学的发展有着重要的贡献，对后世影响深远。中医界流传：“外感法仲景，内伤法东垣，热病用河间，杂病用丹溪。”

26. 元代医学家罗天益

罗天益（1220—1290 年），字谦甫，真定人，医学家。他幼承父训，有志经史，攻读诗书。长大后，逢乱世弃儒习医，跟从李杲学医，并发展了李氏学说。1251 年后，他自师门回乡行医，以善治疗疮而显名，在元太医院任太医。后一再随军征战，在军中他还四处访师问贤，以提高医术。晚年以《内经》理论及张元素、李东垣之说为基础，博采众家，结合自己多年的临床经验，著成《卫生宝鉴》24 卷。将医学知识分经论证而以方类之，编成《内经类编》，已失传。他还整理刊出了多部李杲的医学著作，对传播“东垣之学”起到了重要作用。另整理名医张元素的著作《洁古注难经》。

罗天益用灸法以温补中焦，不仅能治中焦不足的虚寒证，而且还可以治疗气阴两伤的虚热证，更好地弥补了其师李东垣之不足，并发展了刘河间热证用灸、李杲甘温除热的理论观点，继承和发展了金元四大家的针灸学术思想，成为金元医界一位承前启后的重要医学家。

27. 元曲名家白朴

白朴（1226—约 1306 年），原名恒，字仁甫，后改名朴，字太素，号兰谷。祖籍隩州（今山西河曲）。其父白华为金贞祐三年（1215 年）进士，官至枢密院判官。蒙古灭金后白朴随父徙居真定，晚年寓居金陵（今南京）。因遭逢离乱，厌恶蒙古统治者的残暴，白朴放弃官场名利争逐，终身不仕。因其子白镛在元朝为官，白朴被追赠为嘉义大夫、掌礼

白朴

仪院太卿。

白朴自幼聪慧，记忆过人，又曾随著名诗人元好问学习诗词古文，故精于度曲，为元代著名戏曲作家，与关汉卿、马致远、郑光祖并称为“元曲四大作家”（另有一说为“关汉卿、马致远、王实甫、白朴”）。作杂剧16种，代表作有《裴少俊墙头马上》《唐明皇秋夜梧桐雨》《董秀英花月东墙记》等。其散曲创作名气也很大，存小令37首、套曲4首，词集《天籁集》存世。

《裴少俊墙头马上》《唐明皇秋夜梧桐雨》两部作品，历来被认为是爱情剧中的成功之作，具有极强的艺术生命力，对后代戏曲的发展具有深远的影响。王国维在《人间词话》中曾评价：“白仁甫秋夜梧桐剧沉雄悲壮，为元曲冠冕。”

28. 元代“史九散仙”史樟

史樟（约1240—1288年），字敬先，又号“史九散仙”“史九散人”等，真定人，元戏曲家。元初名臣兼散曲家史天泽次子，排行第九，故又称“史九敬先”，与白朴为同时代人。曾任真定顺天新军万户、武昌万户等职。其父在随军南伐过程中因病退至真定，后裔遂定居于此。史樟平时喜欢《庄子》《列子》，常穿着麻衣草鞋，以“散仙”自号，别人称为“史九散仙”。对曲辞创制很有兴趣，所作杂剧有《破莺燕蜂蝶庄周梦》（今已不存），该剧为元杂剧中“神仙道化剧”一类题材开了先河。明代朱权《太和正音谱》称之曰：“其词势非笔舌可能拟，真词林之英杰。”其生平事迹略见《元史》卷一五五《史天泽传》附、王恽《秋涧集》、朱权《太和正音谱》等。

29. 元代文人侯克中

侯克中（？—1315年），字正卿，号艮斋，真定人。幼时失明，听群儿诵书，当日即能全部记住。稍大一些便学习辞章，并专心研读《易》，写成《大易通义》一书。杂剧作家白朴与他是总角之交，元初散曲家史天泽、胡祗遹、徐琰等都与他交好，常有诗文往来。著有《艮斋诗集》14 卷，所撰杂剧《关盼盼春风燕子楼》已佚，散曲仅存套数 2 篇，残曲一则。

侯克中志趣广泛，克服了自身的生理缺陷，致力于诗作、剧曲创作和《易》学、史学研究，取得了巨大成就，在元代文坛上堪称集诗人、剧曲家、易学家、史学家为一身的第一人。《四库全书总目提要》评价："其诗颇近击壤一派，多涉理路，而抒情赋景之作，亦时有足资讽咏者。"明代朱权《太和正音谱》将其杂剧作品列入杰作。

30. 元代文学家赡思

赡思（1277—1351 年），又名舒苏，字得之，真定人，元代文学家。原为阿拉伯人，祖父鲁坤随蒙古军东迁，居丰州（今内蒙古呼和浩特市东白塔镇）。窝阔台汗时，鲁坤官至真定、济南等路监榷课税使，后迁居真定。赡思少年学习刻苦，9 岁时能每日记诵儒家经传千言。师从名儒王思廉，博览群经，甚为乡里人所推重。延祐初年（1314 年）以科举取士，有人劝其应举，思以笑置之。后于泰定三年（1326 年）被举荐入朝，历任应奉翰林文字、陕西行台监察御史、江东肃政廉访副使等。曾多次平反冤狱，政绩颇著。至正十一年，于家中病故，享年 74 岁。后赠嘉议大夫、礼部尚书、上轻车都尉，追封"恒山郡侯"，谥号"文孝"。

赡思淡泊名利，才学卓异，潜心研究，在经学、史学及天文、地理、历算、水利、佛学等方面皆有建树。著有《四书阙疑》《五经思问》《老庄精诣》《河防通议》《西国图经》《金哀宗记》《正大诸臣列传》《审听要诀》及文集 30 卷等。《常山贞石志》中存其撰文 5 篇：《加号大成诏书碑阴记》《哈珊神道碑》《善众寺创建方丈记》《龙兴寺钞主通照大师碑》《龙兴寺住持佛光弘教大师碑》。

31. 元代著名杂剧作家尚仲贤

尚仲贤，真定人，元代戏曲家，生卒年、字号不详，元世祖中统（1260—1264 年）初还在世。曾任江浙行省官吏。《录鬼簿》列为"前辈已死名公才人"。著有杂剧 11 种，今存《洞庭湖柳毅传书》《汉高帝濯足气英布》《尉迟恭三夺槊》3 种。另，今人孙楷第（古典文学研究专家）

在《述也是园旧藏古今杂剧》中考证《十样锦诸葛》即尚仲贤的《玉清殿诸葛》，至今存有 4 种。此外，《海神庙王魁负桂英》仅存曲词一折；《陶渊明归去来辞》《凤凰坡越娘背灯》仅存第 4 折残曲。

尚仲贤杂剧以《柳毅传书》最为优秀，该剧取材于唐代李朝威的传奇小说《柳毅传》，描写了书生柳毅与龙女三娘之间的爱情故事，在思想内容艺术构思上达到了较高水平，对后世影响甚大，至今仍有各种改编本，并经常在舞台上演。

32. 元代著名杂剧作家李文蔚

李文蔚，真定人，元代戏曲作家，生卒年、字号不详，约于宪宗元年（1251 年）前后在世。曾任江州路瑞昌县尹。与白朴相友善，白朴有题为“得友人王仲常、李文蔚书”的〔夺锦标〕词，其中有“谁念江州司马沦落天涯，青衫未免沾湿”词句，可知李在官场曾受挫折。

《录鬼簿》录李文蔚所著剧目 12 种，现存 3 种：《同乐院燕青博鱼》《破苻坚蒋神灵应》和《张子房圯桥进履》。《燕青博鱼》是其代表作，剧中穿插燕青和燕顺之兄燕和博鱼的情节，因而得名。本剧和《燕青射雁》（已佚）是现知元代水浒戏目中仅存的两出燕青戏，它具有元代水浒戏通常都有的诛恶锄霸内容，曲文也属本色当行，在元代水浒戏中独具特色。只是剧本稍有枝蔓，脉络欠连贯。《燕青博鱼》被收入《元曲选》及《古今名剧合选》。

《破苻坚》反映的是著名的淝水之战，《圯桥进履》写张良在圯桥为黄石公拾履，被授予兵书。这两部作品虽是取材于历史上的人物和事件，但都有着浓厚的传说色彩。李文蔚的剧作质朴之中具有豪爽之气，明代朱权《太和正音谱》评其词“如雪压苍松”。

33. 元代著名杂剧作家戴善甫

戴善甫，一作戴善夫，真定人，元代杂剧作家。生卒年不详，约元世祖中统初（1260 年）前后在世。曾在江浙行省为官，与尚仲贤同里同僚。《录鬼簿》列其为“前辈已死名公才人有所编传奇行于世者”。

戴善甫作杂剧5种：《风光好》《玩江楼》《红衣怪》《伯瑜泣杖》《紫云亭》。5个杂剧分别讲述汉代韩伯瑜、三国关羽、唐代韩湘、宋初陶谷、北宋柳永等历史人物故事，由此可见戴氏长于历史剧。今仅存《陶学士醉写风光好》，是元代杂剧中独具风格的讽刺喜剧。《柳耆卿诗酒江楼》存部分曲文，其语言本色清新华艳，明代朱权《太和正音谱》评价“词如荷花映水”。近代著名戏曲理论家吴梅《中国戏曲概论》评介说：“戴善夫《风光好》俊语翩翩，不亚实甫。”

34. 元代文人汪泽民

汪泽民，名德润，真定人，元代杂剧家。约元世祖至元年间前后在世。作杂剧《糊突包待制》，又名《糊突包正臣》，现已佚。明代朱权《太和正音谱》将其列入“俱是杰作，尤有胜于前列者”的150人之中。

明代贾仲明《录鬼簿续编》中有吊汪泽民曲词《双调·凌波仙》：“汪公德润字泽民，赵燕北南真定人。盛时人物多才俊，编《糊突包正臣》。上《鬼簿》，可羡钟君。生前姓，死后身，名不沉沦。”

35. 元代政治家、史学家、文学家苏天爵

苏天爵（1294—1352年），字伯修，人称滋溪先生，真定人。元代政治家、史学家、文学家，著名清官。其父苏志道为官岭北行中书省左右司郎中时因救荒有惠政，人称“能吏”。天爵少时从安熙学习，后又以吴澄、虞集等为师。延祐四年（1317年）国子学生公试，名列第一，授大都路蓟州判官。后历任翰林国史院典籍官、江南行台监察御史、刑部郎中、御史台都事、礼部侍郎、淮东道肃政廉访使、枢密院判官、吏部尚书、湖广行省参知政事、陕西行省台侍御史、集贤侍讲学士兼国子祭酒、山东道肃政廉访使、江浙行省参知政事、大都路都总管等职。至正十二年（1352年）淮右盐民（红巾军）起义，波及江东，苏天爵重新被起用为江浙行省参知政事，总兵饶州、信州，最后以老病死于军中，享年59岁。后迁葬于真定新城铺村南苏

家祖坟。

据史书记载，苏天爵做地方官时，断事决狱，颇称能吏。任江南行台监察御史时，到湖北查案，平反了许多冤狱。至正五年（1345 年），任山东道肃政廉访使期间，体察百姓疾苦，严惩贪官奸吏，共兴除 783 件事，纠劾官吏 949 人，京都百姓皆称誉其为“包拯、韩琦”（两人皆宋代名臣），却因此得罪了宰相，被罢官回家。

苏天爵学识广博，研究问题能抓住精要，且长于记载。他对当时文献很熟悉，编辑了《国朝文类》70 卷，记载了元代的制度和文物。另外还收集碑志、行状传约百篇，辑成《国朝名臣事略》15 卷。另著《松厅章疏》5 卷、《春风亭笔记》2 卷、《史稿》30 卷、《治世龟鉴》1 卷等。《辽金纪年》和《黄河原委》，均未脱稿。其为文长于叙事，平易温厚，成一家之言，而诗歌尤得古法。有诗稿 7 卷，《滋溪文稿》30 卷。《四库全书提要》评价其“身任一代文献之寄”。

36. 元代国子监祭酒杨俊民

杨俊民，真定人，生卒年不详，元代进士。中进士后任翰林编修，又任山西廉访使。入京为礼部郎中，升国子监司业，又迁为集贤直学士。至正十六年（1356 年），奉命祭祀曲阜宣圣庙，并对祠堂殿宇进行修缮，回京后又拜为国子监祭酒。曾于至正十七年（1357 年）作《修阳和楼记》，记述重修真定阳和楼一事。著有《滹川文集》行世。

37. 明初诗人、四川布政使梁伯子

梁伯子（1502—1571 年），名桥，字公济，别号冰川，真定人。明初，以贡生被选入太学，向翰林学士吴惠学习理学，后任四川布政使司。执政廉洁清明，性格刚正不阿，常用诗文讽刺时世。他在《名山多虎》中写道：“借问循良何处是，人皆贫死虎纵横。”《眉州炎雨》一诗云：“凭谁为挽千寻帚，一扫浮云仰日还。”后因不满政事，弃官告归。据县志记载，“茹素安贫，平生嗜古好学”。著有《皇明政事策要》《冰川诗式》。

38. 明代三边总督、太子太保贾应春

贾应春，字东阳，号樵村，真定人，生卒年不详。嘉靖二年（1523 年）进士。历任南阳知县，和州知州，刑部郎中，潞安、开封知府，陕西副使，山东盐运同知，汉阳知府，按察使，布政使，右副都御史。嘉靖三十二年（1553 年）任兵部右侍郎，总督三边军务。最终官至户部尚书。死后赠太子太保。《明史》有传。

据史书记载，应春驻守边镇几年间，屡建战功。修筑长城一万一千八百余丈，把二万顷闲田给军队屯垦，深受边民信赖爱戴。任户部尚书间，“国用不足，应春以为言。因命征不及七分者，所司毋迁官。漕政废弛，运艘多逋负，亦以应春言重其罚。”

39. 明代巡抚、总督、兵部尚书、阁老梁梦龙

梁梦龙（1527—1602 年），字乾吉，号鸣泉，真定人，明朝政治家、军事家。据《梁氏族谱》载，梁氏原是山西蔚州之巨族，明洪武初年为避战乱徙至真定。至七世梁梦龙时，其家族大显。嘉靖三十二年（1553 年）中进士任顺天府丞、河南副使，治理黄河决口有功。隆庆时巡抚山东，迁右副都御史，巡抚河南。明神宗初为户部右侍郎、兵部左侍郎，总督蓟、辽、保定军务，坚持抗击后金，有功，奖诏十余次，加兵部尚书，并世荫一子至锦衣千户，又加太子太保。后遭弹劾，去官，在真定家居 19 年去世。为官颇享清名，人称“梁阁老”。天启中，赠少保。崇祯末，追谥“贞敏”。今正定城内有梁氏宗祠。

梁梦龙

梁梦龙“素具精练之才”，且为官清正，慷慨言事。为官的 27 年中，“为国家积灰徙薪，长虑在百年以前”，于多种任职上均作出了一定的贡献。隆庆年间，黄河连年水患，大运河淤塞，京师坐困。时任山东巡抚的梁梦龙积极试行海运，为

试行海运做了大量工作，在详细了解了海道的口岸、日程、里数等情况之后，他向朝廷上疏，建议正式实行海运。而后海运成功，恢复了南起淮安至胶州，北自海仓口至天津共3200余里的运粮海道，“堪分漕运之半，为国家利甚巨”。任职山东巡抚期间，山东在他的治理下，“吏率于良，士竞于教，农工商贾不迁其业，盗尽息，民既安，齐鲁之间晏然”。巡抚河南期间，时河南一带多盗患，他制定了九条防止盗患产生的措施，施行几个月，便平息了盗患，使境内百姓能够夜不闭户。神宗初年，他在相国张居正门下当谋士，因其正直有才干，深得张居正赏识，召为户部右侍郎，澄清吏治，刚正廉明，曾因直言进谏，使皇帝发怒，被削夺俸禄半年。

著有《史要编》，收录了历代史著的序、跋、表共115篇，包括正史3卷，编年3卷，杂史3卷，史评1卷。时人评价：“是编也，上下数千载，盛衰得失之迹，大凡具在，乃考索之荃蹄，献纳之关键也，或可备史学之一种。”在试行海运的同时，写成《海运新考》3卷。另有《效忠录要》《历官表奏钞》《史论编》《赐麟堂集》等。

40. 明代崇尚节俭、爱民如子的知府梁维基

梁维基，真定人，梁梦龙之孙，生卒年不详。少年丧父，竭尽心力侍奉母亲，奋勉读书。后入乡学，又因祖上功德而入国学。后被选为督府幕僚。因勤于职守，升为户部员外郎，掌管通州粮饷，后又升任广东南雄知府。他生活简朴，无贵介之气。理政务，识大体，体恤百姓，不为苛薄之事，减轻百姓徭役赋税。当时南雄一带盗贼兴起，剿捕不尽，维基只身一人进入贼营，宣布恩威，盗贼们尽皆散去。他善理学，制定合理教育制度，使当地读书人进步很快，门下中第者数十年不绝。他还清除了一些奸恶之徒，征徭役和农忙交叉进行，不影响农业生产。在任期间，政通人和，百废俱兴，官声极好。任期满后，回到家乡。死后被尊为“乡贤”。

41. 明代造福一方的正定知县周应中

周应中，字宁宇，浙江会稽人，生卒年不详，万历年间进士。万历元年（1573年）由元

周应中

氏调入真定任知县。到任前就已经很熟悉真定的历史、地理及风俗民情，在任期间，整修城墙，整治河道，兴修水利，改造农田，减轻百姓负担，造福全县百姓。组织编写《真定县志》47卷。

监督整修城墙。当时的真定城墙是正统十四年（1449年）深挖城壕，用土垒筑而成的，为了让城墙更坚固，隆庆五年（1571年），知县顾绶请示朝廷批准后，用砖包砌城墙。周应中到任后，又申请府库白银6万余两购买砖石，继续修筑砖墙，使真定城形成了周围二十四华里、高三丈、上宽两丈余的雄伟城垣，为真定古城墙的长久保存奠定了基础。

整治河道，兴修水利，改造农田。当时，周家庄、曲阳桥一带的周泉淤塞，遇大雨则形成洪水，淹没庄稼。周应中率领百姓挖掘泉穴，疏浚河道，消除洪灾。百姓怀其政绩，把新修的河道叫“周河”，即现在周汉河的西段（周汉河源头至雕桥村一段）。在正定城的西北角有很多泉眼，城外东北方向有一个旺泉，泉水冲积淤土形成洼地。周应中动用民工把泉水疏通成小河，让小河流经西洋、诸福屯、固营等村，把洼地改成农田，增加了许多水田，并把旺泉向南引入护城河。周应中在治理周河和改造城区周围水系为民造福上，留下了不可磨灭的功绩。

减轻百姓负担。周应中最关心的事情是真定百姓差役支应负担上的繁重之苦。考虑到真定既是南北的中间站，又是九省通衢，和其他偏僻的县城有很大区别，支应的任务不能够全部免除，周应中根据实际情况实施适当措施，把境内的驿站、管理机构调整编制，裁减人员，并把所提议的条款形成文字上报审批，以保持长久不变动。

据史书记载，周应中于万历五年（1577年）由真定调任崇阳。万历十二年（1584年），主编《万历戊寅志》，官至光禄寺少卿。他不喜炫耀，“故其居乡，闾里不知有乡宦，官府不识有名卿”。

42. 明代公正廉明的正定知县徐天宠

徐天宠，江都（今江苏江都）人，明代进士。万历十三年（1585 年）任真定知县。据史载，他为官廉明，断案公正，勤于政事。一日三餐均在大堂之内，遇到公事随时办理，从不积压案件、冤枉好人。有人见他很累，婉言劝其休息，天宠回答："我是一县之主，应恤全县之民，不能因为自己片刻偷闲，使百姓积怨含冤。好在我办理公事已成习惯，再苦再累也是自然之事。"他在任五年，政绩卓著，后被提升为工部主事。临行之时，真定百姓自发集合，聚集在驿道边，含泪相送。后又任彰德知府，由于操劳过度，死在任上。消息传到真定，百姓纷纷离家罢市，前去哀悼。直到 30 年后，徐天宠的事迹还在真定城乡广为传颂。

43. 清代按察使、布政使王原膴

王原膴（1618—1670 年），字安之，真定人。父王钟庞，明太常寺卿、礼部员外郎，为明朝后期著名政治家赵南星外甥。安之幼年聪颖敦厚，举动像成人一样持重。成年后补博士弟子员，生国学，选入史馆。

清顺治初年（1644 年），为中书舍人。三年（1646 年），肃亲王豪格入川清剿张献忠部，王原膴因通晓掌故文学充任秘书，随军出征，其间多次出谋划策，深得肃亲王器重。其后占据保宁的大西军刘进忠投降，王原膴在治理保宁期间，安抚百姓，选拔贤才，重视农事，整顿盐政，使得保宁境内秩序安定。又设计击破张献忠余部张显、刘文秀所率农民军的多次袭击，因功升按察副使，奉令到陕西榆林修整兵备。

顺治十八年（1661 年），"以原任河南按察使王原膴，为福建按察使司按察使"，率军镇压沿海郑成功余部，审定多起大案。任广西右布政使，清理盐税，考核赋税，井然有法。

康熙六年（1667 年），各省布政使去左右衔，改设一名布政使，安之遂致仕回家。九年（1670 年），卒。

44. 清初惠政仁声、福州知州王原直

王原直（？—1691 年），字子凉、荫生，真定人。王原膴之弟。康熙初年（1662 年），补任太常寺典簿，后出任宁波府同知。因业绩升任福州同知。福州环山面海，土地贫瘠，百姓困苦不堪。原直以“原生正德为己任”，寻访民生疾苦，力为纾难。在福州七年，惠政仁声在境内传颂。康熙二十九年（1690 年），因事牵连遭解官，福州人为之鸣不平，罢市数日。后康熙皇帝知情后，命其官复原职，第二年卒于任上。

45. 清代保和殿大学士梁清宽

梁清宽，字敷五，真定人。梁梦龙曾孙，大学士梁清标之兄，清代保和殿大学士。顺治三年（1646 年）丙戌科二甲第一名进士（传胪），选为庶吉士，散馆授弘文院编修。曾主试江南文运，评阅精严，所选拔的多为知名人士。因主试有功升迁为侍读及侍读学士，不久升为吏部侍郎。

据县志记载，梁清宽济世之志宏伟博大，品德端方，以气节文章为诸弟推崇，为官则勤于政事。致仕家居后，常与其弟清远等人诗酒流连，竟日忘倦。工于书法。因病卒。

梁清宽与堂弟梁清远、梁清标皆科甲折桂，人称“一门三进士”。

46. 清代刑部主事、吏部侍郎梁清远

梁清远（1606—1683 年），字迩之、葵石，号瘿冠道人、雕丘、袚园，真定人。梁梦龙之曾孙。崇祯十五年（1642 年）中举。顺治三年（1646 年）中进士，授刑部主事。次年任稽勋司主事，后升文选司员外郎、考工司郎中，调文选司郎中、太常寺少卿提督四译馆。顺治十一年（1654 年），任大理寺卿、兵部督补右侍郎。顺治十三年（1656 年），任户部右侍郎督理钱法局，同年改吏部左侍郎。

清远为人敦厚，重节义，持大体。著有《袚园集》9 卷，包括诗、文各 4 卷，词 1 卷；《雕

邱杂录》18卷，皆随时笔记之文，多录明末杂事及真定轶闻，颇多劝诫之意，因其晚年信奉修炼之说，书中亦涉及佛教。

47. 清代四部尚书、大学士、明史总裁官、鉴赏家、收藏家梁清标

梁清标（1620—1691年），字玉立，另字苍岩，号棠村，又号蕉林，真定人。梁梦龙曾孙，梁维本第五子，出继梁维基为嗣，明末清初著名书画收藏家、鉴赏家。

梁清标出身显贵，自幼天资聪慧，读书一目数行，为文才思泉涌。14岁，补诸生。明崇祯十五年（1642年），乡试中举，十六年（1643年）进士，任翰林院庶吉士。清顺治元年（1644年）补授原官，不久授编修。历任宏文院编修、国史院侍讲学、詹事府詹事、礼部左侍郎、吏部右侍郎、吏部左侍郎、兵部尚书、礼部尚书、刑部尚书、户部尚书、保和殿大学士等职。

梁清标清高刚正，为官能持大体，不徇私情，清正务实。顺治十三年（1656年），任兵部尚书时，一次皇上要召见江南提督马逢知，按大清律规定，地方提督见皇帝之前要赴兵部拜见兵部尚书，行跪拜礼。马逢知平时桀骜不驯，傲慢惯了，就请求梁清标免了这一礼节，遭到梁清标当面叱责。皇上听说后，对侍臣说："梁尚书不愧是大臣中严守规矩法度之人。"

清康熙三年（1664年），很多大臣以选举方式繁琐落后为由，议停科举考试，梁清标极力阻止，说如果废除科举，则失去了四海志士之心，科举取士的不足之处可以慢慢修改，最终皇帝听取了他的建议。六年（1667年）任会试主考官，用"策论"试士，崇尚实学，摒弃浮议，录取了150多位名士。任刑部尚书期间，治案务求平允，深得康熙皇帝赏识。十七年（1678年），奉皇帝令举荐"博学鸿词"，他举荐了徐轨等四位名士。

梁清标

梁清标生平好学，精于鉴赏，长于书法，尤其

喜欢收藏历代名家的字画。他“蓄古书数十万卷”，所藏历代书法、名画尤为珍贵。康熙六年（1667 年）他卸任回真定后所建的蕉林书屋，成为一座汇集绝世藏品的著名藏书楼，有“项（元汴）家‘蕉窗’梁‘蕉林’，图书之富甲古今”之称。徐世昌《大清畿辅先哲传》称其“搜藏金石文字、书画、鼎彝之属甲天下”。王羲之的《兰亭序》、李白的《上阳台》、阎立本的《步辇图》以及宋徽宗的《柳鸦芦雁图》、顾恺之的《洛神赋》等名家的墨宝都曾是蕉林书屋的旧藏。所藏法书名画，均由专人以特定的形式装裱，多有梁清标亲笔题签。因其文化修养深厚，学识丰富，“好观古人书画，能评其真赝”，“博物多识鉴赏精”，具有很高深的鉴赏力。凡是经他鉴定收藏盖有“棠村审定”或“蕉林书屋”印鉴的书画，大多是真迹，都有很高的艺术价值。由于梁清标收藏丰富，学问渊博，职高位尊，所以蕉林书屋也成为当时文人墨客雅集之所，声名远播。

为了让更多的人看到自己的秘藏，他从所藏法书中精心选出陆机的《平复帖》、王羲之的《兰亭序》、杜牧的《张好好诗》、颜真卿的《竹山堂联句》、苏轼的《洞庭春色赋》、赵孟頫的《洛神赋》等 11 种名帖，邀请金陵雕工尤永福精心摹刻为《秋碧堂法帖》8 卷，刊行于世，成为清初极有影响的名帖。

在家闲居时，梁清标每日里“布席拥其画”，与来访文友雅客奇文共赏，沉浸在读书、作诗、品茗、赏画的惬意生活中。一生著作甚丰，有《蕉林诗集》18 卷、《蕉林近稿》1 卷、《蕉林文稿》《棠村词》《棠村随笔》《棠村乐府》《棠村奏草》《悠然斋诗》《蕉林诗钞》《使粤集》等书。其中《蕉林诗集》刻于康熙十七年（1678 年），共收诗作 2163 首，有许多为当时著名书画家、收藏家所写的题画诗。康熙二十七年（1688 年），任保和殿大学士期间曾奉敕监修《三朝国史》《政治典训》《平定三逆方略》《大清会典》《大清一统志》等典籍，并任《明史》总裁官。

康熙三十年（1691 年）八月，在家乡去世，年 72 岁，受“乡贤”祭祀。

48. 清代专注教育、编著、第一贤书何诒霈

何诒霈（1779—？年），字春渠，正定人。其父何梦莲为榆林知府、监察御史。诒霈性

情持重，爱好经史文辞。16 岁入学，19 岁中生员。清嘉庆十年（1805 年），26 岁进士登第为第一名贤书。授为知县，又改任河间教授。其父死后，辞任归里，悠游于林泉，设帐教书，学生众多。他一生刻苦读书，勤于编著，老而不废。著有《四书酌注》《易经酌注》《书经酌注》《成周彻法演》《儒医圭臬》《碧霞斋制艺》《古藤轩制艺》《课徒草》《文心针度》《古文传赞》等。诒霈文才过人，江南一带尊之为清代文圣，其著作曾列为江南举子必读课本。

49. 清代平叛总兵、禁烟提督郭继昌

郭继昌（？—1841 年），字厚庵，直隶正定人，清朝将领。行伍出身，从军多年，补固关外委。由直隶调湖北剿白莲教，继而跟随恒瑞入川，在龙凤坪击败罗其清、冉文俦等部，在马鞍山歼灭冉文富部，又赴陕、甘地区剿灭张汉潮部，立下了赫赫战功。升任龙固营都司，累迁陕西宜君营参将。

道光元年（1821 年），郭继昌赴喀什噶尔换防，授定边协副将，调安西协。六年（1826 年），南疆分裂势力大和卓之孙张格尔发动叛乱，占据和阗等城。郭继昌换防叶尔羌，抵阿克苏城，驻守托什罕。叛军企图强渡浑巴什河，攻占阿克苏。郭继昌部及协领都伦布部驰援，被叛军首领库尔班素皮分兵包围，郭继昌趁叛军渡河开营出击，歼敌千余人。为解协领都伦布之围，继昌借调额尔古伦骑队三百人，趁夜突袭，追及河上，击杀淹毙叛军 4000 余人，斩杀其首领库尔班素皮。甘陕总督杨遇春上报战功，授郭继昌总兵衔，赐号“干勇巴图鲁”。

道光七年（1827 年），郭继昌跟随清军主力西进，与叛军激战大河拐。清军用声东击西战术，先以一部骑兵在下游渡河，将敌军注意力引向下游，而后郭继昌等率主力趁夜由上游急渡，突袭敌阵，叛军溃逃，清军乘胜疾进，收复喀什噶尔等四城。年底，叛军被全歼，张格尔被缚送清军，叛乱平定。次年凯旋，授郭继昌寿春镇总兵，绘像紫光阁，图上题词赞其功云：“生于近畿，拔于行伍。屡立战功，我壮我伍。临阵督兵，随营俘虏。俾镇寿春，张弓控弩。”九年，调陕西延榆绥镇。十年，再赴喀什噶尔剿叛军残余。十三年（1833 年），代理固原（今宁夏六盘山北）提督。

道光十七年（1837年），清朝政府主张禁烟，而英国军舰在广州沿海游弋，为英国鸦片商人撑腰，并不断在沿海制造事端，使中英冲突日益激化。其时，郭继昌调任广东陆路提督，和水师提督关天培成为两广总督邓廷桢的左膀右臂。十九年（1839年）正月，林则徐为禁烟钦差大臣，抵达广州。郭继昌配合林则徐严厉打击贩卖鸦片的不法商人，整军练武，编练义勇，增强防卫能力。并来往于广州和惠州之间，策划指挥两地的海防事务。

道光二十一年（1841年），郭继昌因积劳成疾去世。

50. 清代平叛卫国总兵武光琳

武光琳（？—1834年），直隶正定人，清朝中叶将领。嘉庆元年（1796年）四川湖北爆发白莲教起义，随军出征湖北，因战功补龙岗营额外委（从九品）。二年（1797年），转战陕西，积战功补顺德营经制外委。三年（1798年），四川、湖北两地的白莲教起义军汇合，势力大增。武光琳在征战中骁勇争先，身先士卒，数次获胜，升昌平营把总。后又转战陕西因功升三屯协千总。五年（1800年），于陕西戴家营、西乡（今陕西洋县西南）剿杀白莲教起义军获胜。七年（1802年）调松棚路千总，后调大名协左营千总。

嘉庆十六年（1811年），升陕西延安营守备。十九年（1814年），奉调赴喀什噶尔（今疏勒）。二十年（1815年），在镇压南疆伊斯兰教黑山派阿訇孜牙敦反清和分裂祖国的叛乱活动中，武光琳奋勇鏖战，夺其首领。因功赏顶戴花翎，补临洮营都司。

道光二年（1822年），升甘肃俄卜岭营游击。六年（1826年），南疆分裂势力大和卓之孙张格尔发动叛乱，攻占了喀什、和阗、叶尔羌等地。武光琳在阿尔坪战斗中，率步骑南北截击，击溃张格尔一部，斩杀5人，俘73人，缴获大量物资。七年（1827年），因战功升督标右营参将，是年六月，平定南疆叛乱后官军内撤。后曾代理陕西靖远协副将、代理定边协副将，授督标中军副将、贵州威宁镇总兵。十四年（1834年）卒于任上。

51. 北洋三杰之首、民国国务总理王士珍

王士珍

王士珍（1861—1930 年），字聘卿，号冠儒，正定县牛家庄村人，北洋三杰之首。出生于医师之家，幼年聪明好学。光绪二年（1876 年），15 岁的王士珍被正定镇台叶志超看中，收在属下当勤务兵。17 岁考入正定镇总兵学兵队，不久随叶志超调驻山海关。光绪十一年（1885 年），入天津武备学堂，在炮兵科学习 3 年，毕业后回山海关任炮队教习。他采用西法教学，学以致用，博得上司的称赞，后曾赴朝鲜作战。回国后，王士珍仍然统领榆台炮队，驻防山海关。《马关条约》签订后，王士珍随新任直隶提督聂士成移居芦台。

光绪二十年（1894 年）十一月，清政府在甲午战争惨败后成立“督办军务处”，开始在天津小站编练新军，并委派袁世凯督练新式陆军。作为懂新式军事的人才，王士珍经袁世凯老朋友荫昌推荐到小站。由于王士珍做事细密、周到，才干出众，而且不张扬，深得袁世凯的信赖和重用，曾任督操营务处会办、工程营管带，兼德文学堂监督等职。他完全按照近代德国陆军的营制、操典训练士兵，聘请德国军官担任教官和督操官，全部使用外国造新式武器。二十三年（1897 年）冬，被派去日本阅操。

光绪二十五年（1899 年）冬，袁世凯署理山东巡抚，王士珍任军事参谋。参与了瓦解义和团、黄河堵口固堤等大事。这期间，德国驻胶州总督应袁世凯邀请到济南阅操，他赞扬主持操练的王士珍、段祺瑞和冯国璋为“北洋三杰”。自此，王士珍被推为“三杰之冠”，始称“北洋三杰之龙”。

光绪三十年（1904 年），王士珍被破例授予正黄旗蒙古副都统，赏一品顶戴。三十三年（1907

年），升任江北提督，加陆军部侍郎衔。

清政府垮台后，王士珍自动解职退隐正定。袁世凯任大总统后，几次派人甚至派长子袁克定去请王士珍担任要职，都被他婉拒。

1914 年，授陆军上将军衔，后代理陆军总长。1916 年 6 月，袁世凯称帝失败病死，黎元洪继任大总统，段祺瑞任国务总理，王士珍任陆军总长兼参谋总长。1917 年，张勋复辟失败，冯国璋当上总统，11 月 20 日，冯国璋免去段祺瑞国务总理的职务，请王士珍出任内阁总理。1918 年 2 月，王士珍辞去总理一职，称病告归。1920 年 10 月，江苏督军李纯暴死后，徐世昌大总统任命王士珍为苏皖赣巡阅使，他以老病推辞不就，第二年特封其为德威上将军，管理将军府事务，未赴任。自此，王士珍退出了军政界，隐居北京。

1926 年 5 月任京师临时治安会长、京师救济联合会会长等职。其间，曾以北洋元老身份出面调停直皖战争、直奉战争，协调蒋介石、冯玉祥、阎锡山、张作霖等各派军阀之间的关系，使北京社会相对稳定，百姓少受兵灾之苦。在任故宫博物院院长时，劝阻了张作霖劫走故宫古物，使文物瑰宝免遭一劫。

1930 年 7 月，王士珍因病卒于北京，享年 70 岁。

（二）现当代名人

1. 正定县首个农业生产合作社创办者、劳动模范樊福成

樊福成（1900—1978 年），正定县樊家庄人。1945 年加入中国共产党。1946 年起任村支部书记，为该村第三任村支部书记，任职一直到 1960 年。曾任第三届正定县人民政府委员、中共正定县委不脱产县委委员。

1947 年，驻石门市（今石家庄市）国民党军队北上袭击，他领导村民坚壁公粮小麦 19 万斤，丝毫未受损失。土地改革以后，他带头把自己的地种好，为群众做出了榜样。为解决无劳力户、无大型农具户生产上的困难，自 1951 年起他在全村本着自愿互利的原则，组织起了 19 个长

年互助组，有46户农民参加，占全村总户数（59户）的78%。他把自己的水车献出来与无水车户共用。1952年4月，他带头办起了全县第一个农业生产合作社（初级社）——樊福成农业生产合作社，为全县农民走合作化道路带了个好头。在他的影响与带动下，城北的张大祥、王黑、焦洛印、张星五，滹沱河南岸的张明润、董瑞等也纷纷办起了农业生产合作社。

樊福成为造福后代，新中国成立后在村里办起初级小学。1951年，入学儿童52名，占全村学龄儿童的90%。同时还办起了民校，学员达21名，使樊家庄成为有名的文化村。

因樊福成大公无私，为人朴实憨厚，深受群众的推崇和爱戴，1950年11月被评为劳动模范，出席河北省首届劳模大会。1951年10月1日，他以劳动模范的身份代表正定县老区人民，到北京参加国庆观礼，受到了毛泽东主席的亲切接见。1951年11月5日，出席河北省第二届劳模大会。1960年以后不再担任村支部书记，终日辛勤劳动，一直是劳动模范。1978年12月1日因病逝世，享年78岁。

2. 当代著名林学家、植物学家郝景盛

郝景盛（1903—1955年），字健君，出生于正定县西柏棠村一个农民家庭，著名林学家、植物学家。是我国系统研究杨柳科和裸子植物分类最早的学者，较早提出东北红松林人工更新为主、合理采伐的科学方案，是中华人民共和国成立后山区农村建设走农林牧综合经营道路的早期规划人和开拓者。曾大力宣传森林的多种效益、植树造林、保持水土和林产利用。

郝景盛

幼时读过两年私塾，后务农到17岁才到县城上高小，不久升入直隶省立第七中学。1925年考入北京大学预科，后入生物系，为该系第一班学生。1933年，郝景盛考取河北省公费留美，后改去德国，先后入柏林大学理学院和爱

北瓦林业专科大学攻读博士学位。1937 年获自然科学博士学位，1938 年 6 月在爱北瓦林业专科大学获林学博士学位，是该校百年历史中所授予的第 21 位博士，也是获此学位的第一位中国学者。1939 年初，郝景盛携家人回国，在云南省建设厅林务处任技正，并兼中山大学林学教授。1940 年到重庆中央大学森林系任教授，讲授造林学、树木学、森林立地学等课程。1943 年夏，郝景盛应重庆北碚设治局长卢子英邀请，住到北碚指导造林，同时任昆明北平研究院植物研究所研究员和所长。抗战胜利后，一心向往东北森林的郝景盛接受东北大学聘请，出任森林系教授兼农学院院长。1947 年底回到北平研究院植物研究所任研究员。中华人民共和国成立后，郝景盛在植物研究所内成立森林植物组，同时兼任山西省林业厅顾问。1954 年 10 月，调任中央林业部总工程师、技术委员会主任。

郝景盛早期主要从事植物分类学研究，著有《中国北部忍冬科图志》《中国杨属植物志》《中国柳科植物志》《青海植物地理》等，后转向森林学研究，著有《中国林业建设》《造林学》《森林万能论》《中国木本植物属志》《林学概论》《普通植物学》和《中国裸子植物志》等。1955 年 4 月 25 日，郝景盛因病逝世，享年 52 岁。

3. 国际著名脑神经科学家、院士张香桐

张香桐（1907—2007 年），正定县小马村人。国际著名神经生理学家，新中国神经科学的奠基人之一，国际上公认的树突生理功能研究的先驱者之一，中国针刺麻醉机制研究的主要学术带头人之一。国际神经网络学会终身成就奖获得者。第二、三、四、五、六届全国人大代表。

1933 年毕业于北京大学心理系，1934 年任“中央研究院”心理研究所助理员，1946 年获美国耶鲁大学医学院生理系哲学博士学位，后任美国耶鲁大学医学院讲师、助教授，洛克菲勒医学研究所联系研究员。1956 年回国后，历任中国科学院上海生理研究所研究员，中国科学院上海脑研究所研究员、所长，国际脑研究组织中央理事会理事，美国卫生研究院福格提常驻学者，世界卫生组织神经科学专家顾问委员会委员，巴拿马麻醉学会名誉会员，比利时

皇家医学科学院外国名誉院士等职。

他首先提出大脑皮层运动区是代表肌肉的论点。根据视觉皮层诱发电位的分析提出视觉通路中三色传导学说，发现“光强化”现象，被世界生理学界命名为“张氏效应”。首次发现树突电位从事针刺镇痛机制研究，认为针刺镇痛是两种感觉传入在中枢神经系统相互作用的结果。1957 年选聘为中国科学院院士（学部委员）。1980 年创建中国科学院上海脑研究所。1991 年当选为世界镇痛研究协会名誉会员。曾担任《神经生理学杂志》（美国出版）、《国际神经药理学杂志》及国际的《脑研究杂志》顾问编委。

张香桐

自 1935 年起，在国内外杂志上共发表论文 100 余篇，重要的有:《刺猬的一种听觉反射》（1935 年）《猴运动皮层内肌肉的局部代表性》（1947 年）《皮层 – 丘脑之间循回性的重复放电》（1950 年）《直接电刺激大脑皮层产生的皮层神经元树突电位》（1951 年）《皮层诱发电位的相互影响》（1953 年）《光刺激引起的蟾蜍小脑前庭神经元的电活动》（1959 年）《针刺镇痛的神经生理学解释》（1980 年）等。其中，《皮层 – 丘脑之间循回性的重复放电》一文，探讨了脑电的产生机制，获得国际上较高的评价。

2007 年 11 月 4 日在上海华东医院因病逝世，享年 101 岁。

4. 早期共产党员和党组织活动者郭芳

郭芳（1908—1980 年），原名葛建基，正定县新城铺村人。正定县早期共产党员和党组织活动者之一。1926 年加入中国共产党，在白色恐怖下从事地下工作。历任村党支部书记，共青团正定县委组织部长、副书记，共青团井陉县委书记，中共正定县委书记，直中特委组织部长等职。1931 年 1 月“五县暴动”失败后被捕，在狱中进行了坚决顽强的斗争。抗战爆发后，被营救出狱参加了游击队。后历任中共灵寿县委组织部长、县委副书记、书记，冀中地委组织部长、副书记，第八地委副书记，第十一地委书记。新中国成立后，历任中共石家庄地委书记兼军分区政委、河北省委农村工作部副部长（省委委员）、河北省根治海河委员会副主任、河北省副省长等职。曾当选为第二届全国政协委员、河北省政协副主席、河北省第五届人大常委会副主任、世界和平理事会理事。1980 年 6 月 16 日因病于石家庄逝世，享年 72 岁。

5. 早期共产党员和党组织活动者徐世荣

徐世荣（1908—1978 年），正定县新城铺村人，正定县早期共产党员和党组织活动者之一。1926 年加入中国共产党。任本村党支部副书记，1928 年当选为中共正定县委候补委员，历任中共正定县北部书记、中共正定县委组织书记等职。1931 年 1 月“五县暴动”失败后，正定县党组织遭到严重破坏，他隐居山西。1934 年 10 月回到故乡，恢复党的组织，继续开展革命活动。1935 年 3 月被捕，在狱中坚贞不屈，受尽严刑拷打，始终未暴露党的机密。抗战开始后，他被营救出狱，又组织抗日武装队伍，历任抗日游击队指导员、正定县抗日游击队总队部队长兼基干队长、武委会主任、县武装部长等职。抗战胜利后，历任天津市委员会第三军事部部长、天津市河津南县武委会主任、宁津县委副书记、渤海地委武装部副部长、山东黄河河务局人事室主任、黄河水利委员会监察室主任和党委副书记等职。1978 年 11 月 23 日在郑州逝世，享年 70 岁。

6. 当代著名眼科专家张晓楼

张晓楼（1914—1990 年），正定县周家庄人。国际著名眼科专家、医学博士。国家自然科学奖二等奖得主。

1940 年毕业于协和医学院，获医学博士学位。1946 年，任北京同仁医院眼科主任、医务主任，

1954 年至 1985 年任该医院副院长。并先后兼任北京协和医学院、北京第二医学院教授，北京市眼科研究所副所长、所长、研究员。1985 年起任北京同仁医院技术顾问。筹建了我国第一个眼科研究所。曾任中华医学会眼科学会第一、二届主任委员，中华医学会第十八届常务理事，卫生部医学科学委员会常委，世界卫生组织防盲组织咨询委员。曾担任过毛泽东、周恩来、朱德、刘少奇等党和国家领导人的眼保健工作。

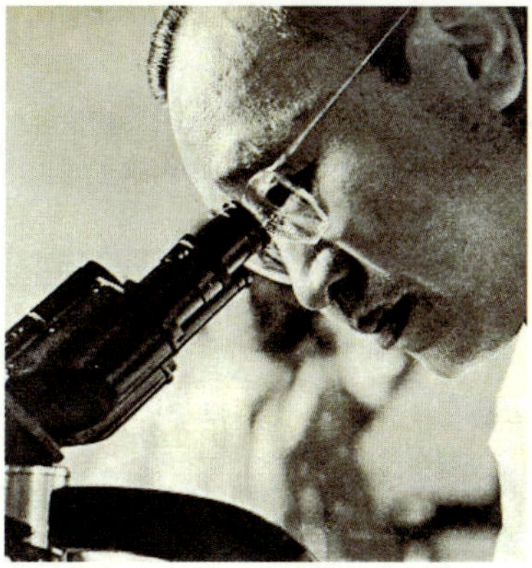
张晓楼

1956 年与微生物学家汤飞凡合作，在国际上首次用鸡胚分离培养沙眼衣原体成功。之后他首先将利福平药用于临床治疗沙眼，取得良好疗效。1981 年获国际沙眼防治组织沙眼金质奖章，同年获亚洲太平洋眼科学会卓越工作奖状；1982 年获国家自然科学奖二等奖。译有《盖氏眼科学》。主编有《眼底病》。长期担任《中华眼科杂志》和《国外医学（眼科分册）》总编辑。

1989 年 6 月 12 日，北京同仁眼库成立，作为建立同仁眼库的第一个倡导者，张晓楼带头在志愿书上签名，表示身后愿捐献角膜。在他去世后，他的眼角膜移植到了两位失明工人的眼睛里，使他们重见光明。他成为同仁眼库诞生以来第一位捐献眼角膜的人。

7. 早期共产党员和党组织活动者韦克烈

韦克烈（1914—1983 年），正定县许香村人，曾用名韦震，正定县早期党的领导人之一。他自幼读书，考入高小后因家境困难被迫中途退学。1938 年冬加入中国共产党，1939 年参加革命工作。历任本村党支部书记，正定县第一区粮食助理员、区委书记，县公安局长，县长，县委书记等职。抗日战争期间，曾先后在塔元庄、平安屯、雕桥等地多次遭敌人重围，但他临危不惧，英勇抗敌。一次，在雕桥村突围时，利用内线关系击毙了日军小队长渡边，打伤日伪军 4 名，击毙 2 名，创造了以少胜多的战例，受到冀晋四分区传令嘉奖。正定县人民称他为“四大武将”（其余三人为：田四元、徐世荣、鲁墨林）之一。新中国成立后曾任石家庄市第五区、第七区区委书记，市委组织部副部长，市监委副书记等职。1983 年 3 月因病于石家庄逝世，享年 69 岁。

8. 正军职离休干部赵永夫

赵永夫（1915—1987 年），正定县西里寨村人。1937 年 12 月参加中国共产党领导的正定独立团，1938 年 12 月加入中国共产党。历任排长、连长、副营长、团长、副师长、中国驻越南顾问团军事顾问、解放军坦克第三基地司令员。参加了淮阳、辽沈等战役战斗。1955 年 9 月被授予大校军衔。1964 年 9 月任青海省军区副司令员。“文化大革命”期间，遭到林彪、江青反革命集团的迫害。1979 年，赵永夫的问题得到平反昭雪。1980 年 5 月任北京军区装甲兵副军职顾问，后以正军职离休。1987 年 10 月因病在北京逝世，享年 72 岁。

9. 当代著名社会科学家、史学研究专家杨公骥

杨公骥（1921—1989 年），正定人。著名社会科学家，文学史研究专家。原名振华，因午时出生，祖父为他起名为正午。父亲为北洋军军官，儿时由曾是清末秀才的祖父启蒙。1932 年祖父去世后，转学至长沙接受中学教育，曾于中学三年的假期游历了南方的 7 个省份，1937 年入武昌中华大学。1938 年 6 月徒步至延安投奔革命，先后在陕北公学和鲁迅艺术学院学习，并做过青年工作，当过文化教员。1945 年冬被分配至宣化新华炼钢厂做工会工作。1946 年任东北大学（今东北师范大学）教授，1949 年随学校迁至长春市。1953 年被任命为国家研究生导师。“文革”开始后受批斗，1969 年冬被“编管”至长白山区黑瞎子岭下靠山屯充当“五七战士”，1973 年冬抽调回学校。1978 年后担任先秦两汉文学史研究生培养工作，1981 年被国务院任命为首批博士研究生导师，后被补聘为国务院学位委员会第一届学

杨公骥

科评议组成员。

曾任东北师范大学教授、吉林省社会科学院副院长、中国文联全国委员会委员、中国民间文艺研究会顾问、中国古代文论学会顾问、吉林省文联副主席、中国作家协会吉林分会名誉主席、吉林省民俗学会理事长等职。论著涉及中国古代文学、哲学、历史、文艺、语言、训诂、考古、民俗等学科，在学界有广泛影响。他是具有深厚国学功底的马克思主义学者，被学术界称为“红色理论家”。主要著作有《中国文学》(第一分册)《中国文学史论》《唐代民歌考释及变文考论》《杨公骥文集》等。1989 年 6 月 7 日病逝于长春，享年 68 岁。

10. 军中审计卫士、少将马英贤

马英贤（1928—1998 年），正定人，中共党员。曾任总后勤部财务部事业财务处处长。1986 年 5 月至 1989 年 8 月任解放军审计局副局长。1989 年 8 月 24 日离休。1988 年 9 月被中央军委授予少将军衔。1998 年因病逝世，享年 70 岁。

11. 中将张彬

张彬（1931—2001 年），正定县东柏棠村人。曾任中国人民解放军总后勤部副部长。1988 年 9 月被中央军委授予中将军衔。中共十三大代表，第八届全国人民代表大会代表，第九届全国政协委员。

1947 年 3 月，张彬从河北省立第七中学(今正定中学)毕业后，任小学教员并参加革命工作。1948 年 7 月参加中国人民解放军，入北岳军区供给学校学习，后任第二十兵团军后勤部见习科员。参加了平津、太原等战役。1950 年 9 月加入中国共产党。同年参加抗美援朝，在中国人民志愿军后勤部任科员。回国后，历任中共中央军委财务部秘书，中国人民解放军总后勤部财务物资部副处长、司令部计划处处长、司令部副参谋长，总后勤部财务部部长。1985 年起任中国人民解放军总后勤部副部长。2001 年 11 月 26 日因病在北京逝世，享年 70 岁。

12.“正麦一号”培育者、劳动模范何志强

何志强（1938—1982 年），正定县牛家庄人。1966 年 4 月加入中国共产党。他自 1969 年担任大队农场场长以来，以场为家，专心农业科研，即使在“文化大革命”期间，也一直坚持科研。经过八九年的艰苦努力，成功培育出小麦优良品种“正麦一号”，在 1978、1979 两年大区试验中，平均亩产都超千斤。1982 年在正定县推广，种植 4 万余亩，调给外地种子 100 多万斤，种植面积达 5 万余亩，均获得高产。

自 1977 年起，何志强连续被评为县、地、省模范技术员，1981 年被评为省劳动模范。他在身患癌症、生命垂危的情况下，仍念念不忘农场工作，听取农场人员汇报，指导科研工作。1982 年 6 月 5 日逝世，终年 44 岁。

中共正定县委授予何志强“模范共产党员”的光荣称号，并号召全县共产党员和广大干部学习他一心为公、全心全意为人民谋利益的伟大精神。

13. 全国著名劳动模范吕玉兰

吕玉兰（1940—1993 年），河北省临西县下堡寺镇东留善固村人。1955 年高小毕业回到家乡山东省聊城地区临清县东留善固村（1964 年划归为河北省邢台地区临西县），参加农业生产。1958 年入党。历任村农业生产合作社社长、村党支部书记，临西县委书记，中共正定县委副书记，河北省农业厅副厅长、农业厅党组成员，中共河北省委副书记、省委书记、省革命委员会副主任等。1955、1958、1963 年被评为山东省劳动模范，1965 年被评为河北省劳动模范。中共第九、十、十一次全国代表大会代表、中央委员；第四、五届全国人民代表大会代表、常务委员会委员；第四、五、六、

吕玉兰

七、八届河北省人民代表大会代表；第四届全国妇女联合会代表、执行委员。

她曾是新中国最年轻的合作社社长。1965年发表了闻名海内外的《十个为什么》人生体会文章。1966年被评为全国学习毛主席著作积极分子，参加了国庆观礼，多次受到毛泽东主席、周恩来总理、朱德委员长等党和国家领导人的接见。在任临西县委书记期间，提出了著名的“农业要上去，干部要下去”的口号。1981年9月至1985年9月任正定县委副书记期间，她分管多种经营工作，对正定县情作了深入调研，几乎跑遍了全县的所有公社及几十个村庄。不顾身体有病，带队到苏南、天津、山东学习考察，使全县干部的思想认识大有改变。通过学习苏南发展模式，结合本地实际，摸索出一条适合自己的多种经营、综合发展农村经济的路子。1982年，正定县社员的实际收入由过去的不足百元增加到200多元。正定县多种经营出现的新发展、新经验得到了当时的中共中央总书记胡耀邦及邓颖超、康克清的肯定和表扬。《人民日报》《河北日报》先后在头版显著位置报道正定的经验和成就。

1993年3月31日，吕玉兰病逝于石家庄市，享年53岁。

原正定县委书记习近平在吕玉兰逝世一年后，专门写了一篇题为《高风亮节 一代楷模——深切怀念吕玉兰同志》的文章，文中写道：“有幸和她一起共事，耳闻目睹了她的高风亮节、公仆风范，对她更加敬佩和尊重”，“我们建立了深厚的同志姐弟情谊”，“她的品德和风范，将永远激励我们为党和人民的事业努力奋斗！”并用“高风昭日月，亮节启后人；痛心伤永逝，挥泪忆深情”，对吕玉兰作了高度评价。

14. 当代著名作家贾大山

贾大山（1942—1997年），男，汉族，正定县西南街人，当代著名作家。1964年中学毕业。曾任正定县文化馆馆员，正定县文化局局长，正定县政协副主席，河北省青年联合会第四、五届常委，河北省政协常委，河北省第三届作家协会副主席。1971年开始发表作品，1979年加入中国作家协会。

著有短篇小说《取经》《梦庄纪事》《古城》系列等。《取经》获1978年全国优秀短篇

贾大山

小说奖，并与其1981年创作的散文《花市》，先后被选入全国中学语文课本。《花市》《村戏》获河北优秀小说奖。《干姐》获河北文艺振兴奖。《中秋节》在《河北文学》发表后，被《中国导报》（世界语）译载。《赵三勤》收入日本银河书房出版的《中国农村百景》，并获《山西文学》1980年优秀小说奖。主要作品收入《贾大山小说集》。

在担任正定县文化局局长期间，贾大山为正定文化事业的发展和文物的研究、保护作出了突出贡献。

1997年2月20日，贾大山因病逝世，享年55岁。

贾大山去世后，时任福建省委副书记习近平撰写了《忆大山》（此文发表于《当代人》杂志1998年第7期）的悼念文章。文中深情写道："虽说他的淡泊名利是出了名的，可当起领导来却不含糊。上任伊始，他就下基层、访群众、查问题、定制度，几个月下来，便把原来比较混乱的文化系统整治得井井有条。""……他那忧国忧民的情愫，清正廉洁、勤政敬业的作风，襟怀坦荡、真挚善良的品格，刚正不阿、疾恶如仇的精神，都将与他不朽的作品一样，长留人间。"

（三）常山英烈

1."阿庆嫂"式的女交通员陈银菊

陈银菊（1888—1946年），河北省新乐县渔砥村人。1888年出生在一个贫农家庭，后与正定县西邢家庄村邢老务结婚。因早年丧夫，家境贫寒，生活十分困苦，饱尝旧社会的辛酸。

1943年，县敌工部批准她家为秘密联络站。作为抗日联络员，陈银菊以家庭妇女的身份，积极为地下工作者站岗放哨，传递情报，掩护革命同志，为党的事业做了大量工作。1944年

3月，她冲过敌人的重重封锁，及时送到情报，使13名中共地下工作人员免遭毒手。斗争中，她曾屡遭敌人迫害和摧残，相继失去了三位亲人，家产被敌洗劫一空，本人亦遭逮捕坐牢受刑。1946年农历三月二十六日深夜，陈银菊被国民党军从家中拖走，并惨遭杀害。

2. 正定县党组织奠基人张兆丰

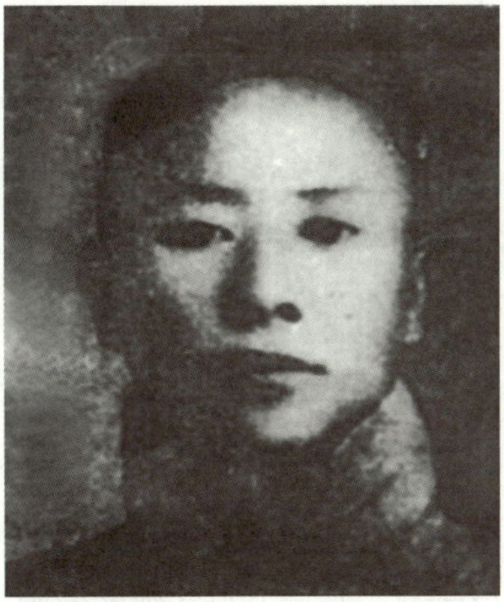
张兆丰

张兆丰(1890—1930年)，河北省磁县彭城镇（今属邯郸市峰峰矿区）人，1890年1月12日出生。他读过私塾，在磁县第一高小念过书。1908年加入中国同盟会，参加了辛亥革命运动。1911年夏考入北京大学，因家贫未能入学深造，回家乡磁县第一高小任教。

1915年，由于他领导的当地群众夜袭敌人警察所失败，身份暴露。而后，考入陕西陆军讲武堂，毕业后参加了“靖国军”。1918年，由于他对“靖国军”接受直系军阀刘镇华的改编极为愤慨，辞职返回保定育德中学。1924年列席国民党一大会议。同年5月，加入中国共产党，在冯玉祥的国民军中开展军运工作，曾任国民三军第三混成旅参谋长等职，后又调到第五军三师任师长。1927年蒋介石发动反革命政变，张兆丰被迫离开国民第五军。1928年7月，他当选为中国共产党第六次代表大会的代表，后任顺（天）直（隶）省委（后改为北方局）委员兼军委副书记、军委书记等职。

1930年张兆丰到河北磁县等地组织农民暴动，任中共北方局平汉北段“兵暴”委员会委员，在河北栾城领导“兵暴”工作时被捕，后惨遭杀害。

3. 正定铁路工人运动的先驱康景星

康景星（1891—1932年），河北省宁河县（今属天津）芦台镇人，长期在正定从事革命工作。

1891年出生于一个贫苦的铁路工人家庭，13岁背井离乡到唐山铁路当学徒，后到北京长辛店铁路工厂当铆工。1921年初，参加了邓中夏在长辛店建立的两个补习学校，同年7月加入中国共产党。

入党后，他接受组织派遣，来到正定开展工人运动，成立了工人俱乐部，并领导工人罢工，后建立了京汉铁路总工会正定分会，他任分会委员长。1923年他领导正定铁路分会全体工人举行了历时四天的“二七”大罢工，2月9日京汉铁路局长赵继贤及帮凶来到正定将康景星绑押。1924年10月他被党组织营救出来后，任京汉铁路总工会委员。“四一二”反革命政变后，京汉铁路总工会委员长投靠了国民党反动派，使这一工会变成黄色工会。为了在敌人内部开展工人运动，党组织派他打入黄色工会，并担任监察委员。1932年被国民党发觉，将他秘密杀害。

4. 悬壶济世的爱国义士魏善臣

魏善臣（1896—1944年），正定县城内馆驿街人。从小受其舅父、著名中医刘春圃的影响和熏陶，遂立下了长大后悬壶济世的志向。12岁应试县立高小，名列榜首。修业2年，品学兼优。后随其姑丈辗转浙闽数年，学业精进。民国初年，魏善臣曾在北洋政府某部门任秘书一职，其间加入佛教会，工作之余，研究“因明学”，与张克诚、梁漱溟等共研内典，造诣颇深。

1921年，魏善臣辞职返归故里。在正定城内小红庙街（今四合街）创立“善臣中医学校”，收弟子40余人。他治学严谨，注重理论与实践结合，对弟子严格要求，指导有方。弟子们学成毕业，遍布各地，济世救人。在办学期间，他还编印《中医月刊》，同时担任省立第七中学及直隶第八师范学校（今石家庄科技工程职业学院）两校校医。1940年春，应北京大学邀请，受聘为北大讲师，讲授唯识学及佛教文学。

因魏善臣善于治学，博学多才，诲人不倦，各界青年学生纷纷登门求教。他在讲学之时，积极宣传抗日，被敌伪不容，于1944年4月5日被日本宪兵队捕去，惨遭杀害。

5. 大义凛然的优秀党员王作栋

王作栋（1902—1939 年），正定县小客村人。1925 年考入区立吴兴高小，参加和领导了学潮运动。1925 年加入中国共产党。1927 年后半年党组织派他潜入奉军搞军运工作。1928 年考入南京无线电学校，在校期间由于经常为党工作，被国民党密探抓捕入狱，后被营救出狱。抗日战争开始后，被派往范子侠部队担任政治处主任，后该部队改编为受一二九师领导的平汉抗日纵队。1939 年 10 月在石门 (今石家庄市) 被捕。他在狱中大义凛然，英勇不屈，11 月被敌人杀害。

6. 第一任正定县委书记尹玉峰

尹玉峰（1903—1928 年），正定县周通村人，正定县第一批入党党员。1922 年秋考入省立第七中学，1924 年由张兆丰介绍加入中国共产党，1925 年 3 月中共正定特别支部建立后，他担任特支书记，12 月任干事会书记。

1925 年初，他组织正定各界人民成立“正定县国民会议促成会”，有力地推动了国民会议的召开。同年“五卅”惨案发生，他奔走呼吁，点燃反帝烈火，发动全县工、农、商、学各界 2000 多人组成了“正定各界沪案后援会”（即“雪耻会”），散发传单，张贴标语，并举行游行示威。1926 年调任中共正定地委书记，领导了驱逐反动教育局长高肇绅的斗争。1927 年地委改组后仍继任中共正定县委书记。同年 6 月，白色恐怖笼罩整个正定时，他亲自领导了正定县农民反“预征钱粮”和“讨赤捐”的斗争，终于迫使伪县长立下废除“讨赤捐”和缓征钱粮的字据。1928 年 3 月，尹玉峰因病逝世。

7. 农运战线杰出领导人郝清玉

郝清玉（1904—1935 年），正定县赵村（现已划归石家庄市区）人。1904 年 3 月出生于一个贫寒的农民家庭，14 岁时到北平做制鞋工人，1924 年，郝清玉和大哥在正定县城开设了

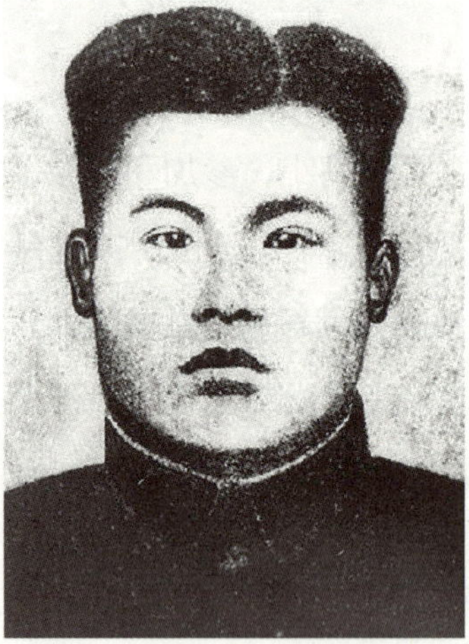
郝清玉

裕华鞋庄。当时，在七中读书的尹玉峰（郝清玉的姐夫）组织了一个马列主义学说研究小组，团结了一批进步师生，经常到鞋庄谈论国家大事。郝清玉受其影响，思想认识不断提高。

1925年3月，郝清玉加入中国共产党。入党后，他在自己的鞋庄工人当中发展了一批党员，创建了正定第一个工人支部，他担任党支部书记。为了便于开展工作，他将鞋庄作为党的秘密联络点，亲自负责联络工作。1926年，正定特支改为中共正定地方委员会，郝清玉被选为地委委员，负责领导工运和农运工作。1927年农历5月，郝清玉等人成功地领导了正定地区万余群众参加的农民抗捐斗争。1928年春，郝清玉奉调天津，担任中共顺直省委委员兼省委农运部长。后又当选为省委常委兼农委书记。1930年夏，调任中共保定特委书记。其间组织和领导了完县五里岗和博、蠡一带的农民暴动。

1931年3月，郝清玉奉调回中共顺直省委工作，由于叛徒出卖，同年4月在天津被捕。在狱中，郝清玉和战友们并肩作战，大义凛然，同国民党反动派展开了不屈不挠的斗争。由于长期艰苦的斗争环境和监狱恶劣的生活条件，郝清玉身患重病得不到及时医治，于1935年9月病逝于监狱。

8. 正太铁路工人运动的杰出代表高克谦

高克谦（1906—1925年），河北省无极县南池阳村人，正定县第一批中共党员。1920年毕业于本村小学，同年考入无极第二高小，1922年考入保定育德中学。受“五四”运动的影响，成为反帝反封建运动积极分子。1923年转入省立第七中学（今正定中学），被选为七中学生会秘书。1924年因病在家休养期间，开办“平民夜校”，教贫苦农民识字，并借此宣讲革命思想。1924年由张兆丰介绍加入中国共产党。

1925年，高克谦受党的委派，多次到石家庄工人中进行革命活动。6月间，“五·二九”

青岛事件和五卅惨案的消息传到正定，高克谦组织起“正定各界沪案后援会（后改为‘雪耻会’）”，并担任总务主任。趁正定大集之日，开会声援青岛和上海的工人，正定全县掀起了反帝爱国运动的高潮。之后，上级党组织为扩大反帝爱国阵线和准备进行长期斗争，在石家庄成立“反帝爱国联合会”。开幕典礼那天，反动军警荷枪实弹包围会场。高克谦临危不惧登台演讲，使反动当局如坐针毡。

高克谦

1925 年 6 月，高克谦留在石家庄专门从事工运工作，在傅懋恭（即彭真）、袁子贞的直接领导下，恢复了正太铁路工会等组织。由于工人运动十分活跃，奉系军阀深感不安。1925 年 9 月 12 日，高克谦不幸被化装成邮差的特务捕入警察厅。被捕以后，党组织多方设法营救，均未奏效。之后警察厅接受了正太铁路法国总管 7000 元贿赂，于 1925 年 9 月 23 日凌晨将高克谦杀害于石家庄市以西的东里村乱石岗上。

9. 正定县党组织的早期活动者阎怀骋

阎怀骋（1906—1939 年），正定县北豆村人，正定县党组织的早期活动者之一。1924 年考入保定甲种工业学校读书，同年加入中国共产党。后不久被调往天津做学运工作，曾任社会主义青年团天津地委领导成员。

1925 年寒假回家乡北豆村宣传党的主张，发展建立了北豆村党支部。同年由组织派遣到农民运动讲习所学习。1929 年曾任省委农委委员，天津市河东区委委员。后被捕，住狱多年。1936 年“西安事变”后，获释出狱，回家乡继续进行革命活动。“七七事变”后，于 1937 年 10 月奔赴延安，途中参加八路军。1939 年曾任团政治部主任，后在一次与敌作战中牺牲于山西省。

10. 无私无畏的抗日区长鲁墨林

鲁墨林（1906—1943 年），正定县南楼村人。1938 年秋，任正定县第二区区长，不久加入中国共产党。他积极发动群众，实行减租减息，并动员广大青年参军参战，组织起“民兵模范班”，经常出没于游击区，对日伪军政警宪进行了多次强有力的打击。被正定县人民称为“四大武将”之一。1940 年春，在晋察冀边区四分区召开的县长联席会上，他介绍了工作经验，受到与会者的一致赞许。日伪军曾把他的妻子和独生女抓去押作人质，但他面临着亲人的生死，誓不投降。1942 年 11 月县委派他任第三区区长。

1943 年农历十一月二十四日夜，他到厢同村开展工作，次日中午，上曲阳炮楼的敌人将他的住处包围。鲁墨林向外突围时，不幸右膀中弹负伤，无力越墙冲出，被敌人连刺数刀。战斗结束后，群众将他抬回家抢救，终因伤势过重，于农历十一月二十七日牺牲。

11. 抗战烽火中的猛士王零余

王零余（1907—1947 年），正定县高平村人。1907 年出生于农民家庭。1928 年在直隶第八师范学校讲习班读书时，先后加入共产主义青年团和中国共产党，曾任共青团正定县委宣传委员。因参与组织领导正定县的反贪官污吏、土豪劣绅的斗争，遭到国民党反动当局的通缉，遂转移到石门（今石家庄市）以画像为掩护，继续从事革命活动。后因身份暴露，于 1933 年投奔东北军何柱国骑兵第二军十师当兵。1937 年 10 月，何部从雁北撤退时，王零余便脱离该部，辗转到达偏关县城寻找中共组织。

王零余

1938 年春，中共晋绥边特委审查了他的历史后，任命他为八路军一二〇师独立第六支队骑兵营营长，并恢复了他的党组织关系。王零余率领骑兵营，寻找有利时机，主动向日伪军出击。3 年时间里，作战近百次，收复许多日伪据点。由于王零余及其骑兵营英勇善战，晋绥边区人民誉这支骑兵为“抗战铁骑”，称王零余为“王老虎”。

抗日战争胜利后，王零余任雁门军区独立第二团团长，率领部队狠狠打击了拒不投降的日伪军。1947年春，王零余任雁门军区补充团团长，到五寨、神池一带扩兵。1947年3月30日，带领新兵团行至山西神池县南辛庄，突然遭国民党军飞机袭击。在指挥新兵隐蔽时，身负重伤，经抢救无效，于31日凌晨光荣牺牲。

12. 为国捐躯的农会主任钱润书

钱润书（1908—1939年），正定县厢同村人。1938年加入中国共产党，同年参加革命工作，曾担任正定县农救会主任。1939年在韩家楼村工作时不幸被日寇抓住，后被押至正定城内杀害。

13. 身先士卒的英雄区长郑友仁

郑友仁（1910—1943年），正定县七吉村人。1939年加入中国共产党，同年参加革命工作，先后担任正新游击队、正定县民兵基干队司务长。1942年调任正定县第三区助理员，8月，任区长。

正灵公路是日寇进攻解放区的主要交通线，三区所辖村庄均处于正灵路两侧，群众经常受到日伪军的骚扰。面对残酷的斗争形势，郑友仁积极发展革命组织，壮大革命力量。1943年10月21日晚，郑友仁与县武装部长徐世荣越过日伪军的封锁线，到县城附近的永安村开展工作。次日，由于汉奸告密，被日伪军包围，郑友仁在突围中壮烈牺牲。

14. 舍身为国的革命英烈李成玉

李成玉（1911—1941年），正定县固营村人。1939年参加革命工作，曾担任藁无县大队大队长。1941年在藁城县梁家庄战斗中光荣牺牲。

15. 地道战著名的战斗英雄刘傻子

刘傻子

刘傻子（1916—1945 年），正定县高平村人。1916 年出生于贫寒家庭。1942 年加入中国共产党，1943 年任村民兵中队长，1944 年被授予冀中四分区特等战斗英雄。

1938 年夏，在党的负责人褚风格的帮助下，他组织起 11 人的秘密抗日游击小组，后发展到 50 多人。他率领的游击队员英勇善战，砍电杆、挖陷阱、毁汽车、扒铁路，神出鬼没，四处出击，骚扰日军。自 1938 年至 1945 年间，与敌作战 50 余次，在较大的 11 次战斗中，打死打伤敌伪军 120 多人，活捉 31 人。由于他机智勇敢，战功卓著，被上级授予“特等战斗英雄”“正定县第三区战斗英雄”“正定县民兵战斗英雄”等荣誉称号。

1945 年农历三月二十三日，敌人纠集正定、灵寿等地的日伪军千余人再次进犯高平村，被游击队击退。恼羞成怒的敌人架起钢炮向高平村乱轰，一发炮弹呼啸而至，击中了正在打扫战场的刘傻子腰部。因伤势过重，刘傻子不幸壮烈牺牲。

16. 朝鲜战场的英雄陈建国

陈建国（1916—1952 年），正定县固营村人。1938 年参加革命工作，中国共产党党员。1952 年在中国人民志愿军六十七军留守处任师长，牺牲于朝鲜战场。

17. 掩护群众脱险的先锋战士贺进

贺进（1917—1944 年），正定县人。1935 年，在北京清华大学读书时，便投入“一二·九”和“一二·一六”学生爱国运动，并在斗争中参加了党的外围组织“抗日民族解放先锋队”。1937 年，参加当时中共北方局主办的“华北军政干部训练所”学习，并加入了中国共产党。

1942 年调武安县四区（继城，现贺进镇）任区长。其间，他积极发展民兵组织，领导群众进行减租、减息、反奸斗争，组织群众搞生产自救运动。1943 年创办继城完小并担任校长。1944 年 10 月 10 日傍晚，贺进和赵湘（民政助理员）等同志一起到离鬼子据点 12 华里的东梁庄帮助秋收，因汉奸告密遭到围攻，贺、赵二位同志为掩护群众脱险，壮烈牺牲。为了永远纪念两位烈士，继城镇改为贺进镇，把两位烈士的牺牲地邓家庄改为贺赵庄。

贺进

18. 解放正定的功臣赵生明

赵生明（1917—1947 年），陕北人，中国共产党党员。1917 年出生，1936 年入伍，原晋察冀军区四纵十旅二十八团参谋长，二十九团副团长 。

1947 年 8 月 24 日，正定战役打响，在奔袭战斗中，他率一营追击敌军头目赵子云率领的还乡团溃军至广惠寺华塔。敌人躲进塔内凭高塔从古塔望口疯狂向我军扫射。为了保护文物，赵生明果断命令战士不用炮轰改用轻武器。我军死伤很大，赵生明头部、胸部被流弹击中，英勇牺牲。

战后，赵生明被授予“大功功臣”。正定人民为纪念英雄的副团长，将赵生明牺牲的村子南门里改名为生明街。后来，老百姓口口相传，遂叫成了生民街。正定县委、县政府在广惠寺竖立赵生明烈士纪念碑，碑文叙述了英雄赵生明牺牲的经过。

19. 深入虎穴的突击勇士赵文秀

赵文秀（1918—1947 年），河北省藁城县增村人，1933 年加入中国共产党。他出身贫苦，在家排行第三，又因他卖报为党做地下联络工作，人称“报三”。“七七事变”后，他到正定城

赵文秀

北一带做抗日工作（这带地区属藁、正第七区），曾任七区副书记、区长等职。常单身出没于敌人据点和据点周围，锄奸反特，使敌伪军胆战心惊。他对群众体贴入微，除夕之夜曾冒雪把白面和米送到西白庄（敌占区）军属家里进行慰问。敌人曾多次悬重赏捉捕赵文秀，均未得逞。

1947年2月3日夜，他带领近千名群众将杜村、西白庄至新安的铁路、电线扒掉，在撤退途中不幸遭敌枪击，壮烈牺牲。

20. 巾帼英雄姊妹花曹小书、曹小翠

曹小书、曹小翠（1919—1942年），正定县东慈亭村人。二人是双胞胎姐妹，1941年加入中国共产党。曹小书曾担任二区妇联主任，曹小翠曾任本村妇联主任。她俩积极开展妇女工作，支援前线，并领导广大妇女群众同封建势力作斗争，掩护八路军战士，为部队送情报。1942年一天深夜，因叛徒告密，曹小书、曹小翠不幸被捕，死在敌人的刺刀之下。

21. 战火中永生的革命烈士贾向文

贾向文（1919—1943年），正定县七吉村人。1938年参加革命工作，中国共产党党员，曾任正定县民政科长。1943年，去南岗村开展工作时，被日伪军包围，突围出来后藏在柴草垛内，敌人紧追不放，发现后点柴放火，贾向文在烈火中壮烈牺牲。

22. 屡建战功的武工队长李墨斗

李墨斗（1922—1944年），正定县南楼村人。1938年加入中国共产党。1939年，任正定县第二区武工队班长、排长。在打击日本侵略者、开辟边区的战斗中屡建奇功。在南楼张家坟遭遇战中，他独自一人担任掩护任务，接连消灭日伪军4人，打退了日军1个班的进攻。1944年，在正定县西慈亭村与日军交战中英勇牺牲。

23. 机智勇敢的抗日儿童团团长张栓妮

张栓妮（1926—1940 年），正定县前塔底村人。1938 年，正定、新乐联合县政府在后塔底村成立后，张栓妮便加入抗日儿童团，并担任本村儿童团团长。他站岗放哨，机智勇敢，曾两次与小伙伴们在割草中查获敌密探。

1940 年农历七月十二日早晨，从灵寿出动的百余名伪军突然袭击了前、后塔底村，将张栓妮等 13 人抓捕。敌人想从张栓妮口中摸清县政府的去向，但他宁死不说。敌人恼羞成怒，将张栓妮及其他 12 人杀害，制造了骇人听闻的“塔底惨案”。

24. 坚贞不屈的妇救会主任王桃姐

王桃姐（1926—1946 年），正定县西房头村人。她生于南岗乡平安屯，因生活所迫，12 岁到西房头村做了童养媳。抗战时期，她积极为党工作，并于 1944 年加入中国共产党，成为该村第一个女党员，担任村妇救会主任。

1946 年 9 月 9 日凌晨，国民党军袭击西房头村，王桃姐等同志被捕。国民党军为了获得我党情报，对怀有身孕的桃姐严刑拷打。她痛斥敌人，坚贞不屈。国民党军恼羞成怒，残忍地剖开她的肚子，扎死了尚未出世的婴儿。王桃姐英勇牺牲。

第四章　回味无穷的史海撷英

厚重朴拙的老城墙，镌刻着一座古城沧桑的印记；巍然耸立的古建筑，见证着两千多年历史的变迁。它们伫立在滹沱河的北岸，看时光流转、世事变幻。踏进古城历史的长河，我们仿佛看到了一段段记忆的短片：金戈铁马，烈火烽烟。驻足正定古老的大地，我们似乎聆听到了一曲曲绝美的吟唱：曲折婉转，笙歌悠扬。请听，正定古城那遥远的往事！

（一）历史掌故

1. 蔺相如祖居正定新城铺

蔺相如（生卒年不详），战国时期著名的政治家、外交家。根据《史记·廉颇蔺相如列传》所载，他生平最重要的事迹有完璧归赵、渑池之会与负荆请罪。关于蔺相如的祖居地，赵国史中曾有位于正定的记载。

元代纳新《河朔访古记》中引用赵国史书的说法，称蔺相如家的祖坟在新市（今正定新城铺）。蔺相如还曾经驻守新城铺。原文如下：新城。在县北三十里。曰新城镇，即古新市县也，为白狄鲜虞之国。汉为中山属县，王莽曰平乐县也。《赵记》曰："新市县有蔺相如、廉颇、李牧三将之宅……"又云："相如祖茔皆在城中。"

2. 赵武灵王正定建望台

赵武灵王赵雍（约公元前340—前295年），嬴姓，赵氏，名雍，战国中后期赵国君主。赵武灵王即位时，赵国国力不强，受中原大国欺侮，邻境较小的中山国也时常进犯。赵武灵王二十四年（前302年）颁布命令，推行"胡服骑射"制度，赵国得以强盛。

公元前306年，赵国大举进攻中山，取鄗、石邑、封龙、东垣。公元前300年，赵国占据新市（今正定新城铺）。公元前299年，赵武灵王传国于王子何，任肥义为相，自号为"主父"，专心赵国的军事建设和对外战争。公元前296年吞并中山国。

赵武灵王曾在正定建望台、主父宫、神女楼。据《畿辅通志》卷162载：望台，一名塞台，

赵武灵王

在今河北正定县城内，赵武灵王所筑，用以瞭望赵境。光绪元年《正定县志》也有记载：在正定城内古有望台，为赵武灵王所建，以观望敌情。

主父宫位于正定境内，位置已不详。

关于神女楼，可从《畿辅通志》卷162找到相关论述：神女楼在正定县城北，清初尚有遗址。相传赵武灵王梦神女于此，遂令群臣赋诗。此外，清王士祯在他的《古夫于亭杂录》《渔洋诗话》中也有所涉及。比如《古夫于亭杂录》中《神女楼》一节：“今真定府隆平县，汉之广阿也。《史记》赵武灵王尝游于此，梦见神女，使群从赋之，以侈其事。然则梦神女者不惟楚襄王也，彼犹寓言，此则真梦，而古今词人赋咏概不之及，何欤？按：真定有神女楼，余壬子过之，有诗云：‘神女楼高望杳冥，恒阳缥缈乱峰青。百年河北蟠三镇，千里行山入五陉。’即此楼也。”

3. 廉颇、蔺相如、李牧驻守正定新城铺

新城铺镇位于河北省正定县，面积37.43平方千米，春秋时代名新市，属鲜虞国的国都。正定在战国时代属于中山国，赵武灵王时中山国为赵国所灭。公元前300年，赵国占领新市（今新城铺），作为重要的边防重地，赵国大将廉颇、蔺相如、李牧都曾驻守于此。据史料考证，三位将军在新城铺都曾有过自己的府第。

蔺相如

元代翰林编修纳新的《河朔访古记》载：新城。在县北三十里。曰新城镇，即古新市县也，为白狄鲜虞之国。汉为中山属县，王莽曰平乐县也。《赵记》曰：“新市县有蔺相如、廉颇、李牧三将之宅。故其城势作成三曲。西北避相如宅，东北避颇宅，东南避牧宅”。

4. 韩信真定伐赵助刘邦

韩信，淮阴人，西汉开国功臣，中国历史上杰出军事家，与萧何、张良并列为“汉初三杰”。在楚汉战争中，韩信发挥了卓越的军事才能，帮助刘邦建立了大汉帝国。他与张耳在真定府井陉口与赵军作战，大获全胜，占据真定一带。

在正定，至今还流传着许多关于韩信的传说，比如：韩信洞的传说。在正定城北门第一道城外的北城墙根下，有一个很深很深的圆洞，据说是韩信为用兵而挖的一个兵洞。他曾在这里巧布人马，吓退敌军。那时韩信还没有当元帅，只是一员偏将，带领少数人马镇守真定。有一次，敌军想夺取真定，但不知城内兵马虚实。韩信想了一条妙计，就在北城根挖下了这个土洞，一直通到城外。当时他命令军士在城墙上插满军旗，吩咐少数兵丁在城上来回巡逻。又把其他兵马编成数队从地洞里走出城去，这样不停地往返。敌人看到真定城有重兵把守，不敢轻敌，悻悻地溜走了。

5. 汉高帝刘邦两到真定

汉高帝刘邦“驾临”正定，历史上曾有两次明确的记载。汉高帝八年（公元前 199 年）冬，刘邦为平定反叛的韩王信的残部御驾亲征，一直打到东垣。据《史记》汉高帝刘邦传和淮南厉王传记载：刘邦在战事结束后班师回朝，从东垣（今正定）返长安，经过赵国。

汉高帝十年（公元前 197 年）八月，赵相国阳夏侯陈豨勾结匈奴反汉，并自立为代王。刘邦再次北上亲征，直打到第二年的初冬，才打败陈豨反军。然而，反军没有全部肃清，陈豨反军的余部依然盘踞在东垣。刘邦又挥师东进，再一次来到东垣。这次征讨整整打了一个多月，孤立无援的东垣守军只得打开城门投降。

这次征讨，让刘邦认识到东垣地理位置的重要。作为军事要地，东垣安定，燕赵一带便安定。汉高帝十一年（公元前 196 年），他下令将东垣县更名“真定县”，取“真正安定”之意。

6. 光武帝刘秀真定娶妻定霸业

刘秀

光武帝刘秀，字文叔，南阳郡蔡阳县人，东汉王朝开国皇帝。新朝王莽末年，天下大乱，有皇家血统的刘秀在家乡乘势起兵。公元 23 年，汉室宗亲刘玄（刘秀族兄）称帝，并任命刘秀为破虏大将军，封武信侯。刘玄建都洛阳，遣使巡抚各郡国。同年，刘秀巡行真定，被王郎的势力追杀，饥饿难耐之时，得当地百姓的麦饭充饥。

为了打败王朗，刘秀决定拉拢当时颇具实力的真定王刘扬，二人同宗。刘扬手中握有 10 万兵马，在滹沱河一带最具实力。在刘植的游说下，刘杨同意归顺。为巩固联盟，刘秀亲赴真定王府，隆重迎娶刘杨的外甥女——郭圣通。郭圣通的家族是真定乃至河北的望族。刘秀实力大增，后攻破了邯郸，击杀了王郎等人。刘秀称帝后，封郭圣通为皇后。建武十七年（41 年），刘秀下诏废黜郭圣通皇后封号。尽管如此，刘秀及其继任者对真定王及郭家始终礼遇有加。

7. 南阳公主出家白雀寺

南阳公主，隋炀帝杨广长女。她姿容俱佳、言行有节，为隋炀帝所钟爱。开皇十九年（599 年），下嫁许国公宇文述之子宇文士及，生子宇文禅师。

大业十四年（618 年）三月，宇文士及的哥哥宇文化及弑杀隋炀帝，南阳公主随其到了聊城。不久，宇文化及被夏王窦建德打败，便舍弃妻儿从济北西归唐朝。此后不久，南阳公主遁入空门出家为尼。据说，南阳公主得知父亲被杀，设法逃出，一路辗转北上，来到真定城

南阳公主庙

苍岩山公主祠

白雀寺（原址位于正定西柏棠乡斜角头村）出家。后被窦建德派兵护送至井陉苍岩山修行。

8. 郭子仪、李光弼平叛驻真定

郭子仪，祖籍山西汾阳，唐代著名军事家。天宝十四年（755 年），安禄山起兵，很快攻占了东都洛阳，安禄山自称大燕皇帝，朝廷陷入混乱之中。

郭子仪临危受命，被任命为朔方（今宁夏灵武西南）节度使，与叛军展开较量，陆续收复云中（今山西大同）、马邑（今山西朔县东北），又与河东节度使李光弼合兵，收复常山郡（今河北真定）的九个县城。因河北各郡是洛阳和安禄山老巢范阳的必经之地，安禄山不敢怠慢，让史思明带人马攻打郭子仪和李光弼。郭、李部队退往常山。史思明的部队步步紧追，郭子仪兵出奇招，派出五百骑兵，诱敌追了三天三夜，正当敌军精疲力竭之际，唐军趁势进攻，史思明大败。

9. 义玄禅师真定创立临济宗

义玄，唐代高僧，中国禅宗临济宗创始人。俗姓邢，曹州南华（今山东省菏泽市东明县）人。禅宗五家中，以临济宗影响最大，法脉延续最久，也以临济宗最具中国禅的特色，义玄禅师是临济宗的开创者。

临济寺义玄禅师

唐大中年间，义玄禅师从江西黄檗山北上，游方观风，弘扬禅道。此时，正是唐武宗灭佛之时，义玄一路走来，看到各地寺院尽毁。当他于唐宣宗大中八年（854 年）行至真定时，却看到了另一种景象：这里寺院星罗，高僧云集，香火袅袅，梵音悦耳。义玄禅师来到城东南三里许的临济禅院（在今正定西临济村），住持寺院后，广接徒众，弘扬佛法。他不仅将江南广为流行的禅宗传播于此，还阐发新义，开创了禅宗发展新局面，成为佛教禅宗一大支派，以寺院得名，号临济宗。后寺院移至城内，依然沿袭寺院旧称。正定临济寺成为佛教禅宗支派临济宗的祖庭。

10. 宋太祖、宋太宗驻跸真定行宫

宋太祖开宝二年（969 年），宋太祖赵匡胤在平定南方诸国后，挥兵伐北汉，亲征太原。因战事不利，决定班师回京。返回途中，宋太祖驻跸镇州（今正定）潭园。他听说镇州道士苏澄隐年逾八十仍容颜不老，道法高深，于是召其入见，并邀其赴京，苏澄隐委婉拒绝。

开宝八年（977 年），大悲寺菩萨像重铸成功，得益于宋太祖的这次驻跸。从此，隆兴寺内就有了一尊千手千眼大悲菩萨铜佛像，直到今天仍然矗立在大悲阁内。

太平兴国四年（979 年），宋太宗为统一北方进攻北汉，也曾率重兵驻跸潭园。此后，潭园被改为帝王行宫，赋予了皇家身份，繁盛胜过往时。

11. 范仲淹出生在真定

范仲淹，字希文，北宋著名的思想家、政治家、军事家、文学家。范仲淹的父亲范墉始仕吴越国，太平兴国三年（918 年）吴越降宋，范墉随钱椒归宋。宋太宗端拱年间（988—989 年），范墉在真定为官，任成德军节度掌书记。其妻陈氏病逝后，又续娶真定高平村谢氏，并定居高平。端拱二年（989 年）八月二十九日范仲淹出生于此，后随父迁徐州。

范仲淹自幼丧父，生活贫困，母亲带着他改嫁淄州长山（今山东邹平东）的朱文翰，由此改姓朱。范仲淹发愤自强，赴应天府（今河南商丘）书院求学。他昼夜苦学，《宋史》卷 314《范仲淹传》记载，他“冬月惫甚，以水沃面；食不给，至以糜粥继之，人不能堪，仲淹不苦也。”大中祥符八年（1015 年），范仲淹考中进士，出任广德军司理参军。两年后，改任亳州（今属安徽）集庆军节度推官，上表恢复姓范。

对于自己的出生地，范仲淹始终念念不忘。在为其胞兄范仲温撰《范府君墓志铭》中称：“考讳墉，归皇朝，历真定府、武信军掌书记”。北宋名臣韩琦到真定府为官，范仲淹致信说：“真定名蕴，生身在彼。”明言自己生于真定，体现了范仲淹与真定高平的渊源。

12. 欧阳修真定整肃吏治

欧阳修，字永叔，号醉翁，晚年号“六一居士”，吉州永丰（今属江西）人。贫苦出身，4 岁丧父，母亲以荻画地，教他写字。23 岁中进士。欧阳修仕途坎坷，曾多次被贬。

庆历三年（1043 年），范仲淹等人推行“庆历新政”，欧阳修支持新政，并提出了改革吏治、军事、贡举法等主张。由于新政触犯了权贵们的利益，庆历四年（1044 年）八月，欧阳修作为新政的参与者被贬出京，出任河北都转运按察使，中间还暂时代理真定知府 3 个月。在任期间，他勤政爱民，爱国强边，整肃吏治，为民除害。他不避皇亲国戚，仗义执言，迫使外戚交出抢占的民女；他踏遍各州，考核官员，主张裁汰冗员贪官，用具有德才的官吏。此外，在他留下的诗作中就多次提及“潭园”。当时这位文学大家抱病赶到真定，是这里的山水园林润泽了他疲惫的身体和心灵。

13. 岳飞真定从戎报国

岳飞，字鹏举，宋相州汤阴县（今河南汤阴）人，南宋抗金名将，中国历史上著名军事家、战略家、民族英雄，位列南宋中兴四将之一。岳飞的家乡隶属真定路，一生多次到过真定。

宣和四年（1122 年），童贯、蔡攸兵败于契丹，河北官员刘韐在真定府招募“敢战士”以御辽。

岳飞应募，经过选拔，被任命为“敢战士”中的一名分队长。自此，19 岁的岳飞开始了他的军戎生涯。同年，土匪陶俊、贾进在相州作乱，岳飞请命前往，带领一百骑兵，用伏兵的计策将两人擒获。

14. 文天祥真定赋诗抒怀

文天祥，初名云孙，字宋瑞，一字履善，自号文山、浮休道人。江西吉州庐陵（今江西省吉安市青原区富田镇）人，宋末政治家、文学家，爱国诗人，抗元英雄。在民族危亡的时刻，他抗击元军兵败被俘，被押往大都（今北京），后慷慨就义。

文天祥

在被押解的途中，文天祥路过真定，他看到滹沱河，怀念忠烈，感慨万千，留下了《渡滹沱河诗（二首）》：“过了长江与大河，横流数仞绝滹沱。萧王旧事今何在，回首中天感慨多。”“风沙睢水终亡楚，草木公山竟蹙秦。始信滹沱冰合事，世间兴废不由人。”这两首诗直抒胸臆，悲凉沉痛，体现了作者强烈的爱国精神和民族气节。

15. 元好问真定著书授徒

元好问，字裕之，号遗山，太原秀容（今山西忻州）人，金末元初著名文学家和历史学家，宋金时期北方文学的主要代表，对元曲的创立作出了重要贡献。

在元曲发展的鼎盛时期，中国北方曾形成三个创作与演出中心，即真定（今河北正定）、平阳（今山西临汾）、大都（今北京）。与后两个中心相比，真定作家群形成时间更早，文化素质更高，他们为元曲的繁荣作出了卓越的贡献。其中“封龙三老”元好问、李冶、张德辉，以及弟子白朴等在河北生活了很久，有的晚年还归隐此地。据考证，元好问于 1237 年来到真定后，在真定府封龙山书院著书授徒，在中原一带影响很大，被称为元代北方诗坛巨擘。

16. 马可·波罗真定印象

马可·波罗，13 世纪意大利威尼斯的旅行家和商人。17 岁时随父沿陆上丝绸之路来到东方，1275 年到达元朝大都（今北京）。他在中国游历了 17 年，并担任了元朝官员。他谙熟中国的文化礼仪，通晓汉语和蒙古语，足迹几乎遍及中国各地，到达过今新疆、甘肃、内蒙古、山西、陕西、河北、四川、浙江、福建、北京等地，还曾经来到真定。

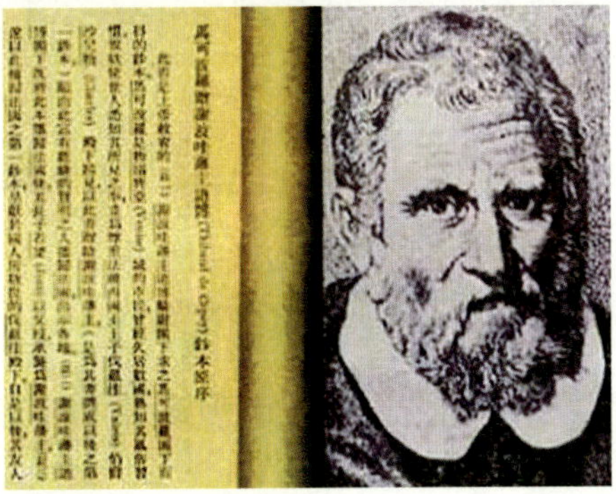
《马可·波罗行纪》

在《马可·波罗行纪》中这样记载：“哈寒府是一贵城，居民多是偶像教徒（信仰佛教、道教），人死焚其尸。他们是大汗之臣民，使用大汗的纸币（至元宝钞）。持工商为生。饶有丝，能织金锦丝罗，其额甚巨。此城领治一广大之地，所辖环墙之城村镇甚多”。“哈寒府”就是当时的真定。

17. 诗坛领袖王世贞真定留迹

王世贞，字元美，号凤洲，又号弇州山人，江苏太仓人。明代文学家、史学家，“后七子”领袖之一。

根据王世贞留下的《真定谒大士像十二年矣薄暮复过此留题》《真定陈使君邀饮天宁阁》等诗作，可以得知诗人多次经过真定，在佛寺中拜过菩萨，在天宁阁（即大悲阁）应邀饮过酒。

18. 赵南星受教真定恒阳书院

赵南星，字梦白，号侪鹤，别号清都散客，高邑（今河北高邑县）人，明代散曲作家，万历二年进士，官至吏部尚书，东林党首领之一。

赵南星早期受教于真定恒阳书院（位于城内西北隅），为艾穆的弟子。艾穆字和父，号纯卿，又号终太山人，平江人，以乡举授皋城教谕，万历初累迁刑部员外郎，仗义执言，刚直有节。赵南星与老师之间感情深厚，他在诗文中多次回忆恩师教导的情景，比如《艾先生以言适戍》一诗："忆昔滹水上，昕夕谈文史。"《与艾先生》写道："昔者从老师讲业滹沱之上，未尝不以古豪杰相期"。无论是治学还是做人，赵南星受老师艾穆的影响很深。

赵南星

19. 孔尚任真定观演《桃花扇》

《桃花扇》剧照

孔尚任，字聘之，又字季重，号东塘（一说东堂），别号岸堂，自称云亭山人，山东曲阜人，孔子六十四代孙，清初诗人、戏曲作家。清康熙年间授国子监博士。康熙三十九年（1700年）3月，因"疑案"罢官，后人推测源于其创作的《桃花扇》。

孔尚任路过真定，适逢好友刘雨峰（又名刘中柱）举宴，遂一同观演《桃花扇》。因原作出自孔尚任，大家举杯相祝，孔尚任对表演进行了指点。具体见《桃花扇·本末》记载："岁丙戌，予驱车恒山，遇旧寅长刘雨峰，为郡太守。时群僚高宴，留予观演《桃花扇》；凡两日，缠绵尽致。僚友知出予手也，争以杯酒为寿。予意有未惬者，呼其部头，即席指点焉。"

20. 梁思成正定考察古建筑

梁思成，祖籍广东新会，是梁启超的长子。中国近代著名的建筑历史学家、建筑教育家和建筑师。他曾任“中央研究院”院士（1948年）、中国科学院哲学社会科学学部委员，参与了人民英雄纪念碑、中华人民共和国国徽等作品的设计。

梁思成、林徽因考察古迹

梁思成数次考察正定的古建筑，与正定有不解之缘。1933年4月16日梁思成第一次考察正定，借住在隆兴寺，当晚便开始工作，很晚才回方丈院吃晚斋。一周的考察，梁思成完成了《正定古建筑调查纪略》，发表于1933年《中国营造学社汇刊》第四卷第二期。1933年11月，他又偕夫人林徽因来到正定，这次考察“成图盈箧”，满载而归。但这次考察的资料，后来遗失于战乱。1952年，时任清华大学土木建筑系主任的梁思成，利用暑假，带着学生来到正定考察测绘正定古建筑，仅隆兴寺的摩尼殿就绘图几大本。1963年，梁思成又一次来到正定，就文保工作提出很多宝贵意见，为文物保护指明了方向。1966年“文化大革命”开始后，全国兴起“破四旧”之风，梁思成在自身处境堪忧的状况下，依然关心着正定的古文物保护，并于5月16日急电正定文保所：马上把开元寺钟楼的唐代门板拆下，留在那里怕是保不住。

梁思成考察正定古迹

梁思成的多次考察，除形成了《正定古建筑调查纪略》这一很有科学价值的考察总结，还绘制了大量的古建筑结构图，拍摄了许多建筑结构图片，为后来文物的“修旧如旧”提供了翔实的材料。他通过考察，对正定的许多古建筑做了十分科学的评价，确定了一些建筑的建造年代，对于正定的文物保护与研究，贡献卓著。

（二）历史传说

1. 刘秀建造麦饭亭

西汉末年，刘秀与王郎多次交锋，刘秀屡战屡败，一路逃到正定城南。饥渴难耐之际，想找当地老百姓要点吃的。当时正是麦熟季节，老百姓都在忙着收割麦子，一位老人家就给他煮了一些麦粒儿。刘秀吃饱了肚子，有了力气，才逃脱了王郎的追杀。后来刘秀做了皇帝，吃腻了山珍海味，猛然想起逃难时吃的那碗饭，顿觉香甜无比，于是命御膳房做，但他不知

麦饭亭

道饭叫什么名字，只记得那饭有圆有扁，但御膳房做不成，便派人去查访。原来，当年老人给刘秀吃的是正定一带把大麦仁碾压后做成的麦仁饭。为了纪念这件事，刘秀就命人修了座亭子，起名“麦饭亭”。不幸的是，该亭已湮灭于历史的长河中，至今留有许多关于麦饭亭的诗句：“秋水莽滔滔……麦饭荒亭没野蒿。”2016年，正定县又重修麦饭亭，立于滹沱河北岸。

2. 凌透村的由来

关于凌透村（原属正定，现划归石家庄市区）的由来，与刘秀有关。

西汉末年，刘秀与王郎交战，被赶到滹沱河岸边。时值春暖冰消，水大流急，兵马难以通过，情况非常危急。情急之中，刘秀拔出腰中宝剑，直指青天，大声说道：“苍天，莫非你要亡我刘秀不成！”刘秀连喊三遍。刹那间，只见飞沙走石，天昏地暗，一股寒气从天而降，滹沱河水即刻结了冰。刘秀催马扬鞭，带领部下，飞也似地渡过了滹沱河，逃脱了王郎的追杀。等王郎兵赶到时，冰凌即裂透，阻止了追兵，从而救了刘秀。于是，刘秀率兵过滹沱河的这个村子，被人们称为“凌透”。

3. 赵子龙为民除怪

提起三国名将赵云赵子龙，正定至今还流传着一段他为民除怪的故事。相传，在今北高营村北滹沱河拐弯处有一个石怪作孽。这石怪原是太行山顶上的一块黑面怪石，拜太阳四百八十九年，差一年就要变妖成精。谁知它因为逞能得罪了风神，被狂风掀起的洪水巨浪冲进了滹沱河，沉没在滹沱河大拐弯的河底，变成了石怪。从此，这石怪常常躲在暗处，搏水击浪，兴妖作怪，令好多人和船只丧身河底，当地老百姓恨透了它。

有一次，少年赵云随长辈乘船去赵家祖坟祭拜先祖。小船刚过东垣城角，忽然传来“呜——呜——”的怪声，刹那间，天昏地暗，风雨交加，船被巨浪推上拉下。赵云自忖：莫不是石怪作祟？赵云转念之际，石怪已经蹿出水面，吼一声，如雷贯耳，呼一口，浪大如山。说时迟，那时快，赵云急从背后取下弓箭，弓拉满月，照准石怪的咽喉猛力一射，白箭离弦飞出，正中石怪。顿时，风停浪消，河水平静下来，一块黑石高高地靠在了怪石湾的南岸。从此，东垣城东的怪石湾再没淹死过人、翻过船。人们感念少年赵云的义勇和恩情，便将赵云除怪的故事代代流传了下来。

4. 新城铺村颜氏村民不敬关公的由来

祭祀关公是中华民族一个普遍的风俗。在石家庄一带，几乎村村都有关帝庙、人人敬拜关老爷。可有一个村例外，这就是新城铺。

新城铺是正定县境内比较大的一个村镇，全村近两千多户，颜姓人居多，自古以来颜姓人不敬关公。其中的原因还要追溯到三国时期。关公是三国时的蜀汉大将，历来被人神化，在人们心目中成为“忠义”的化身，被尊为“关帝”。他随从刘备起兵后，“过五关、斩六将”，在白马坡斩颜良、诛文丑。据说，正定新城铺颜姓人家都是颜良的后代，他们与关羽有世仇，故而不敬奉关公。清军入关后，统治者为了巩固自己的地位，便把“关羽”抬了出来，诏令各地修建关帝庙。一时间，从长城内外到大江南北，关庙林立。可是，新城铺人冒着杀头的危险，一直未给关羽建庙。不仅如此，新城铺作为集镇，民间艺人卖年画，凡有“关老爷”像的，不允许在此销售。每年农历五月十七前后，这一带或多或少地总要下些雨，新城铺的人都说：这是老天在为颜良之死伤心落泪呢！

5. 孙思邈真定行医救百姓

唐代医学家孙思邈，从小就聪明过人，受到老师的器重，长大后开始爱好道家老庄学说。由于当时社会动乱，他隐居陕西境内的秦岭太白山中，逐渐有了很高的声名。当时的朝廷下令征孙思邈为国子监博士，被他婉言拒绝了。孙思邈在太白山研究道家经典，同时也博览众家医书，研究古人医疗方剂，选择了“济世活人”作为自己的毕生追求。为了解中草药的特性，他走遍了深山老林。孙思邈还十分重视民间的医疗经验，不断积累走访，及时记录下来，终于完成了他的不朽著作《千金要方》。在活了 102 岁后，孙思邈无疾而终。据说，孙思邈曾路过真定一村庄，看到这里正疾病流行，便住下来为百姓医治，从而受到人们的尊敬。为了纪念他，这个村庄取名大孙村，一直沿用至今。

孙思邈行医图

6. 阳和楼的由来

阳和楼原来位于正定县城中心至南城门的中段，横跨正定城南门内南大街上。关于阳和楼，还有一个民间传说。据说当年唐王李世民游地狱的时候，因为冤屈致死的鬼们阻道，闹个不休，把李世民弄得束手无策。幸得崔判官想了个办法，说只要施些银钱，让他们能赢得官司，此困可解。不过那时唐王魂游地狱，随身没带多少钱财，于是判官又出了个主意，说是阳间真定府有个叫杨和的人，他虽是个担水夫，因为生活简朴，存下了钱，都买金银箔烧了，所以在阴间，他是一个很大的财主，可以暂借他的钱用用，等还魂到阳间再如数还他。唐王如法而行，借了杨和许多的钱，解了燃眉之急。待唐王还魂后，想起杨和的恩情，想要补报，便下旨去调杨和进京。但杨和接旨后，因不明内情，惊恐万分，以为他一个老百姓，凭空被调去京，定是凶多吉少，吓得自缢而死。后唐王得知，很是懊悔，便命真定府为杨和建造一楼，赐名杨和楼，以资表彰。并且每块砖下都放上了一个元宝，还他的欠债。后来人们把这个有些悲凉的故事取了祥和之意，便将此楼称之为阳和楼。

7. 封冻碑名称由来

封冻碑，名“大唐清河郡王纪功载政之颂碑”，又名风动碑，碑高约 6 米，宽 2.3 米，是正定城内最大的一座石碑。这座石碑刻立于 766 年，距今已经有 1200 多年的历史了。当年唐代宗李豫降旨在正定城内为成德军节度使李宝臣歌功立碑。知府接旨后，愁容不展，闷闷不乐，因为没有合适的巨石来刻碑。夫人怕愁坏了老爷，遂命仆人摆下酒宴为知府消愁解闷。知府哪有心思喝酒，不留神碰到了酒杯，但见酒杯借酒在桌面上缓缓移动，知府见此情形，把桌子一拍："有办法了！"夫人吓了一跳，忙问："老爷，有什么好办法？"知府指着桌子上的酒杯说："你来看，杯子能在酒面上浮动，咱就不会让石碑在冰面上滑动吗？"夫人听后连声夸赞。是年腊月，滹沱河河面封冻，知府命人去获鹿从滹沱河上运来了巨石雕刻成这块巨型石碑，故得名"封冻碑"。清代《正定县志》《正定府志》曾记载有风动书院，或因此碑而得名，因此，人们又称此碑为"风动牌"。

8. 宋太祖铸造千手观音佛

赵匡胤黄袍加身建立大宋后的开宝二年，亲率 20 万大军攻打太原，可是两个月都没打下来，于是来真定府歇驾。他听说城内大悲寺里有尊铜铸的千手观音很灵验，于是前去礼佛，可是他看到的大佛不是铜铸的而是泥塑的，就问寺里的僧人是什么原因。方丈告知说：这尊大佛原本是铜的，五代时期，契丹入侵，铜像的上半身毁于战火，寺僧赶紧用泥进行了补塑。到了后周时期，周世宗柴荣下令毁佛铸钱。真定府的官员都知道这尊大佛很灵验，谁也不敢轻举妄动，柴荣亲自来到真定，也就是当时的镇州，"持其斧，破其面"，就这样，铜像的下半身也变成了泥塑。方丈还说，当年大铜佛被毁的时候，在莲座里面还发现了八个大字："遇显即毁，遇宋即兴"。这个"显"指的是显德年间的周世宗柴荣，"宋"就是大宋皇帝赵匡胤了。赵匡胤听后龙颜大悦，这不是上天昭示着我大宋要兴盛吗！于是下令在城内选一座宽大的寺院——龙兴寺，重铸菩萨金身。

有一年，真定发生了碑文所记载的"地涌铜，水漂木"的奇异现象。相传，当时龙兴寺后院的菜园子里，每天晚上都有紫光出现，后来人们才发现，在那里蕴藏着丰富的铜（大佛寺龙腾苑的龙泉井亭下面的八角琉璃井就是当年的涌铜之地）。那年夏天，河水上涨，连绵的大雨导致山洪暴发，将山西五台山的一棵千年神松冲下来了。顺着滹沱河流到了正定城南便停了下来。有人说他们看到这棵大树流到城南的时候，从水里面升出一个白衣菩萨来，说道：

“木留于此，乃天意也。”于是这棵大树便停了下来。地方官员赶紧报告皇帝赵匡胤，赵匡胤猛然想起了两年前在真定许的愿尚没兑现，想必这是菩萨帮自己铸大佛来了，于是便选派了几位亲近的王公大臣，亲自来到真定铸造大佛，扩建了龙兴寺。

9. 三山不见，九桥不流

正定地处平原，境内没有山脉。而历史上曾先后称：“恒山郡”“常山郡”“中山县”。恒山、常山、中山三个名称都有山字而不是山，故有“三山不见”之说。“九桥不流”是指在隆兴寺天王殿前、府文庙戟门前、县文庙前院各建有一座三路单孔石桥。所谓有桥必有水，而正定九桥下各有一小池，唯雨后稍有积水，干旱则干涸，桥下无流水，故有此说。

在正定县民间，则流传着“三山不见，九桥不流”的神奇传说。传说玉皇大帝早就看上了正定这块风水宝地，县城东面有他开辟的蟠桃园。现在他又要在正定大兴土木，营造一座地上天宫。他命太白金星几次到正定察看地形，发现有常山、恒山、中山等三座大山，妨碍他建造天宫。于是玉皇大帝就召集各路神仙，让大家出谋划策，如何把这三座大山搬走，腾出地界，好造宫殿。别看各路神仙都到齐了，心里都打着自己的小算盘，都怕把山峰搬到自己的地盘上，那多碍事呀，所以，谁也一言不发。玉皇大帝再三督促，还是太白金星首先发言。他摸了摸自己的花白胡子，长叹一声道：“宫殿一定要修，大山一定要搬，可把大山搬到哪里呢？”众神仙异口同声道：“你说呀，把大山搬到哪里呢？”太白金星早就看出众神仙心里的小算盘，慢慢说道：“只有把三座大山搬到海里才是上策。”众神仙一致拍手赞成。谁知东海龙王不依，他向玉皇大帝叩头道：“填平了大海。让我去哪里安身？”玉皇大帝说：“别怕，别怕，你那么大的海，填上几座山峰，还不是像向小河里扔了几个石子，碍不了什么事的。”从那时候起，正定就只有常山、恒山、中山的名字，实际上并没有什么大山。也是从那个时候起，海里都有了石头，这些都是正定的三座大山上的石头。

（三）革命事件

1. 正定铁路工人的罢工斗争

正定火车站是京汉铁路线上的一个车站，建于 1902 年。当时的正定车站北辖至寨西店，南辖至内邱，有铁路工人 1400 余人。由于资本家和军阀的欺凌与压榨，工人薪金待遇低下，工作环境恶劣，工人阶级与反动统治阶级的矛盾冲突日益尖锐。

1921 年秋，长辛店铁路大厂优秀共产党员、工人运动的积极分子康景星受党组织派遣，以做铆工为掩护，到正定火车站从事革命活动。来到正定之后，他经过秘密串联，团结了么凤久等十几名工人，仿效长辛店铁路工人的做法，发起成立了“京汉铁路正定火车站俱乐部”（后改称“正定府工会”，又更名“京汉铁路总工会正定分会”），康景星任部长。正定铁路工人运动由此开始。

1922 年 8 月 24 日，邓中夏领导的京汉铁路北段的“八月罢工”掀起了铁路工人革命的高潮。本次罢工从长辛店开始，逐步向南推进。罢工的主要目的是：增加工人工资，开除最坏的工头，争取工会有推荐工人的权利等九项条件。消息传到正定后，康景星、李斌等召集工人开会，发动群众支援长辛店铁路工人的罢工斗争，组织了敢死队，并做了周密部署。8 月 24 日晚，工人们阻止火车运行。25 日，全体工人罢工。这次罢工，经过长辛店、保定、正定等路段的连续行动，迫使军阀和资本家答应工人的要求，全京汉铁路工人每人每月增加工资 3 元。

1923 年 2 月初，闻名中外的“二七”大罢工斗争爆发，正定铁路工人积极响应。2 月 1 日，康景星代表正定铁路工人参加了在郑州召开的“京汉路总工会”成立大会。返回正定后，他连夜召集正定所属各站段工会委员，向大家传达了总工会关于罢工的决议，并积极响应大会统一部署，做好了罢工斗争的准备工作。2 月 4 日上午，罢工信号发出后，工人们迅速集合，康景星宣布了罢工命令，同时组织了纠察团。罢工开始后，纠察队员截住客车，向旅客进行宣传，同时将站长、段长的住所监视起来，散发了传单和罢工宣言。2 月 5 日，工人陆续汇集正定，达到1400多人。罢工遭到反动军阀和资本家的极力镇压。2月6日，吴佩孚部下的军法处长，京汉铁路管理局局长赵继贤发来电报，限24小时内复工。2月8日，又派其嫡系第12混成旅旅长葛树屏，亲率一营兵力进行武力威胁。工人们意志坚定，决不复工。葛树屏动用武力失败后，又提出让工人派代表谈判。康景星、丁贵山、李斌、边庆臣等挺身而出，作为谈判代表和他们交涉。谈判无果，葛树屏强行扣留康景星。上级工会指示工人群众暂时复工，康景星同志被释放。但是镇压了江岸等处罢工的刽子手赵继贤，于2月9日亲自率兵来正定抓捕了康景星等同志。康景星被捕后，敌人用尽酷刑，但康景星坚贞不屈，次日被押送至保定监狱。1924年10月党组织将其营救出狱。

“二七”大罢工虽以失败告终，但它在中国工人运动史和中国革命史上却有着不可磨灭的历史功绩，意义重大，给中国共产党领导中国革命提供了极为宝贵的经验和教训。

2. 正定县党组织的光荣诞生

1924年，第一次国共合作形成后，直系军阀吴佩孚部下的冯玉祥开始倾向革命，发动了“北京政变”，推翻了曹锟贿选政权后，将其所部改称国民军。同年11月初，国民军第三军第三混成旅进驻正定，旅部设在直隶省立第七中学（今河北正定中学），旅参谋长张兆丰、军需处长郝久亭是中共党员，他们利用各种机会和进步学生接触，还不断参加七中学生关于国家时局及宣传马克思主义的讨论会。不久，张、郝便结识了高克谦（原在保定育德中学读书，张兆丰曾为该校教务长）、杨天然、尹玉峰等进步学生，并向这些青年学生介绍中国的国民革命、工人和学生运动，以及苏联十月社会主义革命的情况，进行无产阶级革命教育。12月，张兆丰、郝久亭两人开始着手建立党组织。该月下旬，介绍高克谦、尹玉峰、裘树蕃、杨天然（后脱党）、于华锋（后叛党）等5人加入中国共产党，后又相继发展邢克让、马增玉、刘子琦、梁志超、贾殿奎等人加入党、团组织，建立起正定第一个党支部，正定县党组织诞生，并逐步成为正定革命运动的领导核心。

1925年3月，中共正定县特别支部建立，杨天然任书记，下辖10个支部。1926年1月，中共正定地方委员会建立，尹玉峰任书记，受中共北方区委直接领导。1927年6月，正定地方委员会改组为中共正定县委员会，尹玉峰担任书记。

3. 反帝“雪耻会”与“各界沪案后援会”

正定地方党组织建立后，反帝反封建运动在全县范围内迅速铺开。1925年上海“五卅”惨案发生后，正定县党组织根据上级“积极配合五卅运动，掀起反帝高潮”的指示，于6月5日组织了反帝运动公开领导机关——正定县各界反对英日帝国主义惨杀同胞“雪耻会”，由中共党员高克谦、尹玉峰、共青团员邢克让等负责领导。高克谦任总务主任，负责日常工作。“雪耻会”成立以后，首先召集商会会长、教育局长共同商议有关事项，并组成“正定各界沪案后援会”，拟定了标语口号，准备了传单、宣传品，为反帝游行做准备。

6月7日，正定城内大集，参加集会的各界群众从四面八方涌到七中门口。七中全校罢课，学生深入农村进行宣传。面对集会群众，高克谦、邢克让历数帝国主义欺侮中华民族、残害工人同胞的罪行，号召工农商学各界团结一致，开展反帝反封建的斗争。演讲极大地激发了民众的爱国热情，大家振臂高呼：“打到英日帝国主义”“取消领事裁决权”。大会成立了宣讲团和检查团，举行了声势浩大的游行活动。“抵制日货检查团”查封了经营日货的店铺，同时发动群众捐款，援助上海被害工人家属。

随后，上级党组织为扩大反帝爱国阵线和准备进行长期斗争，在石家庄成立附近县份和京汉、正太两铁路沿线各大城镇参加的石家庄各界沪案后援会。6月16日，中共正定特支派高克谦率正定工农商学各界代表200余人，到石家庄参加了这个联合组织的开幕典礼。奉系军阀走狗李景林派出大批军警包围了会场。高克谦临危不惧，慷慨陈词，不仅怒斥了李景林不顾民族利益，丧失民族立场的无耻行径，还揭示了上海“五卅”惨案的真相，铿锵有力，针针见血。会场上群情激愤，“打倒帝国主义”“打倒反动军阀”的口号此起彼伏。演讲结束后，愤怒的群众高举“援助沪案”的巨型条幅，游行示威。6月中旬，中共正定特支书记杨天然到保定、北京向上级党组织汇报正定县开展“五卅”反帝爱国运动情况，并按照上级指示，改“沪案后援会”为“反帝雪耻会”，领导各界群众把“五卅”反帝爱国斗争引向了深入。

4. 反“讨赤捐”斗争

1927年5月，武汉革命政府北伐军在河南临颍击溃奉系主力后，沿京汉路北上，势如破竹。驻守河北的奉系军阀闻风丧胆，企图逃跑。窜逃之前，奉系军阀责成县公署预征1928年上半年的田赋税，并附加百分之二十五的“讨赤捐”。由于正定连遭水涝、冰雹灾害，百姓早已苦不堪言，官府的横征暴敛，更把百姓推向绝路，群众的反抗情绪一触即发。

根据北方区委的指示，中共正定县委决定借县城庙会之机，发动群众反抗官府预征钱粮和催逼“讨赤捐”，县委书记尹玉峰作具体部署：要求各村党团员、农民协会会员和积极分子，利用一切关系，带领群众以赶庙会为由，进行反抗暴动。1927年6月16日，适逢正定的城隍庙会，各地的农运骨干，按照预定计划，手持大刀、长矛、钢叉等，从四面八方涌进县城。上午10点，暴动开始，上万名群众振臂高呼：打倒军阀！反对预征钱粮！反对“讨赤捐”！游行队伍很快和手持洋枪的奉军巡警混在一起。郝清玉、尹玉峰等走在队伍的最前面，率领群众闯进县衙，郝清玉手持三节鞭砸碎了大堂的屏风，参加暴动的群众受到鼓舞，差役们却吓得面如土色，战战兢兢。县知事金汪杉被迫写下了废除“讨赤捐”和缓征钱粮的字据，然后发布告示通知全县。

为了庆祝这次斗争的胜利，扩大党的政治影响，在县委领导下，人们高举县知事的手谕，举行了声势浩大的游行示威。6月16日下午3点，这次斗争胜利结束。

5.“一·九”风暴

1929年1月9日，正定县党组织领导人民开展了一场反官绅斗争，成为轰动全省的“一·九事件”。1月中旬，北京《大公报》第二版刊登了“正定县群众暴动”的消息。

1928年4、5月间，正定反动县长许文泉指使王化机等四名国民党员，以“打倒土豪劣绅”为名把隆兴寺大和尚意定扣押起来，引起了大和尚的好友杨荫棠等豪绅不满，他们到天津“国民党省政府”告发许文泉贪污受贿，鱼肉乡民。此外，还勾结在天津的政客安当世，让其出面挤垮许文泉，许诺事成后呈请省府由安出任正定县长。最后许文泉果然被挤下台，安当世走马上任。

商会会长杨荫棠为富不仁，早已引起百姓不满。安当世迫于压力暂拘杨荫棠，打算走走过场，敷衍了事。王化机抓住这一把柄，发动群众近万人，到县政府请愿，企图搞垮安当世。中共正定县委决定将计就计，将王化机筹划的“和平请愿”演变为反官绅的群众斗争。1929年1月9日下午，王化机召集的各界代表在政府院内集合，县委发动的两千多人也及时赶到。群众高呼“打倒贪官污吏”“打倒封建势力”等口号冲进县衙，挟持安当世去捉拿杨荫棠。杨荫棠得信早已溜之大吉，扑了空的群众彻底愤怒了，他们砸毁了牌匾，揪出躲进杨宅的安当世，拉着他上街游行。游行队伍行至公安局，公安局长刘秉臣救下安当世，没想到人群潮水般冲进公安局，砸了局长办公室，并将安当世、刘秉臣揪出来游街示众。整个县城掀起风暴，游行的队伍将大街挤得水泄不通，卫兵开枪冲散游行队伍，安、刘两人乘机逃脱。1月9日晚，正定县委召开紧急会议，确定由王庆昌、郭克明等人带领各界代表，到护路团抗议，并提出惩办开枪人、县长安当世要找回杨荫棠、查封杨的家产三个条件。经过交涉，护路团团长全部应承了下来。安当世恼羞成怒，急电呈请省政府，将国民党员王化机逮捕入狱。至此，我党领导的轰轰烈烈的“反官绅运动”胜利结束。

6. 韩通庙会反日反奉大宣传

1926年，北伐军挥师北上，势如破竹，日本帝国主义和奉系军阀惊慌失措。9月间，日本人残杀本溪罢工矿工的消息传到正定后，引起群众的普遍愤怒，人民群众反日反奉的情绪日益高涨。10月4日，尹玉峰在裕华鞋庄主持召开了中共正定地委委员会议，决议成立正定县满蒙交涉后援会，并计划于10月7日（农历九月初一）韩通村庙会之机，组织人民举行反日反奉集会游行。10月5日，中共正定地委领导成员，分头向各基层党团支部传达了决议，印制了传单，书写了标语口号，做好了游行前的各项准备工作。10月6日，又通知农民协会、平民夜校、小学教员联合会等外围组织，动员带动广大群众参加游行。

10 月 7 日，各界代表抬着“正定县满蒙交涉后援会”的巨大匾额，通过会场，挂到了戏台中央。台下聚集两千多名群众，地委书记尹玉峰发表简短讲话，揭露了日本帝国主义强迫满蒙人民承认“二十一条”、残杀煤矿工人等暴虐行为，以及奉系军阀卖国求荣、压迫人民的罪恶行径。会上，各界代表均作了发言，积极响应。会后举行了声势浩大的示威游行。这次游行，在正定、藁城、获鹿、栾城等县产生了很大的政治影响，反日反奉大宣传圆满结束。

7. 驱逐反动教育局长高肇绅的斗争

1926年，正定县党团组织领导全县进步师生掀起了一场驱逐反动教育局长高肇绅的斗争。

高肇绅自1923年任正定县教育局长后，打击迫害进步教师，特别是对建有中共组织的韩通、高家营、吴兴等学校的教师，更是处处非难，从而引起大家的强烈不满。正定县党组织决定以 3 所高小党支部为中心，发动全县教师驱逐反动局长高肇绅。1926 年暑假改选县教育会长时，反动县知事出面对教员们进行威胁，声称：“赞成会长制的站右边，赞成委员制的站左边。站在左边的就是共产党赤化分子。”这样一来，大家更加气愤，不约而同地站在了左边，结果教育会长张子安被迫下台，教育会由“会长制”改为“委员制”。教育会重新选举后，处处受到反动教育当局的刁难、压制，工作难以开展。经过党组织与进步教师协商，同年秋，中共正定地方委员会以高家营等 3 个区的小学为核心，组织全县 210 名小学教员，成立了正定小学教员联合会，推举有影响的绅士何荣廷任主任，两名共产党员任副主任。

小学教师联合会成立后，全县进步教师更加团结，公开提出要将高肇绅赶出教育局。此时，正定党团组织因势利导，领导全县教师以“小教联”名义，列出高肇绅三大罪名，要求撤掉高肇绅教育局长职务，还提出增加工资、改善教师待遇等条件。通过到县衙请愿、散发传单、庭审斗争等方式，施加压力，迫使县知事答应了全部条件，罢免了高肇绅的职务，增加了教员工资和 3 所区立高小的经费，斗争取得全面胜利。

8. 新城铺的农民斗争

1926 年冬，中共正定县委滹沱河北部区委书记郝清玉来到新城铺，将共青团员葛建基(郭芳)、徐世荣、赵文珠、李润祥发展为共产党员，建立了党支部。

为了唤醒民众的革命意识，党支部开办了平民夜校，有文化的党员义务担任教员，向农民宣传革命知识。当时的入学人数达到了四百多人。党组织还以此为阵地，组织广大群众，同地主豪绅展开了一系列斗争。当时，无地少地的长工为地主累死累活干一年，挣的工钱除了还债付捐之外，所剩无几，生活很是凄凉困苦。在平民夜校，党员给农民分析贫困的原因，鼓励大家团结起来反对剥削，同地主展开斗争，并决定要让雇主每年赠送长工“花红”（5 斤馍、1 双鞋、1 双袜子、1 条毛巾）。以豪绅李三月为首的地主，得知此讯后闯进夜校，胡搅蛮缠。长工们气愤地表示：谁不出花红，明年不给谁揽活。无奈之下，地主们答应了要求，而且，此后雇主每年送“花红”的规矩延续了下来。

1930 年夏，天气异常干旱，地主们急需短工抗旱。而短工的工钱很低，党支部组织短工开展了提高工钱的斗争。有地的雇主们眼看着庄稼打蔫儿，无奈之下，只好把工钱从四五十个子增加到一百个子。

在改选村长的斗争中，村长李三月属村中一霸，为富不仁。他勾结其他几个地主，挪用村里公款，与东平乐地主打了一年官司，抢回 47 亩大的马壕坑，并据为己有，为此引起公愤。在选举这天，李三月提出画票选举，企图在票上捣鬼，群众坚决反对，坚持口头选举。最终李三月被拉下马，村里德高望重的梁洛福、梁洛秀当选，斗争取得了胜利。自此，农民运动如火如荼地开展起来。

9. 五县暴动

五县农民联合暴动，是中共直中特委领导的正定、新乐、行唐、灵寿、藁城五县交界的四五十个村庄的农民暴动。中共直中特委在 1932 年 1 月关于《两个月工作计划》中指示：“抓紧一二县乡发动游击战争，建立新的红军与苏区，加紧发动和领导群众日常经济的、政治的斗争，开辟职工及兵士工作，这是直中党组织目前的中心任务。”

按照这一指示精神，1932年11月上旬，中共直中特委军委书记张梅村在东咬村王玉海家主持召开了“五县暴动”准备会议，参加会议的有五个县党组织的负责人。在这次会议上，具体安排布置了有关事项，决定1933年1月13日（农历腊月十八）为五县暴动日，正定和藁城为第一纵队，魏士珍兼政治委员，徐世荣为队长；新乐为第二纵队，张梅村兼政治委员，田友三为队长；行唐和灵寿为第三纵队，葛基为政治委员，孙莱恒为队长。经过紧张的准备，1933年1月10日晚，第一纵队的三大队在小郜村集合起来，该村地主李洛厚和北辛庄地主石光汉得知消息，通敌告密。正定、藁城的保卫团向暴动队伍展开“围剿”，队员石春常、尹大虎、杜培之等4人被捕。第一纵队的一大队得知消息，被迫停止行动，分散隐蔽。队伍随后转移到大奉化村，在召开紧急会议之时，因被保卫团巡逻兵发觉，许福来等5名党员和1名群众骨干被敌人抓走，暴动失败。二大队在新城铺集合后，正准备行动，国民党保卫团将村包围并进行围捕，徐世荣得到消息认为敌强我弱，不宜硬拼，选择继续隐蔽。第二、第三纵队的暴动也以失败告终。

这次暴动虽然失败，却震慑了国民党反动当局和地主阶级，在这块沃土上撒下了革命的种子，为后来动员民众进行抗日战争和解放战争打下了良好的思想基础。

10. 河北省立第七中学的学生运动

河北省立第七中学始建于1902年，原名“正定府中学堂”，是本府14县最高学府。民国初年，改为“直隶省立第七中学校”。1928年6月，直隶省改名为河北省，校名随之改为“河北省立第七中学”，1933年9月，又一次更名为河北省立正定中学校。

（1）驱逐反动校长李云锦

1915年的新文化运动和1919年五四爱国运动的爆发，激励和鼓舞着七中进步师生积极投身到新文化运动中去，他们不堪忍受学校陈旧落后的教育，纷纷举办讲演会、研究会，借此宣传新思想、新文化，提出改革学校旧教育的主张。对此，校长李云锦极力反对，并给进步师生施加压力。1921 年底，七中掀起了驱赶反动校长李云锦的学潮。斗争持续了两年多的时间，1923 年 1 月李云锦被迫下台，他所任用的封建保守举人、拔贡出身的教师也一同被驱逐出校。王国光接任校长后，从保定育德中学聘来几位进步教员，《新青年》《独秀文存》等进步书刊在学生中传阅，新思想、新文化的观念深入人心，马列主义也得到有力传播。1924 年 12 月，正定县党组织在这里诞生，该校的学生运动从此蓬勃开展起来。

（2）组建正定各界沪案后援会

“五卅”运动爆发之后，由中共直隶七中支部改建的中共正定特别支部，领导正定各界群众投入到这场运动中去。1925 年 6 月初，组织决定建立正定各界沪案后援会（后改称雪耻会），由中共正定特支组织委员尹玉峰、宣传委员高克谦和共青团正定特支负责人邢克让具体领导，以七中学生为骨干，广泛发动各界群众投入这场反帝爱国运动。6 月 7 日，趁正定城内大集，七中广场举行了两千多人参加的集会，高克谦、邢克让等登台发表演讲，揭露日英帝国主义制造“五卅”惨案的真相，愤怒声讨帝国主义罪行，号召各界群众团结起来，援助上海受难同胞，为中华民族雪耻。演讲完毕，七中学生向与会群众散发传单。会后，举行了游行示威。次日，学生组成抵制日货检查团，查封经营日货的商店，同时向各界群众募捐，将款项寄往上海，支援上海人民的反帝爱国运动。

（3）反对帝国主义文化侵略

鸦片战争之后，帝国主义列强打着传教的幌子，肆无忌惮地对中国进行文化侵略。1889 年天主教传入正定，他们以办“慈善学校”为名，毒化青少年思想。1925 年 12 月，直隶七中建立反基督教大联盟，很快发展到 80 多人。12 月 25 日圣诞节，在共青团直隶七中支部负责人李维桢、学生干部郭廷臣等人带领下，联盟成员分成两支队伍，一支冲进教堂，向正在诵经的教徒们散发传单，张贴标语，一支走上大街，沿途向群众发表演讲，唤醒民众。这次宣传揭露了天主教对中国进行文化侵略的本质，打击了天主教欺压百姓的猖狂行径。

（4）勇做抗日救亡运动的先锋

“九一八”事变后，全国抗日救亡运动高涨，中共河北七中支部根据上级党组织的部署，决定在正定周边各县开展抗日救亡宣传。学生会主席周学鳌、邸鸣祥组织全校学生驱逐阻挠训育主任刘秀珊，分赴新乐、行唐、灵寿等周边各县，进行了为期一个多月的抗日救亡大宣传。这次活动对提高民众觉悟、发动群众参加抗日救国斗争起到了积极作用。1935 年“一二·九”运动爆发后，河北正中学生联合河北正师学生，毅然冲出校门，走上街头，深入农村，甚至奔赴外县，到处张贴标语、进行演讲，揭露国民党统治集团实行不抵抗政策和镇压学生爱国运动的罪行，宣传抗日救国。1936 年，在日寇紧逼、全国抗日救亡运动日益高涨的形势下，通过“读书会”向学生推荐进步书刊。在抗日民族统一战线的影响下，绥远国民党军对日作战，党组织领导学生建立了“抗敌援慰会”，发起募捐活动，募集 3000 多元寄往绥远。

省立七中的学生运动，是当时反帝反封建运动的一个重要组成部分，对于整个反帝爱国运动、抗日救亡运动、反对奴化教育，均起到积极的促进作用。

11. 正定人民反抗日伪军大屠杀

1937 年“七七事变”之后，日寇大举南侵。10 月 6 日，侵犯至正定县新安车站一带及东西杨庄一线，后攻占永安、岸下、牛家庄、诸福屯等村庄。10 月 7 日，日军步兵两千余人在 30 余门大炮掩护下猛攻正定城，守城的国民革命军第 141 师伤亡惨重。8 日凌晨，城池失守。日军在城内及近郊 13 个村（或街），进行灭绝人寰的屠杀，几天时间共杀害无辜百姓 1506 人，重伤 103 人。

10 月 8 日清晨，日军包围岸下村。进村后，到处烧杀抢掠。村民黄骡驹，手持菜刀，在家门口与日军搏斗，劈死一敌，重伤一敌，因寡不敌众，最后被打死。村民张丙辰，手持出粪杈，迎击闯入他家的两名日军，杈死一敌，杈伤一敌，就在他越墙逃脱之际，中弹身亡。40 多岁的时洛全，当日军闯入他家行凶时，抄起铡草用的大铡刀，将一敌劈死，而后他被几个日军追到屋里惨杀。村民张秋，被日军追赶，狂奔至家中，拿出砍刀，在院子里与追敌搏斗。

先砍死一人，退至二门，日军一拥而上，他又砍死一敌，转身上房，用标枪刺死一敌，日军追到房上，张秋攀到树上，因再无退路，被日军开枪打死。

10 月 9 日，日军攻入朱河村，国民党军队的两个连正在这里防守。守军指挥官鲍连长带着两个排，一连打退了日军三次进攻，国民党守军伤亡也很大。在紧急关头，挖战壕的民夫张双庆、马计皂、赵满囤、马佻辈、张双成等 18 名义士，捡起阵亡士兵的枪支，投入战斗。最后弹尽无援，鲍连长所带领的守军全部阵亡，在阵地上助战的 18 名义士全部被捕。除张双庆逃脱外，其余 17 人被日军杀死。在付家角，村民张雨子把一家老小藏在地窖里，然后便往村南突围，走到村口，被六七个端着刺刀的日军团团围住。他凭借武功，先后打倒 3 个日军，双臂受伤 30 多处，因流血过多，力不能支，被刺中腹部，肠子流出，倒下后又被刺了两刀。村民焦小多手持铁锨，从敌包围圈的空隙处突围，刚越过他家院墙，遇一日军，他劈头一锨，打倒日军脱险。

为了使子孙后代永远铭记侵华日军在正定的凶残大屠杀，不忘国难家仇，激励后代子孙致力于振兴中华之伟业，1984 年 5 月 30 日，正定县委、正定县人民政府在日本侵略军杀人最多的岸下村中心，树起了一座庄严肃穆的“岸下惨案死难同胞纪念碑”，以纪念在日寇铁蹄下死难的同胞。

12. 抗战后党组织的恢复与发展

1933 年“五县”暴动失败后，正定县党组织遭到破坏。1938 年初，八路军一一五师六七八团深入灵寿和正定县韩家楼一带开展抗日活动。1 月，韩家楼村郭凤珍经灵寿县南纪城共产党员李洛书介绍入党，并派往晋察冀边区新党员训练班学习。3 月，郭凤珍回村建立了正定县抗战开始后的第一个基层党支部和灵正第四区抗日政府。不久，在灵寿县农会帮助下，在东里双村建立灵正第五区抗日政府。由于正定县没有党的领导机构，党组织暂受中共灵寿县委代管。灵寿县委组织部长齐文俭经常来正定指导工作，先后在北石家庄、厢同、东吉等村发展党员，建立党组织。1938 年 8 月，全县已恢复发展 40 多个基层党支部，150 余名党员。

同年9月，在晋察冀四分区特委直接领导下，于北石家庄建立了中共正定县委（当时对内称“工委”，对外称“书店”或“报社”），工委书记齐文俭，组织部长钱邻秦，宣传部长范锡，共辖6个区委，56个党支部，280名党员。县委建立后，有力地推进了党的工作开展，领导全县人民把抗日斗争不断推向高潮。

13. 抗日政府的建立

随着党组织的恢复和发展，1938年3月，由郭凤珍在韩家楼筹建了灵正第四区抗日人民政府，随后，钱邻秦、靳席斌在厢同筹建了灵正第五区抗日人民政府。1938年4月，在四分区胡昭衡的指导下，正定县西北部地区与新乐县化皮地区合并建立正（定）新（乐）县（抗日）政府，驻正定县后塔底村，属晋察冀边区第四特别委员会。5月至6月，县农救会、青救会、妇救会、文救会、工会等抗日团体相继建立。8月25日，撤销正新县，建立正定县（抗日）政府，仍属第四特别委员会。至此，正定县抗日政府正式成立。

政权建立之初，坚持了党的统一战线，不分党派、民族、阶级，凡赞成并积极抗日的均团结共事，还吸收了部分国民党员参政。县长曹梦良、秘书郭元瑞均为国民党员。下设民政、教育、司法、实业等部门。全县共建立6个抗日区政府，辖146个村庄。政权成立不久，担任要职的郭孟良、郭元瑞等人，破坏党的抗日民族统一战线，破坏农村开展的减租减息，不断制造摩擦，挑起事端，并且惨杀了吴兴村共产党员王克绪（1925年入党）。为了清除这股反动势力，经上级同意，发动群众驱逐了郭孟良，调整了各部门的领导人，加强了各抗日团体的力量，政府的领导权掌握在中国共产党手中，抗日斗争迅速开展起来。

14. 抗日武装的建立及活动

1938年4月，正新抗日县政府成立。5月，“正定县抗日武装总队部”正式设立，并筹建了正定县基干“游击队”（简称基干队），王清华任队长。自此，正定县有了抗日武装。初期，由于中国共产党力量薄弱，总队部和基干队中有不少国民党员，随着党组织的发展和力量的壮大，逐渐选派共产党员到总队部和基干队中任职，领导权才逐渐被中国共产党掌握。

1938 年 10 月，为了争取武装斗争主动权，在县工委书记齐文俭的主持下，抽调部分党员干部，在北石家庄成立正新游击队第四中队，从起初的 30 人发展到 100 余人，靳英武任队长。这支队伍打击敌人，铲除敌特，保卫政权，推动了抗日工作的开展。1939 年 7 月，升格改编为晋察冀军区五团三营十一连。

1941 年秋，随着抗日形势的发展，正定县地方武装——县大队成立，共 250 多人，下设两个中队，第一中队由灵寿县大队调来改编；第二大队由县基干队抽调组成。9 月，上级指示，由四分区八区队一至四连抽调 60 人，正定、灵寿各抽调 10 人，与八区队侦察排合编为“晋察冀四分区武装宣传队”，建立了边区至石门的交通线。同年 12 月，该武装宣传队改编为敌后武工队，属正定县委和四分区双重领导，执行锄奸反特、打击敌人的任务，在敌人后方开展工作。

1943 年秋，在日军大“扫荡”结束后，县武工队和县大队合并，改编为“正定县支队”，大约 350 余人，一直坚持抗日斗争。1945 年 8 月，日本投降之后，县支队补充到四纵队（六十四军）五六九团第三营。

正定县的抗日武装，在党的领导下，逐步成长壮大，在抗战岁月里，同全县人民生死与共，坚持游击战争，开展锄奸反特，配合大部队有力打击了敌人。据不完全统计，抗战的 8 年中，共击毙日伪军 468 人，俘虏日伪军 430 人。在战斗中，县抗日武装也付出了重大牺牲，共有 800 余人为国捐躯。

15. 抗日战争中的著名战斗和重要事件

（1）破坏日伪铁路交通

1938 年 8 月下旬，正新联合县基干游击队全体队员及附近各村自卫队员约五百余人，在八路军的掩护下，于新安至长寿两车站破坏日伪铁路十几里，缴获铜线千余斤，铁丝 3400 余斤，电杆 62 根，道钉 190 余斤，枕木百余根。8 月 27 日，八路军某部在新安、正定间破坏日伪平汉铁路，击毁火车头 2 个，车皮 20 多节，汽车 5 辆。

（2）韦区长雕桥锄奸

抗战时期，正定县第四区区长韦克烈被称为“正定四大武将之一”，遭到日军的忌恨，悬赏一万元捉拿他。1943 年 5 月 13 日，韦克烈与治安员程汝珍到雕桥村开展工作，行踪被伪村长曹成得知，他急忙跑到城内的日伪军驻所告密，日军小队长渡边率人包围了开会地点。激战中，日军小队长渡边被击毙，但治安员程汝珍不幸牺牲。几天后，韦克烈于雕桥集上将汉奸曹成处死。

（3）高平地道战

地道战是抗日战争期间，党领导下的敌后抗日武装带领广大群众创造的一种重要的游击战术。1943 年冬，高平村群众以民兵为骨干，大力开展了挖地道活动。到第二年的秋天，全村共挖了村内干线 3 条，村外干线 3 条。地道总长约 15 千米。村内三条干线沟通着各条支线和分线，分线又与各户地道口相连。村外三条干线，一条通向义和庄，供转移用；一条通向韩家楼，供侦察敌情用；一条通往村东的沙疙瘩，供袭击敌人用。为阻击敌人，村民还在路口、村边建起了工事，门窗上设置了地雷。利用地道，抗日军民共组织了大小战斗 50 多次。有一首歌这样唱到：“埋好了地雷，端好枪，你钻地道，我上房，制高点，堵街墙，构成一片火力网，别看我们是庄稼汉，打得鬼子不敢再进我村庄。”为此，高平村成了坚不可摧的红色堡垒，是全县闻名的抗日模范村。据统计，地道战共打死打伤日伪军 300 余名，活捉 31 名，缴获各种枪支 35 支。沉重打击了日军的疯狂气焰。电影《地道战》中的高家庄就是以高平村为原型拍摄。

（4）奇袭上曲阳炮楼

上曲阳村位于正定县西北 12 千米，西北距韩家楼村约 3 千米，东南距西叩村约 2 千米，正灵公路在村北约 0.5 千米处通过。上曲阳炮楼建在村北约 100 米处，由两个炮楼组成，西北侧的驻军敌人较少，为敌警戒炮楼，东南侧的是敌主炮楼。守敌为正定警备大队第 6 中队，其中一个班驻守警戒炮楼，主力均在主炮楼。为歼灭敌人有生力量，积极配合地方开展抗日工作，晋察冀军区正定支队决定歼灭上曲阳炮楼之敌。1944 年 12 月 7 日，二中队在一中队配合下，通过周密侦察，精心策划，首先以偷袭的方式攻克了上曲阳敌人的警戒炮楼。随后，以强攻与火攻相结合的战法，激战 10 余分钟，成功攻占敌主炮楼。全歼伪军 1 个中队，俘虏敌人 90 余人，缴步枪 100 余支及一批军用物资。战后受晋察冀军区四分区通令嘉奖。

（5）马家坟伏击战

1944 年 12 月某天，八路军第 30 团侦察连获得了一个重要情报，灵寿县日军中队、伪县长、科长和警备大队长等军政头目，要到正定县城开会。经过勘察地形，八路军决定在西叩村村北的马家坟旁伏击敌人。马家坟离公路约百米，冬天的田野已无屏障，放眼过去，白茫茫一片，根本没有藏身之处，这里的乱坟岗成了伏击的绝佳地点。坟堆高 1 ~ 2 米，墓碑林立，错落交叉，是个理想的战斗场所。连长郄宗义察看地形后，吩咐大家于前日就埋伏阵地，只等敌军从正定返回时，打他个措手不及。12 月 24 日下午 1 点 30 分，日伪军三辆汽车首先进入了埋伏圈，连长郄宗义一声令下，手榴弹、机关枪、步枪一齐射向日伪军，打得日伪军晕头转向。侦察连的战士们趁机冲入敌群展开白刃战，格斗 20 分钟，所有的日伪军全被歼灭。这次战斗击毁日伪军车 3 辆，缴获轻机枪 3 挺，掷弹筒 2 门，长短枪 160 余支，以及大量军用物资。八路军 7 名同志光荣牺牲，连长郄宗义负伤。

（6）奇袭日军教导队

1945 年 6 月，石门东郊范村驻有日军一个教导队和一个大队，共三百余人。日军准备将教导队分别调往正定、元氏、赵县、栾城、藁城等县去守据点，面对这一不利形势，县委决定袭击教导队。根据部署，县大队选调了 8 个班，与第四区小队总共 80 余人，于某天晚上，从小屯村出发，通过内线，摸进了敌教导队驻地。战斗中，日军的教官和大队长均被杀死，还缴获马枪 200 余支，手枪 3 支，机枪 1 挺，掷弹筒 2 个，俘敌 80 余人。县大队区小队无一伤亡。

（7）石门劫狱

1945 年 7 月中旬，栾正获县城工部干事马志义到石门（今石家庄）搞情报，引起特务注意，并被跟踪，在火车站与地下人员接头时不幸被捕，被关押在朝阳路忠义胡同日伪监狱。城工部长李平获悉后，请示县委同意，当即决定虎穴劫狱，营救马志义。根据预定方案，李平带领公安局手枪队长张建民，队员张二傻、邓军、程满囤等 8 人，化装成日军宪兵队和特务，趁天黑穿过封锁线，冲进监狱，救出马志义及被押人员 63 人，并成功撤离。

16. 战争时代的妇女运动

1938 年 4 月下旬，正定县抗日政府成立后，正定县妇女抗日救国会相继成立。至 1939 年底，全县共建立区、村妇救会 33 个，会员发展到 245 人。当时妇女组织的主要任务是：宣传抗日救国和妇女解放，动员妇女积极参加抗日战争和社会活动。据统计，1940 至 1943 年间，全县的妇女堡垒户 293 个，联络站 40 个，正式批准的联络员、情报员和交通员 32 名。比较优秀的有西邢家庄陈银菊、东柏棠村的翟岭歌、诸福屯村的高墨姐等，为党的地下工作作出了积极的贡献。

1944 年，抗战进入反攻阶段，全县的妇女组织进一步发展壮大。截至 1945 年，28 个村建立了妇女自卫队，包括队员 343 名。她们站岗放哨、锄奸反特，还同男民兵一起埋地雷、扒铁路，破坏敌人的交通运输线。整个抗战时期，全县妇救会发动广大妇女做军衣、军鞋袜，带领群众为过路军队送水送饭，慰问子弟兵。

解放战争时期，原“妇女抗日救国会”改为“妇女联合会”，县妇联在县委领导下发动妇女群众拿起枪杆参加武装斗争。在解放正定和石家庄的重大战役中，县区妇联设立伤员护理站 29 个，500 余名妇女参加护理工作。

据统计，在抗日战争和解放战争期间，全县牺牲妇女 205 名，其中女干部 15 名。她们用自己的生命和鲜血，谱写了一首壮丽的诗篇。

17. 解放正定

1947 年 4 月 9 日至 11 日，中国人民解放军晋察冀军区部队集中兵力，迅速扫清了正定外围，兵临正定城下。在第二纵队司令员杨得志和政委李志民指挥下，于11日下午6时30分向正定城发起总攻。某部七连首先把红旗插上南门。随后二纵四旅、三纵七旅也在城东北角和西北角登上城墙，突入城内。至晚10时，敌城防工事全线崩溃。本次战役历时14个小时，12日上午8时战斗结束，正定城宣告解放。

1947年7月10日，以正定县保警大队（还乡团）队长赵子云为首的正定、新乐、行唐、柏乡等县还乡团千余人趁人民解放军主力西调之机，又一次占领正定，进行疯狂报复，残杀革命干部和群众。1947年8月，人民解放军晋察冀野战军第四纵队经长途奔袭，于24日凌晨2时30分包围正定城，在3时50分发起总攻，当日下午结束战斗，正定城第二次解放。此战击毙国民党军和还乡团293人，击伤253人，生俘1331人，生擒赵子云，正定县城第二次解放。在这次战斗中，四纵十旅二十九团副团长赵生明在阳和楼处壮烈牺牲。

此后，人民解放军西调。1947年9月20日，驻石门市的国民党第三军一部和正定周边县还乡团约半个团的兵力，向正定疯狂反扑，他们每天上午前来骚扰，下午撤回石门市。因晋察冀野战军主力奉命西上，仅留一个营的兵力及民兵驻防，敌我力量相差悬殊，敌人第三次侵占了正定。清风店战役后，国民党的第三军主力被歼，驻守正定之敌感到末日来临，惶惶不可终日。10月26日，正定县地方武装将这股国民党军队打回石门，第三次解放了正定城。

（四）当代掠影

1. 华北大学（今中国人民大学）在正定

1947年11月，原在张家口创办的华北联合大学，在校长成仿吾的带领下由束鹿县辗转迁驻正定天主教堂，1948年7月，北方大学校长范文澜带领师生自邢台迁入正定，与华北联合大学合并，成立了华北大学，由著名教育家吴玉章任校长，成仿吾、范文澜为副校长，钱俊瑞（原平山县委书记）为教育长兼党委书记。毛主席亲自为华北大学题写校名，1948年8月24日，华北大学举行了隆重的成立典礼，谢觉哉、胡乔木、周扬等参加了大会，校本部设在正定教堂（今解放军256医院）。

华北大学旧址

学校共分为四个部：第一部为干训部，驻隆兴寺，主要是对从各地来的新生进行培训；第二部为师范部，主要有中文系、历史系等；第三部为文艺部，包括外交和新闻等涉密专业，故分驻在城边附近村庄；第四部为研究部，研究历史与政治思想体系，由副校长范文澜带队，驻西门里王士珍家大院。

据记载，第四部以从事专题科学研究及培养、提高大学师资为目的，范文澜兼任四部主任。下设八个研究室：（1）中国历史研究室，范文澜兼主任；（2）哲学研究室，艾思奇兼主任；（3）中国语文研究室，吴玉章兼主任；（4）国际法研究室，何思敬任主任；（5）外语研究室，主要从事翻译工作；（6）政治研究室，钱俊瑞兼主任；（7）教学研究室，张宗麟任主任；（8）文艺研究室，艾青任主任。范文澜夫妇住在王家大院后花园的花厅里，主要工作是修订和续写他的《中国通史简编》。

1949年2月，北平解放后，华北大学抽调一批学员赴北平参加了“北平军管会”，另有大批学员组成“南下工作团”随解放军南下。5月11日，华北大学迁往北京，但仍在正定天主教堂二部驻地设有正定分部，11月16日全部迁京，后更名为中国人民大学。

新中国成立后，华北大学的一些院系陆续脱离学校独立办学。工学院发展成为北京理工大学；农学院发展成为北京农业大学；二部外语系发展成为北京外国语大学；三部离开学校后分别筹建、创立了中央戏剧学院、中央音乐学院、中央美术学院、中央美术学院华东分院（后更名为浙江美术学院）等。

2. 中央地质部探矿技工学校、中央地质部干部学校在正定

1952 年 7 月，在城内北门里的崇因寺成立中央地质部探矿技工学校，面向全国招生。初办时招生 800 人，1961 年后学校规模压缩至不足 400 人，1965 年停办。后正定县教师进修学校于 1979 年迁入至今。

中央地质部正定干部学校于 1956 年暑假在正定城东门里路南地质部水文地质工程研究所（原真定卫治所暨镇台衙门旧址，习称水文所）内建立，校长田苏。当年从全国尤其是南方各省招收初中毕业生 4000 余人，设测量、勘探、水文、会计等专业。原规定学生学习半年毕业后分配工作，年底校方声明暂不分配，继续留校补习初中课程，暑假后报考中级财经学校深造。学生对此决定极为不满，遂于 1957 年 1 月 8 日至 9 日 2000 多人上街游行，要求分配工作。其中部分学生到正定火车站拦截火车，要求到北京请愿，致使南北铁路大动脉上的火车运行中断，造成轰动全国的“正定地质部学校”事件。此事件惊动了中央，马上派地质部副部长李济宸到校调查处理，由正定县委派干部到校对学生进行教育劝导。1 月 18 日，毛主席在全国省、市、自治区党委书记会上讲到这个问题，3 月，中共中央副主席刘少奇出京视察途径石家庄，召集石家庄地委书记、正定县委书记、该校校长、教务长等，询问了学生闹事的处理情况并作了指示。归途经过正定时，又请县委书记杨才魁、校长田苏到火车上汇报处理情况。1957 年暑假，该校学生准许投考省中等专业学校，大部分被各校录取，其余学生经本人同意到北大荒参加生产建设，仅开办了一年的学校遂告停办。地质部水文地质工程研究所保留至今，后地质矿产部水文地质测试中心和水文地质专业科技情报网亦设置于此。

3. 古建筑专家罗哲文一行考察正定古迹

国家文物局著名古建筑专家罗哲文、高级工程师崔兆中来正定，对广惠寺华塔、县文庙大成殿、正定古城墙进行了实地考察，并就文物的价值和保护提出了指导性意见。罗哲文先生早年追随梁思成先生参加营造学社，是我国历史文化名城保护事业的首倡者之一，将毕生

心血贡献给他所钟爱的文化遗产保护事业。

罗哲文于 1951 年第一次到正定，60 余年来已经来了数十次，对正定丰富的古建筑资源极为熟稔。他所编著的《中国古塔》一书，对正定古城及城内的四座古塔进行了详细的描述和赞誉。书中这样说道："正定是一个文物古迹非常丰富的古城。它保存的古建筑数量既多，又有重大价值，在全国的县城中可算首屈一指。" 2010 年 9 月 6 日，"中国石家庄·正定古城文化保护高峰论坛"举办之际，86 岁高龄的罗哲文受邀参会并发表演讲。他在《梁思成先生与全面保护正定古城》中，不仅讲述了梁思成先生对正定的感情、对古城文物保护作出的贡献，同时罗老也提出了对正定的期望：期望整个正定古城的文化保护要做成精品，期望正定在全国古城文化保护上起到示范带头作用。罗哲文先生 60 余年来对正定文物的保护修缮、城市的规划建设、古城文化的保护发展都作出了杰出贡献。

4. 华罗庚考察开元寺

1952 年春，数学家华罗庚与两名外国同行专程来正定考察开元寺钟楼，打算从几何力学的角度计算钟楼的受力结构和钟的挂法之间的关系。他们每天早到晚归，沾得浑身泥土，历时 8 天，也没能计算出楼的受力结构和钟的挂法之间的关系。离开正定前夕，华罗庚对当时主管和负责接待的工作人员说："祖国的文化遗产了不起！正定了不起！这个钟再重一点也不行，再轻一点也不行；这个楼的木质结构、长短粗细、辐射方向再差一点也不行。这个楼建起来，这样挂上去，恰巧钟的重量就一点也没有了，但它结实得好像打上一个非常奇妙的钉子。"华罗庚先生感慨万千，激动地说："这是一道世界建筑史上、世界数学史上，至今未被后人算清揭示出来的数学几何力学题。"至今，这道楼与钟之间存在的力学结构数学题仍无人破解。

开元寺钟楼铜钟

5. 毛泽东接见正定县委书记杨才魁

“生在洼地乡，十年九灾荒。春天只管种，秋天不来粮。”这是新中国成立前流传在正定周家庄的一首民谣，也是当地群众艰苦生活的真实写照。新中国成立后，在中国共产党的领导下，当地群众对盐碱洼地进行了彻底改造，避免了旱涝灾害，薄土变成良田，实现了几代人的心愿。

1958 年 2 月 15 日，时任正定县委书记的杨才魁将这件事向毛主席作了书面汇报。身为国家领袖的毛主席虽日理万机，但对群众的疾苦却始终挂在心上。1958 年 10 月 17 日，毛主席在天津亲自接见了杨才魁，他风趣地对杨才魁说：“正定是个好地方，那里出了个赵子龙。都说一吕二马三典韦，我看应该是一吕二赵三典韦才对，马超这个人不简单，文武全才，但是在三国演义里他是比不上赵子龙的”。会见中，毛主席听取了杨才魁“关于正定县周家庄农业社‘鼓足革命干劲改造低洼地’的情况报告”，并详细地询问小麦增产情况。主席的关怀使正定县的干部群众深受鼓舞，提出了“决心创奇迹，明年见主席”的口号，在全县掀起了大生产的高潮。

此前的四五天，杨才魁还在火车上（石家庄至定县段）向邓小平同志汇报了工作。

6. 周恩来接见正定县三角村大队长苏立安

1965 年 3 月 15 日，正定县三角村大队长苏立安，参加了在天津召开的全国农业先进生产者会议。周恩来总理、李先念副总理接见了全体与会代表。

20 世纪六七十年代，正定县三角村在大队长苏立安的带领下凭着科学种田，仅用短短几年的时间，就从每年吃国家 10 多万公斤救济粮的贫困村，一跃成为每年向国家上交 24 万公斤粮食、7 万公斤皮棉的产粮大村，粮棉产量居当时河北省之首。其总结出的“四尺一带、七尺一带、粮棉间作、两种两收或三种三收”的模式，在当时被作为科学种田的好经验在我国平原种粮区广泛推广。其间，英国《泰晤士报》记者、阿尔巴尼亚友人、朝鲜农业代表团、埃塞俄比亚农业考察团等先后到三角村参观访问。

7. 毛泽东接见正定七姐妹代表

1967 年 10 月下旬至 1968 年 1 月，柳树科大队刘翠（女）代表本大队“七姐妹卫生室”，到北京参加了全国卫生工作会议，受到毛主席、周总理接见。

8. 广招贤才九条措施出台

1983 年，中共正定县委、正定县政府出台了《关于进一步解放思想，放宽政策，加快我县经济发展的若干规定》，该规定中提出树立新时期的用人观点，广招贤才的 9 条措施。具体内容为：

（1）热烈欢迎我县所需的外地各种科技人员来正定帮助发展县、社、队企业。对搞成的每个项目，只要产品有销路，其利润由双方商定比例分成，或给一次性总付酬。贡献突出者，县委、县政府将予以记功、记大功、晋级、晋职奖励。在农村的家属户口优先转吃商品粮，并给家属、子女安排适当工作。对我县技术人才更应充分重视，发挥其专长；对有发明创造、作出突出贡献者，其待遇和招聘外地技术人才同等对待。

（2）大胆起用和广泛接受各种人才。其中包括出身不好，社会关系复杂，过去犯过错误已经改正的；曾经作“资本主义”典型批判至今仍不被重视的；由于社会上的偏见，使其科研工作遭受压制的；没有学历而自学成才的。

（3）千方百计为人才的调动提供方便。凡需要调入我县者，组织、人事、劳动部门要积极予以办理，若一时办不齐手续，可先来后办，原工资照发，粮食定量不变（全部细粮），工龄连续计算，今后根据贡献大小另行确定工资数额；对不能调入我县工作者，可短期应聘或兼任我县某方面的经济技术顾问。

（4）愿为全国各地技术人员提供试制新产品、推广新技术所需要的工作、生活条件。现产品一旦被本县采用，即付重奖；收到经济效益后，利润按比例分成或给一次性总付酬。同时也允许研究项目失败，不追究责任，工资报酬、往返车费照付。

（5）调入的人才，由县委、县政府统一安排使用，出现问题，县委、县政府领导亲自加以解决。

（6）兴建“人才楼”“招贤馆”，积极为调入人才解决住房。设立人才服务处，对人才统一管理。对我县和国家有突出贡献者，配备助手、车辆，做到搬煤到屋、送粮到户，解决生活上的后顾之忧。各部门都要按照省委文件精神，积极落实知识分子政策，为我县中级以上知识分子和自学成才者，提供良好的工作条件和生活条件。

（7）成立人才技术开发公司，吸收人才，接受新产品、新技术；对科研人员和自学成才者在业余研究的有前途的科研项目，若愿意给予本公司，而又被本县所采纳者，将尽力协助解决经费困难。对本县技术干部要合理使用，充分发挥其特长。

（8）积极鼓励、扶持城乡团体和个人自筹资金和外地大、中专院校签订教学、代培合同，定向培养人才。教授、学者、工程师及有技术专长者应聘来县讲学，指导企业经营管理，车接车送，热情接待，并发津贴。

（9）实行人才流动。调入本县的科技人员来去自由。本人一旦感到自己的技术专长不能有效发挥时，可以申请调到所向往单位，县委、县政府不加阻拦，并给予提供出走方便。

1983 年 3 月，正定县颁布《树立新时期的用人观点，广招贤才的九条措施》，并在河北日报头版头条公开发表。“招贤榜”发出后，收到 24 个省市的 600 多封来信，经过考核，确定招聘 180 人。这一举措，对振兴正定工业、发展正定经济发挥了重要作用。

9.《县委一班人要遵守六项规定》出台

习近平同志在正定工作期间，非常注重建立健全规章制度，这具体体现在各项工作中，也体现在作风建设上。1983 年 12 月，习近平主持起草、审定《县委一班人要遵守六项规定》：（1）总揽全局，抓大事。（2）反对官衙作风，注重工作实效。其中提到，县委常委对自己职责范围内的工作，要有主动和果敢精神，决不把自己应该而且能够处理的事情，推给书记或提交常委会解决；批复或答复问题，一般不要超过 3 天，紧急事项当天办结；上级示办事项，要按照要求及时办理、呈报，做到月有所成，年有所就，一步一个新气象。（3）搞好“一班人”团结，维护县委领导的统一。（4）以身作则，不搞不正之风。对不正之风，要敢问、敢顶、敢管、敢于碰硬。（5）加强学习，不断提高领导水平。人人发扬“钉子精神”，挤时间读书，有计划地进行系统学习。（6）树立雄心壮志，为四化争先创优。

10. 秦基伟视察正定县民兵训练基地

1984 年 6 月 21 日，中共中央政治局候补委员、北京部队司令员秦基伟，在河北省军区司令员张振川、政委费国柱、副司令员刘长兴、石家庄地委书记李兴、军分区司令员卢自荣、政委张民立和正定县委书记习近平的陪同下，视察了正定县民兵训练基地。秦基伟一行兴致勃勃地观看了民兵半自动步枪、八二无后坐力炮实弹射击汇报表演，参观了武器弹药库区、生活区，并听取了习近平的汇报。当他听到正定县委、县政府对建设民兵训练基地实行“人民的事业人民办，党政军民齐动员”，只用七十多天就建成这个基地时，秦基伟赞扬说：“是得有这么股子劲头儿。建好民兵训练基地是贯彻国务院、中央军委‘平时少养兵，战时多出兵’原则的一个有力措施，是加强国防现代化建设的一个长远大计，是落实《兵役法》的实际行动。要把训练基地办成宣传人民战争思想，进行传统教育的大学校，培养劳武两用人才。”

11. 赵朴初来正定参观视察

1986 年 5 月 19 日，赵朴初先生与日中友好临黄协会访华团参加了临济寺澄灵塔修复落成剪裁仪式及诵经大会，会后又到隆兴寺参观视察。由于赵朴初先生是中国佛教界的领袖，佛教知识渊博，所以当时文保所资格最老的聂工重点从隆兴寺的建筑、文物的艺术、历史价值方面进行介绍。在龙藏寺碑前，聂工介绍龙藏寺碑价值的时候说，该碑是我国著名碑刻，在南北朝至唐代书法艺术发展史上处于承前启后的重要地位。赵老是书法名家，曾任中国书协副主席，对龙藏寺碑早有研究并且非常喜爱，在认真听完讲解后谦和地说：“龙藏寺碑也是

赵朴初题写的临济寺匾额

东南亚不可多得的瑰宝。”

赵老对隋碑之冠——龙藏寺碑的推重还体现在扬州大明寺寺额上。有资料称，扬州大明寺寺额系赵朴初先生集《龙藏寺碑》中的字而镌刻的。大明寺是我国当代高僧鉴真大师的道场，清代因讳“大明”二字而易名。1980 年为迎接鉴真大师坐像回国“探亲”，而恢复“大明寺”古名。由此可见赵老对龙藏寺碑的钟爱。

12.“冀棉”二号诞生

1986 年，自学成才的拔尖科技人才黄春生承担的“‘冀棉’二号优种及配套技术示范试验”项目被国家科委列为国家级重大科研成果，他编写的《怎样种好“冀棉”二号》一书分发至省内外。黄春生被评为全国、省、地、县先进工作者，获河北省劳动模范光荣称号。

13. 部分党和国家领导人考察正定

1988 年 5 月 27 日，时任全国妇联主席康克清、时任全国政协副主席刘澜涛、全国人大常委会副委员长朱学范到正定县参观考察旅游工作。

1988 年 6 月 12 日，时任国务院副总理李鹏在省、市领导陪同下，到正定考察旅游工作。

1990 年 1 月 6 日，中共中央政治局常委、书记处书记李瑞环来正定视察工作。

1990 年 2 月 15 日，中共中央政治局常委、中央纪律检查委员会书记乔石来正定视察工作。

1994 年 6 月 30 日，中共中央政治局委员、中央书记处书记、中央纪律委员会书记、全国总工会主席尉健行参观考察隆兴寺。

14. 江泽民来正定视察

2001 年 11 月 5 日，中共中央原总书记、国家主席、中央军委主席江泽民和随行的时任中共中央政治局候补委员、书记处书记曾庆红，原中央军委委员、总参谋长傅全有参观考察隆兴寺，江泽民总书记对隆兴寺深厚的历史文化积淀给予高度评价并题词："江泽民二〇〇一年十一月五日於正定隆兴寺留念"。

15. 温家宝视察正定农村农业

2005 年 6 月 4 日，时任中共中央政治局常委、国务院总理温家宝在国家有关部委领导和省、市党政主要领导及县领导陪同下，到正定县考察了蟠桃村优质小麦生产基地、蟠桃村卫生所、三里屯卫生院，并到蟠桃村、东上泽入户与农民亲切交谈。晚上温家宝在国豪大酒店主持召开乡村干部座谈会，并作重要讲话。

16. 习近平视察正定

2008 年 1 月 12 日，刚刚当选为中央政治局常委、书记处书记的习近平，首次离京考察就来到正定县。这是他离开正定后第 5 次"回家"，他深情流露，坦言"正定是我从政起步的地方，这里是我的第二故乡"。在塔元庄村委会，习近平先后察看了村平安建设监控室、文化活动室和图书阅览室，与村支部书记尹小平边走边聊。"村里有困难户吗？一年发展几个党员？党员都多大年龄？什么文化程度？"在村委会会议室，习近平还就如何加强基层党建工作作了重要指示。离开塔元庄村，习近平又来到正定国际小商品城。在考察了市场和听取了发展规划后，他对县领导说："你们的事业很有意义，对于整个正定的结构调整，对于石家庄市的发展都是很有益的。"他还嘱咐说："市场要做大，首先要创牌子，形成人气。" 习近平还与当年一起工作过的程宝怀、张景良、李志深、何玉、张五普、王保奇等老同志共进午餐，与大家共同回忆往事。

2013 年 7 月 11 日，中共中央总书记、国家主席、中央军委主席习近平在河北省调研指导党的群众路线教育实践活动，再次来到正定县塔元庄村进行考察，看望村民。“我一直惦记着大家”，一句开场白让干部群众感受到走亲戚般的温暖。一个上午，习近平总书记访农家、看超市、谈发展、议党建。“希望你们在全国率先建成小康。”离开时，习近平总书记对塔元庄提出了快发展、大发展的厚望。

17. 古城保护现场会召开

2013 年 12 月 25 日，国家文物局、住房和城乡建设部、河北省人民政府在河北正定召开古城保护现场会。25 日上午，全国 29 个古城政府代表和专家学者，以及各省文物行政部门负责人实地考察了正定古城保护成果，对正定规划先行的做法给予肯定。下午的交流中，正定县、平遥县、歙县的负责人分别介绍了各自的保护经验和做法。

该会旨在贯彻落实中央城镇化工作会议精神，树立正确的古城保护理念，宣传推广正定古城保护经验，并通过了《古城保护正定宣言》。

《宣言》提出做好古城保护工作的 4 点倡议：保护古城，必须深入研究古城的历史文化价值，而不能只是研究其开发价值；保护古城，必须坚持科学规划，严格执行规划，而不能违背规划、随意更改规划；保护古城，必须坚持整体保护的原则，而不能割裂各类文化遗产资源之间的内在联系；保护古城，必须坚持以人为本，而不能违背古城居民意愿，损害古城居民的利益。

18. 周铁农调研正定农村现代服务业

2011 年 5 月 5 日，全国人大常委会副委员长、民革中央主席周铁农，全国政协副主席、民革中央常务副主席厉无畏率民革中央调研团深入到正定瑞天超市华安店和华安机电商场、正定国际物流园进行实地调研。周铁农与供销社职工亲切交谈，详细了解产品价格、市场销售、经营品种、企业效益等情况。他指出，正定供销社的工作在全国省市排在前列，探索出的工作经验对供销体系改革、发展农村现代服务业、推进农业现代化进程具有借鉴意义。

19. 正定开展农村好青年活动

2011 年，正定县在全县开展了评选“农村好青年”活动。评选范围为具有正定县籍农业户口的男女青年，年龄在 18 周岁至 40 周岁，包括在乡务农人员、致富能手、复员退伍军人、外出务工经商者、特别是具有本村户籍的回乡大中专毕业生等。经过资格审核、理论考试、联名推荐、素质演讲等一系列严格程序，最终从 3122 名报名青年中评选出了 200 名“农村好青年”。评选出的“农村好青年”由乡镇党委负责，按程序委派到本村任党支部书记助理或村委会主任助理，也可同时兼任村团支部书记、信访信息员等（任期 3 年）；任职期间参照所任职村（街）副职待遇，由县财政发放生活补贴。该活动为正定农村经济发展、强化农村基层组织建设，发现、培养和造就了一批善谋事、会干事、能干成事的农村优秀青年人才队伍，锻造了一支新农村建设的生力军。

20. 贾庆林到正定调研

2012 年 7 月 16 日，中央政治局常委、全国政协主席贾庆林来到正定考察，对正定经济社会发展取得的成绩给予肯定。贾庆林登上南城门，观看了古城保护与发展展牌，对正定古城保护开发工作提出了殷切希望。随后，贾庆林考察了滹沱河环境保护与发展情况。调研期间，贾庆林指出，要把稳增长摆在更加突出的位置，努力实现全年经济社会发展各项目标。要着力发展现代农业，切实抓好粮食生产，加强农业科技创新和应用，推进农业产业化经营，加强以水利为重点的农业基础设施建设，着力培养大批有文化、懂技术、会经营的新型农民，促进农业稳定发展和农民持续增收。要着力加强科技创新，加快用先进技术改造提升传统产业，切实提升战略性新兴产业的核心竞争力，大力提高能源科技创新水平，充分发挥科技对经济社会发展的支撑引领作用。

21. 梁再冰来正定参观考察

2014 年 5 月 21 日，年届 80 多岁的梁启超长孙女、梁思成和林徽因夫妇的长女梁再冰女士，与丈夫于杭及其女儿于葵夫妇一行 4 人来正定县参观考察。梁再冰一行考察了正定隆兴寺、开元寺、广惠寺华塔，驻足参观了父亲梁思成 1933 年调查正定古建筑时居住过的隆兴寺方丈院，并激动地留影纪念。参观期间，梁再冰女士深情回忆起父母说过的逸闻史事及在正定调查时的点滴情景，听取了正定县关于“梁思成文物保护史迹展”方案及阳和楼修建事宜的介绍。她由衷地表示，正定人民在文物保护方面做出了很大的努力，正定古城保护得非常好，她替父亲感到欣慰。她说，正是父亲 1933 年考察正定古建筑后写下的《正定调查纪略》，使其对这座古城产生了浓厚的兴趣和深深的情感，这次来正定，不仅满足了她多年以来的夙愿，而且沿着父母走过的足迹、在父母曾经工作过的地方驻足参观，更是对父母的进一步了解，也是一种很好的缅怀和纪念。

第五章　古朴迷人的名胜古迹

历史是一座城市的根基，文化是一座城市的血脉，城市因文化而有了生命；古迹是文化的承载与象征，正定古城因塔寺林立而闻名。正定就是这样一座城，历史悠久，文化积淀深厚，名胜古迹众多。古朴迷人的名胜古迹曾吸引着古建筑大师梁思成先生和罗哲文等古建筑专家多次莅临考察。目前，正定拥有国家重点文物保护单位 9 处、省级文物保护单位 5 处，这在全国历史文化名城中屈指可数。这些名胜古迹无论是从建造年代、建筑风格、文物价值，还是保存完整程度方面，都在我国享有盛誉。

（一）国家文物保护单位

1. 隆兴寺

隆兴寺俗称大佛寺，是中国十大名寺之一，是 1961 年国务院公布的全国首批重点文物保护单位，也是我国现存规模最大的宋代佛教建筑群。坐落于正定城内东隅，始建于隋开皇六年（586 年）。初名龙藏寺，唐时改称龙兴寺。北宋开宝四年（971 年），奉宋太祖赵匡胤敕令于龙兴寺铸大悲菩萨金身并盖大悲宝阁，并以此为主体，采用中轴线布局大兴扩建，形成了南北纵深、规模宏大、气势磅礴的宋代建筑群，遂跃为“河朔名寺”而倍受历代封建皇室的重视。历经金、元、明几代的敕修和扩建，寺院更加严整恢宏。清朝康乾盛世，二帝出巡多次于此驻驾，拈香礼佛。经过两次奉敕大修后形成了东为僧舍，中为佛事活动场所，西为行宫三路并举的建筑格局，寺院达到鼎盛时期。清康熙四十九年（1710 年）赐额“隆兴寺”并沿用至今。著名古建筑大师梁

隆兴寺

思成先生曾评价：“京外名刹当首推正定府隆兴寺”。

隆兴寺现有面积 82500 平方米，主要建筑分布在南北中轴线及其两侧，寺院最南端矗立的是二龙戏珠琉璃照壁，自三路单孔石桥向北依次为天王殿、大觉六师殿、摩尼殿、牌楼门、戒坛、慈氏阁、转轮藏阁、康熙及乾隆御碑亭、大悲阁、御书楼和集庆阁、弥陀殿、毗卢殿、龙泉井亭等。院落南北纵深，重叠有序，殿阁高低错落，主次分明。

敕建隆兴寺匾额

隆兴寺有中国的九绝六最，分别是：琉璃照壁、宋代摩尼殿（六最之一）、倒坐观音（六最之二）、戒坛双面佛、慈氏阁独木造像、转轮藏（六最之三）、大悲阁千手观音（六最之四）、隋龙藏寺碑（六最之五）、清代御碑、千佛尊（六最之六）。

天王殿

大觉六师店遗址

（1）琉璃照壁

隆兴寺天王殿南面，有一座宏伟壮观的双龙照壁，由绿色琉璃砖瓦砌成，中间有琉璃浮雕二龙戏珠。金碧辉煌，栩栩如生。传说，正定城南滹沱河水深流急，早年无桥过河，人们打铸两条铁链系于两岸，以利渡船。后经年累月，铁链化作两条蛟龙，危害百姓，被张天师擒获。此时，正值尉迟敬德监修大佛寺，忘了修山门，正愁没办法交差。于是命工匠连夜动工，在寺前修了这座照壁，把二龙牢牢嵌在中间，既镇锁了蛟龙，又遮盖了大佛寺没有山门的缺陷。

琉璃照壁

（2）倒坐观音

在隆兴寺摩尼殿背面，有一壁五彩泥塑悬山，塑于明代成化年间。悬塑正中塑像是观世音菩萨，高 3.4 米，秀丽端庄，神采奕奕，左脚踏莲，右腿屈起，双手抱膝，两眼俯视，恰好与礼佛者仰视时形成感情上的交流，表现了温馨亲切的人性精神。这座佛教塑像中最美丽的女神，曾被鲁迅先生陈放案头，称誉为“东方美神”。据说观音曾发下誓愿：“众生普度不完永不回头。”因为众生永远普度不完，所以观音只好倒坐。倒坐观音的绝妙之处，就是完全脱离了神像中的传奇色彩，成为一个闲适自若的普通女子，把宗教形象

倒坐观音

与生活形象完美统一起来，收到了形神兼备的艺术效果。

（3）大悲阁

大悲阁

大悲阁又叫佛香阁、天宁阁，是隆兴寺内的主体建筑之一。大悲阁因供奉观音菩萨而得名。观音菩萨全称“大慈大悲救苦救难观世音菩萨”，大悲阁内的佛像就是正定府的大菩萨，也叫千手千眼大悲菩萨，高21.3米，与沧州狮子、定州塔一起被誉为“河北三宝”，是宋太祖赵匡胤敕令铸造的。菩萨有42只手，其中两只手胸前合十，左右各20只手持日、月、净瓶、金刚杵、乾坤带等法器侧举。据记载，唐代正定城西有一座大悲寺，寺内原有一尊铜菩萨，毁于战火和后周显德年间铸钱。赵匡胤征太原时驻正定，寺僧对他说铜佛被毁时，在莲花座内发现了“遇显则毁，遇宋即兴”的字样。赵匡胤听后大喜，下令在城内龙兴寺重铸铜佛。据寺内宋碑记载，当时龙兴寺菜园内常放出一道赤光，三年不灭，有人说地下必有铜物极多。另外，在铜佛开铸前一个月，天降大雨，五台山上的栋梁之材被水冲下来，至夹龙河龙兴寺附近，被一大木拦住。人们都说是五台山的文殊菩萨送木材给大悲菩萨盖阁用的。于是人们挖铜铸佛，取木建阁，很快铸像建阁圆满完成。

千手千眼大悲菩萨

（4）龙腾苑

龙腾苑

龙腾苑五龙湖

相传在北齐兴建正定城时，把隆兴寺一带开挖成一个湖沼。传说东海龙王的儿子嘲风来到滹沱河，遇到在滹沱河上兴风作浪的独角羊怪，双方发生冲突，嘲风交战不利，游到一条小溪被困。农夫们看到后，挖开河道，把小龙引入正定城内的湖中。从此嘲风在这里定居下来，每逢天旱无雨，嘲风便呼风唤雨，让正定一带年年风调雨顺。人们为了感谢嘲风，便在这里广建庙宇，植树种花，视为龙王宝地，取名“龙腾苑”。嘲风住的湖叫五龙湖，农夫开挖的河叫夹龙河。后来在这建寺便取名龙藏寺、龙兴寺。康熙皇帝怕正定真有“龙兴”，便把“龙兴寺”改成“隆兴寺”。据文献记载，十六国时期后燕慕容氏在这里大筑龙腾苑，起景云山于苑内，峰高17丈。2004年，在隆兴寺东北方重建龙腾苑，内建紫虚山、明远亭、五龙湖等景致，并有北朝石造像、金代广惠大师经幢、龙泉井、三世中丞牌坊等文物，成为寺内名园。

三世中丞牌坊

（5）“絜”“矩”石刻

在隆兴寺弥陀殿“容膝”石旁，还有两方青石，分别刻有“絜”“矩”二字，刚直有力，据说是隋代大书法家智永和尚所书。智永是东晋大书法家王羲之七世孙，精于书法。“絜矩”出自《大学》，絜是用绳子计量圆柱形物体的粗细，矩是制作方形的工具，意思是说人应当用一定的规矩约束自己，加强自身修养。传说，当年智永和尚云游来到正定，中午在街上一个小饭摊化些斋饭。看摊主苦心经营，却生活清苦，心生怜悯又身无分文，于是随手捡起一根烧黑的木棍，在支灶台的两方石头上分别写下“絜”“矩”二字，并说以后对你有用。消息传到官府，县官到此一看，认出是高僧智永所书，于是给了摊主一大笔银子买下这两块石头，放入县衙当座右铭，后移至隆兴寺内。

2. 开元寺

开元寺是全国重点文物保护单位，位于正定燕赵南大街大十字街南侧路西，是正定众多寺院中历史最早的一个。始建于东魏兴和二年（540 年），时称净观寺，隋代改名解慧寺，唐武则天时改为大云寺，唐开元二十六年（738 年），唐玄宗诏令改为开元寺。寺内从南向北依次为山门殿、天王殿、毗卢殿、中间左钟楼，右砖塔，最后为法船正殿，是正定八大寺之一。清代后期，寺院废毁，现仅存塔楼、法船正殿遗址及三门楼残石柱。

开元寺须弥塔

正定四塔之一的须弥塔，位于此寺院中。须弥塔始建于唐贞观十年（636 年），高 42.5 米，因塔身全部由青砖砌筑，俗称“砖塔”。须弥塔为九级密檐式方形塔，除塔身四角处饰有八尊力士外无任何装饰，看上去古朴稳重，端庄典雅。虽经明代大修，至今仍保持着明显的唐塔风格。其外形与西安小雁塔相似，但始建年代要比小雁塔早多年。

须弥塔在古文献中也被称为“雁塔”。关于“雁塔”这个名字有这样一个由来：古印度时，一座寺院的僧人信奉小乘佛教，允许吃“三净肉”，但三净肉不能时时满足。一天，天上飞过一群大雁，一僧人眼望雁阵说了句：“可惜我院众僧吃不到。”他的话音未落，只见一只大雁倒飞回来，坠地而死，僧人因此有所感悟，认为这是佛在设法教化人们去除人类的贪婪本性，要人们尊奉大乘教法，自觉觉他，利乐众生。为了纪念大雁的功德，将它建塔安葬，后来寺院多建这种形制的宝塔，并称“雁塔”。

开元寺钟楼

开元寺内的钟楼是我国现存唯一唐代木构二层楼阁式建筑，内挂唐代铜钟重达11吨，与“夜半钟声到客船”的寒山寺钟齐名。偌大一口铜钟，悬挂在一座不起眼的钟楼上，钟与楼一体，钟落则楼毁，而铜钟千年不坠，可谓世界奇观。

寺院最南端是复建起来的唐代三门楼，三门楼石柱上有唐代及宋、金等后代人留下的多处题字和线刻画，具有很高的历史、艺术价值。三门楼北侧是1983年改建的天王殿，殿内已无天王画像。中轴线末端是开元寺的主殿——法船殿遗址，西侧为古塔，东侧是钟楼，这种主殿在后、塔阁相对而立的平面布局在世界上仅存日本法隆寺与河北正定的开元寺，是研究寺院布局以塔为中心转向以殿阁为中

三门楼石柱

开元寺赑屃

心在唐代这一过渡时期的珍贵实例。

值得一提的是，2000年6月22日在正定府前街出土的赑屃碑座现在也在开元寺内收藏。赑屃为青石质，长8.4米，宽3.2米，高2.6米，首径2.5米，鼻孔直径0.21米，残重107吨，是五代时期遗物。同时出土的还有碑首2块，碑身约剩1/5。有关专家均称其为“天下第一赑屃”，是世界上最大的赑屃碑座。这些残断的碑石则向我们讲述了一个重大的历史事件：五代后晋时期正定是成德军节度使大都督府的驻地，节度使安重荣是位民族气节很强的人，他对当时皇帝石敬瑭割燕云十六州给契丹，并自称“儿皇帝”卖国求荣的行为极为不满，于是举兵反了石敬瑭。由于起兵失败，安重荣被诛杀，这块刻满安重荣功德的巨碑也被砸毁埋于地下。

3. 广惠寺

广惠寺始建于唐朝，为正定八大寺之一，因寺内矗立着著名的华塔而又名华塔寺。据记载，广惠寺在鼎盛时期曾有天王殿、前殿、华塔、地藏殿等建筑。华塔亦称多宝塔，始建于唐贞观元年，华塔高33.35米，为三层八角形楼阁式华塔，由于此塔造型属于罕见的花塔类型，其特点是在塔的上半部装饰有各种繁复的花饰，看上去好像巨大的花束，故名花塔。古代“花”与“华”通用，故得名华塔。历史上真正形成花塔这种类型是在宋、辽、金时期，元代以后便几乎绝迹，全国现存的花塔仅有十几处。华塔由主塔和附属小塔构成，全用砖砌。主塔底层四隅各附建一座六角形亭状小塔，小塔环抱主塔，高低错落，主次相依，塔顶为金元重修，

广惠寺华塔

其上半部装饰巨大的彩色壁塑，造型古朴而雄奇，华丽而生动，不仅是我国华塔中最优美的代表，也是我国砖塔中造型最为奇异、装饰最为华丽的塔，华塔是我国绝无仅有的稀世珍宝，梁思成先生曾赞华塔“形制甚为特殊，为国内佛塔中一孤例”。

华塔不仅造型独特，还可供人登塔远眺。从第一层拱形门进入塔内，顺着主塔背面的阶梯攀登向上，穿过塔心室直至二层回廊，廊内壁置佛龛。回廊北侧有楼梯可出塔达三层平座。站在三层平座之上，视线豁然开朗，凭栏远眺，城内古老的佛寺、佛塔尽收眼底。三层之上塔身骤小，而平座颇显宽大。塔身三面为假门假窗，南面辟门，内卫塔心室，室内供两尊并排而坐的唐代石佛像。据史志记载，乾隆皇帝曾于乾隆十五年自河南回銮过正定，“阅兵、视河，自南门便道登塔拈香”。之后，乾隆四十六年、五十一年、五十七年又三次临幸广惠寺并题诗作赋，使得广惠寺华塔更加声名远扬。塔上至今还保留着三处宋人题刻和金人墨书。

广惠寺华塔具有极高的历史、科学、艺术价值。在中国古建筑史上占有重要地位，1961年被国务院公布为首批重点文物保护单位。由于历经数百年的风雨侵蚀，加上战争破坏，新中国成立后的华塔四角小塔仅存基址，主塔残损，雕塑脱落，塔身倾斜。为保护这一珍贵文物，1990年6月国家文物局批准重修，1994年9月至1999年6月对主塔进行了修补和加固，并恢复四隅小塔，耗资 220 万元，再现了华塔当年的风貌。

4. 临济寺

临济寺始建于东魏兴和二年（540 年），最初在正定城东南的临济村。“安史之乱”后，河朔大地满目疮痍，人们流离失所。但正定一带因为有成德军经营，保持了稳定繁荣的局面。唐大中八年（854 年），义玄禅师从黄檗山学成北归，来到正定，在临济村临济院做了住持。唐咸通元年（860 年），太尉墨君和为了弘扬佛法，将自己城内的宅院舍出建为寺院，并以临济为额，迎请义玄禅师前来做住持，从此以后，临济寺便从城外迁入城内。唐咸通八年（867 年），义玄大师受弟子存奖的邀请到大名府兴化寺讲禅，四月十日与弟子慧然、存奖等问答完毕后，安然圆寂。他的弟子收其衣钵在临济寺内建塔供奉。当时唐懿宗对义玄的禅风仰慕已久，于是，赐义玄谥号为“惠照禅师”，赐衣钵塔名为“澄灵塔”。

宋金时期，临济寺毁于战火，唯塔独存。元朝临济寺再度兴盛。窝阔台汗七年（1235 年）真定府五路兵马大元帅史天泽迎请临济宗十六世传人云海大师住持临济寺。云海一方面大阐宗风，以正道统；一方面广募资财，兴修寺院，使一度萧条的临济寺又兴盛起来。

明弘治十八年（1505 年）、正德十六年（1521 年），临济寺分别进行了重修。当时寺内的主要建筑有山门、大雄宝殿、澄灵塔和祖师堂及僧房。

明末清初，寺院荒废。

临济寺澄灵塔

清雍正十二年（1734

年)，世宗胤禛敕“封唐镇州临济寺僧义玄为真常惠照禅师”并拨银重修了寺院。道光十年(1830年)，总兵舒通阿出资再度重修，并将祖师殿移到大雄宝殿两侧，使殿堂布局有所改变。

抗日战争时期，临济寺除澄灵塔外，尚有祖堂三间、东配殿三间。1947年底，这些殿堂都被拆毁，仅存澄灵塔。1984年，临济寺恢复了僧人管理，礼请临济宗第45代传人释又明大师前来住持。

临济寺澄灵塔作为佛教临济宗创始人义玄禅师的衣钵塔，2001年国务院公布为全国重点文物保护单位。澄灵塔塔高30.7米，是一座砖仿木构、八角九级的密檐式塔，塔檐用绿色琉璃砖装饰，很有琉璃塔的意味，远远望去就像一位青衣少女亭亭玉立，因此当地人又称之为“青塔”。古塔最下为八角形石砌台基，上为先石后砖合砌的须弥座，须弥座束腰部分雕刻着精美的奇花异草，再上为三层仰莲承托的塔身。塔身第一层比较高，四正面砖雕拱形假门，南门楣上嵌篆书石刻的匾额“唐临济惠照澄灵塔”，四侧面砖雕花棂假窗。第二层以上，层高递减，密檐相接，各开间宽度也相应递减，形成协调的轮廓线。塔各层下均施砖仿木构斗拱，平座和第一层下为五铺做出双抄，其余为四铺做出单抄。塔顶覆绿琉璃瓦，塔刹由仰莲、宝瓶、相轮、圆光、宝盖、仰月、宝珠等组成。整座古塔轮廓柔和协调，造型稳重、清秀挺拔，梁思成先生赞誉“这座青塔在正定四塔中为最小一个，但清晰秀丽，可算塔中上品”。

5. 天宁寺

天宁寺是正定八大寺院之一，始建于唐代，现存面积4136平方米。寺院鼎盛时期沿中轴线自南向北曾建有牌坊、天王殿、重门、前室、塔、后殿，是一座布局严谨、规模可观的寺院。但到目前，寺内的大部分建筑已荡然无存，仅剩宋代宝塔一座、重门一座、古碑五通、古树两株。

天宁寺凌霄塔，是正定四塔中最高的一座，塔分九级，40余米，一至三层为砖仿木结构，四层以上以木结构为主，因其上半部全为木构，故又俗称“木塔”。据文献记载，木造楼阁式塔盛行于汉末、魏、晋、南北朝，我国保存下来的木塔为数很少，纯木构塔仅有山西应县佛宫寺释迦塔（高67米，建于辽代）和甘肃敦煌慈氏塔。半木构塔为甘肃张掖木塔（清代）

和正定天宁寺凌霄塔，而凌霄塔在建筑年代上比张掖木塔早近千年。此塔最大的特点就是采用塔心柱结构，在塔身第四层中心部位竖立一根直达塔顶的通天柱，用放射状的8根扒梁与外檐相连。我国现存塔心柱结构的古塔仅此一例。传说宋代时正定高僧怀丙曾用“抽梁换柱”的办法，一人换下木塔中朽坏的中心柱，成为令人津津乐道的一个传奇故事。1988年，凌霄塔由国务院公布为全国重点文物保护单位。

天宁寺凌霄塔

6. 正定古城墙

正定古城墙，是2013年公布的全国重点文物保护单位。始建于东晋十六国时期，距今已有1600多年的历史，最初名叫“安乐垒”。北周建为一座规模较小的石城。唐代中期，为防治滹沱河水灌城，首任成德军节度使李宝臣借修复城墙的机会拓展城池，并把石城改建为土城。明代又将土城改建为周长24华里的砖城，设四座城门（东曰迎旭门，南曰长乐门，西曰镇远门，北曰永安门）、城门楼及四座城角楼。其平面呈“官帽”形，西北饱满，东南稍缺，取“天满西北、地缺东南”之意。此项工程历时6年，共动用府库银6万余两。清代又多次做过修补，基本维持旧制。今日城墙即为明代遗存。四门均为三重结构，设有里城、瓮城和月城三道城垣。这种形制遍观全国亦不多见。

正定古城墙属府级规制。周长12千米，高3.2丈，上宽2.5丈，下宽3丈，设东、西、南、

正定城西门

北四座城门。每座城门设里城、瓮城和月城三道城垣，瓮城与内城门形成90度夹角，月城就是在瓮城外加筑一道弯月形城墙，形成了曲折回旋的防御体系。出入城要经过三道城门，此种格局在国内不多见。正定城在明代政治、军事地位十分重要，对拱卫北京城有不可替代的作用，有着“京畿屏障”之称。

正定古城墙的内墙四周还筑有暗门，是城被敌兵围困时，派出侦探或骑兵偷袭出城之路。从城外看，隐而不见；从城内看，即城墙洞。城墙上建有更铺、旗台，城四角各建一角楼。角楼形状像亭子，四面有窗，便于瞭望，楼上设兵丁戍守，并设鼓楼，有更夫巡夜打更，所以角楼也叫敌楼。

正定城垣最宏伟壮观的要数四座城门。每座城门洞长约5丈，高2丈，都是用青条石铺基、大城砖拱券，用条石砌成甬道，城门门板外有铁皮封包。每座城门上都有巨幅石额镶嵌。南城门内门上嵌有“三关雄镇”的匾额，瓮城门嵌有“迎薰”，月城门上嵌有“九省通衢”的匾额；在西城门内门嵌有“秀挹太行”，瓮城门嵌有“挹蓝”的匾额；北城门内门所嵌为“拱护神京”，瓮城门为“展极”，月城门为“畿南保障”；东城门内门和瓮城门分别嵌有“光含瀛海”和“含翠”的匾额。每座内城门上都建有高大雄伟的城楼。每座城楼都是飞檐斗拱、雕梁画栋，十分壮观。南门月城上另建有城楼，叫看花楼，也叫望河楼，楼上悬挂着“襟山带河”四个大字的匾额。整个城池壁垒森严、气势磅礴。

城外有护城河，宽10丈多，深2丈多。城东北角和西北角各有大、小泉眼50多穴，泉水流入护城河。护城河外，筑有护城堤，堤长4420丈，高1丈多。护城河上，在四城门外筑有石桥，桥上车马通行，桥下可以行舟，成为一大胜景。

正定城南门

清末民国以后，因战事不断，年久失修，加之附近居民自行拆砖修盖房屋，久而久之，城砖被渐渐拆光，土城墙也成了高矮不齐的残垣断壁，原10606.6米的土城墙仅存8106米。四座城门中较为完整地保存着南门、北门和西门，东城门在“文革”初期被埋在了国防工事之下。

正定城北门

近年来，正定对古城墙进行维修保护。2000—2001年，正定县投资400余万元修复南城门及城楼。县文物旅游局发出收集旧城砖的号召，广大市民热情高涨，踊跃支持，纷纷拆下自家院墙、猪圈的旧城砖捐献出来，县文保所先后收到群众捐旧城墙砖3500余块。新修复的南城门，突显了“三关雄镇”的雄伟，城墙高10.7米，顶部宽6.7米。券门洞上是雄伟的门楼，悬挂启功先生题写的“长乐门”竖匾。城门楼面阔五间，周

“三关雄镇”匾额

围带廊，为二层阁楼式建筑，高 17.4 米，歇山顶，清式斗拱。2004 年，正定县对濒临倒塌的北城门进行了抢险加固性维修，并重新嵌上了“拱护神京”的石刻匾额。2013 年，在中央和省、市的大力支持和亲切关怀下，正定古城墙保护掀开了新篇章，正定古城墙保护列入《正定文物保护和古城保护项目三年计划》。

7. 府文庙

文庙是供奉和祭祀我国至圣先师孔子的地方，又称孔庙。正定是府署所在地，又是县治，所以城内有两座文庙，府文庙位于解放街小学西侧。据县志记载，府文庙由真定知府龙图阁学士吴中复于宋熙宁三年（1070 年）创建，宋哲宗元祐三年（1088 年），成德军节度使蔡京进行扩建。元末遭兵劫，明洪武四年（1371 年）重建，清代有扩建。府文庙曾是一个庞大的建筑群，分三个大院落，正院是文庙大殿，西院是府学，东院是祭祠院。新中国成立初期，府文庙主要建筑保存尚好，“文革”时大成殿等建筑被拆毁，现仅存戟门和东西配房。2006 年被国务院批准为全国重点文物保护单位。

府文庙戟门

8. 县文庙大成殿

正定县文庙始建于明洪武七年（1374 年），据清光绪元年《正定县志》记载，当时县文庙中轴线最南端为琉璃照壁，向北依次为棂星门、泮池、戟门、大成殿、崇圣祠、文昌阁等建筑。名宦祠、乡贤祠于戟门前东西两侧相对而立，东庑、西庑于大成殿前东西而立，泮池东建有兴文阁，东南侧有魁星楼。庙右侧为儒学明伦堂，堂后立尊经阁。另有斋室、教谕楼、状元楼等建筑。到民国时期，上述许多建筑都已坍塌无存，保留至今的主要为戟门、大成殿和东西庑以及几通明清重修文庙古碑。目前，最有文物价值的为大成殿。

县文庙大成殿

大成殿是文庙的正殿，单檐歇山顶，面阔五间，进深三间，瓦顶平缓舒展，斗拱简洁奇大，其结构保持着早期建筑的特点，根据我国古建筑专家梁思成先生 20 世纪 30 年代的调查鉴定，大殿外表与敦煌莫高窟壁画中的建筑极为相似，应为唐末五代所建。原为寺院，至明洪武年间改寺为庙，改佛殿为大成殿。国家文物局古建筑专家罗哲文考察后认为此殿应为我国现存最早的文庙大成殿，其建筑年代之久、价值之高，堪称国内文庙之最。1996 年被国务院确定为全国重点文物保护单位。

县文庙祭孔大典

1997 年，正定县文保所投资 70 余万元对县文庙进行了抢救性加固维修，恢复了大成殿原貌，翻新了东西庑，并依照曲阜孔庙增补了塑像。大成殿内正中供奉儒家创始人孔子塑像。在孔子两侧供奉着颜回、曾参、孔伋、孟轲等四配。四配是附祭的第一等，因有四人配享故称四配。他们是儒家门徒最为推崇的孔子四大传人。东、西两端的塑像是附祭的第二等，因有 12 人，故称“十二哲”。东为闵损、冉雍、端木赐、仲由、卜商、有若；西为冉耕、宰予、冉求、言偃、颛孙师、朱熹。在十二哲中，除朱熹外皆为孔子的学生，他们虽从师时间不一、性格不同，但都得到了孔子的真传，并为孔学的完善和发展作出了突出贡献。

东庑设置了孔子生平展，西庑为正定历史沿革展。从 2005 年起，河北省各界人士每年春秋两季都在这里举行祭祀孔子的传统仪式——释奠礼。2012 年以来，正定县文保所在县文庙设立“国学堂”，通过举办“集体祭拜至圣先师”“解读弟子规”“祭孔大典”等活动，完美诠释国学文化。

9. 大唐清河郡王纪功载政之颂碑

“大唐清河郡王纪功载政之颂碑”也叫封冻碑，传其刻碑巨石是依河水封冻而在冰上运来雕成石碑而得“封冻碑”之名。该碑位于燕赵大街中段西侧，常山影剧院北邻，立于唐永泰二年（766 年），是唐代宗李豫敕令修建。碑身高 5.78 米、宽 2.3 米，王佑撰文，王士则书丹并篆额。此碑系“安史之乱”后，为给唐成德军节度使李宝臣歌功颂德而立的功德碑，故又名李宝臣碑。李宝臣原名张忠志，朝廷赐其姓名李宝臣，在任节度使期间，重修正定城，兴建天宁寺凌霄塔，使正定一带免受战乱，百姓生活安定。

大唐清河郡王纪功载政之颂碑

碑文记载，唐至德三年（758 年）即李宝臣统治恒州第二年，滹沱河发水，李宝臣发动广大军民修坝导水，于“城外修堤高如城墙”，使恒州人民避免了一场水灾。上元元年夏（760 年），河朔地区大旱，有人提出要建造土龙求雨，李宝臣排除迷信之说，组织军民引水抗旱，自己减膳食，勤于民政，使成德军所属州县安度荒年。广德元年（763 年），史朝义（史思明之子）继续作乱，有人为了备战，提议增加赋税，李宝臣没有采纳，而采取了“封征不赋”的政策，使人们免于苛税之苦。他所采取的这些举措，不但确保了恒州地区的稳定，同时也保护和促进了这一地区生产力的发展。

唐碑碑首

此碑碑身硕大，年代久远，对研究唐代中期河北一带政治、军事情况提供了一定的文字依据。碑文字体遒劲洒脱，刻工精美，为历代书法家所称道。《金石萃编》《河朔访古记》《常山贞石志》等书中均有载录。1953 年秋加修碑亭，1956 年公布为省级重点文物保护单位。2001 年被国务院公布为全国重点文物保护单位。

（二）省级文物保护单位

1. 梁氏宗祠

梁氏宗祠也叫梁家祠堂，是正定名门望族梁家祭祀祖先的地方，始建于明代。2008 年被公布为省级重点文物保护单位。梁氏宗祠位于正定古文化街上，坐东面西，单檐硬山顶建筑，面阔五间，每间都有门。殿内正中挂有两幅画像，一位是明代名相梁梦龙，一位是其曾孙、清代大学士梁清标，四周墙上挂有梁氏家谱及碑文拓片，记载了梁氏家族的渊源以及对后世的影响。正门前挂有一副对联："光被家国九分韬略五经济，荣及乡里一门栋梁两朝功"，客观地评价了梁氏先人对国家、家乡、后世的功绩和影响。梁梦龙在明代官至兵部、吏部尚书，太子太保，为官正直，战功卓越，人称"梁阁老"。他的曾孙清宽、清远、清标皆科甲折桂，位列"九卿"，人称"一门三进士，一堂荣五代"。梁家曾在县西北建有雕桥庄别墅，城内建有"梁相府"，南城门内曾有多座梁家牌坊。北京南城一带数条胡同均以梁家园命名，为梁梦龙在京为官时的花园。梁氏家族曾在城内建有占地40多亩的"梁相府"。另外，南城门内还有为梁家歌功颂德的"三世一品坊""大司马坊"等多架石牌坊。

梁氏宗祠匾额

梁氏宗祠

2. 西洋仰韶文化遗址

西洋仰韶文化遗址位于西洋村西约1000米处，遗址南北长约50米、东西宽约30米，中间为一大土丘，高约6米。丘顶原有一亩大小庙宇，俗称疙瘩庙，已废，现仅存刻于康熙四十四年（1705年）的一通《重修兴龙庙碑记》碑。遗址文化层厚度约1.5米，断层处曾发现仰韶时期绘有墨彩的红陶片和商代的灰陶口沿、锥状足以及战国时期的灰陶片等。专家鉴定为新石器时代仰韶文化至商代文化遗址。1956年，被确定为河北省重点文物保护单位。

3. 小客龙山文化遗址

小客龙山文化遗址位于县城西北小客村正东，距县城11千米。遗址平面呈长方形，地跨小客、北早现两村。遗址自小客村东250米始，东西约320米，自北早现村北约700米处始，南北宽约100米。

遗址内从断崖处可看到残留的红烧土和灰坑数处。从地表捡到的石器有石斧、石铲、石凿、石杆、石镰等。陶器有灰陶、磨光黑陶、红陶、加沙红陶等。灰陶数量最多，大部分是瓮、罐、盆、尊、豆、鬲等器物的口沿和腹足。其纹饰有篮纹、蓖纹、绳纹、指甲纹、方格纹、同心圆纹、弦纹等。出土器物大部属龙山文化时期。1982年7月23日，河北省人民政府公布小客龙山文化遗址为重点文物保护单位。

4. 新城铺商周文化遗址

新城铺商周文化遗址位于新城铺村北750米处。新中国成立前，此处原有东西排列的三个大土丘，群众称“城岗”，这里曾多次发现铜器。1967年、1976年文物部门从新城铺征集到铜鼎和带铭铜觚各一件。1982年，新城铺村民在村北城岗取土时，又发现卣、尊、觚、爵等8件青铜器。经鉴定均是商代文物。县文物保管所藏有此遗址出土的青铜器15件，且多有铭文。1982年7月23日，新城铺商代遗址被公布为河北省重点文物保护单位。

5. 王氏家族墓地

正定王氏家族墓地是以成德军节度使王元逵、王士真为首的唐代家族古墓葬，位于正定县木庄村、于家庄村一带。作为中晚唐时期的重要墓葬，尤其是王元逵、王士真墓志的出土，为研究唐代“河北三镇”之一“成德镇（今正定）”的政治、军事情况提供了不可多得的实物资料。2008 年，河北省人民政府公布王氏家族墓地为重点文物保护单位。

（三）县级文物保护单位

正定县有 24 处县级文物保护单位，分别为崇因寺、蕉林书屋、清真寺、王士珍旧居及王氏双节祠、马家大院、荣国府、赵云庙、舍利寺遗址、兴隆寺石碑、王士珍神道碑、反讨赤捐大示威集合点、马家坟伏击战遗址、刘傻子烈士塔、高平地道战遗址、丁旺惨案烈士碑、胡王城遗址、付家村烈士碑、里双店烈士碑、固营烈士陵园、岸下惨案死难同胞纪念碑、真武庙（遗址）、赵生明烈士纪念碑、北白店汉白玉大通智胜佛（失存）、城隍庙（遗址）。下面是较为著名的几处。

1. 崇因寺

崇因寺原位于北门里街路西，现为教师进修学校占用。该寺可能在唐代就存在，后来衰败。明万历三十五年（1607 年），无疑和尚四处化缘，改变了小寺的面貌。特别是万历皇帝为其母亲庆寿祈福敕建崇因寺后，寺院规模扩大，成为正定又一所皇家寺院。清乾隆帝曾到此参访，并下旨重修。直到清代后期，仍保持着北方佛教名寺的地位，后逐渐冷清下来。1959 年，经河北省文化局批准，将寺中尚存的毗卢殿及毗卢佛像（千佛尊）一起迁建于隆兴寺。如今只剩下一座藏经楼和南边半截照壁残垣。天宁

崇因寺明代藏经楼

寺门前的一对明代石狮，也是崇因寺之物。

2. 蕉林书屋

蕉林书屋是梁清标收藏书画、读书赋诗之处。梁清标自号蕉林，是梁梦龙的重孙，明代末年中进士，清代时任过兵部、礼部、刑部、户部尚书，保和殿大学士。1667 年解任回乡后将梁梦龙城内别墅改建成了蕉林书屋。书屋占地面积很大，有藏书阁、花厅、东西跨院等建筑，内藏古书数十万卷，有“收藏甲天下”之誉。书屋称为蕉林，是因为梁清标“特爱芭蕉青翠，舒卷自如，有林下风味”，于是在屋前种芭蕉数丛。另一个原因是他非常仰慕大书法家怀素和尚，怀素给自己的居所命名“绿天庵”，种蕉万株。于是先生效仿怀素取蕉叶作书。

据载，原蕉林书屋占地面积很大，是一座花园式清代古建筑群，建有藏书阁、花厅、书屋，东西有跨院。书屋坐北朝南，面阔三间，卷棚布瓦顶，在院中，种植主人最喜爱的芭蕉，环列着秀逸的太湖石，临街是古色古香的清式大门，门前有瑞兽和上马石、下马石。民国年间，梁氏后裔在这里新建了一座二层小楼。现仅存三间清式小北屋、两间西厢房及民国年间增建的二层梁氏绣楼。

蕉林书屋收藏的书画典籍等都是稀世珍宝。梁清标去世后，他的大部分收藏都成为宫廷之物，乾隆年间不少“蕉林珍品”被清宫收藏。据调查，现在国内外各大博物馆收藏的蕉林旧藏多达160余件。

蕉林书屋

3. 马家大院

马家大院是一处保存较为完好的典型四合院式民居，建于清末民初，原有五进四合院组成，

马家大院

系当年其主人马兆霖请山西五台县的工匠设计建造的，故在结构、造型上具有山西民居的特点。据《马氏族谱》记载，正定马氏是三国名将马援的后裔，明代自山西洪洞县迁居正定，到明末时已是富甲一方的大户。马氏第十五代孙马兆霖，人称“武秀才”，继承父业，在正定城内最繁华的大十字街东南两侧购置了大量土地和房屋。马家大院具有非凡的建筑艺术，在民居中实属少见，为有“古建筑博物馆”之称的正定增添了丰富内容。现仅存三进四合院，前两进院落为县图书馆占用。

4. 王士珍旧居

王士珍旧居（王家大院）是民国时期北洋政府总理王士珍在正定城内建筑的宅院，位于正定城西门里，路南为王氏祠堂，北是王氏故居。整座家宅坐北向南，原分东、中、西三路，占地10102平方米。整体布局北宽南窄。由于时代的变迁，东西两路已被改建，现仅存中路。中路是两进四合院，第一进四合院在二门之内，正房面阔五间，进深三间，前后有廊，东西两侧留有过道，可以直达后院，后院正房面阔七

王士珍旧居

间，进深二间，前带廊。两院的东西厢房皆为面阔三间，进深二间，前出单步廊式建筑，整座四合院建筑均为青瓦硬山顶。王士珍虽然官居高位，但治家勤俭，在王家大院二门上悬挂着他自撰自书的一副对联：“求名求利只求己莫求人，惜衣惜食非惜财实惜福”。

在王家大院正门影壁上，刻着一个“福”字，是清康熙皇帝手书。据说是当年康熙帝赏赐给梁清标的，梁清标请杭州雕刻家刻在石上，送到大佛寺，成为镇寺之宝，而皇帝御笔真迹后来落到正定知县华汉章手中。光绪二十八年，身兼江北提督的王士珍回来建家祠、盖公馆时，收到这份大礼，于是请来山西雕刻名家，将此“福”字刻在正门影壁上。

王氏双节祠位于王士珍家宅南侧，隔中山路南北相望。祠堂坐南朝北，现存面积 878 平

“钟郝垂型”牌坊

方米。原有正院和东西两院，共有房屋 40 余间。现存祠堂是一座面阔三间、进深一间的青瓦硬山顶建筑，中间是石券大门。穿过大门便是一所开阔整齐的四合院，院中央矗立着一座贞节牌坊，是为王士珍的嗣母刘太夫人和生母丁太夫人所立。牌坊建于民国九年（1920 年），青石质，四柱三间式。牌坊正面匾额上镌刻楷书大字“诰命一品夫人王母刘太夫人丁太夫人节孝之坊”，牌坊后面为时任中华民国总统的徐世昌题写的“钟郝垂型”四个大字。穿过石牌坊可到正堂。民国时期，在厅堂内曾设有龛楼和牌位，龛楼前曾分立着四尊汉白玉石雕仙女像，像高 1.5 米，雕工细致，形态逼真。厅堂内四周墙壁上悬挂着超度亡灵的壁画诗文和挽联。最醒目的是当时军政名人和亲朋同僚们馈赠的 72 块手书牌匾。现在，王氏双节祠仅存大门、石牌坊、正厅及部分西院。

5. 荣国府

1984 年，为拍摄电视连续剧《红楼梦》，中国电视剧制作中心与正定县政府联合投资建造荣国府。它是根据中国古典名著《红楼梦》中的描写严格设计和建造的，是一座具有明清风格的仿古建筑群，分府、街两大部分。

荣国府按照《红楼梦》中所描绘的“金门玉户神仙府，桂殿兰宫妃子家”建造成一座仿古建筑群，占地 55 亩，房屋 212 间，游廊 102 间，整个府邸分中、东、西三路，各路均为五进四合院：中路为贾政公务院，采用了庄重的宫廷式彩绘，东、西两路为内宅院，采用了明快的苏式彩绘，室内落地花罩典雅气派，明清式家具精美华贵，二十三个场景，一百五十个雕塑人物，一千六百多件古玩、字画，再现了“钟鸣鼎食之家，诗书翰墨之族”

荣禧堂

的富丽堂皇。府内西侧怡园内四季花亭古香古色，小桥迂回山水齐备，宛如一座小巧别致的苏州园林。

荣国府建筑分西、中、东三路。西路依次是垂花门、穿堂、花厅、贾母正房、凤姐家；中路是府大门、外仪门、向南大厅、内仪门、荣禧堂、后围房；东路是王夫人院、贾赦院。

宁荣街位于荣国府前，是一条仿古商业街，总长 200 米，占地 15000 平方米，建筑面积 1700 平方米，街两侧有高低错落的房屋 120 间，组成了 51 家不同特色、风格各异的店铺。采用了清代小式建筑风格，它是参照乾隆南巡图设计的，街上旗幌招展，牌匾齐全，再现了康乾盛世的景象。

荣国府落成后，36 集电视剧《红楼梦》1986 年在此拍摄了近两个月，有两千多个镜头，其中重场院戏“元妃省亲”“秦可卿出殡”都是在这里完成的。此后，又拍摄了《雪山飞狐》

荣国府

《古城黎明》《东方商人》《牛子厚与富连成》《海棠依旧》等170余部影视剧。这里被誉为中国的“好莱坞”。1991年被国家旅游局评为基本建设先进工程，1995年经县人民政府批准为县级重点文物保护单位，现为国家AAA级旅游景点。

6. 赵云庙

赵云庙

“天下人虽乡愚妇孺，无不知古有赵子龙将军，亦无不知将军为常山正定人。往往夸耀将军征战事与枪马雄猛之状，如目观者。然而正定人犹尊奉亲爱，为其乡贤最，树丰碑于闉阇，题曰：汉顺平侯故里。四方宾旅驱车往来，为之肃然敬而式之。”（金洙《改建赵将军庙碑》)正定自古有赵将军庙，祭祀的是汉顺平侯赵云。最早赵云庙在滹沱河北岸南关一带，后移建于城东北隅草场。清道光六年（1826年）移建于城西南隅庙后街关帝庙东，同治四年（1865年）重修，春秋二仲与关帝庙同日祭。“文革”中，赵云庙被毁。1996年，县政府在城东北草场街赵云庙旧址重建。近年来，海内外游客及赵氏后裔前来观光凭吊者络绎不绝。

高平地道

7. 高平地道战遗址

高平地道战遗址位于正定县城西北16千米处的高平村。抗日战争时期，高平地道长达数十里，户户相通，村村相连，高平人民创造了一套能攻善守、灵活机动的地道战战术。电影《地道战》中的高家庄原型村就是高平。1942 年，刘傻子带领民兵在乡亲们的帮助下，开展了挖地道活动，使高平村成为一道铜墙铁壁，打得日本鬼子不敢进村，高平村因此被评为“抗日模范村”，刘傻子被评为“战斗英雄”。1945 年 5 月，不甘失败的日伪军纠集千余兵力围攻高平村，刘傻子带领民兵英勇反击，敌人死伤惨重。鬼子向村里发射炮弹，击中正在打扫战场的刘傻子，壮烈牺牲，时年 29 岁。后，高平人民建革命烈士纪念塔来缅怀先烈。

8. 岸下惨案死难同胞纪念碑

岸下惨案死难同胞纪念碑位于正定县城北 5 千米的岸下村。发生在 20 世纪 30 年代的“岸下惨案”，是日本侵略者在中国残害无辜民众的一个缩影。“卢沟桥事变”后日军大举南侵，1937 年 10 月 8 日在岸下村杀死 365 人，绝 55 户。一位名叫黄骡驹的村民持刀杀入敌中，劈毙、重伤日军各 1 人。

为缅怀同胞，让后代牢记历史，1984 年，正定县政府在村中心广场树立了“岸下惨案死难同胞纪念碑”。时任正定县委书记的习近平亲手揭幕并向纪念碑三鞠躬。

在纪实文学《朋友——习近平与贾大山交往纪事》一文中有这样的描述：“‘岸下惨案’是 1937 年 10 月日军侵占正定时发生的一起屠杀事件。近平请人挖掘整理，开辟成爱国主义教育基地，并亲自审定纪念碑碑文……”

岸下惨案死难同胞纪念碑

9. 清真寺

正定宗教建筑不仅有佛教寺院、道教庙观，也有天主教的教堂、伊斯兰教的清真寺。正定早在元朝便有了伊斯兰教徒，而建清真寺则始于明朝初年，九门的底、赵、吴三姓和定县的白、马二姓的伊斯兰教徒先后在正定做贸易，在西门里街南侧建起了一座清真寺。由于当时的“市”在阳和楼以南，为了经商方便，城内的伊斯兰教徒逐渐迁到南门里、顺城关定居。清道光十二年（1832 年），正定府镇台闵正风（伊斯兰教徒）主持将已经破旧的清真寺迁至城内东南隅仓西街（今回民小学内）重建。寺院坐西向东，进大门有对庭，二门里有南北讲堂，中后部是礼拜大殿，能容纳教徒几百人。大殿旁有水房，南侧是小跨院。1942 年，有教徒 1204 名。如今清真寺仅存一座礼拜大殿，大殿面阔三间，进深五间，单檐硬山顶青瓦勾连搭式建筑。现被正定县回民小学使用。1995 年，正定县将其列入重点文物保护单位。

（四）名胜遗踪

1. 阳和楼

“九楼四塔八大寺”中“九楼”指东、南、西、北四座城门楼、四座城角楼以及阳和楼。提到“九楼”，就不得不提素有九楼之首的阳和楼。阳和楼曾是古城正定的主要象征，位于正定县城南门里，横跨在南北大街上。形象独异，巍峨雄浑，被誉之为“畿南名楼”“镇府巨观”。阳和楼始建年代不详，元代有重修。杨俊民在《重修阳和楼记》中提到：“阳和楼者，镇府之巨观也。”“每登于

昔日阳和楼

斯，南瞰滹水，北瞻恒岳，右挹太行之晴岚，左观沧海之旭日，飘然若出尘世，御天风于九霄之上。”足见此楼之雄伟。1933 年 4 月 16 日，我国近代著名建筑历史学家、建筑教育家、建筑师梁思成先生专门来正定进行古建筑考察，在随后书就的《正定调查纪略》中写道：“在大街上横跨着拦住去路，庄严尤过于罗马君士坦丁的凯旋门。”又称“予人的印象，与天安门端门极相类似”。阳和楼下分两个门洞，就交通而言，开创了分道而行的先河；就商业而言，阳和楼下一直有“坊市”存在，而阳和楼起到的另一重要作用就是观察市场动态，以便于对市场进行有效管理；就文化而言，阳和楼的地位更是举足轻重，阳和楼是正定元杂剧活动的中心，元曲四大家之一的白朴就是正定人，在白朴的感召下，各方名士齐聚正定。文人骚客独爱登楼远眺，吟诗作赋，相互交流，元曲在阳和楼上成就了在正定的辉煌，同时也使正定成为了元曲的发祥地。

令人感叹的是，这样一座历史文化名楼，在战争和“文革”的浩劫中被夷为平地。现今放眼望去，空荡荡的历史文化街再无一点它曾经存在、曾经辉煌的痕迹。戏楼正中匾额那苍劲的“阳和戏楼”四字，曾在夕阳下光芒刺眼，让人恍惚间穿梭时空回到当时那个辉煌的年代，元曲犹唱，余音绕梁，不绝于耳，美不胜收。而今，唯有残梁断墙独自低唱着苍凉的腔调，续写着元曲的遗韵。所幸的是，2008 年阳和楼已纳入复原项目，让我们共同期待着这座历史文化名楼再次大放光彩的那一天。

2. 城隍庙

正定历史上有府和县两个城隍庙，始建于明洪武三年（1370 年），已有 600 多年的历史。民国初，两个城隍庙连同中间的瘟神庙合为一体。城隍本指护城河，后来演化为主管某个城池阴界的神。凡有城池的地方，都有城隍庙。每年五月十七，是正定的城隍庙会。传说这与正定的城隍奶奶有关。正定城南高家营村有一个貌美贤淑的姑娘，一次随母亲到城隍庙敬香时，与城隍爷一见钟情，不久去世，有巫婆说是被城隍爷娶走了。于是人们从四面八方赶到城隍庙，祝贺城隍新婚。这一天正是农历五月十七。从此，每年这天人们都自发前来祝贺，并祈求城

城隍庙复原图

隍保佑风调雨顺、增福延寿，正定城隍庙会也成为了远近闻名的盛会，一直延续至今。

3. 潭园

古代正定城内南高北低，在今县政府以北到北门一带，曾有一座古典园林，名潭园，也叫北潭、潭城等。历史上欧阳修、韩琦、司马光、蔡松年、刘因等文人墨客，对此都赞叹不已。清人梁清远《雕邱杂录》记载："真定潭园之盛，自唐已著，历五代至宋时，屡见名人题咏。"宋代河北都转运使吕颐浩在《燕魏杂记》中说，真定"府治后有潭园，围九里，古木参天，台沼相望"，真可谓"半城丘山半城湖"。潭园应是唐宝应年间成德军节度使李宝臣所建。宋代太祖、太宗都曾驻跸潭园，这里一度成为皇家行宫。金代时，海陵王完颜亮大造宫室，下诏伐采此园木石，从此潭园开始败废。到明末清初，已经没人知晓潭园的确切边界了。

4. 清代行宫

行宫是我国古代皇帝巡游时在皇宫之外休息和就寝的住所。清朝康熙四十七年（1708 年），奉敕在隆兴寺西侧修建行宫。康熙四十九年（1710 年），圣祖皇帝巡幸五台山，回銮至正定，瞻礼隆兴寺，亲书“敕建隆兴寺”及各殿匾额十九方，首次下榻行宫。随后，雍正、乾隆、嘉庆等皇帝先后在行宫驻驾，于隆兴寺瞻礼。咸丰八年（1858 年），法国传教士董若翰来正定传教，向清廷租借行宫，从此行宫成为天主教堂。1948 年华北大学在这里成立，吴玉章任校长，范文澜、成仿吾任副校长。1949 年华北大学迁入北京城，后更名为中国人民大学。此处后成为中国人民解放军 256 医院至今。

5. 真定府衙

今天的正定县委、县政府所在地，曾是我国封建社会府级官署衙门——真定府衙。据县志记载，原来真定府衙占地极广，北到恒山路一带，西至太仆寺街，西南与县文庙相接，南到中山路，正南有县衙嵌入。府衙内有梅山、马神庙、兵备道、北察院、东察院等。正定撤府后，府衙改为县衙。到民国时期，府衙建筑全部拆毁，改建成了新式的平房。

6. 神女楼

公元前 305 年，赵武灵王大举进攻中山，取东垣等地。公元前 300 年，赵国占新市（今新城铺）。公元前 296 年，中山国灭。据光绪元年《正定县志》记载，在正定城内，古有望台，为赵武灵王建，以观望敌情。同时还建有神女楼，在城北，清初尚有遗址。清人王士祯《渔洋诗话》记载：“真定神女楼，昔赵武灵王梦神女于此，令群下赋咏之。此乃真梦，非宋玉微辞，而古今罕知者。余庚子丙子屡过之，赋诗云：神女楼空雁塞孤，照眉池涸半寒芜。邯郸宾客皆能赋，谁似朝云梦大夫。”

7. 玉华宫

元代中统二年（1261 年），忽必烈“遣练师王道归真定，筑道观，赐名玉华（宫）。”此后，对玉华宫多次增修，使之成为正定一带最豪华的道教建筑。据元代纳新《河朔访古记》

记载，“玉华宫，在真定路城中衙城之北，潭园之东”，“外为红绰楔（立于门旁的木柱）垣墙，四周槐柳森列，重门綮戟（仪仗），广殿修庑，金碧辉映，宏壮华丽，拟于宫掖（皇宫）”。后来，忽必烈在玉华宫内设影堂（即灵堂），把它作为供祭父母的家庙，逢时进行祭祀。

8. 六忠祠

坐落在原正定府文庙东院，即今解放街小学院内。原有文昌祠、乡贤祠、名宦祠，正北面大殿就是“六忠祠”。匾额题曰“敬恕”。祠堂内供奉的是与正定历史有直接关系的六位视死如归的志士仁人。开始为二忠祠，明正德八年（1513 年）朝廷敕建，奉祀在唐朝平定“安史之乱”中立下卓越功勋的颜杲卿、颜真卿堂兄弟。明天启二年（1622 年），在二忠祠内又增加宋代以忠义殉国的欧阳珣，改名“三忠祠”。清道光二年（1822 年），重修三忠祠时，从正定名宦中选出三位事迹突出的忠义之士，一个是宋代真定知府李邈，一个是元朝真定路达鲁花赤鈒纳锡彰，一个是明末真定知府徐标，改建为“六忠祠”。对正定府六位忠义烈士，清朝时每年二月和八月都要进行祭祀。

9. 恒阳书院

最初的恒阳书院位于现在的正定中学所在地。明代嘉靖二年（1523 年），真定知府王腾将封龙书院移建真定城内，改建为崇正书院。1551 年，知府孙续改为恒阳书院。乾隆四十二年（1777 年），知府方立经在书院扩建时，为方便府学与书院的统一管理，在府文庙东南重修书院，更名为尊闻书院，1830 年，复称恒阳书院。1902 年，恒阳书院与府学改建为新式中学——正定府中学堂，1912 年 8 月更名为直隶省立正定中学校，1917 年改称直隶省立第七中学。1949 年更名为正定中学。1954 年，正定县将第二和第三完全小学合并，迁到这里，1955 年更名为正定县解放街小学至今。

10. 真定卫

明洪武三年（1370 年），在真定府设真定卫，是当时府城驻军的最高军事指挥机构，卫所在今水文所所在地。清顺治元年（1644 年），改真定卫为真定镇，官署称镇总公署，俗称镇台衙门。真定卫东有旗神庙、小教场，南有南仓、标右营，西有神武卫，北有北仓。在城北崇因寺东设标后营，城东北隅为草场，开元寺南有标中营，今正中家属院一带为左营游击。真定卫的建立，显示了真定城的军事地位十分重要，是河北中南部的军事中心。同时，真定卫的将士在这里开荒屯田，在很大程度上促进了真定府的经济发展和城乡建设。据考证，石家庄市范围内的 35 个村庄，原来都是真定卫下属的营所和军屯。

11. 二十四座金牌坊

牌坊这种独特建筑形式是中国所特有的，是封建社会为表彰功勋、科第、德政及忠孝节义所立的建筑物。大致分为四类：一是功德牌坊，为某人记功记德而建；二是贞节道德牌坊，多为表彰节妇烈女而立；三是标志科举成就的，多为家族牌坊，为光宗耀祖之用；四是标志坊，多立于村镇入口与街上，作为空间段落的分隔之用。正定素有“二十四座金牌坊”的美誉，而据光绪版的《正定县志》记载，正定历史上的牌坊则不下百座，其作用囊括了上述所有类型。“二十四座金牌坊”是指在正定城中的大小二十四座牌坊，较大的有许家牌坊（三世中丞）、梁家牌坊、常山古郡、圣德通天、德配天地、木铎万世等。这些牌坊，遍布正定大大小小的街道，形成一条独特的风景线。

（五）现代名胜

1. 河北正定国家乒乓球训练基地

1970 年 8 月，王庆广任正定县留村小学体育教师。他组织了一支小学乒乓球队，开始组

正定国家乒乓球训练基地

织学生参加乒乓球训练和比赛。经过 8 年的努力，这支仅有两名教练和 12 名队员的留村业余体校被评为“全国乒乓球重点业余体校”。后来，体校搬到正定县城内隆兴寺后，在社会各界的大力支持下，体校发展成拥有高标准训练馆、宿舍楼、多功能楼、餐厅、办公楼于一体的一座符合国际标准的乒乓球训练场所。占地面积 79920 平方米，建筑面积 24181 平方米。有训练馆三座，共 5000 平方米，可容纳 120 张乒乓球台同时训练。

1992 年，首次接待张燮林率领的中国乒乓球女队来此备战巴塞罗那奥运会。1995 年被国家体委命名为“中国乒协正定国际培训中心”。先后承担了乒乓国手出征四届奥运会、六届世乒赛和多次世界大赛的集训任务，邓亚萍、孔令辉、刘国梁、王涛、王楠、张怡宁、李菊、乔红、杨影、王励勤、马琳、刘国正等都是在这里训练后出征获得世界冠军的，基地被称为培养世界冠军的“摇篮”，被国家乒乓球队誉为“福地”。

基地先后接待了瑞典、俄罗斯、美国、加拿大、法国、韩国、日本等几十个国家和地区的乒乓球队来华训练，为中国和世界乒乓球运动的发展与交流作出了贡献。

2. 正定科技馆

科技馆

2000 年 5 月，正定科技馆利用原“电影探秘宫”场地、建筑及配套设施，重新注入资金开发，建成了物理万象、影视天地、天文地理、民俗风情、工业科技、近代水利、原始森林、生物自然、气象地震等 13 个展区，是集科技馆、自然博物馆、天文馆、气象地震、人防教育、体育健身为一体的大型综合科普展馆，占地面积 2.1 万平方米，总建筑面积 9800 平方米，主体建筑面积 8700 平方米，展区面积 5000 平方米。正定科技馆是普及科学知识，提高全民科学文化素质的科学教育基地，被中国科协命名为“全国科普教育基地”，是“河北省野生动植物保护教育基地”“石家庄市国防教育基地”。

3. 正定国际小商品城

正定具有得天独厚的交通优势。贯穿南北的交通大动脉 107 国道、京广铁路、京深高速公路纵贯南北，石德铁路、石太铁路、307 国道、石黄高速公路东西穿境而过。正定县经济新区商圈是河北省在 16 千米范围内唯一具备铁路、公路、航空运输条件的市场。

正定国际小商品城

2008年，正定国际小商品城建设项目列入河北省第三批重点产业支撑项目，总投资66亿元，占地3377亩，总建筑面积311万平方米。由四大功能区构成：商品交易区（正定国际小商品城）、物流园区（正定北方国际仓储物流园区）、产业园区（正定国际商贸文化产业园区）和综合服务区（石家庄正定长途汽车客运站），是河北省大型现代商贸物流项目，也是北方单体面积最大的市场集群。

项目分为四期建设，一期市场为小商品交易区、国际商品交易区和步行街购物休闲娱乐区；二期是以红木为依托的文化产业商贸园区；三期商城为大型家具、家纺专业采购基地；四期以纺织、服装、电子、玩具、工艺礼品、文化用品、日用百货类商贸为主。同时，配套以汽车客运站、产业园区、物流园区项目，全力打造国际、国内小商品集散中心，国际、国内大型批发企业聚集中心，出口商品及京津冀地区商品销售中心。

4. 高远红木博览城

高远红木博览城是由河北著名地产企业高远集团开发建设并运营管理的专业市场，总占地190亩，建筑面积近20万平方米，分为A、B、C三个区域，以红木家具、红木工艺品、根雕、仿古建材为主要经营业态。集团在省内外主流媒体和行业杂志上投入广告费用近千万元打造市场形象，并聘请了多位市场运营专家及专业管理团队，对市场统一规划、统一招商、统一经营管理、统一品牌推广。

高远红木博览城

高远红木博览城为了突出“文化兴企，服务社会”的经营理念，投资一亿多元建造了河北省首家古家具博物馆，该博物馆的建成得到了省市县各级领导以及红木界泰斗杨家驹老先生的高度评价，高远红木博览城的品牌知名度也因此得到迅速提升。高远红木博览城坚持在服务中创新、在创新中服务，努力在扶持商户经营、维护消费者权益和促进区域经济发展中积极作为，未来将打造成华北地区规模最大的集红木家具生产、红木半成品加工、木材交易及展示于一体的红木文化产业基地。

5. 国豪大酒店

国豪大酒店是正定首家四星级商务酒店。距石家庄机场、火车站 15 千米，京深高速公路 2 千米，石太高速公路 5 千米，紧邻 107 国道。毗邻国家 4A 级旅游景区——隆兴寺、“世界冠军摇篮”之称的正定国家乒乓球训练基地。环境幽雅，交通便利，是休闲度假、商务洽谈的理想之地。酒店拥有装饰豪华、宁静舒适的各式商务房、豪华套房、总统套房 115 间、套，所有客房均配有 IDD 电话、网络、电子保险柜、卫星电视等设施。拥有先进完善的电子会议设备，数个大、中、小型会议厅。中西餐厅装饰典雅豪华，可同时容纳 600 人同时用餐。洗浴、桑拿、棋牌、台球、KTV 歌厅、健身中心、美容美发等康体娱乐设施一应俱全。

国豪大酒店

6. 子龙广场

子龙广场与正定县委、县政府隔路相望， 2007 年实施拆迁建设，拆迁面积约 1 万平方米，总投资 2711 万元，建成了现在的子龙广场。落成后的整个广场占地 2 万平方米，绿地面

子龙广场

积 12700 平方米，绿化率 63.18%。

广场主要分为集会中心广场、文化展廊、绿化休闲区三部分。子龙广场中心矗立着一尊高大的赵子龙雕像，代表了正定历史文化形象。正定县历史名人和众多的文物古迹在广场南端的三道弧形文化墙和东侧的六根汉白玉文化柱上，用浮雕的形式表现了出来，使整座广场充满了浓郁的文化气息。广场的东、南、西三面是绿化休闲区，在绿化休闲区内设有林荫小路、休息廊等。整座广场布局古朴、沉稳，在充分展示正定县悠久历史的同时，还给居民提供了一处休闲活动的场所。2013 年子龙广场西侧建筑拆除后扩建为子龙广场二期工程，增加了市民的休闲娱乐场地，与一期融于一体，相得益彰。

7. 常山影剧院

常山影剧院建于 1984 年，1985 年 1 月正式开业。多年以来，常山影剧院一直作为正定县的中心会场和中心舞台，担负着县内外大型会议及演出任务，为正定县的两个文明建设作出了很大的贡献。2001 年，县政府决定，作为当年“十一件利民实事”之一，对常山影剧院进行了大规模装修。装修以后，现有座位 960 个，

常山影剧院

配备了全套先进的美国百威音响系统和电脑数字灯光系统，配套设施齐全，成为集大中型会议、电影放映等于一体的大型综合娱乐场所。

2011 年和中影合作，购置巴可 2K 数字放映系统，实现全县第一家全国同步数字电影上映单位，同时实现 3D 电影的放映，给人身临其境的感觉，填补了正定 3D 电影的空白。2014 年 11 月正式投入两个豪华 3D 影厅。

8. 正定元曲博物馆

2016 年 1 月 29 日，正定元曲博物馆在马家大院开馆。元曲是中国古典文学的瑰宝，与汉赋、唐诗、宋词并列。正定作为元曲创作的发源地，为挖掘弘扬这一历史文化品牌，在重点推进古城保护工程的基础上，整合开发文化资源，投资 260 万元建设了正定元曲博物馆，以此展现正定元曲的文化魅力，推进元曲文化的普及和传播，提升正定文化特色品牌影响力，“元曲创生中心”已成为正定“六张名片”之一。

正定元曲博物馆

建成的正定元曲博物馆，以“曲韵天成、遗音流响，正定元曲文化陈列”为主题，共分为 4 个单元，总占地 962 平方米，5 个展厅 270 平方米，展板 680 平方米，展线长 220 米，多媒体 8 处，收集高仿元代磁枕 26 件，古书籍 140 余册。白朴的雕像、书房的模拟造型和由他创作的《墙头马上》《梧桐雨》等作品都以直观的表现形式陈列于博物馆内。

9. 梁思成纪念展馆

自 1933 年至 1963 年，建筑大师梁思成曾先后四次赴正定考察古建筑，以大量的照片、

梁思成纪念展馆

文字和图纸记录了那个时期正定古建筑的实况，并撰写了《正定调查纪略》。梁思成纪念展馆坐落于隆兴寺方丈院，1933 年梁思成先生首次正定考察时曾在这里暂住。方丈院是一处典型的北方四合院，展馆分四个展厅，展出图片、实物和手稿等。进门的雨花堂是第一展厅，展示梁思成先生的出身及求学经历；东厢房设第二展厅，展示先生在全国开展古建调查情况；第三展厅即正房，展示先生在正定开展古建筑调查的情景；西厢房为第四展厅，展示在先生古建筑保护精神指引下，全国各地文化保护工作所取得的巨大成就等。梁思成文物保护史迹展馆是河北省首个梁思成主题展馆。

10. 正定火车站

正定火车站

正定火车站是京广铁路线上的一个三等车站，始建于 1902 年，曾经历过客运货运的繁忙兴盛，后来，由于车站客运业务的逐渐萎缩，于 2011 年 1 月取消客运。在停开 4 年多之后，随着正定经济的发展、客流的增加，又于 2015 年恢复客运。

正定火车站自建站至今已经一百多年。当年，正定县特意打开北城墙为火车站开设了小北门。祖籍正定的北洋总理王士珍出仕归隐也是经常从正定站上下；建筑大师梁思成三次到正定，都是从正定站下车进城的；新中国成立前后，正定华北大学成千上万的师生也是从全国各地坐火车到正定站下车而在正定求学的。正定站见证了正定百年来的风起云涌和沧桑巨变，可说是正定近代史的见证者。

第六章　高雅瑰丽的文学艺术

正定，人杰地灵，人才辈出。据《正定县志》记载，汉代之前与正定相关的文艺作品数量不少，但因保存不善而遗失散落。之后，随着历史发展，众多的文人墨客流连于此，或感叹时势，或咏史怀人，或抒情励志，或描摹风物。无论是生长于此的本土文人，还是往来于此的异乡过客，无不用高雅的文学艺术来谱写、描摹这片热土，将他们的满腔热忱真挚地写入历史篇章。

（一）诗歌词曲

中国，是诗歌的国度，诗词曲赋是中华艺术宝库里美丽的明珠。诗歌词曲最显著的特点是饱含丰富的想象和感情，通过高度凝练形象的语言来表情达意。歌咏正定的诗歌、词曲类型众多，内容也很丰富。

1. 卢照邻临水题诗赠别魏大

卢照邻（约 636—695 年），唐代幽州范阳（今河北定兴）人。他是文学史上“初唐四杰”之一。现有 7 卷本的《卢升之集》《幽忧子集》存世，他擅长骈文、诗歌，以歌行体为佳。

665 年，卢照邻漫游河北一带，路过真定，其好友魏大即将远行，诗人充满了不舍，以景入诗，写下了《晚渡滹沱赠魏大》：“津谷朝行远，冰川夕望曛。霞明深浅浪，风卷去来云。澄波泛月影，激浪聚沙文。谁忍仙舟上，携手独思君。”诗中“冰川夕望曛”的“曛”字恰到好处地点染出滹沱河黄昏时的美景。晚霞映红了滹沱河深深浅浅的浪花，好似天上的云朵聚散来去，映入河中的皎洁月影也化为一水碎银。整首诗诗中有画、画中有诗，值得欣赏回味。

2. 高适写诗求举荐

高适（约 700—765 年），唐代渤海郡（今河北景县）人，是著名的边塞诗人。有《高常侍集》传世。

唐朝干谒之风盛行，当时韦济为恒州（今河北正定）刺史，高适作为底层的文人写了《真定即事·奉赠韦使君二十八韵》这首长诗，在诗中作者先写“方伯恩弥重，苍生咏已苏。郡称廉叔度，朝议管夷吾。”借用典故赞颂韦济才干卓然、政绩突出。接着写“沦落而谁遇，栖遑有是夫？不才羞臃肿，干禄谢侏儒。”这是对自己沦落至此的际遇抒发了满腹的失意愤懑。最后他提出“解榻情何限，忘言道未殊。从来贵缝掖，应是念穷途。”借机提出自己的期望，希望韦济能够举荐他。这首诗写得言辞恳切，有对自己目前状况的无奈，也有基于这种情势，表现出一个低姿态文人渴望得到提拔的迫切愿望。

3. 李益有感于和亲政策写诗诉不满

李益（746—829年），唐代陇西姑臧（今甘肃武威）人。今存《李益集》二卷，《李君虞诗集》二卷。

788年，大漠之南的回纥使者前来迎接和亲的咸安公主，作者面对朝廷频频准许同回纥和好，准予和亲的政策极为不满。于是写下《临滹沱见蕃使列名》：“漠南春色到滹沱，边柳青青塞马多。万里江山今不闭，汉家频许郅支和。”开篇虽写出了此次和亲表面上其乐融融，但从“万里江山今不闭”可以看出如今由于和亲导致万里关山不设防，表达了诗人对唐边防废弛的忧虑，认为将公主外嫁是羞耻的行为。另外，从这首感怀诗的描述中我们可以了解到，石家庄作为中原和大漠的连接地，滹沱河作为中原的屏障，显得地理位置极为重要。

4. 有感于裴度平叛组诗

唐朝常有割据势力为患，裴度为平定叛乱征战沙场立下战功。有感于此，当时很多诗人写下诗篇来记述此事。

其时，兵部侍郎韩愈只身单骑，冒险去镇州宣抚，写下了《奉使镇州，行次承天行营奉酬裴司空》，诗云：“窜逐三年海上归，逢公复此着征衣。旋吟佳句还鞭马，恨不身先去鸟飞。”这首诗表达了诗人到达承天行营急切而喜悦的心情。另外，在《镇州路上谨酬裴司空相公重见寄》诗中写道："衔命山东抚乱师，日驰三百自嫌迟。风霜满面无人识，何处如今更有诗？"韩愈写这首诗来赞颂裴度为维护唐王朝的政治稳固、忧国忧民的高尚情怀，同时也写出自己已然年迈苍老，却还要奔走抚慰的感慨。

另外，杨巨源听闻裴度平定叛乱，想到天恩浩荡、将士勇猛、作战艰辛，写下了《圣恩洗雪镇州献裴相公》："天借春光洗绿林，战尘收尽见花阴。好生本是君王德，忍死何妨壮士心。曾贺截云翻栅远，仍闻劚冻下营深。井陉昨日双旗入，萧相无言泪湿襟。"整首诗浩气磅礴，大力赞扬裴度统率大军平叛，并对贼酋责以大义。

5. 胡曾《滹沱河》咏史

胡曾（约 840—？年），唐代邵州邵阳（今湖南邵阳）人。他以关心民生疾苦、针砭暴政权臣著称。著有《咏史诗》3 卷，皆为七绝，每首都以地名为题，评咏当地历史人物和历史事件。

《滹沱河》诗云："光武经营业未兴，王郎兵革正凭陵。须知后汉功臣力，不及滹沱一片冰。"诗中描写了汉光武帝刘秀还未称帝时，以萧王名义讨伐王郎，途经河北转退滹沱，三月河水结冰助刘秀大军过河，为此诗人感叹东汉功臣所作的贡献，还不如滹沱河的一片冰。字里行间，以典故作诗重现了曾发生在滹沱河沿岸那些金戈铁马的历史活剧，感叹历史沧桑，从而折射出了正定作为河朔重镇、兵家必争之地的地位。

6. 李至咏怀诗

李至（947—1001 年），宋代真定（今正定）人。李至留传下来的诗歌有 88 首，其中有十余首咏怀之作。

《吾家何所有》组诗都写了自己家中状况。第一首："吾家何所有，景物自怜清。架上书千卷，庭中竹数茎。纸窗明雪势，茶鼎杂松声。多谢南宫长，裁诗慰野情。"借叙自家书香浓郁、竹茎挺拔、纸窗映雪、茶鼎沸松，而寓自身清正廉明，处世淡薄。第二首讲家势，他担心自己白食朝廷俸禄，尽不到职责，其安于清贫、忠于职守的精神跃然纸上。第三首："吾家何所有，冬月胜袁安。纸帐可床暖，地炉容客宽。树头风势大，窗外雪怕干。却念无衣者，何当度此寒。”这首诗讲述了自己住所的条件，他家里有纸帐暖床，有地炉容客，很是知足。只是担心风大雪猛，那些家贫无衣的人，如何御寒？与袁安比较生活，其博大仁爱之心，可见一斑。第四首讲吃穿情况，虽是寡淡一些，还希望亲朋好友不要见笑。其甘于清贫、旷达乐观的思想，全部释放出来。第五首是进一步的自嘲诗，说我家在城南，还有一处大别墅，春来绿水常流，秋来红叶满园，林深好牧牛，室暗正养蚕。温饱之后可以到这儿来转一转，看一看，定是美不胜收。看来李至一定是把滹沱两岸都当成自己的家了。这五首诗，浅俗易懂，深入生活，以物咏怀，倍显精神，为我们展示了一个文人士大夫淡泊生活、无欲无求、坚守为官清正廉明的情操。

7. 欧阳修题诗赞潭园

欧阳修（1007—1072 年），北宋吉州永丰（今江西省吉安市永丰县）人，政治家、文学家。后人将他与韩愈、柳宗元、苏轼、苏洵、苏辙、王安石、曾巩并称为“唐宋散文八大家”。

长诗《留题镇阳潭园》：“官虽镇阳居，身是镇阳客。北园潭上花，安问谁所植。春风无先后，烂漫争红白。一花聊一醉，尽醉犹须百。而我病不饮，对花空叹息。朝来不能归，暮看不忍摘。谓言花纵落，满地犹可席。不来才几时，人事已非昔。芳枝结青杏，翠叶新奕奕。落絮风卷尽，春归不留迹。空余绿潭水，尚带余春色。疑春竟何之，意谓追可得。东西绕潭行，蜂鸟已寂寂。惘然无所依，归驾不停轭。寓兴诚可乐，留情岂非惑。至今清夜梦，犹绕北潭北。”诗人在这首长诗中一咏三叹，笔墨散逸写出对潭园的赞美与喜爱之情。虽然自己只是镇阳（即正定）一个匆匆过客，人生不尽如人意，但是如此的美景给了他莫大的精神抚慰。作者在诗的末尾感叹：“至今清夜梦，犹绕北潭北。”他在真定所作 13 首诗中，多次饱含深情地写到潭园。

《镇阳残杏》诗云：“镇阳二月春苦寒，东风力溺冰雪顽。北潭跬步病不到，何暇骑马寻郊原。雕丘新晴暖已动，砌下流水来潺潺。但闻檐间鸟语变，不觉桃杏开已阑。人生一世浪自苦，盛衰桃杏开落间。西亭昨日偶独到，犹有一树当南轩。残芳烂漫看更好，皓若春雪团枯繁。无风已恐自零落，长条可爱不可攀。犹堪携酒醉其下，谁肯伴我颓巾冠。”这首诗写于庆历五年，诗人久病不适，于早春二月乍暖还寒时去往北潭，看到积雪消融、桃李开遍，深感人生和世事变化之无常。

8. 蔡氏父子诗词佳作

蔡松年（1107—1159 年）、蔡珪（？—1174 年）父子二人为金代冀州真定（今河北正定）人，他们都极为热爱真定这片土地，写下大量诗篇赞美真定风光。

蔡松年在《庚申闰月从师还自颍上对月独酌之二》中写道：“我家恒山阳，山光碧无赖。月窟荫风篁，十里泻澎湃。兹焉有乐地，不去欲谁待。自要尘网中，低眉受机械。”诗句中流露出对家乡风光的喜爱之情和对官场的厌倦无奈之意。

另外，在他的《初上潭西新居》《和子文寒食北潭》中都写出了真定北潭的优美景色，主要抒发了作者倦游官场、刻意林壑、思归家园的情怀。这些诗篇表现出他作为由宋入金的知识分子的惆怅和矛盾。

《一剪梅·送珪登第后，还镇阳》云：“白璧雄文冠玉京。桂月名香，能继家声。年年社燕与秋鸿，明日燕南又远行。老子初无游宦情。三径苍烟归未成。幅巾扶我醉谈玄，竹瘦溪寒，深寄馀龄。”这首词写了蔡珪登第，作为父亲非常高兴，认为蔡珪文采出众，能够继承发扬蔡家的声誉。蔡珪出行时，他亲自去相送，表达出一片殷殷之情。虽然自己回归之后沉醉于家乡的山水之间，但他还是希望晚辈能够奋发努力，光耀门楣。

《念奴娇·离骚痛饮》：“离骚痛饮，笑人生佳处，能消何物。皇甫当年成底事，空想岩岩青壁。五亩苍烟，一丘寒碧，岁晚忧风雪。西州扶病，至今悲感前杰。我梦卜筑萧闲，觉来岩桂，十里幽香发。嵬隗胸中冰与炭，一酌春风都灭。胜日神交，悠然得意，遗恨无毫发。古今同致，永和徒记年月。”这首词是其“乐府中最得意”的作品，被元好问用来做《中州乐府》压卷之作。这首词表现词人对现实不满和对官场的厌倦，以及由此引发的隐居避世的向往。词的上片主要表达了对现实和官场黑暗的不满。开头三句“离骚痛饮”是说人生得意无过于饮酒、读《离骚》。一“痛”一“笑”，激越旷放。本词借用王衍、谢安、王羲之三人的经历和情怀入词，欲避世却对王衍回避现实尚慕不满，欲入世却由于谢安的不幸深表同情，胸中有雄志却只能用酒来浇灭，最后只能说出如王羲之作序般写上“永和九年”之类的话语，无奈之情溢于言表。

蔡珪被推为金代文坛的实际奠基人。《读戎昱诗有作》是一首模仿创作的诗。戎昱有首诗写了秋季夜里萧瑟的景象，抒发远客不如回归的情绪。作者这首诗化用其中的意境和诗句，写真定北潭美好风光，以及与文人雅士交游唱和，诗句“惭愧戎子诗，在家贫亦好。”则抒发了游子之情、思归之意。

《江城子》：“鹊声迎客到庭除。问谁欤？故人车。千里归来，尘色半征裾。珍重主人留客意，奴白饭，马青刍。东城入眼杏千株。雪模糊，俯平湖。与子花间，随分倒金壶。归报东垣诗社友，曾念我，醉狂无？”这是饯行送别词，上片用吉祥的喜鹊起笔，营造了欢乐祥和的氛围，未见其人先见其车，表达了对友人千里而来的渴望。因为路途遥远，相见不易，征尘满身。作者不写如何招待友人，却大肆描写如何热情款待其随从，那么怎样招待友人就由读者去想象体会了。下片写了千树杏林中对饮之趣味。杏花倒映在湖水中，清酒倾注在酒杯里，主客开怀畅饮。宴饮结束自然免不了离别，友人此次回故乡，应该会谈及作者的情形，告诉那些昔日的友伴，我依然是那个潇洒的狂生。结尾貌似潇洒，但却有浓浓的伤感愁思。全词起承转合，几起几落，笔锋多姿善变，元好问曾夸之，是金代词坛佳作。

9. 范成大《真定舞》《无题》

范成大（1126—1193 年），宋代吴郡（今江苏苏州）人。他是南宋“中兴四大诗人”之一，《四时田园杂兴》六十首是他的代表作。

范成大作为南宋副宰相出使金国，路过真定看到此处乐工演奏起舞的盛况，想到此时胡虏舞乐遍及中华，唯有真定和汴京的旧乐工“尚舞高平曲破”。有感于此，写下了《真定舞》：“紫袖当棚雪鬓凋，曾随广乐奏云韶。老来未忍耆婆舞，犹倚黄钟衮六么。”这说明，金朝的真定，留下很多北宋宫廷舞乐艺人，为元曲艺术的发展积累了人才基础。另外，在《无题》中写道："闻道河神解造冰，曾扶阳九见中兴。如今烂被胡膻涴，不似沧浪可濯缨。"另一首《无题》是时任南宋副宰相的范成大在出使金国路过真定时所作。诗人忆昔思今，临河感慨，滹沱河虽曾帮助过汉光武帝中兴建国，但是现在河水已被胡人的膻气给弄脏，不再像沧浪清水可以洗濯头上的冠缨，感慨金人侵犯南宋国土而造成政局飘摇。

10. 周昂写诗抒壮志

周昂（？—1211年），金代冀州真定（今河北正定）人，著有《常山集》，存诗收入《中州集》。

《晚望》诗云："烟抹平林水退沙，碧山西畔夕阳家。无人解得诗人意，只有云边数点鸦。"以凄凉的意象结语，使得诗人被贬谪之后的孤寂落寞情绪得到了很好的表达。在《家园》中"花鸟成相识，琴书渐两忘。陶然北窗下，吾乐自羲皇。"表现出恬淡自得、醉情于花鸟山水之情趣，颇有陶渊明的风范。《书斋》："夜雨书斋冷，西风木叶抛。暗蛩侵坏壁，低雁落寒郊。壮志初尝胆，吾生岂系匏。草玄虽闭户，未用客相嘲。"这首诗写自己虽身处简陋荒僻的书斋里，却心怀社稷；茅屋虽小，而胸有大志之情怀。

11. 元好问《龙兴寺阁》《忆镇阳》

元好问（1190—1257年），金末元初太原秀容（今山西忻州）人，著名作家和历史学家、文坛盟主，作有《遗山集》又名《遗山先生文集》，编有《中州集》。他痛心金国的沦亡，奸贼的误国，并为了以诗存史，勤奋编辑金国已故君臣诗词总集《中州集》。以"中州"名集，寓有缅怀故国和以金为正统的深意。

元好问在真定登临高阁，写下《龙兴寺阁》："全赵堂堂入望宽，九层飞观尽高寒。空闻赤帜疑军垒，真见金人泣露盘。桑海几经尘劫坏，江山独恨酒肠干。诗家总道登临好，试就遗台老树看。"这首诗写作时金国已经被元朝所灭，诗人登上九层高阁，看到河山依旧在，主人却不同。此时好像看到光武帝扎营滹沱河边的红旗，又好像看见铜仙在为魏王毁坏的承露盘而泣。沧海桑田，几经变幻，江山已不复存在。诗家都喜欢登高望远，可是如果你看到那些遗台老树，又会作何感想呢？而亡国遗臣心情又是何等的凄凉。

《清平乐·忆镇阳》："悲欢聚散。世事天谁管。梳去梳来双鬓短。镜里看看雪满。燕南十月霜寒。孤身去住都难。何日西窗灯火，眼前儿女团栾。"这首词写了作者饱受离乱、思念亲人的情绪，国家灭亡，穷极呼天，年华流逝，壮志消磨。由"梳去梳来双鬓短"联想到杜甫的"白头搔更短"，体现作者忧国忧民的情怀。词人通过想象与家人团聚的温馨情景，强烈地表达出渴望回家与家人团聚的思想情感，也表达了词人对太平安定生活的向往。

12. 白朴叙述生活的短小词曲及《梧桐雨》《墙头马上》

白朴（1226—1306 年），元代著名的文学家、曲作家、杂剧家，与关汉卿、马致远、郑光祖合称为"元曲四大家"。

《摸鱼子·真定城南异尘堂同诸公晚眺》："敞青红、水边窗外，登临元有佳趣。熏风荡漾昆明锦，一片藕花无数。才欲语，香暗度。红尘不到苍烟渚，多情鸥鹭。尽翠盖摇残，红衣落尽，相与伴风雨。横塘路。好在吴儿越女，扁舟几度来去。采菱歌断三湘远，寂寞岸花汀树。天已暮。更留看，飘然月下凌波步。风流自许。待载酒重来，淋漓墨，为写洛神赋。"着重刻画了接天莲叶藕花盛开，多情鸥鹭相伴风雨，吴儿越女扁舟采菱，作者兴致高处能写洛神赋。景色迷人，朋友相伴，多情风流诗兴发。

《夺锦标·得友人王仲常李文蔚书》写收到两位友人的来信后慨叹他们的人生遭际，其中写"谁念江州司马沦落天涯，青衫未免沾湿"，可知二人在官场曾受挫折。作者觉得何必去蜗角经营，不如醉心秀丽山河潇洒快活，可随心所欲自由自在。

《天净沙·春》："春山暖日和风，阑杆楼阁帘栊。杨柳秋千院中。啼莺舞燕，小桥流水飞红。"《天净沙·夏》："云收雨过波添，楼高水冷瓜甜，绿树阴垂画檐。纱厨藤簟，玉人罗扇轻缣。"《天净沙·秋》："孤村落日残霞，轻烟老树寒鸦。一点飞鸿影下，青山绿水，白草红叶黄花。”《天净沙·冬》：“一声画角谯门，半庭新月黄昏，雪里山前水滨。竹篱茅舍，淡烟衰草孤村。”这春、夏、秋、冬四首小令，在写作手法上都是选取了各个季节特有的景物意象进行叠加，营造出该季节特有的氛围。

《双调·沉醉东风·渔夫》：“黄芦岸白苹渡口，绿杨堤红蓼滩头。虽无刎颈交，却有忘机友。点秋江白鹭沙鸥。傲杀人间万户侯，不识字烟波钓叟。”作者先用了衬托手法，用黄芦、白苹、绿杨、红蓼等自然景物衬托出了一个远离尘嚣的自然环境，表现了渔夫那无拘无束、自由自在的生活情致；后又用对比手法，将其与“万户侯”们作比，肯定并赞扬了渔夫的生活方式与品格情操。这就更深刻地表现了作者蔑视权贵、热爱劳动人民的思想感情。

悲剧《梧桐雨》以唐玄宗和杨贵妃的爱情故事为基础进行演绎，但却又绝非是以纯粹的歌颂爱情或者批判昏君误国为主题，而是表达了人生变幻无常的主旨，国破家亡的沧桑、个人无法掌握盛衰、无法保有幸福的幻灭感。剧中语言典雅，富有文采，例如《中吕·粉蝶儿》一曲：“天淡云闲，列长空数行征燕；御园中夏景初残，柳添黄，荷减翠，秋莲脱瓣；坐近幽阑，喷清香玉簪花绽。”

喜剧《墙头马上》通过李千金和裴少俊悲欢离合的爱情故事，歌颂了青年男女自主婚恋的合理性，猛烈地抨击了以裴行俭为代表的封建卫道者，表现了元代青年追求理想爱情与个性解放的思想。其艺术特色表现在为了突出人物形象，采用对比的手法，使李千金勇于抗争的坚强性格在和裴少俊、裴行俭进行比较的过程中显现得更为突出。语言朴质自然，充满了喜剧效果。

13. 文天祥被俘作诗表心迹

文天祥（1236—1283 年），南宋著名爱国诗人，所著《指南录》被称为南宋灭亡的史诗，《过零丁洋》《正气歌》为世传颂。

至元十七年 (1280 年)，文天祥被元兵俘虏后从广东北送押解大都 (今北京)，途中经过滹沱河时有感而发写下两首《无题》诗，其一：“过了长江与大河，横流数仞绝滹沱。萧王旧事今何在，回首中天感慨多。”其二：“风沙睢水终亡楚，草木公山竟蹙秦。始信滹沱水合事，世间兴废不由人。”虽然再也看不到滹沱冰合救萧王的故事了，但是楚亡秦灭，终成事实。一句“世间兴废不由人”，让人为之叹息，为之泪落。

其《颜杲卿》云：“常山义旗奋，范阳哽喉咽。明皇一狼狈，六飞入西川。哥舒降且拜，公舌膏戈铤。人世谁无死，公死千万年。”这首诗盛赞颜杲卿面对强敌安禄山时智勇双全、忠肝义胆、视死如归的气魄，也借此来表达自己虽然被俘，但决不投降的决心。这些诗直抒胸臆，悲凉沉痛，较好地体现了他强烈的爱国精神和民族气节，风格上独树一帜。

14. 刘因咏诗抒怀

刘因（1249—1293 年），元代雄州容城（今河北徐水县）人，著名理学家、诗人。

《登镇州阳和门》：“百尺市门起，重过为暂停。毫分秋物色，米聚赵襟形。北望云开岳，东行气犯星，凭栏天宇在，人事听浮萍。”这是阳和楼这座建筑见诸文字最早的记述。当时刘因被朝廷征召，而后又因与朝廷政见不合，最终隐居从事教学工作。这种郁闷不得志的无奈反映在“人事听浮萍”一句，作者面对恢宏的建筑和自然风光却越发感到世事无常、人力微弱。

《登镇州龙兴寺阁》是首长诗，前半部分写了登阁见到巍峨的太行山，比喻新颖贴切，诗的后半部分写诗人仿佛看到海上三神山向他移来，载着他飞向太阳。夸张地写出了他进入仙界后的所见、所闻、所感，描摹极具想象力。整首诗充满了变化和时空的跳跃。最后以“滹水悠悠自东注，落日渺渺明孤鸿。”结束全诗，言有尽而意无穷。

15. 萨都剌慕仙礼佛诗三首

萨都剌，生卒年月不详。元代诗人、画家、书法家。他的文学创作，以诗歌为主，诗词内容以游山玩水、归隐赋闲、慕仙礼佛、酬唱应答之类为多，思想价值不高。

其中两首七绝都写了镇阳春日里道观寺院的景象。《春日镇阳柳溪道院》：“城北青溪出洞门，道人归去日长曛。柳花满地无人扫，隔水遥看是白云。”语句清丽，位于真定城北的柳溪道院中道人不知去往何处，满地柳花无人清扫，一幅清幽的图画展现眼前。“柳色暗藏溪上寺，露华偏湿水边僧。门前天暝荷花满，出水游鱼夜戏灯。”出自于七绝《过镇阳春日观音院》。诗中写了春日夜晚溪畔寺庙、水边僧人、满池荷花、游鱼戏灯等景象，极具画面感。

《登镇阳龙兴寺阁观铜铸观音像》写道：“眼中楼阁见应稀，铁凤栖檐势欲飞。天半宝花飘阁道，月中桂子落僧衣。高擎玉露仙人掌，上碍银河织女机。全赵堂堂遗物在，山川良是昔人非。”诗中用大量篇幅正面描写了高耸入云的大悲阁和铜铸大佛，在写实的基础上，做了大胆的想象和夸张，细致传神而富于情趣。

16. 陈孚怀古诗

陈孚，生卒年月不详，元代浙江临海（今浙江白水洋）人，元代学者，著有《观光集》《交州集》。

陈孚曾游览燕赵大地，写下了《早发滹沱感冰合》：“征鼓连天战血红，存亡只寄寸冰中。凭谁剪取鳞鳞碧，画作云台第一功。”借汉光武帝冰合渡滹沱河的传说，盛赞滹沱河的功绩。

《真定怀古》云：“千里桑麻绿荫城，万家灯火管弦清。恒山北走见云气，滹水东流闻雁声。主父故宫秋草合，尉陀荒冢暮烟平。开元寺下青苔石，犹有当时旧姓名。”描绘了真定城的繁华和经济的富庶。此地依山傍水、人杰地灵。赵武灵王旧迹已被秋草淹没，生长于此的南越王赵佗也早已作古，但是这些杰出人物的功绩定会青史留名。他的诗厚重古朴，词律严谨。

17. 苏天爵《春露亭辞》

苏天爵（1294—1352 年），元代真定（今河北正定）人。他出身于真定有名的书礼世家。著有《滋溪文稿》327 篇，《元诗选》选录其诗 7 首。

苏天爵好友李生筑室奉养老母，其堂名为“鹤寿”，作者应邀为之赋《鹤寿堂诗》。写出了其地理位置，大堂之上其乐融融，既是为河东李生的母亲祝寿所作，又是歌咏母慈子孝的作品。

《春露亭辞》采用了楚辞体的形式吟咏了登临春露亭的所感所思。“镇阳东郭，滹沱北浒。有亭翼然，密迩先墓。草木蓊兮菲菲，雨露降兮朝晞。云冥冥兮不返，鸟鵙鵙兮增悲。岁时兮来享，陟彼高兮骋望。感吾念兮思亲，怅音容兮惚恍。日月兮交驰，寒与暑兮相依。尚永延兮孙子，勿俾汝亲兮鬼饥。”春露亭在今天的河北新乐市，是为纪念苏家先陇而建，草木蓊郁，雨露绵绵，表达了诗人登临此亭感念逝去的亲人，音容笑貌如在眼前，诗人隐晦地将汉文人的无根感灌注在这首诗中，“尚永延兮孙子，勿俾汝亲兮鬼饥”祈祷先祖在天有灵，保佑异族统治下的同胞们少受苦难，延续族脉。

18. 尚仲贤《柳毅传书》

尚仲贤，生卒年月不详，元代真定（今河北正定）人。

尚仲贤所写的戏，多数是以历史故事和神话传说为题材，在元代剧坛别具一格。他的作品是依靠戏剧情节本身发言的，将他的见解不着痕迹地融化在整个故事的发展中。其代表作是《柳毅传书》。在《柳毅传书》这个美丽的传说里，尚仲贤借助绘声绘色的场面剪裁和委曲宛转的情节架构，灌注了自己对于理想爱情的赞美，对于女性追求精神的认可。这种赞美和认可，无疑构成了剧作家选择这一题材时的心理依据。

剧作以活生生的凡人柳毅为主人公，让其穿插于“龙世”与“人世”即神话世界与现实世界之间，使该剧具有更加浓烈的现实色彩。这个戏之所以震撼人心、流传至今不衰，其根本原因就在于它善于透过优美奇异的神话故事，以寄托对社会、人生的良好愿望，贯穿着善良战胜邪恶、自由战胜禁锢、敢于反抗封建礼教、敢于追求自由和幸福的主题。

明初剧作家朱权《太和正音谱》评尚仲贤词曲风格，喻为“山花献笑”。整个剧本文辞秀丽，节奏明快，简洁洗练。这一作品对明清时期的《龙绡记》（明黄惟楫作）、《橘浦记》（明许自昌作）、《乘龙佳话》（清何墉作）以及地方戏中的《乘龙会》《龙女牧羊》等都有直接或间接的影响。《柳毅传书》这部优美动人的神话剧，至今仍演出于舞台之上，成为我国戏曲百花园里的经典剧目。

19. 吕益长诗《游龙兴寺胜概诗有序》

吕益（1419—？年），明朝诗人，事迹不详。

《游龙兴寺胜概诗有序》是首五言长诗，可分四部分。第一部分讲常山古郡，地处冲要，城池之中，佛寺嵯峨。第二部分诗云："来往临斯土，欲观公务匆。千里民无扰，春回淑气融。"写自己多次过真定，没有机会观揽，这次受到热情招待，酒宴结束后，就到龙兴寺参观的情景。第三部分写寺内古迹丰富，有隋唐始建的慈氏宫、宋祖盖的观音阁等。寺内高檐耸立，大佛雄伟，虽然历经劫难，依旧巍然壮丽。第四部分写健步登楼，凭栏远眺，胸臆寥廓，兴致深浓，怀远寄意，感慨万千。

20. 石玠过滹沱怀古作诗

石玠（1463—1521 年），明代真定府藁城（今河北藁城）人。

诗人晚渡滹沱河，写下《过滹沱》："千年形胜此滹河，道路驱驰自昔多。短岸几人看日暮，中流有客动渔歌。冰坚尚忆萧王渡，坂古曾闻太守过。此日太平无夜警，村灯渔火映闲蓑。"诗中描写了夜渡滹沱河，看到堤岸上来往的行人、晚霞中的红日，听到河中此起彼伏的渔歌，呈现出一派天下太平、灯火渔舟的宁静景象。可是，在这片土地上那些鲜活的历史故事却早已成过往。坚硬的冰块尚且记忆着萧王刘秀冰渡滹沱河的往事，古老的示衣坂仍然传唱着常山太守颜杲卿讨逆献身的壮歌。而今岁月升平、人民安居，明灭可见的村灯和渔火映照着身着蓑衣的悠闲垂钓者。其中"冰坚尚忆萧王渡，坂古曾闻太守过。此日太平无夜警，村灯渔火映闲蓑。"表达了作者对和平与战争关系的深沉思考。

21. 李攀龙过真定留诗

李攀龙（1514—1570 年），明代历城（今山东济南）人，著名文学家，有《沧溟先生集》

30卷，所编《古今诗删》，选各代之诗，影响颇大，后又摘取其中唐代诗歌编为《唐诗选》，成为当时通行的学塾启蒙读本，明清两代，影响超过《唐诗三百首》。

诗人途径真定，写下《真定邸中忆许使君》：“客舍题诗日已曛，当时此地重离群。青梅夜到滹沱月，柴马秋嘶大陆云。春色那堪愁里望，缄书何意病中闻。依然趋府诸年少，不见风流许使君。”当时客旅真定的诗人觉得自己就像离群的雁，虽然有滹水映月，天马嘶云，可是故人已经离去，春色再美也不敢去看。“春色那堪愁里望，缄书何意病中闻。”诗人采用传统的赠别诗所用的笔法，以春色反衬愁思，以秋景烘托离愁，感情真挚。

《登真定天宁阁》诗云：“高阁崚层倚素秋，西山寒影挂城头。坐来大陆当窗尽，不断滹沱入槛流。下界苍茫元气合，诸天缥缈白云愁。使君移省无多眺，暂尔登临此壮游。”诗人不但描摹出了大悲阁的雄伟恢宏，龙兴寺内庄严肃穆的佛教氛围，而且登临高阁后，还将极目远眺所看到的壮美景色也展现在了人们的眼前。

22. 尹耕写诗为百姓

尹耕（1515—？年），明代山西蔚州（今张家口蔚县）人。诗作沉雄有气魄，著有《朔野集》。

《修滹沱河有感》：“高筑长堤深浚河，黄埃赤日奈如何。休将汗滴滹沱水，滴入滹沱水更多。”这首诗写出了百姓在修筑滹沱河工程时的艰辛。全诗通俗易懂、简洁明快，读来朗朗上口而又充满机趣。高筑堤，深浚河，黄土飞扬，赤日当空，其艰其苦，不堪言说，然而作者笔锋一转，却说有汗也不要滴到滹沱河里，怕滴入河中水更多。其口吻全无官僚士大夫的习气，真真切切地出自修堤浚河的民夫劳工之口。

23. 梁梦龙《赵佗先人冢》

梁梦龙（1527—1602年），明代真定（今河北正定）人，政治家、军事家。

《柏棠庄赏菊》：“野园重九日，有客共论文。矮壁四围合，新花五色分。拂衣纷绰约，入酒自清芬。醉插葛巾满，相扶眺白云。”表现出诗人在重阳佳节与好友赏菊，酒酣之时满头插花相互搀扶的快乐。

《同社中诸老避暑大觉殿》描写同社诸位好友多次聚会同游，每次聚会都是一番解脱和享受，丝竹之音、谈笑之声、品茗之乐、对弈之趣尽在其间，诗间满溢对于朋友之间的情谊极为珍视之情。

《赵佗先人冢》诗云："高冢累累列道旁，尉佗南粤久成王。功成七郡归真主，事去千年留故乡。古树烽烟巢鹳鹤，夕阳坡垄下牛羊。牧儿刍树闲来往，一曲哀歌感孟尝。"诗人在这首诗中总结了南越王赵佗一生有两大功绩，一个是开拓了岭南地区，建立了岭南第一个封建王国——南越国；一个是维护了多民族国家的统一，先后两次归汉，使岭南百越之地归入中国版图。"古树烽烟巢鹳鹤，夕阳坡垄下牛羊。牧儿刍树闲来往，一曲哀歌感孟尝。"然而毕竟物是人非，此时仅剩衰草连天的萧条景象。诗人感念赵佗，盛赞其历史功绩，主要也是希望自己以赵佗为榜样，为维护国家统一和发展作出贡献。

24. 赵南星题诗赠友人

赵南星（1550—1627年），明代高邑（今河北高邑）人，政治家、文学家，东林党首领之一。

《题梁尚甫挹霞阁》是为其学生梁尚甫挹霞阁题写的，诗云："美人抱孤情，尘世何喧卑。菌阁起天际，白云生帘帷。岃嵲见恒岳，滹沱呀周池。一区称九州，历历可俯窥。朝霞以为餐，绝粒永不饥。丹彩发玉颜，形容无复衰。王母来昆仑，飐飐飞云旗。不追东王公，相视笑以嬉。世事何足言，沧桑变斯须。我亦慕道者，凌风愿相随。"梁尚甫性情淡泊疏放，厌弃官场桎梏，倾慕高逸，辞却明神宗以惯例让其出世为官的荫封，自愿回家乡真定城内过恬淡生活。诗中"世事何足言，沧桑变斯须。我亦慕道者，凌风愿相随。"可见梁尚甫这种淡泊名利的心性受到了诗人的赏识，也是作者所渴望的。

《不芜园》则是赵南星在真定诸福屯梁梦龙"不芜园"所写，据说共有四首，其中一首："篱落俱成趣，东皋每会心。远花呈秀色，幽鸟奏奇音。取乐多方具，移樽是处斟。主人情不极，势力尚难禁。"此首《不芜园》主要描写了其周围明丽雅致的景色、主人宴客的热情、宾主尽欢的愉悦。

25. 袁宏道写尽真定繁华景象

袁宏道（1568—1610 年），明代湖广公安（今湖北公安）人。他是明代文学反对复古运动主将，提出“独抒性灵，不拘格套”的性灵说。

两首七绝《王郡丞邀饮阳和楼》写尽了当年真定风景如画、商业繁华的景象。“十丈朱旗照水殷，家家箫鼓乐江山。千峰如画供杯酒，不道清时是等闲。”“青天一碧翠遮空，浪卷云奔夕照中。郭外荷花二十里，清香散作满城风。”从诗中我们不难看出，在当时阳和楼一带商业十分发达，物阜民丰。

26. 梁桥创极致回文诗

梁桥（1502—1571 年），明代直隶真定（今正定）人。著有《冰川诗式》10 卷（隆庆四年朱睦㮮梁梦龙刻本）。张焕和顾宪成皆赞其三十余年学诗之功尽萃于此书。书中援引宋元诗法类著作，重新编排，论述诗体、诗韵、诗格，对后世影响较大。

《秋日登大悲阁亦制回文诗》，是合五平五仄二首回文诗组合而成。顺逆从每个字开始读，五字一句，都是一首完整的诗。这样反复可成诗八十首，且每首诗的意境都有不同，达到了回文诗的极致。其中一首：“晴烟笼巍楹，晓月浸垩殿。擎莲从飞甍，杪樾阴艭院。圣境擅丽构，春风披轻幡。靓景绚霁岫，翔虹垂清轩。”诗句清丽典雅，写出了登大悲阁看到殿阁巍峨雄壮、佛光宝刹、端庄典雅的景象。

27. 何海晏写诗关注民生

何海晏，生卒年月不详，明代平阴镇东关人。他于明万历二年（1574 年）纂修第二部《平阴县志》8 卷本。著有《敬庵斋集》《候虫鸣诗集》等。

《渡滹沱阻雨》是他在山洪暴发后关注民生的诗篇。诗云：“昨日卧龙奋河浒，坐见滹沱涨山雨。昆仑忽决倒沧溟，白帝江陵安足数。我欲用之拂狂涛，坤轴无定怒雷号。况复经旬不见日，顿令庭砌长蓬蒿。年来愁赋行路难，等闲平地还波澜。羽书不至天涯暮，烟林风起苇声寒。”开篇第一句“昨日卧龙奋河浒”就起笔不凡，把平日温驯、平静的滹沱河比做一条“卧龙”，而一个“奋”字，则恰到好处写出了卧龙突然发怒奋起，“坐见滹沱涨山雨”“昆仑忽决倒沧溟。”大有翻江倒海之势。诗人在极写山洪暴发、浊浪滔天的气势之时，忽地笔锋一转，“况复经旬不见日，顿令庭砌长蓬蒿。年来愁赋行路难，等闲平地还波澜。”深深地道出了一场山洪给广大人民带来的灾难。这首诗，从字面看，几乎是句句写景，然而在诗句中却字字饱含着对人民的同情心、爱怜意。全诗写得气势充沛，感情真挚，一气呵成，是滹沱河诗歌中思想性、艺术性结合较好的佳作之一。

28. 陈尧典与“九楼四塔八大寺”

陈尧典（1575—1639 年），明代广西梧州（今广西梧州）人。

正定“九楼四塔八大寺”的说法由来已久，有据可考最早出处是陈尧典的《夏日邀友人饮阳和楼用壁间韵》：“危楼百尺果如何，载酒邀宾试一过。四塔倚天扶画阁，八楼匝地拱阳和。灵钟北岳河山壮，秀毓恒南将相多。愧我宦游临此地，也同群彦望清波。”诗中“四塔”指的是广惠寺华塔、临济寺澄灵塔、开元寺须弥塔、天宁寺凌霄塔。“阳和”即阳和楼无疑。“八楼”是指四座城门楼和四座城角楼加阳和楼构成“九楼”。这首诗中诗人和好友登临阳和楼，将真定钟灵毓秀的山水和厚重古朴的建筑尽收眼底，心境澄明，眼界极为开阔。

29. 张慎言诗控战争

张慎言（1578—1646 年），明代山西阳城（今山西晋城）人，其为官刚正清廉，受人称颂。他经常用诗抒发对战争的痛恨，对和平的向往。《真定逆旅》：“柳塘花坞爱斜曛，三径萧条暗暮云。法座黯无杓斗色，旅寓半与马牛分。磷火战骨愁为魃，鬼哭郊原夜始闻。逐客不堪回首处，搀枪仍未静妖氛。”描写了战争给百姓带来的痛苦。在诗人眼中景色萧条暗淡，民生凋敝凄苦，到处是累累白骨，百姓流离失所，表达了作者对无法阻止和终结战争充满的无奈和控诉。

30. 徐天宠酬唱大悲阁诗四首

徐天宠，生卒年月不详，明代江都（今江苏扬州）人。万历十三年（1585年）中进士，任真定县知县。

这四首诗是诗人和友人的互相酬唱之作。第一首“百尺危楼接太清，追陪四眺眼初明。山从北岳千峰伏，城落中州万雉横。赵国雄豪多宿莽，圣时关塞未休兵。凭云身在诸天上，共话高僧世外情。”主要描写大悲阁的高大雄壮及其所处的地理位置和战略地位，此刻置身高楼之上好像已经脱离尘世。第二首诗写重登大悲阁的感慨。第三首诗除了描述大悲阁的高大之外，也描写到战事一触即发。第四首诗：“高楼又见雁南飞，留滞中山客未归。远道纵横谁辨是，浮生半百自知非。兴临佳境翻多倦，月近中秋已有辉。览物乘时人自足，江边芜没钓鱼矶。”抒发了诗人久在他乡、年过半百之后萌生的思归之意。

31. 梁清宽《西郭堤上》

梁清宽，生卒年月不详，清代真定（今河北正定）人，为明代重臣梁梦龙曾孙，他与堂弟梁清远、梁清标皆科甲折桂，人称“一门三进士”。

梁清宽感怀真定田园美景写下《西郭堤上》：“大堤杨柳暗生馨，涧草琪花满野汀。猎骑雕弓群射鸭，游僧藤笠自担经。五台北望千峰紫，陆泽南临万象青。犹记藕池三月雨，画船觞宴水泠泠。”描写沿岸杨柳如烟、涧草溪花繁茂、猎骑挽弓、游僧担经一派生动活泼的春日图画。在这依山傍水的地方，诗人面对如画美景流连忘返。

32. 梁清远抒写山水田园求隐逸

梁清远（1606—1683年），清代京师真定（今河北正定）人，著有《祓园文集》《祓园诗集》《雕邱杂录》。

梁清远的很多诗歌都反映出闲散自得的隐逸情怀。《水屯》写了流泉树影、水中落红、岸边钓者都是作者羡慕的，这种悠闲生活是诗人向往的。《初夏隆兴寺谨院同阒谷禅师兹云上人闲坐》写道：“重寻莲社妙香中，仄径繁花落照红。说法台高多胜果，水田衣冷见元风。桥边偶尔成三笑，林下翛然有一翁。净土澄明尘事少，正堪结社阐真空。”向我们描画了古寺之中，妙香缭绕，小径之旁，繁花落照。闲来偶坐，谈禅论道，净土澄明，劳烦事少。结社寺中，桥边谁笑。会心知人，难得清高。《题施长也太守园亭》：“解绂于今是谪仙，为园竹石自萧然。十年宦况惟茅屋，半世闲情在简编。攞褐一帘芳草润，弹琴双树午荫园。自疑闲客同情味，那得如君有静缘。”描写了赋闲在家的友人施长也那种轻松闲适的生活状态，是诗人所欣赏的。《归山初至雕丘》里记录的是兄弟团聚吃着简便的饭菜也觉得可口无比，对于家园的情感归属萦绕心田。《雕丘四景》分别写了花、蔬、水、云四种景致，犹如世外桃源、蓬莱仙境，盛赞雕丘风景秀美。《韩溪夜泛》写了傍晚在荷花盛开的溪水中泛舟游湖，鸟儿鸣叫，夕阳余晖，丝竹绕耳，茗香袅袅，诗人深深沉醉其中，面对此情此景必须要喝一杯才尽兴的心情。

33. 梁清标著《蕉林诗集》《棠村词》

梁清标（1620—1691 年），清代京师真定（今河北正定）人，著名藏书家、文学家、贰臣，著有《蕉林诗集》《棠村词》等。

《蕉林诗集》共 18 卷，入集诗作两千多首。体裁涉及五言、七言、古风、绝律；内容包括应制颂圣、酬唱赠答、书画题词、闲情逸致、归隐情怀、羁旅行役、山水情趣、咏史怀古等。

《棠村词》收录词作 375 首，涵盖了梁清标各个时期的代表性作品。词作的内容和风格与作者的经历和情绪变化息息相关。其词作整体呈现出雍容典雅的特点，重寄托，含蓄而不直露。

《蕉林诗集》涉及生活的方方面面，或悼亡、或抒情、或写景，不一而足。《登大佛阁》：“振衣高阁俯平濠，极目荒原客思劳。战垒风沙沉岁月，石堂灯火乱蓬蒿。堠烟遥接榆关影，佛日孤悬瀚海涛。暂尔登游多壮色，白云无际塞垣高。”诗中写诗人登高怀远，感受战垒风沙，钩沉岁月，石堂灯火，若燃蓬蒿，烽烟东骛，遥接榆关，佛日高悬，直入海天。登游壮色，自然觉得心凌杰阁，情飞云霄。

《蕉林书屋》两首绝句都写了作者的书屋，这里不仅是梁清标珍藏历代名人字画和古今书籍的地方，也是他的一处特殊住宅。院中，种植着银杏、海棠以及主人最喜爱的芭蕉，秀逸的太湖石环列其中，反映了主人高雅的美学修养。

《渡滹沱》写作者回到故乡，虽近乡情怯，渡水时却也十分开心愉悦的情绪。

《发真定》诗句：“喜见还伤别，依然传舍过。繁霜驱小队，晓日渡滹沱。仆御催人急，渔樵入梦多。渐看三径远，其奈菊花何？”抒写离开家乡，依依伤别的情绪。

《西郊水亭》和《东郊园池》都是以景入诗，动静结合构成画面，特定的情境当中充满了宁静祥和。所选的诗都是梁清标诗歌中的代表作品，笔触行云，气象深沉。

其词主要收入《棠村词》。《望海潮·镇阳怀古》：“雄风河朔，燕南都会，名城古说中山。带绕滹沱，屏开恒岳，连营剑倚青天。主父故宫闲。叹霸图灰劫，鹿走邯郸。璧返相如，坟高颇牧总荒烟。军声成德当年。有北潭舞榭，赵苑歌弦。菡萏送香，菰菱映水，秋来依旧争妍。衰草冷平原。信陵立功后，结客空传。战垒乌啼笛吹，关戍夕阳寒。”这首词将正定的地理位置、人物荟萃、历史事件进行了总括。《绛都春·上幸真定恭赋》则详细写了皇帝亲临真定的情景，词人将这番景象作了细细描摹，皇帝出行，仪仗雄伟壮大，百姓争相观望得睹天颜。《江城子·书屋新成》：“蕉林新馆旧槐风。日初红。上帘栊。棐几藜床，窈窕绿窗中。曲曲栏杆花径小，谁是主，有卢鸿。楼头虚敞月溶溶。淡烟笼。远山峰。客至开樽，随分两三钟。恩赐闲居容懒慢，身外事，任天公。”这首词则写了自己的书屋落成，环境雅致清幽，与友人时常在此聚会畅饮，在这里不再去想那些身外事，显得十分闲适自在。

34. 魏裔介《真定府》

魏裔介（1616—1686年），清代直隶柏乡（今河北邢台）人。著有《圣学知统录》《知统翼录》

《希贤录》等，有《兼济堂文集》传世。

《真定府》："成德军声震若雷，长亭矗立古烽堆。山分恒岳奔天马，水绕滹沱到海隈。砧杵千家严画角，梯航万里走舆台。遥看剑气冲牛斗，知有三都作赋才。"在这首诗中诗人豪气冲天，大赞真定府江山胜景，虽然历经千载，饱受风霜，却依然神采飞扬，气冲牛斗，山分恒岳，水绕滹沱，画角声壮，舆台高耸，人杰地灵，百代兴盛。

35. 朱佩莲盛赞真定城门

朱佩莲，清初真定文人，生活于顺治年间至康熙初年，生平不详。

诗人看到真定城墙的雄峻壮观而作《过真定府城桓雄峻以诗壮之》。诗云："九达京华路，真称北镇雄。波惊徒骇侧，云压太行东。门管三重固，谯楼四角崇。古来争霸地，时泰尽成空。"

正定城设东、西、南、北四座城门，每座城门又设内城、瓮城、月城三道城墙，出入城需要经过三道城门，这种格局在国内古城中甚为罕见。据记载，正定屯军的瓮城比西安、南京旧城都要大很多。由于正定地处要冲，历来为兵家必争之地，正定的城防建设尤为重要。

36. 王士祯写诗感叹盛衰之理

王士祯（1634—1711 年），清代山东新城（今山东桓台）人。清顺治十五年（1658 年）进士，官至刑部尚书。著有《池北偶谈》《古夫于亭杂录》《香祖笔记》等。

《真定题临济寺废诗》："欲问西来意，先参临济师。主宾谁辨取，棒喝任交驰。野鹘巢危塔，行蜗上断碑。何因一茎草，宝界现琉璃。"写出了临济寺当年辩论佛法的盛况，也写出了日后此地瑟瑟萧条、荒凉颓败的景象。《神女楼》："神女楼空雁寒孤，照眉池涸半寒芜。邯郸宾客皆能赋，谁似朝云楚大夫。"写了赵武灵王在攻取东垣后，夜梦神女，于是建神女楼，令群臣赋诗填词以记之。诗中的楚大夫是指屈原，曾写过《湘君》《湘夫人》歌颂湘水之神的爱情。时光流逝，而今神女楼楼空，照眉池涸孤雁栖，一切都成了流水浮云。赵武灵王的臣子、宾客，即使个个是赋诗的高手，又有谁能赶得上楚大夫屈原，有谁曾为赵武灵王的风流韵事留下传世之作？王士祯的诗作颇有嘲弄的意味。

37. 金文纯《正定府》

金文纯，生卒年月不详。曾出任直隶顺德府（今河北邢台）知县。著有《蛾子录》《读史卮音》等。

《正定府》：“百战河山在，严疆古镇州。恒峰邀堞耸，滹浪蹴城浮。立马人呼渡，吹箫客倚楼。旺泉流泽普，弥望足青畴。”诗句中刻画了正定的历史风貌，在诗人眼中，正定城历经百战，依然巍峨耸立，城垣与恒山一样高，气势像滹浪一样大。古渡边人欢马叫，城楼上歌舞升平。登城远眺，旺泉清水，润原泽野；平畴千里，一望无边，真是一片沃土良乡。全诗放眼高远，感慨古今，充满浩荡之气。

38. 林华皖写景诗

林华皖，生卒年月不详。清代真定（今正定）人。曾任新乐知县、连州知州。

《鲜虞古渡》：“鲜虞犹故国，烟火接郊垧。襟带双河水，春秋一草亭。树中周道白，天外晋山青。自有慈航在，渡人总未停。”这首诗写了古渡口的地理位置及周围景象，世事兴废，但渡口依然在发挥作用。《孔村杏锦》写了正定南楼乡孔村漫野红杏绽放的盛况。其中诗句“有树皆红杏，无声照白沙。野堂开画锦，春仗出云霞。人语深林曲，香尘古道遮。缓行时揽辔，唯恐踏飞花。”写出人们争相前去观赏，但是又恐马蹄践踏了落花，这种爱花惜花的心情写得极为传神。

39. 李玉斯宴饮诗

李玉斯，清代人，生卒年月不详。

《南楼宴客作》：“雉堞云连滹水波，严城练甲起长歌。高楼宴客宾朋盛，永日登临感慨多。禾黍青浮平似掌，芙蕖红借曲成河。沧桑极目情无限，今古乾坤奈若何。”这首诗写了一次宴客时见到的景象，由于南门外就是滹沱河，站在南门高楼之上，远眺城外云水相接，近观城下军旅严正，四野正是青禾满塍，河边一片红荷映晴，真是“美景无限情无限，古今沧桑问坤乾。”

《夏日邀行唐刘仰山、曲阳王恬若两明府集饮南楼》：“直从南面最高头，水色山容眼底收。水上风来香入座，山中云过月当头。何须河朔消三伏，疑泛仙槎向九秋。却羡神仙双茂宰，竹林东晋逊名流。”这首诗最美的当属“水上风来香入座，山中云过月当头”两句，有仙趣、有禅意、有哲理，自然而然地引出下文的仙舟泛秋，同时又为诗人赞美两客人如神仙之侣，胜似东晋竹林名贤，埋下了伏笔。

《和合肥夏履端孝廉南楼观荷原韵》透露出诗人客居正定10年，他乡偶遇故人，自然要一起赏花饮酒。虽然饭菜一般，风景却是秀丽可餐，让人流连忘返，永日不辍。到了夜晚，沙鸟归巢，平畴寂静，皓月当头，兴致更佳。这几首诗细致描摹了南门内外的优美风光及其带给人们的美好享受，让人如临其境，心思神往。

40. 庆之金离任组诗

庆之金，生卒年月不详，清代安徽含山（今安徽马鞍山）人。同治年间（1871、1873年）两次任正定知县，光绪元年参与《正定县志》编纂刻印工作。

《因公宿城南十里铺题壁》：“廿年曾此逐征程，禾黍西风马鬓轻。几向滹沱餐麦饭，揭来宦海事浮名。奔驰已改书生貌，抚字深惭卓政声。差喜新凉诗思健，秋山无数暮云横。”作者写自己宦海沉浮二十多年，已不复当年模样，无限悲凉之情跃然纸上。庆之金在正定知县任上清正廉洁，这组诗《由正定移任蔚州路过清风偶题八首》是离开正定时有感所作，临别时百姓、同僚相送，自己两袖清风、无愧于心的品性跃然纸上。其一：“十载中山路往来，清风明月尽徘徊。无端更度飞狐去，却望中山首重回。”其二：“凄凄笳拍感离情，何以当年出塞行。屈指燕南重转毂，天边明月几回明？”其三：“父老依依酒一卮，恒阳烟树意难辞。三年忧乐曾相共，未必全无去后思。”其四：“诸公祖帐结城闉，握手相看语未伸。此别不知何处会，恼它班马故催人。”其五：“小有经营在署旁，安排水面自平章。关心庆朔堂前树，来岁花开谁举觞？”其六：“登台傀儡太匆匆，一曲才歌听又终。长短但凭公论定，此心端不愧苍穹。”其七：“随身匣剑与囊琴，习习西风雨袖侵。留得儿孙清白样，胜他压载有黄金。”其八：“故乡久已忆鲈秋，何事关山更远游。寄语潞河堤岸柳，他年早为引归舟。”

41. 劳勋成《神女楼》

劳勋成，清代正定名士，生卒年月不详。

东垣故城，是滹沱河流域最早的城邑之一，正定古城的前身。在这里，赵国和中山国曾经博弈争霸。赵武灵王攻取东垣，在东垣夜梦神女，建神女楼，令群臣赋诗填词以记之，留下千古传奇。作者有感于此写下《神女楼》一诗：“缥缈难寻古画楼，照眉池涸半潭秋。汉皋冷佩江妃远，巫峡云深楚客愁。梦境已随仙境杳，琴声犹带水声流。吴娃主父无穷恨，竟日灵风卷不休。”

42. 贾孝彰题诗话别

贾孝彰，生卒年月不详，清代山东黄县（今山东烟台）人。光绪元年参与《正定县志》编纂刻印工作。

《府城驿道中柬都门诸友》：“浸人寒月打头霜，帝里风云接上方。土舍有烟皆断续，丛祠无雨亦荒凉。力扶凋敝嗟才短，目极京华别绪长。回首软红尘十丈，几多清梦滞恒阳。”作者写了在寒冷清凉的季节，在府城驿（正定新城铺镇）和友人话别，周围的景色也凄清无比，此去京都离愁别绪绵长，即使京都再繁华，也不如魂牵梦萦的正定这片土地。

43. 方观承借御诗原韵写《阅滹沱河堤工》

方观承，生卒年月不详，清代安徽桐城（今安徽桐城）人，著有《述本堂诗集》《御题棉花图》《问亭集》。

《正定城北旺泉记恩述事十二韵》长诗是为颂圣而作。《阅滹沱河堤工》是作者任直隶清河道，作为治水专家看到滹沱河涨水，以御诗原韵写成，要求当政者多考虑堤水关系，多关注民情民意。“永定侍提命，虑水与堤争。禹贡无堤字，水由地中行。睿制垂千古，要顺就下情。畿封六百里，会滏恬清声。”诗人希望滹沱河永远和下游的滏水一样，不再有灾患。

44. 弘历礼佛诗

爱新觉罗·弘历（1711—1799 年），清高宗，清朝第六位皇帝，年号乾隆。他一生作诗 41863 首。乾隆皇帝 7 次驾临正定，总共留下了 15 篇诗文、两块碑记和多幅匾、联。

《丙寅十月过正定隆兴寺礼大佛因题长句》刻于高 3.35 米、宽 1.7 米的碑上。碑文开头写道：“正定大佛夙所闻，调御丈夫天人尊。”然后述说隆兴寺历史，最后登上大悲阁，“凭栏聊且纵远目，小阳景物方如春。”另有一碑立于转轮藏阁西，碑高 3.29 米、宽 1.64 米。碑身四面分别刻有乾隆四首诗。其中北面刻《辛丑三月正定隆兴寺三叠旧作韵》，碑文记述隆兴寺修缮后第二年（乾隆四十六年），乾隆于阳春三月专程来到隆兴寺，兴致勃勃地畅游寺院，挥毫书就 18 句 252 字长诗，从中可以看出清皇室对隆兴寺极为重视，以致乾隆帝在寺院修缮之后也会隆重地前来观瞻。碑身西侧刻有《孟冬五日正定行宫晚坐旧作》道出了佛门之地的清静与别致。另外，在广惠寺、多宝塔、崇因寺等地都留有乾隆的诗文，以记录他的多种情绪。作为“天子”，他也极为关注民生，在《阅滹沱河堤工》一诗中，对于修筑滹沱河堤坝和水坝的功用等都进行了叙写。

45. 容丕华正定怀古组诗

容丕华，生卒年月不详，清代正定人，贡生。著有《古今诗选集》《柳东轩常山诗存稿》，曾参与光绪年间《正定县志》的出版。

《正定府》云：“起伏沙冈一郡环，唐藩成德汉常山。西抱恒岳千峰峭，南截滹沱百道湾。中国咽喉通九省，神京锁钥控三关。地当河朔称雄镇，虎踞龙蟠燕赵间。”写出了正定所处的地理位置及在军事上所处的地位。

《东垣城怀古》诗云："偶过东垣感慨增，离离禾黍满沟塍。水流哽咽君知否，欲向行人说废兴。"诗人面对滹沱河水有感于时空转换，时光流逝。奔腾不息的滹沱河水带走了千年时光，也把东垣（真定）古城的雄姿带进了历史尘封中。从中可以看到，昔日雄踞一方的城垣，今日遍野庄稼，满眼沟壑，诗人为此发出无限感慨。

《赵佗先冢》写南越王赵佗伟大的功绩，道出无论何人有何等功劳，终将在历史的长河中被淹没的规律。

《滹沱把钓》："往来冠盖共争津，寂寞渔翁钓水滨。直到中流风浪起，方知岸上是仙人。"写了一个好似遗世独立的钓者，任凭风浪起，稳坐钓鱼台的气度。

46. 张问陶雪中写诗赞正定

张问陶（1764—1814 年），清代遂宁金桥（今四川遂宁）人。杰出诗人、诗论家、书画家。他与袁枚、赵翼合称清代"性灵派三大家"，被誉为"青莲再世""少陵复出""蜀中诗人之冠"，也是元明清巴蜀第一大诗人。

《雪中过正定》云："十年慷慨向关河，风雪萧萧客路多。士慕原陵犹侠气，人来燕赵易悲歌。无奇久被青山笑，欲隐其如绿鬓何！百丈红尘吹不去，垂鞭倚马渡滹沱。"诗人把燕赵大地的慷慨大气、悲壮深沉表现了出来。燕赵自古多侠士，来到这里，自然会感受到"光武渡河汉中兴"的那股侠气，亦会想起"壮士一去不复返"的激壮悲歌。比照这些人物故事，作者对自己的平淡无奇感到可笑，归隐之心还不如一个小女子襟怀坦荡。虽然如此，但渡滹沱、过正定，能感受这里的风物人情，已经是一种幸运了。

47. 刘秉琳《赵子龙故里》

刘秉琳（？—1882 年），清代湖北黄安（今湖北黄安）人。咸丰二年进士，历任顺天宝坻知县、直隶，署任丘。咸丰九年，擢正定知府。

这首《赵子龙故里》："荆蜀都闻将略长，威声一振自当阳。心精早识真英主，胆大原包小战场。谏上如逢法正在，出师惜与邓芝亡。成都盛日无田舍，名并常山重故乡。"刻画了赵子龙忠肝义胆、义薄云天的豪情壮志。赵子龙生前长坂坡成名，舍生取义敢于直谏；死后清廉无垢，荣耀故里。从诗中我们可以感受到作者希望将赵子龙作为自己在当政为民方面的榜样。

48. 赵文濂正定留诗

赵文濂（1805—1889年），清代涞水（今河北保定）人。诗人及学者。同治九年（1870年）升任正定府学教授。曾主编《正定县志》《井陉县志》《赞皇县志》，并重修《正定府志》，因为资金困难，就自行编校，历经10年成书80卷。著有《读史偶录》《黎云山馆诗集》。

《水涨行》《滹沱又溢于是水涨三次矣感怀有作》《久雨滹沱河溢》《修堤纪事》，详细记述了阴雨连绵，滹沱水涨，翻堤决岸，禾稻饲鱼，庐舍漂荡，哀鸿遍野，两岸人民流离失所，呼号无门等状况。特别是《水涨行》一诗中写到，因为安澜、有庆的存在，自以为有长堤护河就掉以轻心，致使河堤年久失修，一旦连宵霖雨，大水来临，必然是堤毁人亡。天灾亦是人祸，其教训当为后世所吸取。《登郡城北楼》《登郡城东楼》《登郡城西楼》三首诗写正定城郭极为壮阔，地理位置极为优越，自古以来就是必争之地。诗句语言雄浑有力，意象宏大厚重。诗人伴着烽烟登上郡城东楼，看见眼前的河山饱经战火摧残，满城疮痍，百姓苦不堪言。正定城关隘重重，旌旗飐地，鼓角喧天，炮火飞腾，诗人祈愿可以取得胜利，天下太平。《登西北角楼》中诗人从西北角楼放眼望去，烟树遮村，细泉泽地，青郭浮现，绿水绕城，城外滹沱横渡，百里平沙落鸥。这里特别要提到的是，在正定城西北，旧有泉五十余眼，引水为护城河，成为正定城一道靓丽的风景。

49. 朱靖旬离任正定留诗

朱靖旬，生卒年月不详，清代安阳（今河南安阳）人。历任正定县、清苑县知县，滦州、深州知州。

两首《留别正定士民》是诗人离开正定任上所作。诗人对正定极有感情，认为正定百姓民风淳朴，勤劳耕作。其一：“参领名邦亦宿缘，携琴伴鹤已三年。铄金众口防清议，如水臣心质上天。抚宗但循司牧职，道途遑问使君贤。唯余一事差堪慰，行李依然止半肩。”诗人在任期内为官清正，体恤民瘼，所到之处，颇有政声。其二：“风清俗厚喜能驯，朴实无华见性真。三异敢希追古治，一诚或可答天神。农勤稼穑丁输早，士化弦歌甲第新。省角争消年大有，官民相庆乐熙春。”诗中不仅写了自己为官近四十年，家无余产，廉洁自律，克己奉公，还写出了为官治理之下正定物阜民丰、经济繁荣，所以离任之时也不会留下遗憾。

50. 胡延《题正定店壁》

胡延，生卒年月不详，清代成都人。著有《绛县志》《兰福堂诗集》等。

《题正定店壁》云：“喜唱高梁出塞歌，忽随南雁渡滹沱。四山落日连恒岳，万井空城吊尉佗。饮马雄心新鬓发，飞龙残梦旧关河。鼓行背水皆陈迹，取次登临古意多。”在诗中我们能够看出古人不仅喜欢在旅游地题诗作赋，即使是途经客栈，一样也喜欢留题诗词。而且诗人对正定的地理、历史了如指掌。南渡滹沱，西连恒岳，曾任南海尉后成南越王的赵佗，以及韩信背水一战留下的历史陈迹，都在诗人的登临记忆中出现。

51. 张云锦长诗《滹沱观涨》

张云锦（1855—1926 年），清代兰州（今甘肃兰州）人。著有《琴品》两章，整理编辑《晚香山房诗稿》《友石斋杂文》《考古博集》等，原稿多在甘肃省图书馆保存。

《滹沱观涨》这首长诗写滹沱河泛滥成灾给人民带来的灾难，极具批判现实意味。“两岸洪涛喧半夜，铁骑奔腾从空下。朝来失色看滹沱，汹涌不见鱼鳞坝。”首句极写滹沱涨水来势汹涌。一场水灾过后，滹沱河两岸人民的惨状到处皆是：“号呼求救茫无岸，呼吸性命饲鱼虾。”残不忍睹，面对这一场灾难，无辜的人民只能听天由命。“对此茫茫百感生，秋雨害稼方呼庚。那堪呼庚又呼癸，芎劳麦曲哀鸿鸣。”作者满腔义愤地揭露了封建统治阶级只顾搜刮民财、不管人民死活的罪行。

52. 当代正定籍诗歌创作团体

正定文脉绵长，影响深远，在当代形成了可观的文学创作成果。胡慧丽的诗集《感悟》，王志敏的诗集《无墙的天地》《换装的季节》，梧桐的散文、诗歌集《落花人独立》，李静诗集《草园夜雨》，古月的大型组诗《名城正定》都获得普遍赞誉。这种队伍齐整、成果丰硕的文学创作现象就一个县域来说，的确显示了它的独特性和非凡性。

（二）散文杂记

散文杂记是一种形式多样、舒卷自如的文学样式，作者可以根据耳闻目睹对生活事件加以生动的描述，也可以直接抒情或议论。

1. 李至《续座右铭》

李至（947—1001 年），字言几，真定（今正定）人。宋真宗时，拜工部尚书、参知政事。《续座右铭》云："短不可护，护则终短；长不可矜，矜则不长。尤人不如尤己，好圆不如好方。用晦则天下莫与汝争智，撝谦则天下莫与汝争强。多言者老氏所戒，欲讷者仲尼所臧。妄动有悔，何如静而勿动；太刚则折，何如柔而勿刚。吾见进而不已者败，未见退而自足者亡。为善，则游君子之域，为恶，则入小人之乡。吾将书绅带以自警，刻盘盂而过防。岂如长存于座右，庶夙夜之不忘。"文章侧重于人的品性行为，主张不可护短，不可自满骄傲，不能太过刚硬，要与人为善，与君子相交，颇有道家风范。

2. 宋祁《论真定（镇州）的军事地位》

宋祁（998—1061 年），北宋文学家、史学家，定州安陆（今湖北安陆）人。作者在本文开篇发出如此喟叹："天下根本在河北，河北根本在真定，以其扼贼冲，为国门户也。"作者上书朝廷要重视真定的防务，认为契丹狼子野心，必须要加强军力，而加强军力必须要多予谷物钱财，一定要精挑细选将帅，并且要赏重罚严，如此兵士勇而好战，方可获胜。然后，作者针对契丹人作战特点，认为宋军宜发展步兵，装备以劲弩长枪为主，这样比较有利于作战。"臣请损马益步，故马少则骑精，步多则斗健，我能用步所长，虽契丹多马，无所用之。"此部分利用对比论证，具有较强的针对性，能够提升说服效果。最后，对于兵马责权的分配提出了自己的意见，面对军务方面存在的弊端，作者直指要害，期盼统治者能够居安思危，及早进行调整。

文章层次清晰，论证有理有据，从这篇文章我们不难看出，正定历来是兵家必争之地，军事地位极为重要。

3. 田况《真定行宫》

田况（1005—1063 年），宋朝政治家，少有大志，后追赠太子太保，谥号"宣简"。著有《宋史本传》《儒林公议》二卷，《四库总目》并传于世。

《真定行宫》是作者将一次亲历写成的笔记 。其中记载如下："太宗下河东回，止跸常山，谋伐幽蓟。乃不利班师，遂留驾前刻漏及浑仪于行宫。盖愤丑虏凭陵，志在必复疆宇，以拔民生；抑亦示艰难于子孙也。庆历甲申岁，既平保塞叛卒，留住常山。缮葺宫殿，藻垩一新。宴殿特瑰壮。两庑修敞，不减京都集英制度。盖宴军校之所也。"从文字中我们了解到宋太宗赵光义攻打太原时驻跸真定，一眼就看中了潭园这块风水宝地，把它做了自己的行宫。据考证，真定行宫是在五代王镕的官邸基础上改建的，即北潭。

4. 王若虚《恒山堂记》

王若虚（1174—1243 年），金末著名学者。其《恒山堂记》云："真定古名镇，形势雄壮，冠于河朔。其府署规模遭相称副，而恒山堂宏丽特出，又为之甲焉。堂广七楹，其高九仞，望之郁郁，如翚斯飞，俯瞰北潭，备诸胜概。”说明了恒山堂所处的地理位置及其宏大的形制规模。接着，作者研究其历史沿革，潭园历经多个时代和战争的毁损，到了元代，潭园的恢宏建筑仅存留恒山堂。最后，作者写出了写这篇文章的原因是史天泽重新修缮恒山堂，作为奉养双亲的处所，并大宴宾客，邀请王若虚为之记。

文章写出了心中向往的恢宏壮观的潭园胜景，也表达了对史天泽重新修葺恒山堂的溢美之词。

5. 马可・波罗写真定

马可・波罗（1254—1324年），意大利人，约于1271年11月随其父、叔漫游东方，1275年5月到元上都，得到元世祖忽必烈的信任，入仕17年，几乎游遍中国。1292年离开中国，在威尼斯与热那亚的战争中被俘，在狱中将其在中国的见闻由狱友笔录成书，即《马可・波罗行纪》。

在他的游记中记载了《贵城真定府》：“大汗命于道旁植树，每树相距数步。树长成甚高。自远处可以眺望，昼夜不致失路。无人居之地，路旁也植林，为旅行者之便利，所有可行道路，两旁皆植树。”“因开掘众多运河，此城和汗八里河川相连，交通便利。有甚多道路分向各省，路名即以所趋向之省为名。此诚为极聪明之计划。”写出了此地交通便利、生活习性、河运发达、商业繁荣的状态。马可・波罗最早让世界认识了真定。

6. 杨俊民《重修阳和楼记》

杨俊民（1531—1599年），嘉靖四十一年（1563年）进士。作者在开篇向我们介绍了阳和楼的地理位置。“阳和楼者，镇府巨观也。横跨子午之逵，复超闤之表。每登于斯，南瞰滹水，北瞻恒岳，右挹太行之晴岚，左观沧海之旭日，飘然若出尘世。御天风于九霄之上。”词句恢宏飘逸，宛如阳和楼就在眼前。

然后，作者说明了当时修缮阳和楼的具体操作情况。“僧众忻然愿献资粮若干。乃选廉能者董之。厚直以募工，平价以市物。摧压者正之，朽腐者易之，缺坏者补之。耸鸱吻于两端，环粉堞于四门，巩以瓴甋，表以黝垩，饰以丹碧。物精工善。肇事于三月，毕工于六月。”

最后，写此次维修工作中值得书写表彰的五个方面：“而有可书者五：世传此门为子城南门，三面无迹，岿然独存，修完古迹以壮雄郡，一可书也；震风凌雨，姘幞有庇，俾更卒安居司漏，侯天节人，二可书也；督役择郡人仕而代闲者，不用公吏，以绝奸蔽，三可书也；费出于诸寺，夫取于门卒，秋毫不犯乎民，四可书也；一言僧悟，忘贪向善，克济盛美，五可书也。”

以前，对于阳和楼的始建年代都采取了明朝万历四年周应中修《真定县志》的记载：“元至正十七年建，学士杨俊民记”。可是，杨俊民的《重修阳和楼记》题目就冠以“重修”，在元朝至正十七年（1358 年），监郡普颜公、大尹赵公看到阳和楼破败不堪，召集了各大寺院的方丈住持，让他们捐资重修，“摧压者正之，朽腐者易之，缺坏者补之。”由此可以看出这根本不是新建而是重修，那么考证阳和楼的始建年代也必将会大大推前。

7. 欧阳唤《重修真定府学记》

欧阳唤，生卒年月不详，明代人。《重修真定府学记》这篇文章开篇记叙了重新修整真定府学的详细情况：“真定府学，建于宋熙宁间，我朝洪武初复葺之。前守张公、彭公泽又拓而大焉。规制备矣，甲于他郡。顾岁远渐敝，虽递加修饰，罔获经久。”接着写此次重修的经过，“岁乙未，宋公宜以南道试，兹守正郡，谒庙视学，慨然有聿新之志。以初治吏民，或不相得，每殷于怀。既逾年，政通人和。诸属吏奉令惟谨，境内肃然，乃事事焉。维时巡抚中丞刘公夔、巡按御史王公昺皆曰可。”然后作者认为推广教育可以教化民众，政绩斐然。

从这篇文章我们可以看出，教育在当时不太受重视，真定令有感于教育的教化作用对府学大加修缮，除了作为为政期间的一个政绩之外，还能感受到当时此地的教育德化氛围比较浓厚。

8. 李渔《真定梨赋并序》

李渔（1611—1680 年），清代著名戏曲理论家。家里设有戏班，常年来往于各地达官贵人家里演出。他和钱塘令真定人梁允植交好。著有《闲情偶寄》，传奇《比目鱼》《风筝误》等，短篇小说集《十二楼》传世。

正定梨树的栽培种植历史久远，早在三国时曹丕就对真定梨大加赞赏。《真定梨赋并序》读来亲切自然，对真定的梨赞不绝口。李渔认为优质梨有五美，即甜、松、大、多汁和皮薄。而同时具有这五个优点的梨只有真定才有。作者不仅仅写了真定梨之优，更是借“名愈屈而才愈彰，德弥谦而用弥厚。”来说明为人之道。

9. 顾祖禹写文章论真定的军事地位

顾祖禹（1631—1692 年），中国清初沿革地理学家和学者。他毕生专攻史地，以沿革地理和军事地理的研究为精深。《读史方舆纪要》着重考订古今郡、县的变迁和推论山川关隘战守的利害，是中国沿革地理最具代表性的著作，也是研究中国历史地理和军事地理的重要参考文献。

顾祖禹《读史方舆纪要》：“府控太行之险，绝河北之要。西顾则太原动摇，北出则范阳震慑，若夫历清河、下平原、逾白马于中达也。尽其地表带山河，控压雄远。”从一开篇，作者就用精简的语言交代了真定在军事上的重要性。然后列举了大量发生在此地的那些金戈铁马的故事，说明“数百年中，其地有不被兵甲者乎？”

10. 爱新觉罗 · 玄烨《隆兴寺碑文》

爱新觉罗 · 玄烨（1654—1722 年），清圣祖，清朝第四位皇帝，年号康熙。《隆兴寺碑文》是康熙皇帝亲书御碑。目前，此碑存于正定隆兴寺内，覆有碑亭，可供参观。“真定府城隆兴寺者，前临滹水，后睇恒山，城郭逶迤，林木萦带，敞高明之净域，标爽垲之琳宫。”写出了隆兴寺的地理位置及周围景象。接着写了隆兴寺的历史沿革和当前的残败，因此皇帝钦命修缮隆兴寺，使其恢复庄严宝相，重新修缮这座寺院具有重要的意义。“兹寺也，密迩神京，接连畿辅，地当都会，时际丰穰，烟火于焉殷繁，轮蹄之所辐辏，莫不斋心肃虑，致礼加虔。斯亦慈氏之宏规，而法门之杰构矣。宣昭觉路，导引迷津，亦有裨于人心，不无关于世教。今兹重新梵宇，更续禅灯，上为慈闱祝厘，下为兆民祈福，营建之意，实在于斯。寺中榜额凡十有九，皆朕亲书。复制碑文，勒诸贞石，裨垂无穷焉。康熙五十二年三月中旬书。”这篇碑文讲述了重新修缮隆兴寺的前因后果和经过，在研究隆兴寺的历史过程中具有重要作用。

11. 梁清标《蕉林书屋图》小序

蕉林书屋是梁清标 1667 年解任回乡后所建，遗址在今正定县城历史文化街中段路东。按照文物专家们的看法，如果蕉林书屋能够保存至今，可以和著名的天一阁相媲美。梁清标对蕉林书屋倾注了全部的热情，那里“蓄古书数十万卷”，所藏历代书法字画多是稀世珍宝。

作者在《蕉林书屋图》开篇写道：“蕉林书屋者，予之所构以藏书而燕息咏啸于其中者也，予性不敏，不能博闻强记，以窃夫古人之学，顾好买书，俸钱恒苦不给。见人则求所未见书，得一帙如遇故人，辄怡然累日。然率不能读也，久之所蓄益多。”作者爱书、喜欢收藏书由这些文字可以看出。又因为作者喜爱芭蕉，在庭院大量种植，以叶供书，因此写下此文来纪念好友所绘制的蕉林书屋图，语句清雅秀丽，显示出作者高雅的追求。

12. 铁凝《正定三日》

铁凝，河北赵县人，当代女作家，现为中国文联主席、中国作家协会主席。著有长篇小说《玫瑰门》《大浴女》，中篇小说《哦，香雪》，散文集《女人的白夜》等。

铁凝在《正定三日》中热情地讴歌正定的文化古迹，并写了自己对正定作家贾大山的印象，“他那忠厚与温良、质朴与幽默并存的北方知识分子气质，像是与这座古常山郡的民族文化紧紧联系着。”接着叙写了自己受贾大山相邀同游隆兴寺，写到了自己眼中的隆兴寺景观。按照游踪记述了各个景点，写出了观景的感受。再一日，又去隆兴寺专程观看大觉六师殿。“正定给予神和人的宽容是那么宏博、广大。东西方文化滋润了这座古城镇，这古城又慷慨地包容了这一切。”最后，作者又去街边木器店挑选礼物，感受到正定普通百姓的宽厚。“正定悠久的历史文化陶冶了这土地上一代又一代的人们，灾荒、战乱、文化浩劫都未能泯灭这里人们内有的情趣。这其中的珍贵不亚于那大觉六师殿内的堂皇。”“当我远离了正定，回首凝望它那宽厚雄浑的古城墙里，那错落有致的四塔，连同那片如大鹏展翅般的寺庙屋脊，携了历史的风尘安然屹立。它们灿烂了正定的历史，充盈了正定的今日。”文中充满了对正定古朴厚重文化的敬仰。

（三）小说传奇

小说传奇，是通过一定的故事情节和矛盾冲突来反映社会生活，展示人物思想感情和性格特征的叙事性文学体裁。

1. 贾大山及其小说

贾大山（1942—1997 年），河北正定人，作家。1964 年中学毕业，曾任正定县文化馆馆员、正定县文化局局长、河北省政协常委、河北省作家协会副主席。1971 年开始发表作品。贾大山于 1978 年，以小说《取经》荣获全国首届短篇小说奖，一举成名。此后《花市》《村戏》获河北优秀小说奖 。《干姐》获河北文艺振兴奖。《赵三勤》收入日本银河书房出版的《中国农村百景》，并获《山西文学》1980 年优秀小说奖。他的主要作品收入《贾大山小说集》。其作品被翻译到国外，产生了很大影响，成为河北省乃至全国的著名作家。

在创作中，他不赶潮流，始终坚持着对生活的本真追求。他的作品植根于河北平原小城、乡村的底层百姓，生动地描摹出世情百态、社会万象。铁凝赞颂他：“贾大山作品所传递出的积极的道德秩序和优雅的文化价值，相信能让还不熟知他的读者心生欢悦，让始终惦念他的文学同好们长存敬意。”

2. 王京瑞《赵子龙传奇》

王京瑞，中国民间文艺家协会会员，著作颇丰。撰写大量关于历史文化、民俗风情的散文随笔，殚精竭虑地为展示、推介正定丰厚的历史文化资源而努力。他创作了《赵子龙传奇》《大佛寺九绝》《正定旅游大观》《隆兴寺故事传说》，编辑了多部著作，诸多著述在省内外获奖。

《赵子龙传奇》以常山郡真定赵子龙青少年时期表现的勇敢机智和三易其主的艰辛历程为主线，围绕赵家传家之宝“青釭”“倚天”双剑的失而复得，展开了赵子龙、张其父女与曹孟德派遣盗剑的武林高手崔子丰的一场惊心动魄的角斗。叙述了赵延亭痛失“青釭”、刘关张初识赵子龙、黑松林张翠英镖打叛逆、张其勇勒惊马冲囚笼、赵子龙怒斥杨花女以及赵子龙与女侠张翠英的剑镯姻缘等故事。

3. 朱兵的历史小说

朱兵，河北正定人，中共党员。1964 年毕业于南开大学中文系。在中国社会科学院从事中国古典文学、中国当代文学、中国少数民族文学研究工作 35 年。

1972 年开始发表作品，1983 年加入中国作家协会。著有专著《开拓中前进——新中国 30 年工业题材长篇小说发展概观》《绿营的维纳斯——刘白羽评传》《草原交响诗——玛拉沁夫创作论稿》，短篇小说《将相之间》《权经》《乍暖还寒》《小泥鳅掀起滔天浪》《嘴啃黄土腚朝天》《火红棉毛衫风暴》，历史中篇小说《酤酒当垆》《霓裳羽衣变奏曲》《武则天梦醒感业寺》《李后主魂断秦淮河》《钗头凤——陆游与唐琬的故事》，历史长篇小说《武则天》（合作）、《范蠡与西施》，报告文学《兰花自有透寒香》《葡萄熟了的时候》《从四面楚歌到灿烂辉煌》，散文集《山晖川媚》(合作)，《文学百科大辞典》(编委，民族文学主笔)。作品曾获中国第二届少数民族文学学术成果佳作奖。

4. 康志刚及其小说

康志刚，河北正定人。2003 年毕业于河北师范大学中文系。《河北文学》《小小说月刊》副主编，中国作家协会会员，河北省作协文学院合同制作家。现为石家庄市作协副主席兼秘书长，河北省第四届德艺双馨文艺工作者。

1986 年开始发表作品，现有小说、散文等几十篇。2004 年加入中国作家协会。著有中篇小说《谁是小草》《昨日风景》，短篇小说《天文现象》《醉酒》《敬酒》《香椿树》等。其中《醉酒》获第十届“河北文艺振兴奖”及 2002 年河北十佳优秀作品奖，《天文现象》获 2004 年河北省优秀作品奖，《枯井》获第四届河北金牛文学奖，《名角泡澡》获得《小说月报》第十一届百花奖优秀奖。《烟树图》获“全国首届郭澄清农村题材短篇小说奖”,《凝眸》获《雨花》“精品短篇”小说奖。长篇小说《天天都有大太阳》获得“第二届《中国作家》剑门关文学奖”、河北省第十一届“五个一工程奖”并被改编为影视剧。《回门》和《天天都有大太阳》分别入选 2011 年和 2012 年河北小说排行榜。

康志刚在作品酝酿构思上反复琢磨，既有生活体验，又重视写作技巧，所以无论大小作品都禁得住推敲。长篇小说《天天都有大太阳》涉及北方农村经济、政治、文化、伦理等方面，人物众多，故事脉络和情节细节虽相对复杂，读来也让人感到既亲切又真实。

5. 刘进忠《感悟颜真卿》

刘进忠，笔名刘瘦云，河北省作家协会会员、石家庄市作协副主席、正定县文联副主席、正定县作协主席。

刘进忠多年来坚持诗歌和散文创作。2001 年出版的散文集《诗酒年华》（与人合著）荣获石家庄市第二届“十个一”文艺精品工程奖；2006 年创作的散文《感悟颜真卿》荣获中国第二届散文大奖赛一等奖。

《感悟颜真卿》一文，浓墨重彩地描绘了唐代大书法家颜真卿高深的书法造诣和不朽的民族气节。颜真卿身上的那种“身居庙堂，胸怀天下，祖国利益高于一切，一山一水，一草一木，不容贼人践踏”的民族气节，既是世世代代炎黄子孙爱我国家、兴我中华的民族精神所在，也是中国传统文人所特有的祖国疆土当以死守、不可尺寸与人的民族气节的体现。“书生报国无他物，唯有手中一支笔”的书生意气与豪情，在文章中展现得一览无遗。

6. 张兰亭《白朴全传》

张兰亭，河北正定人。现为河北作家协会会员，擅长写传记体长篇历史小说，曾出版过《一代名王》《武则天》《司马迁》《赵子龙传》等小说，担任了《细流新浦》《情系东山坳》等多部电视剧的编剧，获得河北省文联、河北省作协第五届“金牛文学奖”，河北省第五届精神文明建设“五个一工程”入选作品奖等多个奖项。

张兰亭对白朴十分推崇，他历时数年创作出《白朴全传》，对白朴一生以及元曲的发展进行了梳理。这部作品虽然是历史小说却犹如正史，他说：“长期积累，偶然得之，写这本书，我花费了近十年的时间收集资料。研究史实，就是想通过实事求是的写作，让读者读这本书就和读元代文学发展史一般。”袁学骏评价其成就：“独领 20 世纪 90 年代河北青年长篇历史小说创作之风骚”。

（四）对联碑刻

对联，中国的传统文化，又称楹联或对子，是写在纸、布上或刻在竹子、木头、柱子上的对偶语句。对联对仗工整，平仄协调，是一字一音中华语言独特的艺术形式。碑刻泛指刻在石头上的文字或图案。这两者都是中华传统文化的瑰宝。

1. 金 · 李著题真定观音院阁联

客里三年，鸟声落枕有高下；

床头一夜，山色阅人无古今。

2. 金·史肃题北潭（潭园）联

十里平堤，碧水乍开新镜面；

竹荫松影，青山却是好屏风。

3. 佚名题天宁寺凌霄塔联

俯临桑干，滚滚浪涛云似带；

遥瞻恒岳，苍苍岫嶂屹如屏。

4. 佚名题正定府城隍庙楹联三副

其一

善恶到头终有报；

是非结底自分明。

其二

作事奸邪，任尔焚香无益；

居心正直，见吾不拜何妨。

其三

善行到此心无愧；

恶过吾门胆自寒。

5. 佚名题隆兴寺集庆阁三联

其一

理德深邃，践大行，成就十方根器；

静虑缜密，藏妙机，度尽六道众生。

其二

宝刹除魔障，无色云华皆是幻境；

慈航跨苦海，三味真谛方为法门。

其三

万法皆空，洞彻有无明佛性；

一尘不染，屏却窒碍证禅心。

——额【法雨惠施】

6. 佚名题隆兴寺御书楼联

法润东土，融儒道，同臻教化；

经来西天，运悲智，共参因缘。

——额【第一智声】

7. 佚名题隆兴寺联

从此须登彼岸；

再来不失津梁。

8. 佚名题隆兴寺佛缘堂联

贪心、妄心、爱心，莫忘心中善根；

观佛、拜佛、求佛，当知佛为何人。

9. 佚名题隆兴寺菩提艺林

写云雨、涂墨丹，四宝雅趣堪悦目；

刻风龙、镂石玉，三彩风韵可赏心。

10. 佚名题正定隆兴寺大悲阁千眼千手观音像联

拈花偶坠成甘露；
幻阁如空作大悲。

11. 元·侯正卿题真定苏天爵滋溪书堂联

临深见游鲦；
仰乔有鸣莺。

12. 明·孙昌凭吊苏伯修墓题春露亭联

荒冢荆榛眠狡兔；
败垣草树集乌鸢。

13. 清·梁清标阳和楼联

遥瞻恒岳青霞绕；
静对滹沱白练长。

14. 清·佚名梁氏宗祠联

光被家国，九分韬略五经济；
荣及乡里，一门栋梁两朝功。

15. 清·高宗乾隆帝正定隆兴寺御题五佛殿（摩尼殿）联

幻化何因，但应念而成，自尔无去无往；
庄严有象，祇随心具足，可知即色即空。

——额【龙象威神】

16. 清・高宗乾隆帝隆兴寺御题九间殿（集庆阁）二联

其一

入不二门，教外别传，真正法眼藏；

从最初地，当前妙觉，得无上宗乘。

其二

听云边夕梵晨钟，扫除一切烦恼；

看庭外黄花翠竹，拈来无碍真诠。

17. 清・高宗乾隆帝御题佛香阁（大悲阁）三联

其一

具何神通，三界俯归一指；

得大自在，四禅不隔微尘。

——额【调御大夫】

其二

妙相显光明，非空即色；

净因传定慧，不灭不生。

——额【白毫相光】

其三

宝网绚云霞，现耆阇崛山，庄严自在慈容，问法相变相应身化身，那是本来面目；

金绳悬日月，历恒河沙劫，普度大千世界，示真语实语妙觉缘觉，共证无上菩提。

——额【三摩妙地】

18. 清・果亲王（允礼，康熙十七子）题佛香阁（大悲阁）联

辩得宝筏慈航普度大千世界；

无有言语文字是真不二法门。

——额【慈云广覆】【慧眼无边】

19. 清·和亲王（弘昼，雍正第五子）题佛香阁（大悲阁）联

慧日普圆通，下禅枝而返照；

灵台凝正觉，浮定水以涵光。

——额【香刹清华】

20. 清·李基和题隆兴寺雨花堂联

云笼夜月原无碍；

鸟宿秋林亦放参。

注：据《法华经·序品》载，佛祖讲经时，天空普降曼陀罗花，故雨花堂是讲经之堂。

21. 清·梁清标题隆兴寺摩尼殿联

月上斗圆光，示教禅心兼法味；

风吹清梵乐，归诚景福应真言。

22. 清·梁清标题隆兴寺大悲殿联

为定慧，为声闻，布金地于祇园，六通朗彻；

或净名，或缘觉，转法轮在鹿苑，五蕴圆明。

23. 清·张云锦题正定崇因寺联

鸟雀无声幢影寂；

松篁交翠磬声闲。

24. 近代・王士珍自题旧居联

求名求利只求己莫求人；

惜衣惜食非惜财实惜福。

25. 民国・徐世昌题王士珍府“王氏双节祠”石牌坊额联

称诗纳顺；

率礼蹈和。

26. 当代・王增月题“三关雄镇”古城正定联

古往今来，人杰彰显，看常山儿女多怀奇志，历拥南越帝王、三国上将、明清尚书、北洋总理，凭文韬武略名垂青史；

燕南赵北，地毓钟灵，惟正定雄关久负盛名，襟带京畿锁钥、九省通衢、滹沱碧水、太岳群峰，任宝塔奇楼见证沧桑。

27. 当代・张新宅题国家级历史文化名城正定长联

地当冲河朔，真称三镇雄。燕南赵北，往来逆旅，览滹磁奔决，登阳和巨观，荡激胸襟。想当年，汉敕真定，唐藩成德，宋控三关，明鏖靖难，堪叹古来争霸地，惜笼飞烟成过往；

形势占枢纽，壮哉一都会。岳左原右，聚引俊贤，续常山古韵，开正定新篇，尽抒心志。看今岁，春艳桃红，夏翻麦浪，秋飘棉云，冬采蔬鲜，更图它日雄伟业，适逢盛世又复兴！

28.《龙藏寺碑》

该碑刻于隋开皇六年（公元586年），现存于正定隆兴寺内，张公礼撰文，楷书，30行，

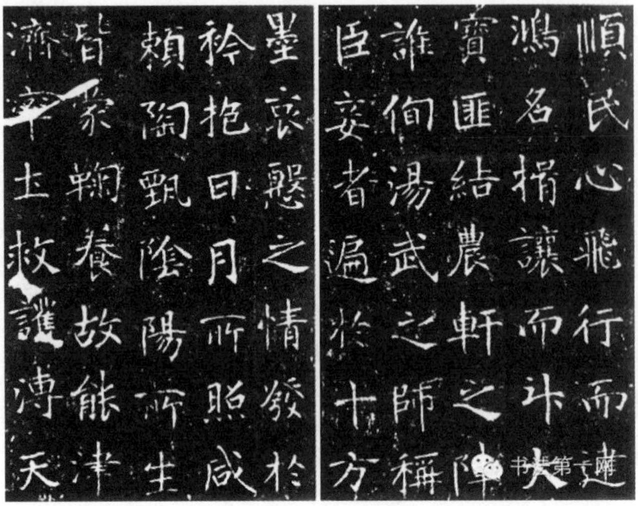

《龙藏寺碑》拓片

每行50字。正书无撰书人姓名，欧阳修《集古录》认为撰者即碑末署名的张公礼。此碑历来称隋碑第一。隋碑内承周齐峻整之绪，外收梁陈绵丽之风。字体结构朴拙，用笔沉挚，给人以古拙幽深之感，可以看出北朝至唐书法嬗变的轨迹，在书学上影响颇大。康有为对此碑评价极高，认为“《龙藏》统合分隶，并《吊比干文》《郑文公》《敬史君》《刘懿》《李忠璇》诸派，荟萃为一；安静浑穆，骨鲠不减江曲，而风度端凝。此六朝集成之碑，非独为隋碑第一也”。

29.《龙兴寺帝师胆巴碑》

该碑于元延祐三年（1316年）刻，赵孟頫撰书并篆刻，楷书，全文900余字，额18字，毫无损缺。笔法出自唐代李邕，古劲绝伦，现有真迹本影印。该帖通篇一气呵成，点画精纯，无一笔有懈怠之气。通篇基本为楷体，偶有行书写法，其字形开张舒展，点画精到沉着、神完气足、萧散率真。清人杨岘在评此帖时说：“用笔犹饶风致而神力老健，如挽强者矫矫然，令人见之气增一倍。”

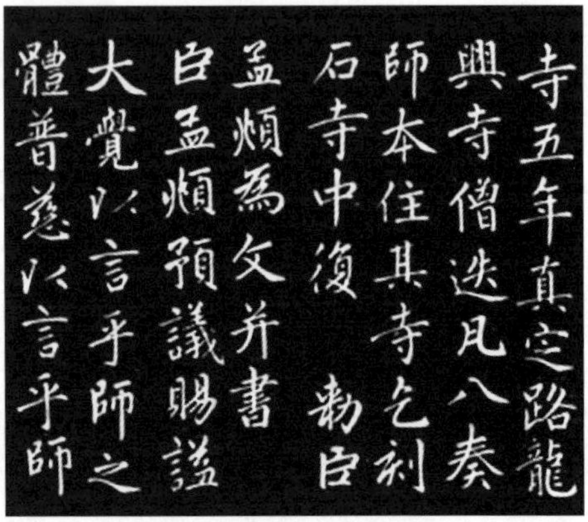

《龙兴寺帝师胆巴碑》拓片

30.《秋碧堂帖》

由清代真定人梁清标请人雕刻，全八卷。梁善于收藏，故此帖全由真迹上石，刻手尤永福，镌刻亦精，可与《快雪堂法帖》媲美，为世所重。

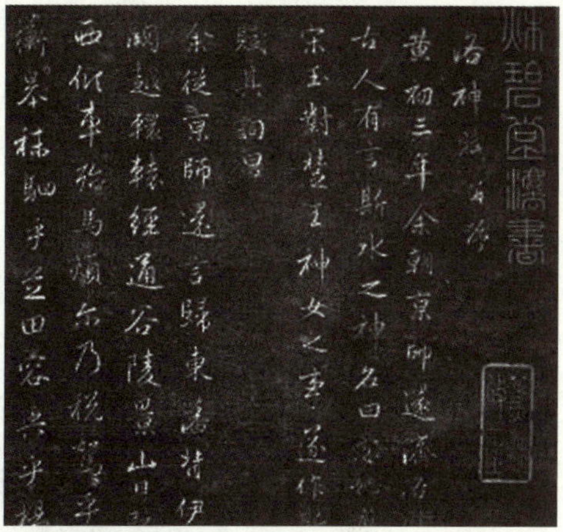

秋碧堂帖

31.“容膝”石刻

“容膝”石刻，高 67 厘米、宽 34 厘米，石刻上虽只有“容膝”两个大字和“晦菴书”三个落款小字，但其沉着典雅、行笔迅速、转折自然的书韵，雄赡的笔墨跃然。“容膝”二字为朱熹书写。这方石刻原嵌于楼上正中央。阳和楼位于正定南大街中段，始建于南宋，形似北京天安门端门。楼基高约三丈，宽约两丈，长约十五丈。遇有风搅雨，风能从门洞一头把雨刮到另一头，故有“遮不了风，避不了雨”之说。“容膝”两字既点破了阳和楼的风雨，也包含了人生对时事的无奈。此碑现存于隆兴寺内。

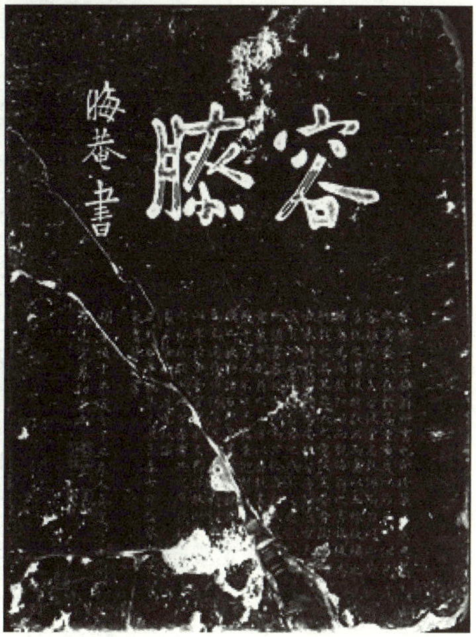

“容膝”石刻拓片

32.“圣主本命长生祝延碑”

此碑刻立于元延祐四年（1317 年）赵孟頫撰书，现立于隆兴寺转轮藏后的北侧，外砌一碑楼，正面镶玻璃。碑为青石质，首身一石，高 1.53 米、宽 0.80 米、厚 0.22 米，立于长方形座上。首作笏形，碑额阴刻篆书“圣主本命长生祝延碑” 3 行 9 字，额两侧线刻云龙纹。碑身以卷草纹作边饰，碑文阴刻楷书 19 行，满行 34 字，共 396 字。

碑下半截剥蚀较严重，但尚可识读。碑文字体神力老健，秀丽端雅，笔圆架方，形体端秀而骨架劲起，运笔酣畅温润，结体宽博缜密，匀称俊秀，使人感到轻松、恬静、优雅，不愧为赵孟頫晚年书作中的精品。

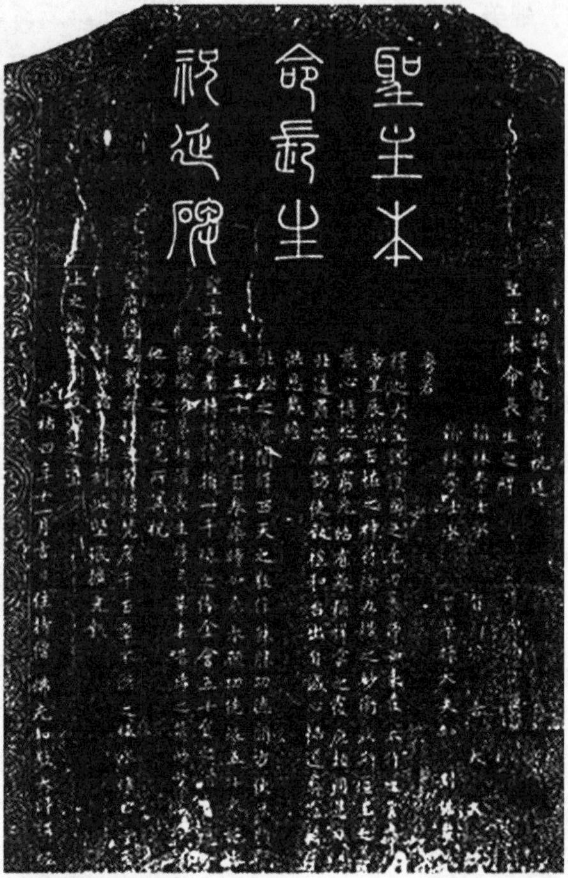

《圣主本命长生祝延碑》拓片

第七章　特色独具的民俗风情

世代正定人民，或屯兵、或移民、或繁衍生存在华北中部的冀中平原之上，南北文化交汇于此，加之本地文化的丰厚积淀，淳朴的风俗文化亦保持着礼仪之邦的风情。丰富的民间艺术、特色的地方名吃、传统的节日习俗，都体现了特色独具的民俗风情。

（一）民间艺术

1. 民间花会

正定民间花会作为一种娱乐形式，由来已久。其种类繁多，带有鲜明的地域色彩，随着时代变迁，内容与形式也不断丰富与创新。迄今为止，已经形成鲜明而独特的正定风格。民间花会形式多样，有常山战鼓、腊会、高照、落子、布龙、高跷、竹马、车子旱船、跑驴、春牛斗虎、舞狮子、花叉、二鬼摔跤、拉耩耧等。逢年过节，在城乡街头纵情表演，锣鼓喧天，舞姿翩翩，十分热闹。

（1）常山战鼓

战鼓是正定民间表演艺术的优秀代表，源远流长，久负盛名，早在战国时期已具雏形。因正定在历史上为常山郡，故而得“常山战鼓”之名。常山战鼓是正定古城鼓、舞文化的重要遗存，2008年6月，成为第二批国家级非物质文化遗产。正定常山战鼓伴随多种民俗活动形成并发展，多用于婚寿嫁娶以及节日典礼，是农村民间文化活动不可或缺的重要组成部分。其表演曲牌及套路有很强的地域性，传承也比较严格，有家传和以师带徒两种方式。

正定常山战鼓是由演奏打击类乐器组合而成的民间锣鼓，编制小则几十人，大至几百人不等，套路多样，品种丰富，曲牌繁多，大多由独立的锣鼓段子连缀组合而成，有9系72套之多。其表演方式为边击乐边舞蹈，鼓手腾挪跳跃，鼓钹上下翻滚，造型丰富，技术精湛，气势雄浑，舞姿优美。

每逢春节，常山战鼓必参加市、县举行的民间花会表演，也常受邀参加省、市、县重大庆祝活动。多年来，常山战鼓参与了许多重大活动并获誉无数：正定县常山战鼓队1990年在第一届亚运会艺术节主会场表演，受到万里、李铁映、丁关根等中央领导的欢迎和观众的称赞，接受了新华社、中央电视台等十几家新闻单位的专题采访；获1989年、1990年两届石家庄市民间花会表演“特别奖”；1991年获河北省民间花会表演最高奖“优秀奖”；1992年获文化部举办的天津“南开杯”民间艺术邀请赛二等奖；1999年获得河北省首届民间艺术特别奖；获建党80周年中华鼓舞大赛银奖；2003年在上海首届旅游节开幕式上获特别表演奖；2004年、2010年荣获“河北省金鼓王”等荣誉。受邀参加了1990年“亚运会”艺术节开幕式表演；1992年参加中国“兰州首届丝绸之路艺术节”开幕式表演；1993年参加中国齐齐哈尔第二届“观鹤节”表演活动；1997年参加北京圆明园迎香港百面大鼓庆回归表演；国际吴桥杂技艺术节第五、第八、第九届开幕式；

常山战鼓

常山战鼓

参加了2008年河北革命圣地西柏坡迎奥运圣火、上海世博会河北活动周等演出活动。尤其是在“北京亚运会艺术节”表演期间，受到党和国家领导人、亚运会组委会、首都各界群众、艺术同行、国际友人及海外侨胞观光者们的一致高度评价。

（2）腊会

正定腊会起源无确切文字记载，最初由几人至十几人，在除夕夜提着灯笼到附近庙宇中烧香拜神逐步演化、完善而来。据说，清朝道光年间，正定府一役夫，见腊会静行默走，路遇富者挡路，须绕道而行，便建议增添锣鼓，鸣锣开道，擂鼓助威，一为震慑富人，二为招呼穷人，长志出气，从此，腊会便有了锣鼓开道。再后来，一位住西门里从河南逃难来的人，善吹唢呐及伴奏乐器，经他组织，唢呐也加入到腊会队伍之中。

正定腊会规模宏大，最兴盛时，全县有腊会23道，由腊队、灯队、乐队三部分组成，分布在城内各条街道和城外四关附近村庄。每逢除夕之夜，一道道腊会，排成队，鼓乐喧天，游历各街，通宵达旦。队前一人鸣大锣开道，叫做头锣，紧随其后是鼓钹助阵，称为“闹年鼓”。鼓队之后是灯队，每道腊会都有两盏到四盏大红纱灯，象征火龙的眼睛，走在灯队最前面，随后是三四十盏或更多的“门灯”（长方体的玻璃灯）象征龙头。再次便是各色样的“三角灯”“扁圆灯”“五角灯”“鲤鱼灯”“虾米灯”“西瓜灯”等，多由12~16岁的少年用杆挑或手提，象征龙身。腊会尾灯采用“三角旗”彩灯，象征龙尾。腊会所有灯采用蜡烛照明，从天黑起会时点燃，直到落会，支支蜡烛光亮不熄。乐队一般由十几人至二十几人组成，使用乐器主要是大唢呐，配以挎鼓、小钹、小铛及锣等。吹奏的乐曲优美动听，表达欢庆丰收、祝愿平安、家业兴旺的心情。

腊会

腊会有一定的组织形式，每道有会首一人，俗名会头，是腊会主要组织者。一般自愿担当，争当会头的人多时，则抽签排队，轮流担任。

过去，各会头家门上都用黄纸写成迷信对联，横批“全神会”，现改为在大门两旁各挂一支大红纱灯作标志。会头的主要职责，一是保管公共财物；二是组织主持本年腊会，如筹集资金、准备用品、购置公物、安排各项事宜及掌管与公布账目等；三是负责送会。过去，送会一般不超过正月初十，均在上午进行。程序如同除夕夜，沿城街游一圈儿后回到本街，在新会头家门口停下，新旧两会头移交手续，新会头备薄酒一桌，以示感谢。近几年，送会定在正月十五之夜，这一天也成为人们欢度春节的高峰。

以往腊会经费由本街住户自愿布施，或多或少，不限不争，如不够用时，本街富户分摊（也有独自承担的），腊会来往账目都张榜公之于众。近几年，除自愿捐款外，不足之数由街（村）补贴，县文化馆也会拨款给各腊会，用于购置物品。

正定腊会因战乱等原因，曾几度停止，但因其强大的生命力，最终相沿成俗，流传至今。2009 年，“正定腊会”被列入河北省第三批省级非物质文化遗产名录。

（3）高照（中幡）

正定高照又名中幡，起源于清末民初，已有百余年历史。过去，皇帝出行时有盛大的仪仗队，其中，幡旗必不可少。相传，打举幡旗之人在闲暇时，舞弄幡旗，练得一身绝活，出宫后来到正定，把此技艺传给喜爱的村民，相传沿习。

高照

高照（中幡）主要在传统节日或农闲之时表演，类似杂技中的“顶竹竿”，道具是一根长约三四丈的竹竿，有龙凤旗围绕，上竖 5 把花伞，竿顶插 10 支雉鸡翎。由数人轮替表演，其动作灵活多变，扣人心弦。主要套路有托塔、盘肘等，动作有“二踢脚”“旱地拔葱”“老虎大蹶尾”“双武花”“单武花”“托塔”“孙猴背剑”“盘肘”“二郎担山”“双摘瓜”“浪当踢球”“断梁”“隔水”“佛顶珠”“挎篮”等。演出时有锣鼓伴奏，彩旗、竹幡助威，热闹非凡，具有很强的艺术价值和观赏价值，是正定民间花会艺术的优秀代表。

作为正定县民间花会特有节目，2008年6月，正定高照（中幡）被列入第一批国家非物质文化遗产名录。

（4）落子（秧歌）

落子是秧歌类型的民间舞蹈，清同治年间传入正定。早期落子的表演形式、演员数量、服装头饰等根据剧情而定。近年来形成了男女集体舞，演员无定数，化装较为随便。落子表演有大脚、小脚之分，大脚落子表演者徒步行走，小脚落子表演者踩高跷。表演时，大都男打板，女打霸王鞭，边唱边舞。还有几个诙谐逗趣的丑角，他们的位置不定，在列队行进时可以随时出列，或唱或说，即兴表演，妙趣横生。落子的表演场地有“过街”和“摆场”两种，曲牌有《大莲花》《太平年》《打腰牌》等。

（5）布龙

布龙，俗称舞龙，又名龙灯，民国初年传入正定，流传于新城铺、三角村等周边村落。布龙由竹木做架，外罩彩布作龙形。一般的布龙约长20米，有两批人分为两条龙表演，一人持彩球（拿龙珠的人称为玲珑），两人举龙头，两人举龙尾，其余人各持一段龙身，共约20人。布龙在大鼓、大钹的伴奏声中，随着彩球的引导挑逗，翻腾起舞。表演套路主要有“打滚”“盘窝”“叠云”“钻洞”等。

（6）高跷

踩高跷是正定广泛流行的舞蹈之一。高跷的道具是表演者足踏两根木棍，按表演风格分文高跷和武高跷两种。文高跷善于塑造各种人物的性格特点，武高跷主要表演武术动作。高跷表演一般由13人组成，扮成生、旦、净、末、丑，渔、樵、耕、读、男、女、老、少13种形象。其主要节目，一是“上金桥”，即用桌子搭成两张桌子高、四张桌子长的台子，两头两板顶牢，形成斜坡通上桌台，演员从斜坡上走到桌台上，再从另一斜坡走下去，边走边舞边唱，称为“过金桥”；二是“过黄河”，用数条长板凳，每隔两尺放一条，一手扳着一只脚做出“朝天蹬”的姿势，另一只脚一气蹦过30条板凳，称为“过黄河”。其中，三角村高跷最有代表性，它起源于清光绪年间，是以杂技为主的武高跷。演员踩在60~80厘米的木跷上，迈十字秧歌步，走圆场、八字、黄瓜串腕、交叉队形，做出“蹦板凳”“蹦方桌”“二郎担山”“翻越三山”“过独木桥”等动作。

高跷

2013年10月，正定三角村高跷被列入河北省第五批省级非物质文化遗产名录。

（7）竹马

“竹马”又称“跑竹马”“竹马戏”，以正定东柏棠为代表，至今已有一百多年的历史。竹马是竹条做成马型的框架，一般是一人一马，与年轻女演员相配（表示公主骑）。表演时，少则有十几人，多则有五六十人，边舞边唱。动作套路多变，表演时如马群奔腾，除“跑阵”外，主要还有“六合”“七星”“蝴蝶”“梅花”“椅子圈”“八卦阵”“蟠龙阵”等，配以大鼓、响锣、大钹等乐

竹马

器相随其侧，演员按鼓点跑动，一边跑动一边唱念正定的俗语。巧妙地将歌、舞、乐融为一体，深受当地群众的喜爱。1995 年，东柏棠竹马参加河北省吴桥杂技艺术节开幕式时，获得了金奖。

2007 年 6 月，正定柏棠竹马被列入河北省第二批非物质文化遗产名录。

（8）车子、旱船

据传，车子、旱船的形式来自于“宋太祖千里送京娘”“万花船”两折戏，现已与剧情无关。清朝初期很流行，近年来仅三角村、新安村时有演出。表演时，车子由一人坐，一人推，一人拉；旱船由一人坐，二人划。车、船用布围成，系于乘坐人腰间。乘坐人男扮女装，形似盘膝而坐，实则徒步急行。根据故事情节，老两口开船，出场时走台步，演员边唱边舞，唱腔以河北梆子为主，竹笛、板胡伴奏。一场旱船表演，6 个演员分两组，每组 3 人，各有各的角色。坐船的为青衣，开船的为丑，划船的为旦。开唱《南天门》戏，有打有唱，连打带唱，基本有圆场、八字队形。车子、旱船为一体的节目，分文船、武船。三角村为文船，走台步，如水流，伴奏不一。戏曲为《桃府》《宝莲灯》《白马山》《三义记》《王宝钗》《算粮》《登殿》等。

（9）跑驴

兴于清末，现流行于正定新城铺、南辛庄、城关等地。驴由竹架装饰而成，驴头能活动，戴串铃。女骑，男赶，以驴的动作为中心，有“前走后退”“卧道”“尥蹶”“上下坡”“跳岗”“跃淘”等动作，锣鼓伴奏，引起观众极大乐趣。

跑驴

（10）春牛斗虎

亦称“火狮子”，清朝咸丰年间由河南传入，是一项最具有当地特点的民间艺术。“火狮子”需在没有月亮的夜晚进行表演，表演物品布满1000多根棉纸捻和无数各式小花炮；表演所需绣球中部有灯（火烛），无论绣球如何舞动灯头总是向上。传统表演，分为3人一组，一人扮演牛型，一人扮演虎型，表演时手握50厘米高的拐杖扶在地面，另一人舞动绣球。“牛”、“虎”、执鞭人分别站两对角，执鞭人挥舞大鞭驱赶“牛”、“虎”搏斗，锣鼓助阵，30分钟之内完成表演。整个过程花炮生辉，灯火交映，五彩缤纷。

（11）舞狮子

清道光年间传入正定新城铺、八方等村，新城铺舞狮除具有北方舞狮的雄壮、威猛、粗犷、高大等特点外，还兼有南方舞狮的活泼、灵秀之气。表演时，一人顶狮头，一人披狮身，一人执绣球引逗，辗转腾挪。传统动作有“跳板凳”“就地十八滚”“走方桌腿”等。一般舞狮表演开始后，周围还有由几名少年披狮身跑动的小狮子，表演场面活跃热闹。

舞狮子

2011年，正定龙狮道具制作被列入第四批河北省非物质文化遗产名录。

（12）花叉

花叉，又名叉会，是一种带有武术风格的民间艺术。正定韩通、留村表演最精彩。它不仅汲取了武术的一些特性，还融入了戏曲和舞蹈的内容，形成了带有耍技性质的民间舞蹈。至今花叉都是一些庙会或节庆日不可或缺的精彩节目之一。

花叉的表演者一般有三四十人，套路有“旋风阵”“开场阵”“黑狗穿裆”“背剑”“八卦阵”等。每位演员手持一把带有活动金属音片的钢叉，表演时，钢叉在演员臂上、颈上、背上、腹部、腿部上下翻飞，旋转飞舞，钢叉头银光闪闪，音片、音环哗哗作响，在大鼓大钹的助威声中，表演者一齐把钢叉抛向空中，旋即又准确落入演员手中。直看得观众时而目瞪口呆、惊心动魄，时而眉飞色舞、鼓掌叫好，气氛异常热烈。

（13）二鬼摔跤

二鬼摔跤

二鬼摔跤，也叫二魁摔跤、二贵摔跤。魁，代表当时的武夫，后来道具人像画的是鬼脸。二鬼摔跤从清朝中后期传入正定，成为当地人们喜庆丰收、欢度节日的一种传统民间道具体育舞蹈。表演时，表演者身着一套与假面具“对手”牢牢绑在一起的服装，由一人扮演成敌对的“两人”。在打击乐的伴奏下，手足并用，做出抡、转、滚、举、支架子、下绊子、扫腿等摔跤动作，厮打搏斗，并以“飞脚”“绊腿”“滚打”等动作表现两人较量的激烈。假面人腿和脚的所有动作是由演员的胳膊和手装扮替作完成的，实际上就是一名演员自己在跟自己较劲。表演活灵活现、诙谐幽默。

（14）拉耩耧

正定拉耩耧脱胎于农田耕作，至今已有160多年的历史，形成于清朝后期，农忙时节农民在田间地头边说边干，久而久之慢慢地演变成了今日的拉耩耧表演。

拉耩耧表演

拉耩耧表演一般为六人，分饰地主、父亲、母亲及三位女儿。地主的形象为不务正业的花花公子，在前面领路，两位老人在前面拉着耩耧，一个女儿在后面推着耩耧，另外两位女儿分别拿着墩子、挑着担子，六个人跳着秧歌十字步，踩着锣鼓点进行表演，偶有庙会会有拉耩耧表演。

拉耩耧编排的是农家故事，情节幽默、语言俏皮、连说带舞、以说为主，整个场面活泼生动，别有趣味。

2. 庙会

传统庙会起源于寺庙周围，所以叫“庙”，又因小商贩们看到烧香拜佛者多，遂在庙外摆起各式小摊营生，渐渐成为定期活动，所以叫“会”。清代以前，正定一直是华北地区的经济、文化中心，商贾云集，佛教兴盛。至清光绪年间，正定有大小 30 多座寺庙，僧尼 2000 余众，当时佛事、庙会非常兴盛。随着时间推移，正定寺庙逐渐损毁，但其历史余韵，厚重的文化积淀仍在，这是现在的庙会发展得天独厚的条件。据《正定县志》记载，正定境内曾有大型庙会 8 处，全年连绵不绝。

（1）曲阳桥庙会（农历二月二十五）

曲阳桥村北大鸣泉旁，有座龙王堂，正殿为龙王堂，后殿为孔雀佛阁，阁内塑有“准提骑孔宣”泥像。相传，很早以前，这一带有个孔雀精叫孔宣，经常骚扰村庄，吃人害命。后来，有个叫准提的道人路过此地，决心为民除害。他从农历二月二十五一直等到十一月十五，终于在大鸣泉旁拿住了孔雀精，灭了孽障，安定黎民。人们感念其德，建庙塑像，把准提来日和降服孔雀精的日子定为庙会，一年两次烧香化纸，唱戏祝贺。

每逢庙会，当地商贩带着种类繁多的皮毛山货、鱼虾莲藕、草编柳编工艺品、家具农具、粮食畜禽云集于此，成为盛大的物资交流会。甚至吸引了吉林、陕西、山西、河南、山东等地的客商。它的贸易场地扩展到了上曲阳、东曲阳、南曲阳、曲阳桥四个村庄，形成了规模较大的农贸市场。

（2）吴兴庙会（农历三月初三）

吴兴村有一座玄帝庙，始建年代不详，每逢农历三月初三为庙会，起庙时间为三月初一，一直到初六落庙。初一时，村里会请戏班在专门修建的戏台上唱戏，剧种大都是地方戏，如正定丝弦、秧歌戏，或河北梆子、河南豫剧等，有时会在东、西、南三个方向同时演出。除唱戏外，还会有很多杂耍，如跑驴、武术表演、杂技表演、竹马表演等供人们娱乐，极大丰富了庙会内容。

到了三月初三，众多善男信女来此烧香朝拜、祈求平安，他们跳起扇鼓舞，唱起神仙歌，表达虔诚。同时庙会还会吸引很多商人的到来，逐渐形成了东、南、西、北四个市场，分别出售不同的商品，有食物、农具、玩具、布匹、牲口、木制家具等，琳琅满目，让人应接不暇。

（3）平丘庙会（农历三月二十七）

平丘村东有一座圣母庙（俗称奶奶庙），农历三月二十七为庙会。新中国成立前，每到这天多有巫婆、神汉跳神，老太太为儿孙来套娃娃。同时，各路行商来做买卖。因该地接近滹沱河滩，盛产木杈、扫帚、柳编制品，多年来形成了以此类物品为大宗交易的物资交流会。

（4）南化庙会（农历四月初八）

据传，唐代南化村始建“苍岩圣母”庙，正殿供赵公明三个妹妹云霄、碧霄、琼霄塑像。传说她们行医治病、乐善好施，人们感恩不尽，为三霄女修了庙宇、塑了金身。每逢农历四月初八圣母生日，烧香求医、磕头还愿的人络绎不绝。同时，商贩也赶来做买卖，戏班应邀唱戏助兴。由于庙会时临近麦收，又成了销售三夏用品以及大、中、小型农具的市场。

（5）蟠桃庙会（农历四月十五）

蟠桃村西北有座王母庙，建于唐朝开元年间（713—741年），清乾隆七年（1742年）时曾经重修，农历四月十五为庙会。相传，王母娘娘每逢三月三寿诞之日，宴请各路神仙。后来因白猿偷桃孝母、孙悟空偷吃仙果大闹蟠桃会等原因，盛会不能如期召开，故而推迟到四月十五，会期流传至今。

旧时，蟠桃庙会闻名遐迩，烧香许愿的善男信女很多，商业兴隆，戏曲杂耍及民间花会种类繁多，人们尽情歌舞，一派热闹景象。蟠桃庙会闻名方圆几百里，影响范围广泛，远到山西的五台山，近至石家庄地区周边市镇。

现在的蟠桃庙会，物资交流和娱乐活动不减当年，传统庙会已成为集商贸、旅游、信仰、娱乐、民间文化艺术于一体的盛大民俗活动，众多经营者认真组织货源，整个市场商品琳琅满目，令人目不暇接。

（6）城隍庙会（农历五月十七）

正定府城隍庙坐落在城内西南隅（现木制厂院内），占地十余亩。明洪武三年（1370 年）始建，成化元年（1465 年）扩建。城隍庙正殿供有城隍爷塑像，判官、牛头马面及小鬼等侍立两旁。城隍本意是城墙和护城河，后来，人们尊奉为当地办过一些好事的文臣武将为城隍。继之，道教引申为阴间委派到各府、州、县管理该城鬼蜮的地方神。

相传，滹沱河南某村一位老太太带着十七八岁的姑娘到城隍庙烧香磕头，忽然，城隍爷的扇子飘落在姑娘手中，老太太急忙说："你这闺女怎么敢拿城隍爷的扇子呀！快给他老人家送回去。"二人转身要走，扇子又落在姑娘手里。老太太生气地说："怎么你又拿城隍爷的扇子呀！这回送回去不许再拿了。"二人未出门，扇子又落在姑娘手里。老太太心领神会地笑着说："扇子三番两次地落到你手中，这是城隍爷要送给你这把扇子，你就要了吧。"姑娘回家后，卧床不起。第三天，她嫂子进屋看望，把被子一揭，只见两条大花蛇盘踞在炕上，转眼又不见了。消息传出，一些迷信鬼神的人认为是城隍爷把姑娘娶走了，于是就抬上纸糊的花轿和姑娘"替身"到城隍庙焚化，为城隍祝贺结婚之喜，这一天正是农历五月十七。后来，人们就把这天作为城隍庙的庙会。

正定城隍庙会，是府级盛会，是正定范围最广、影响最大的庙会，其涉及范围相当于现今石家庄市所辖地区，延续至今。庙会期间，有数万群众汇集正定，场面十分壮观。赶庙的人很多，商业、饮食业生意兴隆，文艺团体和民间花会也前来表演助兴。多数农民趁麦收后的余暇到庙会出售农产品，购买生产资料，为秋季生产做必要的准备。

（7）北孙庙会（农历六月十三）

北孙村龙王庙会自明朝初年便已成形，每年农历六月十三举行。相传，很久以前，北孙一带冬不下雪，春不下雨，井水干枯。一个算命先生说："若要求雨，须向龙王烧香许愿，方能解脱大旱。"人们信以为真，修建了龙王庙，烧香化纸，唱戏求雨，从初春一直求到雨季，农历六月十三日终于下了一场透雨。人们以为龙王显灵，此后每年到了这天都烧香拜神，唱戏庆贺，成了庙会。"有钱难买五月旱，六月连阴吃饱饭"，是正定流传至今的一条谚语。每年的北孙龙王庙会，都会有各地的群众自发来到龙王庙参加庙会祭祀活动，到庙中焚香烧纸、许愿祈福，保佑人畜平安、五谷丰登。

（8）正定春节大庙会

正定春节大庙会

正定春节大庙会是从2008年开始举办的，至今已成功举办了九届。在石家庄地区乃至全省都产生了较大影响，它融旅游、古城文化和年节于一体，成为冀中南人民群众生活中具有一定知名度的春节文化活动。

春节大庙会从正月初一开始，庙会将民风、民俗、地方传统相结合，注重游客的互动参与，以此丰富游客春节期间的文化生活，展示正定的旅游风采。庙会主会场一般为隆兴寺、荣国府、赵云庙、开元寺、长乐门及城内的主要干道。长乐门广场上震耳欲聋的常山战鼓迎接八方游客。隆兴寺前举行南北舞狮和跑竹马、扭秧歌等民间花会表演。大悲阁前点燃千盏莲花灯，请福进家、登阁祈福。荣国府宁荣街举办传统美食节，汇集全国各地的名吃。赵云庙举办民间花会表演等。大庙会期间，五个景点实行联票参观，游人如织，热闹非凡。正月十五还会举行盛大的民间花会表演，将正定县的春节娱乐活动推向高潮。

附：正定庙会一览表

月份	时间（农历）	庙会地点
正月	正月初一到十五	正定县城
	正月初九	东洋
	正月十三	树路、北圣板
	正月二十八	曹村
二月	二月初八	李家庄
	二月十五	斜角头、固营、新安
	二月十九	三里屯、西杨庄、后塔底、周家庄、东邢庄
	二月二十五	北关、曲阳桥
	二月二十六	南永固
	二月二十九	东杨庄
三月	三月初三	吴兴
	三月初六	南圣板、永安、塔屯
	三月初八	付家村
	三月十五	厢同、大孙村、东杜村、北关村
	三月十八	中咬村、里双店
	三月二十	东贾村
	三月二十三	高平
	三月二十七	平丘、平安村

续表

四月	四月初八	北门里、朱河、南化村
	立夏日	牛家庄
	四月十五	蟠桃
	四月十八	南岗
五月	五月十三	新城铺
	五月十七	城隍庙
六月	六月初六	诸福屯、西白庄、拐角铺村
	六月十三	北孙
	六月十五	北永固
	六月二十三	大临济
	六月二十六	大寨
七月	七月初七	丁家庄
九月	九月十三	罗家庄
	九月二十五	斜角头
十月	十月初八	南牛
	十月十五	岸下、西权城
十一月	十一月十五	曲阳桥

3. 民间技艺

（1）赵向荣剪纸

赵向荣，笔名赵向英，1950 年出生于黑龙江省方正县，现为正定人。

赵向荣剪纸

1985 年，已在老家黑龙江崭露头角的赵向荣，随丈夫到正定定居，因家中地少维持生活艰难，赵向荣开始把剪纸作为谋生的手段。1987 年，赵向荣参加河北省电视台举办的“民间技艺表演赛”，获优秀奖，后参加 24 省市和全国剪纸展览，荣获“中华剪纸函授中心有功人员”奖，作品《穿色剪纸》获讲座铜奖，作品《余翁》《夸富》《喂鸡》参加全国剪纸展；《猪八戒背媳妇》参加“中国美术展”在日本展出，并在首届“中国民俗剪纸展”中获三等奖；《三打白骨精》在瑞典玛尔摩市展出；1991 年参加广州“中华百绝博览会”；1996 年《同心合力》参加中国旅游剪纸展获铜奖，作品编入《中国风俗剪纸》一书；2002 年 6 月，剪辑的花鸟虫鱼、人物等作品，参加在美国芝加哥举办的“世界文化艺术展”；2004 年 9 月，作品《新郎新娘上京》《牧牛》等参加河北省老年书画优秀作品展，其中《牧牛》荣获优秀奖。2005 年 5 月，剪纸作品《回娘家》荣获第 28 届世界遗产会国际书画大赛“世界遗产杯”金奖。同年 8 月，《金猴奋起千钧棒》参加了文化部举办的“纪念抗日战争 60 周年”中华当代艺术家作品展，荣获金奖。

2001 年，在有关部门的支持下，赵向荣开了一家剪纸艺术中心，集创作、销售、培训和展览于一体，被誉为“古城一绝”。2005 年，赵向荣被吸收为中国剪纸学会会员，河北省民间美术研究会会员，政协正定县第九届、第十届、第十一届政协委员。传略编入《中国民间名人录》《中国当代艺术界名人录》《中华翰墨名家作品博览》。

2009年，赵氏剪纸艺术被列入第三批石家庄市非物质文化遗产名录。

（2）张君兰剪影

张君兰，1962年生，别名阿兰，又名常山君子兰，河北正定县人，开创了剪影艺术创意的先河。这种可将废画报变为具有审美价值的艺术剪影，为绿色环保事业作出了突出的贡献。

张君兰小时候常住在山西姥姥家，从小就受到民间艺术的熏陶。后来从母亲做手影游戏中，她产生用剪影描绘各种形象的想法。10岁那年，她就剪出了数十种图案。后来她通过勤学苦练，剪影技艺日益成熟。偶然间，她注意到人们丢弃的画报色彩斑斓、亮丽夺目，在她的眼里，这些废品就是她一直寻找的剪影材料。自此，她搜集各种废弃画报，开始剪影创作。

张君兰作品现有2500多幅，以废弃的画报为原材料（比如，杂志的插页、服装宣传册、挂历等等），根据上面原有的色彩进行造型重新组合，用一把剪刀创作出不同主题的作品。且不用临摹，不用笔画，一剪子下去，就能把鲜活的形象剪出来。为此有人评价张君兰是写意剪影创始人，称她将传统剪影——一种堪称“剪刀游戏”的民间艺术，发展成为具有艺术思想、审美价值和时尚设计感的艺术形式。环保界也对张君兰特别看好，称她是“环保俏剪”，带给人们“化腐朽为神奇”的心灵震撼。

张君兰剪影

随着名气的日益增大，张君兰受邀进京参加“中国民间春节联欢晚会”，现场展示了独特的才艺，引起巨大轰动；并先后多次到北京高等学府、北京首都图书馆、孔子学院汉语夏令营做公益演讲和现场艺术创作。2013年11月，张君兰参加了第八届中国北京国际文化创意产业博览会，她向人大常委会副委员长路甬祥介绍了自己的剪影作品，还得到北京市副市长杨晓超的鼓励和关怀，最终获得“文博创意产业促进奖”。2014 年，张君兰参加了由国家文化部、财政部启动的文化产业创业创意人才扶持计划，经过大赛筛选，在报送的 4000 余件创意设计作品中，张君兰以她的创意剪影晋级前 500 强，并正式进入由国家文化部、财政部启动的文化产业创业创意人才扶持计划库。目前，她的“常山俏剪”准备申报市级非物质文化遗产名录。

（3）刘秀峰拓片

刘秀峰，正定非物质文化遗产项目“传拓技艺”代表性传承人，墨香阁创始人。墨香阁创建于 1989 年，由当代书法大家黄绮先生题写“墨香阁”匾额。墨香阁以书画装裱和收藏为主要载体，传承中国文脉，承接金石文化，其收藏的金石珍品在全国有一定影响。其中碑志、造像、秦砖汉瓦印章等数百件，不乏至臻上品，藏拓近万种。

刘秀峰

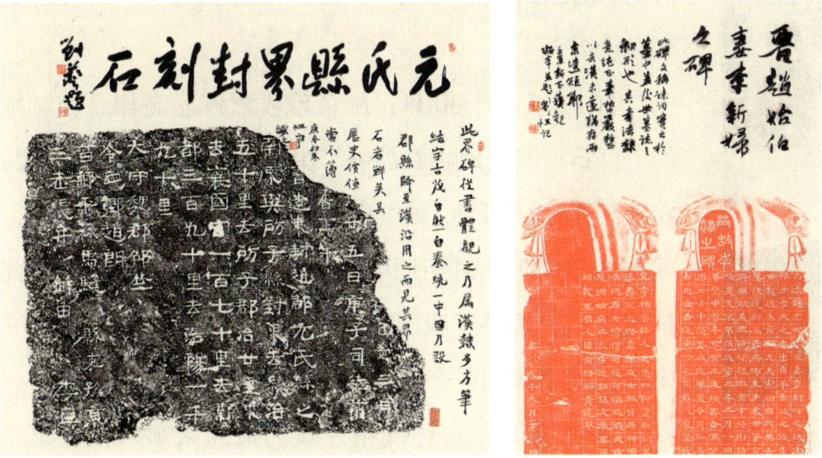

刘秀峰拓片

几十年苦心经营，刘秀峰收藏的金石珍品已成规模，受到文化各界的关注和盛赞，被吸纳为中国收藏家协会会员，中国金石学会理事，中国龙藏寺碑研究会副会长，河北金石学会副会长，河北装裱协会副秘书长，正定文联理事，正定收藏协会常务副会长。墨香阁藏品丰富，广交贤友，吸引了众多书法名家、文化学者、金石专家到此参观并进行学术交流，其中有沈鹏、黄绮、旭宇、何应辉、刘正成、王镛、周志高、丛文俊、刘恒、华人德、李松、刘文华、陈根远等，并为墨香阁留下了多达两百多幅墨宝跋语和信件。墨香阁的收藏珍品被多位中国著名书法大家、金石学家撰文赞颂，并发表于国家级杂志报纸上介绍给读者。

2013 年，正定手工装裱技艺被列入第五批石家庄市非物质文化遗产目录。

（4）施荣珍拓片

施荣珍，正定南牛村人，原本是一名地地道道的农民，如今的她不但在省会收藏界小有名气，被聘为正定收藏协会副秘书长、河北金石学会理事，还成为了河北师范大学的客座导师，并且中国书法院展览馆为她举行了半个月的展览，被称为“河北民间艺术家”。

拓片是我国一项古老的传统技艺，是使用宣纸和墨汁，将碑文、器皿上的文字或图案清晰地拷贝出来的一种技能。施荣珍多年来精心搜集、收购各朝代碑志、砖瓦、地券，现藏有魏、唐墓志、宋地券原石近四百种。其藏珍贵志石先后在《文物春秋》《书法家》等专业学术刊物刊登。2011 年，先后为国家图书馆和北京大学图书馆捐赠拓片 22 种，受到社会好评。

施荣珍拓片

2012 年 5 月 30 日，施荣珍收藏作品亮相京城，她的“百石斋藏宋地券百品展”在中国书法院展览馆开展，在业界引起了轰动。中国书法院院长王镛等专家表示，此次展出的宋元时期地圹、地券拓片 120 件，书法研究价值颇高，填补了我国宋代地券研究的空白，将为研究宋代民间书风和民俗提供第一手资料。

2015 年，正定传统拓片技艺被列入第六批石家庄非物质文化遗产名录。

（5）魏新桥、魏玉彩泥雕彩绘

魏新桥，正定新城铺镇合家庄村人，是一位颇有名气的泥雕彩绘艺人。泥雕彩绘的制作是在黏土中加入纸、麻、棉等纤维，捏制或模制成型后，再描绘不同颜色而成，颜色多姿多彩，缤纷绚丽，造型夸张，形神兼备，色彩艳丽，具有典型的中国民间特色，深受人们喜爱。泥雕彩绘是门非常复杂、要求极高的技艺，它要求继承者必须学会木工、铁工、泥水工、绘画等技能，同时熟悉风水学、力学、历史学等知识才算真正的传承。

魏新桥曾主持承德避暑山庄烟雨楼的彩绘工程，受到一致好评。此外，还参与隆兴寺内残损的泥雕、壁画的修缮工作，在河北省内小有名气。他的作品形神兼备，文官神态安详，武将气势威武，视觉冲击力强，体现了高超的泥塑技术。

20 世纪 90 年代，由于年事已高，魏新桥休养在家，其二子魏荣耀、长孙魏玉彩继承老人技术。1994 年，隆兴寺修复慈氏阁佛像时，魏玉彩幸遇中国文物研究所修复专家胡继高，并拜其为师，学习用现代科学技术对古文物进行维修保护，并在实践中，将现代科学技术巧妙地融汇到传统工艺中，制作修复水平大幅度提高。截至 2008 年，他做过泥雕、壁画、木雕、漆器、石雕、石窟的修复，含世界遗产 2 处，中国考古十大发现 1 处及国宝级文物多处。

（6）傅金铃书法

傅金铃

傅金铃，1931 年生，河北正定人，现为中国老年书画研究会会员、河北省书法家协会会员、河北省体育书画学会秘书长和临济书社社长。

傅金铃自幼爱好书法，从事书法创作 70 余年，擅长楷、隶、行、草等多种书体，他的书法结体端庄稳健，用笔流畅秀逸，特别是隶书，刚健有力、雄浑伟岸，被誉为“古城墨宝”。尤其是他的隶书作品，端庄秀逸，

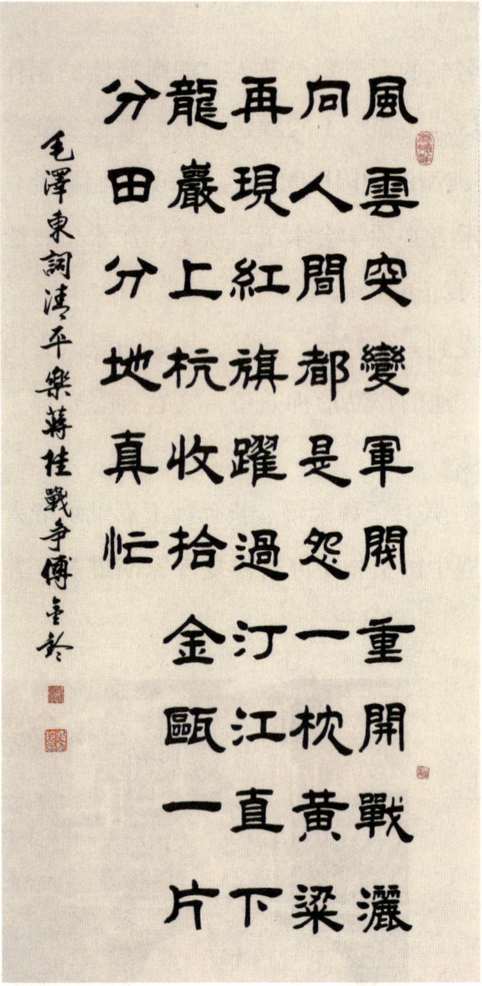

傅金铃书法

骨肉丰满，浑然归一，独创一体，令人耳目一新，被人称为“傅体”，在国内书界亦有影响。他的作品在国际体育交流和佛教事务活动中分别传入韩国、日本、马来西亚、瑞典、英国、美国、新加坡等国家和地区，成为正定对外文化交流的“文化使者”。1992 年，傅金铃应日本邀请曾赴福冈、佐贺、熊本等地进行书法交流活动。2000 年出版了《傅金铃养生保健书法集》《正定古韵》《傅金铃书法集》《隶书毛泽东诗词》等，近年来，正定县政府及各出版社相继给傅金铃出版了十几种书法作品集。

（7）尹沫书法

尹沫，1949 年生，河北正定人，1987 年毕业于首都师范大学教育系中国书法艺术专业，师从欧阳中石。离职前为正定县文化局副局长、正定县文联主席。现为中国书法家协会会员，石家庄市书法家协会副主席。学书四十余载，遍临名碑名帖，书艺日臻成熟，逐渐形成自己的风格：注重传统，各体兼能，追求古趣，刻意创新。

尹沫书法作品曾入选中国书协主办的中日书法交流展、中新书法联展，曾荣获河北省书法大赛一等奖，华北书展奖，在神龙杯、青泉杯、九成宫杯、中华杯、中华人才杯、杜康杯及中国楹联大展、中国正书大展中获等级奖。其作品先后在北京劳动人民文化宫、中国历史博物馆、中国美术馆、中国革命军事博物馆展出，被国内外多家博物馆、纪念馆和碑林收藏刻石。作品论文散见于《人民日报》及《书法》《书法报》等专业报刊，被四十余部作品集收录出版，主要生平及艺术简历被收入数十部传记辞典。《当代书画名家》等专业报刊曾作专版推介，河北电视台拍播了电视专题片《尹沫和他的书法艺术》，省市新闻媒体多次进行专题报道。

尹沫

尹沫多次参与组织全国性的书画活动。2004年以来，他应邀参加了人民日报社、中国书法家协会主办的全国书画展赛组委会，参与了纪念邓小平同志诞辰一百周年书画展和纪念抗日战争胜利六十周年全国书画展整个活动的策划、组织和作品的评选工作，同时编辑出版了《纪念邓小平同志诞辰一百周年》大型书画作品集和《纪念抗日战争胜利六十周年》大型书画作品集。

长期的书法实践使尹沫积累了丰富的教学经验，对书法人才的培养教育颇见成效。近年来，培养出中国书法家协会会员3名、河北省书法家协会会员9名、石家庄市书法家协会会员30余名。其中，王墉等多名弟子已成为书坛骨干，在全国重大展赛中屡屡获奖，为书法事业的发展作出了贡献。

尹沫书写的正定城门门楣

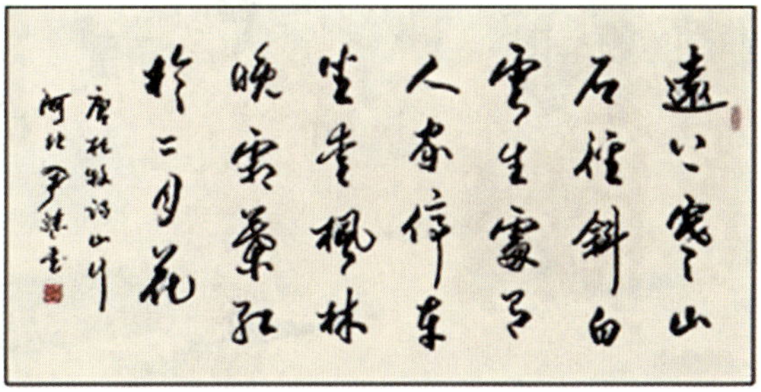

尹沫书法

（8）高照传承人郭建兵

郭建兵，正定县新城铺镇人。自幼活泼好动，8 岁跟随该村老艺人学习少林武术，13 岁模仿练习高照，随后跟该村民间艺人们学习中幡的套路。此后，逢年过节，不断到周边城镇表演。1992 年正月，率队参加北京“龙潭杯”民间艺术表演赛，获优秀表演奖；同年正月十五获得民间艺术节表演特别奖；2008 年 4 月，高照被列为国家级非物质文化遗产，郭建兵被命名为省级非物质文化遗产传承人。2010 年，参加古城正定高峰论坛开幕式表演。目前，高照已发展为 30 人的队伍。

（9）常山战鼓传承人张书社

张书社，正定县南牛乡东杨庄村人。出生在战鼓世家，精通“常山战鼓”技艺和套路，注重表演技巧与艺术性，担任“常山战鼓”主力和艺术总管多年，从事“常山战鼓”表演、教学 40 多年。作为“常山战鼓”的主要传承人。1990 年他带领队员参加了亚运会开幕式的演出；1997 年参加了在北京圆明园举办的香港回归庆典仪式；1999 年参加了澳门回归庆典仪式；2001 年参加了中华鼓舞大赛，获得银奖；2004 年参加省会鼓王争霸赛，获得“金鼓王”称号；2008 年参加了北京迎奥运圣火天安门表演和西柏坡火炬传递仪式。

祭奠大礼

4. 祭孔大典

古代的祭孔分为“春祭”和“秋祭”，自汉代至民国，每年春、秋仲月上丁日，全国各地乃至东南亚地区，各级官员及儒生等都要到当地文庙隆重举行释奠礼。正定县文庙始建于明洪武七年（1374 年），著名建筑学家梁思成先生鉴定其为五代时期遗存，内存中国现存最早的文庙大成殿。

释奠礼是非常重要的非物质文化遗

产，是古代纪念至圣先师孔子的一项重要礼仪活动。2005 年，河北境内第一次祭孔礼仪活动在正定县文庙恢复举办。正定祭孔大典亦以明制释奠礼为标准，全体人员着汉服进行仪式。整个释奠礼仪程仿古制，分为：迎神、奠帛、初献、读祝、亚献、终献、饮福受胙、望瘗等仪程，祭礼、雅乐、佾舞并举，仪式庄严肃穆、中正平和，体现了中华礼仪文化的博大精深和高贵典雅。

2015 年 11 月，正定祭孔大典成功入选第六批石家庄市非物质文化遗产名录。

（二）地方名吃

正定民间饮食文化源远流长，美食名吃异彩纷呈且独具特色，许多品牌被列入了各级非物质文化遗产名录和中华老字号。

1. 农家八大碗

正定农家八大碗是正定一带民间传统菜肴的主要代表，此技艺相传由三国名将赵云年轻时所创，经过历史演变和战乱，直到唐代才基本定型并开始广泛流行。“八大碗”是正定城乡最传统、内容最丰富的风味名吃。

八大碗

正定农家八大碗实际上主要是由猪肉制作组成的八碟八碗十六道菜。受儒家与道家文化影响，人们崇拜“八”这个数字。讲究上八仙桌，每桌坐上八个人，上八道菜，都用清一色的大碗。农家八大碗主要由四荤四素组成。四荤：方肉、酥肉、扣肘、肉丸子等，材料精选肘子肉、后臀肉。四素：豆腐（炸豆腐或白豆腐）、海带、粉条和农家时令菜蔬（如萝卜、白菜、茄子等）。其技艺主要在选料、刀功、火候的掌握以及配料的选择上，荤菜均是运用独特工艺先煮后蒸，有严格的程序和工序。由此制作的菜肴荤素搭配、营养丰富、经济实惠、老幼皆宜，色、香、味、型俱佳。

随着生活水平的提高，“八个碟子八个碗”也发生了演变，碟子由于小盛菜少，演变成了盘子，由“八个盘”演变成了“十二个盘”“十六个盘”“十八个盘”等等，盘子里菜的内容也丰富起来。但是“八个碗”由于做工繁琐，对技术要求高而没有大的变化，只是叫法由“八个碗”变为“八大碗”，碗中菜基本没有变化。“正定八大碗”已经成为一种颇具特色的民间传统菜肴，成为正定城乡婚庆、重大节日、招待尊贵客人不可缺少的一套菜肴，也成为正定民俗文化的优秀代表之一。

2007年6月，正定农家八大碗的代表“宋记八大碗”制作技艺被列入河北省第二批非物质文化遗产保护名录。

2. 清真八大碗

正定也是回族聚居地，勤劳智慧的正定人民创造了独特的宴席形式——“清真八大碗”，以牛、羊肉为主，荤素搭配，营养丰富，无论从医药学、营养学、保健学等各方面都显示出了独到之处。“清真八大碗”享有盛名，历史悠久，广泛流传，经久不衰。

目前，清云斋、聚祥斋、镇州饭店等清真饭店的八大碗比较有名气。

3. 马家卤鸡

马家老鸡店始创于清朝初年的直隶祁州（现河北安国），迄今已有300余年历史。清朝同治八年（1869年）因避战乱，迁至正定。据《正定县志》记载，“卤鸡”是明末清初由马

马家卤鸡

刘氏传入真定。有记载的第一代传人是马洛发，把祖传的卤鸡定名为“真定府马家老卤鸡”，并在正定开设马家老鸡店。马家系回族，对卤鸡选料特别讲究，一律采用鲜嫩活鸡。屠宰严格按伊斯兰教规，由清真寺掌教操刀，并经卫生、动检部门检验合格后方可入选。卤煮之前，将鸡洗净，一翅插入口腔，使头部弯回，另一翅折叠，两腿别起，爪入膛内，呈琵琶状（正定俚语“马家卤鸡——大窝脖”由此而来）。然后放入百年老汤中，配以丁香、砂仁、豆蔻、白芷等名贵肉料，以及花椒、大料、小茴香等调味佐料。汤的配方世代传承，已为百年老汤，用黄蜡封存深埋，因而汤中含胶质、氨基酸、芳香类物质十分丰富，每次卤煮新鸡，都将老汤沉淀过滤，去除杂质，保持汤鲜味美，同时更换新料，在煮鸡时按鸡龄长短定火候。煮好的卤鸡黄里透红、颜色鲜亮，鸡皮油光平展，不破皮、不脱骨、不塞牙、不腻口，久食不厌，老幼皆喜。

1901 年 12 月 31 日，因八国联军进犯北京而逃往西安的慈禧太后及光绪皇帝还京途中，驻跸正定。在正定行宫逗留三天，期间除游览正定众多名胜古迹外，还遍尝了各色风味名吃。其中，对百年老字号马家卤鸡赞不绝口，称其“香、鲜、嫩”。马家卤鸡一度成为贡品，名声大振。

中央电视台著名节目主持人崔永元曾在《精彩实话》一书中写道：“在河北正定有一个作坊生产马家鸡，我差不多全国各地的烧鸡都吃过，但是这个马家鸡，虽没有名气，如果以我的口味为准的话，它是中国最好的。”正定县原文化局局长、著名作家贾大山先生在小说里曾热情赞颂马家卤鸡的科学配方、精湛工艺、鲜明特色和良好口碑。

近百年来，马家卤鸡世代传承。第六代传承人马学中，在既保持传统工艺的同时，又自主创新了卤鸡翅、卤鸡爪、卤鸡胗等系列产品，并采用先进的灭菌及真空多层复合保鲜工艺，开发出系列软包装产品，能长期保持色、香、味、型不变，方便保存、运输和外销。1997 年，马学中把“马家卤鸡”注册为“真定府”牌。2007年，成立了“石家庄马氏中发食品有限公司”。

马家卤鸡先后获“中华老字号”“河北省著名商标”“河北省消费者协会信得过产品”“河北省质量监督检验所推荐产品”“河北省产品质量监督检验食品质量安全检测证书”“中国食品安全准入检验网质量合格上网证书”“中国消费市场食品安全放心品牌”“中国诚信老字号”等荣誉，并于2007年6月被列入第二批河北省非物质文化遗产名录。

4. 刘家卤鸡

清朝同治八年（1869年），有记载的第一代刘家卤鸡传人刘士奎，把祖传卤鸡定名为“刘家卤鸡”，并开设刘家老鸡店。刘家系回族，人丁兴旺，还有人做到高官。刘家官员出门甚至上京时，都会带自家制作的刘家鸡，因此，外界都知道真定特产刘家卤鸡，后来刘家卤鸡还进贡朝廷。

刘家卤鸡在借鉴“保定府传统卤鸡”的基础上，别出心裁的融汇穆斯林传统饮食文化的精髓和地方风味特色，精选优质的鲜鸡和各种名贵配料，配以秘制老汤精心煮制，特别强调卤鸡的口感和滋补功效，以其“色鲜味美，营养丰富”为特色，历史上曾得到慈禧太后、袁世凯、王士珍等名流的赞誉，深受八方食客的青睐。

2009年，刘家卤鸡被列入第三批石家庄市非物质文化遗产名录。

5. 崩肝

正定是“崩肝”的发源地，早在唐代就已闻名，至今已有一千多年的历史。相传唐玄宗初年，郭子仪带兵驻防真定(今河北正定)。一天傍晚，一锅炖牛肝热气腾腾，马上熟了，忽然探马来报，城西擅马口发现敌情。郭子仪立刻披挂上阵，率众将士倾巢出动。三个时辰后凯旋，揭锅查看，一锅牛肝已自然煨干，且不糊不焦，色泽金黄，入口品尝，松脆清香。后来一马姓师傅得到启发，将鲜牛肝或羊肝切丝用香油炒、蒸，又以葱、蒜、生姜，外加丁香、八角、茴香等，制成“崩肝”，流传至今。

崩肝

崩肝实为正定一绝，做法独特。选优质牛肝或羊肝，经高温蒸煮等十几道精细工序做成，产品色泽酱红，条索细匀，入口鲜香，耐嚼细品，回味无穷，是佐酒、下餐之佳品。牛肝、羊肝具有养血、补肝、明目、治血虚萎黄、虚劳羸弱、青盲、雀目等功效，男女老少均可食用。

长期以来，“崩肝”一直以家庭作坊生产为主，主要是现做现卖。因此，“崩肝”虽好，名声却不大。1998 年，正定县德山回民熟肉制品厂成立，并成功地将真空包装引入到“崩肝”制作中。其产品精工细作、品质优良，配合煨牛筋、煨牛腱等组成“三合一”“胜两河”套餐，作为地方特产成为正定人民探亲访友馈赠之佳品。

2011 年，正定崩肝被列入第四批石家庄市非物质文化遗产名录。

6. 扒糕

扒糕

正定扒糕已有 400 多年的历史，主要成分是荞麦，由 90% 的荞麦面和 10% 的小麦面加适量白矾、五香粉等佐料混合制成，加上花椒、小茴香、大料等调料搅拌均匀，等水开下锅，煮熟之后趁热定型为二两左右的小圆饼。吃的时候切成小块，再将小块扒糕削成两头薄中间厚的长条薄片盛在碗内，浇上用麻酱、酱油、醋调制而成的酱汁，配以红咸胡萝卜丝，浇芥末或辣椒或蒜末均可。夏天时可放在冰上冰着，冬天可放在炉铛上，吃时加油炒热，谓之“热炒扒糕”。

扒糕的主要原料荞麦有上乘的营养价值。《本草纲目》记载，“荞麦实肠胃，益气力，续精神，能炼五脏滓秽。作饭食，压丹食毒，甚良”。经科学验证，荞麦含磷、钙、铁及氨基酸、脂肪酸、亚油酸及多种维生素，是心脏病、高血压病、糖尿病患者首选的食品。

7. 凉粉

凉粉

凉粉又称“粉浆”，已有百余年历史，新中国成立前后颇负盛名。其工艺是把浸泡后的绿豆和甘薯磨烂，加水过滤，上去渣滓，下去淀粉，在粉浆中加入黄米、绿豆、红豆，用文火熬熟，根据酸度大小适当加水即成。另有一种做法是将小麦麸皮和小麦仁泡在水中（覆网布遮盖）发酵 4 ~ 5 天，之后每日调和一次，直到酸性过滤，只要汤，放上米煮熟即可食用，又叫粉浆粥。

粉浆喝时酸甜可口，淡香清醇，解渴防暑，别具风味。此外，还有解酒的特殊功效，多于六七月份食用。现多采用绿豆制作，名称也发生了变化，由粉浆改为凉粉，但其消暑降温的作用没有发生变化。

8. 豆腐脑

豆腐脑是“正定府三大宝”之一，清末由外迁人员开始制作。一种用卤水点豆浆，为老豆腐脑，佐以韭菜花、辣椒酱、香油等；一种用石膏点豆浆，佐以姜蒜末、酱油、香油等，为姜蒜豆腐脑；一种是在石膏点的豆腐脑上浇以黄花菜、木耳、面筋、粉条等做的卤汤，为卤豆腐脑，三种豆腐脑各具风味。

豆腐脑独具风味，香辣清醇，且含有丰富的蛋白质、脂肪以及糖、钙、磷、铁等矿物质，具有养肝护胃、防感冒的功效，深受人们欢迎。

豆腐脑

9. 烧麦

正定烧麦又名“撮撮包儿”。其制作工序复杂，馅以牛肉、羊肉为主，取肉质最好的“中肋”剁馅，配以蔬菜，将花椒、大料等佐料煮后，连同黄豆酱、葱花、鲜姜、小茴香等各种调料一起搅拌。烧麦皮儿要用烫面（开水和面），后擀成烧麦皮儿，加以馅做成烧麦。擀烧麦皮儿的擀杖也与众不同，它是一个中间粗两头带把儿，类似棒槌的特殊擀面杖，俗称“悠锤”。用它擀出的烧麦皮儿皮薄而不平，周边如同花边，中间放馅。不用像蒸包子、捏饺子一样合皮儿包，而是五个手指一提一撮口，烧麦就成型了，随后放进铺了绿菜叶的小竹笼屉上，8 个一屉，均匀排列，小小的笼屉里就像开满了石榴花，蒸 20 分钟即成。烧麦馅大皮薄，形似石榴，造型独特，配以香醋、蒜瓣，味道更加鲜美可口。

正定烧麦

正定大十字街西南角，紧邻着有两家清真烧麦馆，王家烧麦和甘家烧麦，烧麦手艺已传承几代。食材选取鲜嫩、精细的牛羊肉，质量上乘，有口皆碑，是一年四季都可品尝的美味，冬、春季节食用效果最佳。

2011 年，王家烧麦被列入第四批石家庄市非物质文化遗产目录。

10. 缸炉烧饼

缸炉烧饼，是将去掉底儿的大缸倒扣在炭火炉条上，生火烧热后在缸壁上烘制的饼，故得此名。用缸制作食品是一种很独特的方法，它利用了“缸”的光滑、耐火和厚度，烧出的烧饼不糊、面光，吃起来香、酥、脆。这种烧饼的制法在火候上极讲究，因缸里呈凹形，凉或热烧饼都要滑下来。缸炉烧饼形圆，上有花檐，大小同现在的芝麻烧饼差不多。

缸炉烧饼原料主要有白面、脱皮芝麻、食油、盐。做法是先将白面放入瓷盔中，取盐少许用凉水化开倒入面内，加水搅拌，揉和均匀。面团要较硬，放案板上擀成一指厚大片，倒上食用油，以手涂抹均匀，上撒白面，再卷成长条，攥成拳头粗棒条，对拽扯成直径 5 厘米的长条，置案上手截成段，逐段擀成长片，两头回折，翻扣再擀长，再对折成四角方形或长方形，摆齐洒水，以手在上抹成糊状，均匀地撒上脱皮芝麻，翻扣过去，手拍背面使芝麻粘牢。用一小块面擦拭生有炭火的炉壁，看面皮呈黄色即可装炉。装炉时将未撒芝麻面依次贴在缸炉壁上后加盖，十分钟左右即熟。

缸炉烧饼

关于缸炉烧饼的由来，有这样一个故事。相传，元朝末年，明太祖朱元璋占领南京城，封其子朱棣为燕王，率兵“扫北”，攻打元军。几经战争，许多村镇已变成废墟，有一小炉匠看着被饿坏的孩子们实在可怜，就把仅有的一点玉米面从破口袋里倒出来。可是，整个村镇已无完整的锅碗，于是他从瓦砾中，挖出两块破缸片，用水洗净，在一片上和面做饼，另一片用火烧热，把小饼贴在热缸片上，再用火烤。烤熟一尝，这种饼外焦内嫩，香酥可口。后来，小炉匠买了一口新缸，把缸底凿掉，反扣过来，在中间烧上炭火，专用缸壁烘烤烧饼出售，所以被称为“缸炉烧饼”。

11.“跑儿”肉

“跑儿”即野兔，其肉营养价值极高，具有四高四低的特点，四高：即高蛋白、高赖氨酸、高卵磷脂、高消化率；四低：即低脂肪、低胆固醇、低尿酸、低热量。《本草纲目》记载，“兔肉性寒味甘，具有补中益气、止渴健脾、凉血解热、利大肠之功效”。“跑儿”肉专指野兔，因立春后，野兔怀小兔，且春、夏、秋三季野兔吃青草，草腥气较大，只有等入冬后，野兔吃过一段时间干草，草腥气变淡，才适合食用。

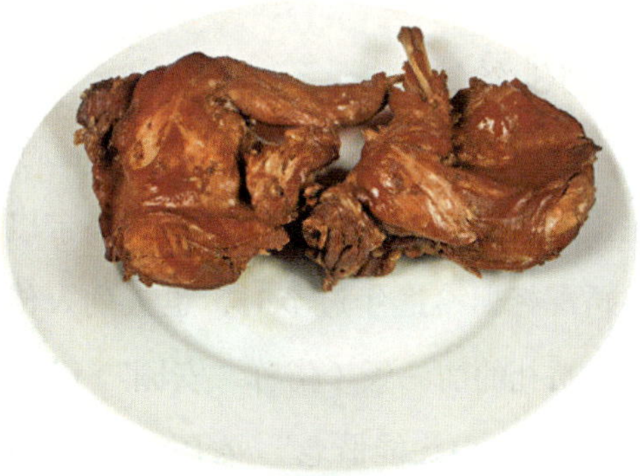

卤煮“跑儿”肉

“跑儿”肉做法并不复杂，剥皮洗净的野兔码入锅内，放二三十种料，煮开锅后“飞硝”（将火硝放在勺里点燃，趁热下锅，锅里的浮沫就会凝结，且肉易煮烂），之后炖煮一段时间，停火焖约 4 小时，出锅。煮好的“跑儿”肉黑红色，卤香，肉紧实，有嚼头儿。

12. 杂拌儿汤

杂拌儿汤是正定民间的一种特色汤菜，一般有两种，分别是羊肉杂拌儿汤和牛肉杂拌儿汤。羊杂拌儿汤主要有羊心、肺、肚、舌、腰子、肝等。羊心解郁补心；羊肝益血补肝，明目；

杂拌汤

羊肺补肺气，调水道；羊肚补虚健脾胃；羊肾补肾气，益精髓。数料合用，共奏补益五脏虚损之效。

牛杂儿汤主要有牛肉、牛肚、大肠、牛肺、牛心、牛百叶、牛肝等，制作精细，色泽美观，质嫩味鲜，麻辣浓香，令人百食不厌。

13. 饸饹

正定特色名吃，自第一代回族名厨王文生研制开始，历经五代祖传，已有一百多年历史，在正定久享盛名。饸饹原是冀中一带以杂粮面为主料的大众食品，不仅是百姓日常的主食，在婚配嫁娶、逢年过节时，也被列入传统食谱，并被赋予了美好的象征意义。旧时，正定人举行婚礼的前一天（俗称“安棚”），午餐一定是饸饹，此谓“安棚饸饹起轿糕”，认为“安棚吃饸饹，白头能偕老”。农历二月二，也要吃饸饹，俗谓“龙行旧道五谷丰，人吃饸饹运行通”。尤其是每年除夕，家家户户必吃荞麦饸饹，以象征“年经岁末，全家和（饸）乐（饹）”。

饸饹

饸饹的传统工艺是用一个木制的饸饹床压制，饸饹床放在滚开水的铁锅上方，揪一块饸饹面，团好了放进饸饹床凹槽内，通过人力将饸饹床“提溜”向下压，细而长的圆饸饹条就会从有漏眼的凹槽内被挤压进锅里。煮好的饸饹，盛进已放入焯好绿豆芽的碗里，浇上饸饹卤，撒上香菜或韭菜，一碗香喷喷的饸饹就可以品尝了。

目前，慕名到正定食用饸饹的人络绎不绝，而正顺饸饹较为有名。正顺饸饹选料精良、配比科学，工艺精湛、制作精细。饸饹面条悠长，入锅耐煮，不沾不化，熟后呈浅棕色，色泽鲜亮。色、香、味俱佳，令人垂涎欲滴。

2015 年 11 月，正顺饸饹被列入第六批石家庄市非物质文化遗产名录。

14. 酱排骨

郝家排骨

正定酱排骨远近闻名，有大排（脊椎骨）和小排之分，以碗销售，柔嫩鲜香，配以小菜和玉米饼、玉米粥，别有一番味道。

较为有名的有郝家排骨、张家排骨和梁家排骨。其中郝家排骨是正定的特色名吃，清朝光绪十八年（1893 年），由宫廷四品御厨郝时维创制，曾深得光绪皇帝的喜爱。从宫廷到民间历经百年风雨，至今已秘传五代。

郝家排骨以猪排骨为主料，经过严格的选料程序和祖传中草药工艺腌制，经特殊木柴火煮透，骨肉分离，味美滑喉。具有风味独特、肉质酥软、香而不腻、汤美味鲜、营养丰富等特点。2008 年 4 月，正定小商品博览会期间，主办方曾邀“真定郝家”第三代传人郝金贵先生亲自烹制，广受称赞。

目前，“郝家排骨”已通过国家认证注册了新的企业商标“真定郝家”，并获得中国企业商业信用评价中心颁发的“企业信用荣誉证书”和“诚信老字号”。

15. 炸麻糖

炸麻糖又叫炸白片儿、炸对饼儿、炸果子，曾经也被称为“炸盘算”。在过去，条件一般的家庭为了改善生活，就会盘算着做点儿好吃的，认为用油炸麻糖好吃，最香、最解馋，但比较费油，只能盘算着吃，所以炸麻糖也叫“炸盘算”。麻糖呈圆片形，中间划开两三道儿。炸麻糖有白片儿和带糖醒之分，白片儿就是直接炸面饼，糖醒就是在面饼的表层附一层麦芽糖稀，再下油锅炸，香甜可口。

16. 牛眼儿包子

牛眼儿包子是地道的老正定美味小吃。牛眼儿包子并不是馅儿里有牛眼，而是包子的形状个头儿跟牛眼儿一般大，采用小笼蒸制。牛眼儿包子也叫“撮扭包儿”，因为包子口不是开口，而是旋状撮口的，故得此名。

牛眼儿包子的面皮儿需是发面，馅选用肥嫩羊肉中的上脑，细细剁成，在剁的过程中加入葱、姜、蒜末以调味儿，然后用花椒、大料、小茴香水“浆馅”，最后加入小磨香油和少许食盐搅拌均匀即可。包时两手配合，一手托底儿，一手捏住面皮儿在包子顶端一旋，一合，一个牛眼包子就好了。

17. 炸藕合儿

炸藕合儿在正定街头小摊儿或者小吃店就有，所用莲藕为本地产。

炸藕合儿的做法并不复杂，先将藕去皮切片，每两片不完全切开而成一藕夹，用开水焯烫后，在两片藕夹中放进葱姜肉馅，合在一起后再挂一些面粉糊，下油锅炸至金黄色便可，沥清油后即成藕合，吃起来藕香酥脆，嫩爽可口。

18. 煎糖糕

正定煎糖糕分为黄白两色——黄米年糕、江米年糕，象征着金银满堂、年年登高的吉庆之意。年糕辅料里加有枣、豆、果仁、什锦等，把年糕横切成片放到鏊子上，放少量油，用中小火煎成金黄色后，再均匀撒上白糖，焦黄香脆甜。

（三）节日习俗

1. 节日

（1）春节

农历正月初一为春节，是一年中最隆重的节日。腊月二十三日为小年，从这天起人们就开始着手过年的准备，民谚云："二十三糖瓜粘，二十四扫房子，二十五做豆腐，二十六去割肉，二十七去宰鸡，二十八去宰鸭，二十九去装酒，三十儿捏饺子儿"。正定城乡过春节历来有贴春联、迎年、熬年、拜年、串亲等习俗。

①贴春联

除夕下午到傍晚，各家各户都会在街门、屋门和庭柱两边贴上红底黑字的对联。根据形状可分为门心、框对、横批、春条、斗方等，"门心"贴于门板上端的中心部位；"框对"贴于左右两个门框上；"横批"贴于门楣的横木上；"春条"则根据内容，贴于相应的地方；"斗方"也叫"门叶"，为正方菱形，多贴于家具、影壁上，用以烘托节日的气氛，寄托美好的愿望。

②迎年（旧称迎神）

除夕黄昏后，在天地、土地、财神、灶王等神位前，各家各户安置香炉焚香迎神，爆竹焰火齐放，街上院内灯火通明，爆竹轰响，礼花满天飞。

③熬年（守岁）

熬年，也叫"守岁"，从掌灯时分入席，一家人准备吃年夜饭，欢聚一夜，以迎候新年的到来。

关于“熬年”有一种说法：除夕夜若彻夜不眠，且毫无倦意，则预兆来年精力充沛、精神焕发。现在“熬年”已被赋予新意：男女老幼欢聚一堂，共享天伦之乐，互相勉励，弃旧图新。

④拜年

农历正月初一，亲朋好友、街坊邻里间要相互拜贺、祝福，称“拜年”。拜年时晚辈要给长辈磕头，长辈要给“压岁钱”，同辈间作揖相拜。拜年的顺序，先是同宗同辈间，之后是姑舅等亲戚间，再则是异姓邻里间。随着社会的发展，拜年的形式变为多样，但表达辞旧迎新、相互祝福以及孝敬老人、彼此尊重的情义依旧。

⑤压岁钱

“压岁钱”最初用意是镇恶驱邪，因为“岁”与“祟”谐音，过去人们认为小孩容易受鬼祟的侵害，所以用“压岁钱”压祟驱邪，晚辈得到“压岁钱”就可以平平安安度过一岁。春节拜年时，长辈要将事先准备好的“压岁钱”放进红包分给晚辈。

⑥串亲

农历正月初二、初三、初四是走亲属最多的日子，俗称串亲。妇女走娘家，丈夫儿女要同行，如娘家双亲健在，都选择初二、初四偶数日走亲，如一个或双亲俱亡，则选择初三单数日走亲。其他如姑表亲、姨表亲多在初四以后择日走动。

⑦初三祭祖

在正定，有正月初三上坟祭祖的习俗。这天早晨，家里长辈在天刚刚亮时就起床，准备祭奠故人用的祭品（烧纸、冥币、酒菜、鞭炮等），然后带着家里的男丁与家族里的人员集体出发去墓地进行祭祖活动。到了墓地后，按着祖先辈分的大小，依次在他们的坟上上香、放贡品、烧纸、放鞭炮，最后，大家一起磕头跪拜先辈。而嫁出去的女儿父母已故的，也是这天回娘家上坟祭拜，以此来表达对逝去亲人无尽的绵绵哀思和深深的怀念。

⑧破五节（或称破土）

农历正月初五，俗称“破五节”。这天人们黎明即起，燃放鞭炮，打扫卫生，特别是燃放“二踢脚”，寓意为“崩穷”，意为通过燃放鞭炮把一切穷困、不吉利的东西都赶跑，然后打扫卫生。

按旧习俗，大年除夕至正月初五期间不能打扫卫生，打扫也只能在屋内，垃圾先堆放在屋角，人们认为动扫帚将会把好运气赶跑。“破五”大扫除则是把垃圾清扫干净，以崭新的面貌开始工作和生活。

（2）元宵节

农历正月十五，又称“上元节”“灯节”。夜晚，人们要点起彩灯万盏，出门赏月、燃灯放焰、喜猜灯谜、共吃元宵，合家团聚。正定有在元宵节后一日烤“百龄火”的习俗。“百龄树”即柏树，每到正月十六日晚，各家各户都堆起柏树枝，全家围在火堆周围烤起“百龄火”。据传，烤“百龄火”可祛灾除病，延年益寿。

（3）二月二

农历二月初二，被称“龙抬头”，又名“春耕节”“农事节”“春龙节”，自此后，雨水将会逐渐增多，因此也叫“春意节”。民谚云：“二月二，龙抬头；大仓满，小仓流。”

（4）寒食节

寒食节亦称“禁烟节”“冷节”“百五节”，为清明节前一天，是传统节日中唯一以饮食习俗来命名的节日。据史籍记载：春秋时期，晋国公子重耳为躲避祸乱而流亡他国长达十九年，大臣介子推始终追随左右、不离不弃，甚至“割股啖君”。重耳励精图治，成为一代名君“晋文公”，但介子推不求利禄，与母亲归隐绵山。晋文公为了追其出山相见而下令放火烧山，介子推坚决不出山、最终被火焚而死。晋文公感念介子推忠臣之志，将其葬于绵山，修祠立庙，并下令在介子推死难之日禁火寒食，以寄哀思，这就是“寒食节”的由来。伴随着岁月的流逝，寒食节静静地融入了清明节。

（5）清明节

清明节在仲春与暮春之交，是最重要的祭祀节日之一，据传始于古代帝王将相“墓祭”之礼，是祭祖和扫墓的日子。扫墓时，要携带酒食果品、纸钱等，将食物供祭在亲人墓前，将纸钱焚化，为坟冢培上新土，插上几枝嫩绿，叩头行祭拜礼。

（6）端午节

农历五月初五，由来说法甚多，诸如：纪念屈原说，纪念伍子胥说，纪念曹娥说，起于三代夏至节说，恶月恶日驱避说等。“端午”一词最早出现于西晋名臣周处的《风土记》。

（7）七夕节

农历七月初七，也称“乞巧节”，节日起源于汉代，东晋葛洪的《西京杂记》有“汉彩女常以七月七日穿七孔针于开襟楼，人俱习之”的记载。传说这一天是天上的牛郎织女过“鹊桥”相会的日子，因此，又被称为“爱情节”或中国的 “情人节”。

（8）中秋节

农历八月十五，又称“月夕”“ 仲秋节”“秋节”，是中国重要的传统节日。“中秋”一词，最早见于《周礼》，《礼记·月令》上说：“仲秋之月养衰老，行糜粥饮食”。中秋节自古便有祭月、赏月、拜月、吃月饼等习俗，每临傍晚，人们要摆上瓜果和月饼，在一起赏月、饮酒，思念和祝福在远方的亲人，故有“每逢佳节倍思亲”之说。

（9）重阳节

农历九月九日，又称“重九节”“晒秋节”“踏秋”，源头可追溯到先秦之前。这天人们往往出游赏景、登高远眺、观赏花卉、采插茱萸、吃重阳糕、饮菊花酒等。九为数字中最大的，九九又与“久久”同音，寓有长久、长寿的含义，故这天也与尊老、敬老、爱老、助老相联系。每逢九月九日，正定人民制作花糕，酿造菊酒，亲朋结伴登高，边吃边喝边赏菊，尽欢方散。

（10）寒衣节

农历十月初一，又称“祭祖节”“冥阴节”，是我国传统的祭祀节日，源头可追溯到周朝。这一天标志着严冬的到来，人们多烧纸制冥衣和冥币，祭奠先亡之人，以求故人能够温暖过冬、吃穿不愁。

（11）腊八节

农历十二月初八，俗称“腊八”， 自上古起，这天就是祭祀祖先和神灵的日子。相传这一天还是佛祖释迦牟尼成道之日，称为“法宝节”，是佛教盛大的节日之一。

2. 婚嫁

俗话说“男大当婚，女大当嫁”，婚姻是人生的大事，青年男女通过自由恋爱等形式步入婚姻的殿堂，组建家庭。婚嫁大致分为订婚、娶亲和回门三个环节。

（1）说媒

“说媒”也叫“提亲”，媒人受人之托或主动到男女双方家中进行说合，促成男女双方的婚事。婚事促成后，男女双方都要给媒人“谢媒礼”，即“送红包”或“包封”。现今人们在感情上是自由的，选择范围也在扩大，但很多青年男女还会通过媒人牵线。

（2）相亲

提亲后，经双方同意，由媒人安排双方的家长见面，即“相亲”。旧时大都是男方的家长到女方家，看看女方及家庭的情况，男方本人并不出面。有的则是男方由母亲陪同到女方家，有的地方女方也要到男方家中相亲，见见未来的女婿。相亲要选择吉日，清扫室内和院落，穿戴整洁，特别是女方要精心打扮一番，迎接对方的到来。

（3）订婚

男女双方通过了解后同意结亲，要进行正式的订婚。双方家长要根据男女双方生辰八字以及良辰吉日选定婚期，男方要送给女方订婚礼金。婚期确定后，由男方向亲朋好友、街坊邻里发出邀请。

（4）送嫁妆

举行正式婚礼前女方要送陪嫁，即陪送女儿出嫁的物品，必须是双数，且在举行正式婚礼仪式的前一天上午或当天从女方家送到男方家。嫁妆通常由女方本族女眷进行缝制、叠放、收拾、送嫁等，女眷要求“全乎儿人”（即有丈夫有儿女）。送嫁时，由女方近亲男童手执陪嫁箱柜的钥匙前往，名为“押嫁妆”，男方收到嫁妆后要给送嫁妆的来宾及男童喜烟、喜糖及喜钱等。

（5）迎娶

也叫“迎亲”“娶媳妇”，是举行正式婚礼的首项议程。男方将新媳妇从女方家中迎接到自己家中，一般是由新郎去接，也有媒人或小叔子带着迎亲队伍去接，新郎在家等候。新娘出嫁前要精心梳妆打扮一番，沐浴更衣，里外三新，等待花轿到来。迎亲队伍到女方家后，新郎要进行“过门礼”“下马面”并叩拜岳父岳母，呈上大红的迎亲简帖。新郎及新娘随迎亲队伍回男方家时，要走不同的路线返回，讲究“不走回头路”。男方家看到迎亲的队伍，立刻燃放鞭炮、鼓乐齐鸣。成婚当天，有“姑不接，姨不送”之忌讳。

（6）拜堂

也称拜花堂、高堂、天地，是婚礼的重要仪式。拜堂的场所一般在男方家的堂屋，点燃香烛，祭放祖先的牌位，摆上粮斗，装着五谷杂粮、花生、红枣等，上面贴上红“双喜”字。新娘下轿后要“迈火盆”“踩瓦片”，意为日子要过得红红火火、岁岁平安。男方的父母坐于大堂上座，新郎与新娘被引至大堂中间，炮声齐鸣，鼓乐震天，一拜“天地”，二拜“高堂（父母亲）”，夫妻对拜。

（7）喜宴

喜宴，也称婚宴，是婚礼的高潮，旧时农村有“无宴不成婚，无酒不嫁女”的说法。喜事时，按照宾客的身份，长辈坐上座，其他人依次而坐，新郎与新娘要到各桌向客人们敬酒。菜肴并无严格的规定，但要荤素搭配、冷热相间，有“八碗”“十碟”和“十二碟”之分。“八”代表发财，“十”代表十全十美，“十二”代表月月幸福。

（8）闹洞房

闹洞房由来已久，有“三天之内没大小”之说，尤其是农村闹洞房成了一种民俗风情。传说，紫微星下凡，见一披麻戴孝的女鬼在伺机作恶，便尾随其后，见其躲进一新婚夫妇的洞房，小夫妻拜罢堂欲入，紫微星告其洞房内有鬼，小夫妻忙问怎么办？紫微星说魔鬼最怕人多，让亲朋好友们到洞房闹闹，魔鬼便不敢作恶。小夫妻照做，众人的嬉笑喊叫声驱走了妖怪，闹洞房就有驱鬼避邪的意思。

（9）回门

新婚后第二天，女方亲戚到男方接回新婚夫妇，谓之“回妆”俗称“回面”，并当天返回。第三天，新婚夫妇携带礼品再去女方娘家，俗称“三朝回门”。过两天，新娘父母再将女儿送到男方家，谓“二回三住”。六日后，再将女儿接回，满月后再送，谓之“过月”。至此，婚娶仪程才告全部结束。

3. 丧葬

正定的传统葬俗，形成了独具本地特色的殡葬程序，一般包括停尸、报丧、吊唁、入殓、出殡、安葬等仪式。

（1）停尸

亲人去世后，把尸体安放在房屋外间木板上，并尽快寻找年龄较大者为逝者穿寿衣，用白纸或白布掩面，不能裸露逝者的肢体。最后，在逝者头前地桌上置放香炉、供品、白纸、油灯等，亲友在此烧纸吊唁。

（2）报丧

把亲人去世的噩耗告知亲友与乡亲，叫“报丧”。一般报丧，由掌事人令人分头奔赴逝者亲友家中报丧，同时要带上白布孝帽或孝衫，也叫“布孝”。同族长辈要带头戴孝帽、身穿孝衣的逝者长子去本村亲朋、同族家中报丧，孝子不能入亲友家门，由陪同人在外喊话，主人出迎。孝子要跪地磕头，等陪同人说完情由，方可站起。

（3）吊唁

吊唁是指亲友接到讣告后来吊丧，并慰问死者家属。逝者亲属需要穿不同等级的孝服，孝服古代分为斩衰、齐衰、大功、小功和缌麻五等，总称“五服”。逝者子女在灵前，遇有来吊唁者，要趴地叩头，以示还礼。

（4）入殓

入殓，又称“大殓”，入殓前先在棺材内倒一些熬过的松香，堵塞棺木缝隙，将逝者生前喜爱的物件儿随棺入葬。入殓前，亲属必须在场，如果逝者为女性，娘家人必须在场，是谓“亲视含殓”，之后封棺。

（5）出殡

旧时多为土葬，现在多为火葬，将灵柩运至殡仪馆，再进行不同形式的安葬。在农村，出殡当天，亲友、邻里汇集到逝者家，举行祭奠仪式。死者的长子跪拜致礼，在众人的协助下将棺木移出灵棚，放到预先绑好的架子上。家人在鼓乐声中绕棺木左转三圈、右转三圈，表示对逝者的依恋难舍。棺木抬起前，长子要双膝跪地，手捧烧纸钱的瓦盆，将瓦盆摔碎到地上，称为“摔老盆”，摔得越碎越好，这样便可把烧化的纸钱带到阴间。出殡队伍前后顺序为：家族的长者在前面引导，逝者的长孙捧着遗像，后为儿子、女儿、儿媳妇及亲属。长子手执“招魂幡”，其他儿女手执“孝棒”，亲属们手执花圈、纸扎的摇钱树、聚宝盆等。乐队在花圈后吹打，最后则是抬棺和护棺亲友。到达墓地后，长子先动手铲土，其他人依次，之后众人一起将棺木掩埋并堆起坟茔，最后将“孝棒”插在坟茔上及周围。在坟茔前置墓脚石，用以摆放祭奠的供品，“招魂幡”、花圈、纸扎的器物等全部点燃，并燃放鞭炮，向逝者做最后的告别。

（6）上坟

葬礼举办后，家人要在逝者死后的第七天到坟前“烧纸”祭奠致哀，也称“头七”。此后还有“三七”“五七”“七七”，直到百天。此后每年逢逝者的忌日和除夕、清明节、中元节、寒衣节等，家人都要携带祭品、香纸到坟前，举行仪式，祭奠逝者。

第八章　物阜民丰的经济基础

古人云："仓廪实而知礼节"。人民富庶才能安居乐业，安居乐业才能国泰民安。正定作为区域政治文化中心，其经济富庶对社会稳定发展起到了保驾护航的作用。而正定经济的发展不是一蹴而就的，它是一步一步积累起来的。在经济发展的过程中也体现出正定人民在劳动中的勤劳与智慧。

（一）历史回顾

1. 古代正定经济

远古时期，正定一带是一片林莽荒原。从西洋、南杨庄新石器时代的仰韶文化遗址可以推知，至少在7000年以前，我们的祖先便已开始了对正定的开发，他们用石斧伐树木、斩荆棘，用石铲掘地播种，用石刀收割谷物，开始了"锄耕时代"。他们捏制各种泥坯，烧制成红色或灰色的陶器，开始了原始的手工业劳动。从小西帐、新城铺的文化遗址得知，到了奴隶社会，我们的祖先运用智慧，开沟渠、修阡陌、凿井池，农业文明得到加速发展。手工业中，除了制陶外，又出现了青铜器。

经过春秋战国激烈的社会变革，地处中山古国的正定，进入了封建社会。铁器的出现和使用实现了农业生产的变革，提高了垦荒和兴修水利的劳动效率，经济有了较大发展。在两千多年的封建时代里，我们的祖先开发正定，主要表现为屯垦、治河、治沙三个方面。

屯垦：正定的社会经济指数虽不及经济发展程度较高的中原或江南地区，但因地处南北要冲，军事地位十分重要，有"土瘠人众，军民杂处"的特点。自曹魏首倡屯田以来，历代统治者都很重视对正定的屯垦。唐继西魏、北周和隋，实行府兵制，寓兵于农，平时垦殖，战时出征。金代，统治者把州县丁壮年20岁以上、50岁以下者都编入军籍，平时垦殖，战时出征。元代，元世祖还特下诏书，令正定路的百姓屯田，可免皮货贡赋。明初，正定"兵后田荒，居民鲜少"，明太祖迁山西泽路等地百姓"屯耕正定""免赋役三年"，并"给钞三千，以备农具"。直到清朝时，史书上还有"招民垦荒""三年免税"的记载。

治河：正定境内，有滹沱河、磁河、周汉河等数条河流，如何兴利避害，是历朝历代所面临的重大问题。诸河中，尤以滹沱河危害最甚。历代人民治河的主要治理方法：一是引水淤田。《正定府志》载："宋神宗三年，以龙图阁学士吴中复知正定事，七年，治引滹沱水淤田。"又载："静安令任进奏乞俟来年收麦毕，全放滹沱诸水溉南北岸，可得田二万七千余顷，诏从之。"二是筑坝修堤。由于滹沱河历代都未能从根本上得以治理，堤坝筑而后毁，毁而复筑，正定军民为之付出了极大代价。石亘在《成德军修滹沱河碑》中所记载的一次工役中提及："堤塞之功九十七万，城垛之工二百六十四万，物为之百万，于工役之费而莫之计也"。三是开渠分水。《正定县志》载："唐高宗总章二年，引石邑太白渠入正定界以溉田。"又载："明万历间，周河渐淤，知县周应中疏通之。"但受困于技术手段，对于滹沱河的根本治理一直未见成效。

治沙：滹沱河、老磁河经常泛滥成灾，改变河道，在正定大地上留下了大片的荒沙滩。据于华峰《古常山郡新志》描述："沙滩长数十里，宽十数里不等，流沙变迁不定，丘陵累累，草木鲜生，禽鸟声绝，阴森可怖：其大者，名阎王鼻子，攀登不慎，就有无以自拔之危险。如遇大风，飞尘走沙，天昏地暗，无敢通行者。"风沙危害日甚一日，大片良田变成不毛之地，风沙直侵府城。原来"源头兴旺，川流不息"的护城河，至清末，"早已被风沙填为平地。北门以西，风沙堆积，出地面有丈余者。出入小北门者，绝无知当年须架桥越河也"。《正定县志》载："清同治六年，北门积沙几与城平。"为了治理沙害，人们一方面年复一年地想方设法稳固河道，不使其变迁；另一方面十分重视通过提高植被覆盖率来改善土地沙化。历史上，诸多谋略之士曾力倡通过提高植被覆盖率来防风固沙。据《正定县志》载，明初，明太祖朱元璋规定农民凡有田五至十亩，都要种桑、麻、棉各半亩。又载，明宣德四年，户部遣官巡视正定，督民栽植桑枣。

2. 近代正定经济

近代以来，在国内外市场诱导下，各级交易市场逐渐扩大，自然经济的平衡性进一步破坏，同时化肥、良种等新的生产要素初露头角；另一方面，由于战乱与社会动荡，政府低能腐败，缺乏基本的法律制度等一系列社会经济问题，大部分农业生产者入不敷出、负债挣扎，只有少部分村民稍有剩余，而资本又远离市场，陷于停滞；劳动力浪费、技术陈旧、生产凋敝，广大农民仍然在传统经济社会中徘徊。正定的农业经济捉襟见肘、窘迫不堪。

1949 年，正定县工农业总产值 3984 万元，其中工业产值仅为 477 万元。农业方面，耕地面积 567000 余亩，其中 114000 余亩是旱地。生产条件还相对落后。农机具仅有水车、铁轮大车等万余件。水利设施只有砖（石）井 23000 多眼。粮食耕地亩产仅 218 斤，总产 76470000 斤。棉花亩产仅 38 斤，总产 3990000 斤。油料亩产 178 斤，总产 8750000 斤。林业方面，全县林地面积仅 4337 亩，而其中 2926 亩是当年在人民政府的领导下栽植的。干鲜果品产量仅 18500 斤。畜牧业方面，大牲畜 27000 余头，猪 56000 多头，羊 1000 多只。工业方面，新中国成立以前，仅有南门里面粉厂、宝庆铁工厂、李家绷带公司等为数不多的几家企业。刚解放时，也仅有三个企业，两个是食品企业，一个是轻纺企业。交通运输方面，全县通车公路里程仅 42 千米，运输量 110 吨，且全靠民间交通工具运输。邮电通讯方面，邮路长度仅 405 千米，全靠自行车传递。商业方面，商品零售额仅 1243.6 万元。

（二）新中国成立以来的正定经济

1. 改革开放前的正定经济

第一阶段（1949—1957 年）

1949 年至 1952 年的国民经济恢复时期，为迅速恢复在旧中国遭到严重破坏的国民经济，正定县政府主抓了三件事：一是组织生产自救。由于新中国刚刚成立，人民群众在生产、生活方面都十分困难，为帮助人民度过难关，正定县委、县政府首先积极组织了生产自救活动。1950 年春，县政府拨发优质军粮 23000 余斤，救灾粮 26000 余斤，帮助群众度过了春荒。二是大力改善生产条件。仅 1949 年一年全县共打新井 100 多眼，修复旧井近 500 眼，新增水车300多架，修旧水车500多架，开渠2000多丈。到1952年，全县新打井454眼，农民开始使用化肥。三是积极引导农民走互助合作道路。据统计，1952年全县已成立互助组5553个，入组农民25204户，占总农户的43%，并出现了第一个农业合作社——樊福成合作社。经过三年努力，正定经济开始复苏。1952年与1949年相比，全县工农业总产值增加1940万元，增长48.7%；粮食总产量增加3119万斤，增长40.8%；棉花总产量增加504万斤，增长126.3%；油料总产量增加708万斤，增长80.9%。

"第一个五年计划"时期，遵照党中央提出的过渡时期总路线，正定县逐步实现了对个体农业、手工业的社会主义改造。对个体农业遵循自愿互利、典型示范和国家帮助的原则，创造了从临时互助组和常年互助组发展到半社会主义性质的初级农业合作社、再发展到社会主义性质的高级农业合作社的过渡形式。在樊福成农业合作社的影响带动下，1953年、1954年，农业合作社逐年增加。到1955年底，农业合作社已发展到1283个，入社农户40369户，占总农户的68.3%。1956年，县委、县政府提出实现社会主义性质的农业合作化要求后，短短半个多月时间，全县便建起了198个高级农业合作社，入社农户58823户，占农户总数的99.6%，实现了农业合作化。对私营商业，采取公私合营或组织合作商店的办法进行了改造，到1956年底共改造1875户。对个体手工业也采取了类似的办法，到1956年底，全县4161个个体手工业者，全部改造完毕，组织起了20个手工业生产合作社，此外还组织了3个运输合作社。在社会主义改造中也存在不足和偏差，如操之过急、工作过粗、改变过快，形式过于单一等。

第二阶段（1958—1962年）

"第二个五年计划"期间，由于全县轻率地开展"大跃进"和人民公社化运动，使得以高指标、瞎指挥、浮夸风和"共产风"为主要标志的"左"倾错误严重泛滥。1957年年底，正定县提出了"粮食亩产600斤，棉花亩产100斤，越过黄河去，直奔长江岸"（粮食亩产800斤）的跃进计划，这在当时已是较高的指标。1958年，又提出"学河南、赶河南，超河南，粮食亩产5000斤，皮棉亩产1600斤"的口号，并提出亩产3万斤、2万斤、1.5万斤、1万斤的小麦“元帅奖”“卫星奖”，结果浮夸风越刮越盛。与此同时，全县实现了人民公社化，普遍办起了公社食堂，搞起大炼钢铁运动。到 1958 年底，全县干部、农民、学生共投入大炼钢铁劳力 12.8 万名，建起炼钢炉 2 万多个。

第三阶段（1963—1965 年）

正定县 1963 年发生了特大洪水灾害。8 月总降雨量 775.2 毫米，其间，仅 8 月 6 日一天就降雨 300 毫米，滹沱河水猛涨，冲垮了 8 条堤坝，周汉河、清水河也水满出槽。此外还从灵寿、新乐入境五股大水，50 个村庄被淹，65 个村庄被围，房屋倒塌，畜死人伤，灾情十分严重。灾后，县委、县政府花了极大精力抓救灾和恢复生产的工作，国家和兄弟县市也大力支援。据统计，灾后共发救灾粮 8 万斤、统销粮 2180 万斤、代食品 1677 万斤、布 57947 米、棉花 2.6 万斤、煤 1300 吨、钱款 350 多万元。严重的自然灾害给经济调整工作造成了很大困难。尽管如此，国民经济经过调整后很快恢复和发展起来，与 1963 年相比，1965 年全县工农业产值由 4295 万元增至 8168 万元，增幅 90.2%。其中，农业产值增长 83.9 %，工业产值增长 155.7%，粮食总产量增长 120.1%，棉花总产量增长 222.9%，油料总产量增长 13%。随着生产的发展，市场逐步趋向繁荣，人民生活水平有了明显提高。

第四阶段（1966—1977 年）

“文革”十年中，一切工作“以阶级斗争为纲”，经济工作成了政治运动的附庸品和牺牲品。在“割资本主义尾巴”“堵资本主义路”的口号下，农民正当的家庭副业生产被当作自发资本主义倾向割掉了，甚至一批以集体主义为原则的工副业，也以“以副坑农”“弃农经商”的罪名横加砍杀，似乎只有“劳力归田，车马归队”才是社会主义。这十年中，片面强调“以粮为纲”，整个经济工作搞农业“单打一”，农业工作又搞粮食“单打一”，抓了一个纲、丢了一大帮，经济发展之路越走越窄，钻进了死胡同。社办工业 1976 年与 1971 年相比，产值由 1109 万元降到 387 万元，下降了 65%。除了粮食生产有所发展外，棉花、油料和其他作物都受到排挤。1966 年和 1976 年相比，农业总投资从 3641 万元增至 8284 万元，增长 127.5%，农业费用由 1564 万元增至 3598 万元，增长 130%，而百元费用创产值却从 290.6

元降至 162.9 元，减少 43.9%。到 1976 年，全县生产靠贷款的生产队竟占总队数量的 60%，累欠贷款达 410 万元。1977 年，经济有了初步恢复。

2. 改革开放以来的正定经济

第一阶段（1978—1985 年）

党的十一届三中全会以后，经过全面拨乱反正，纠正了过去的“左”倾错误，正定县的经济发展进入了一个全新时期。党的十一届三中全会后，正定人民在三中全会精神指引下，首先从重新认识“以粮为纲”开始，实现了由“重粮轻棉”向“粮棉并重”的转变。从 1979 年开始，用了两年时间，调整了农业布局、落实了棉田面积。与此同时，推行了农业联产的计酬责任制，从而使正定经济开始出现了新的转机。20 世纪 80 年棉花亩产达到 137 斤，总产量达到 1628 万斤，创历史最高水平，花生亩产 313 斤，总产 802 万斤，也创历史最高水平。社员人均分配突破百元大关，达到 132 元，比三中全会召开前的 1978 年增长了 46.7%。

正定县紧邻省会石家庄，城郊区位特点突出。20 世纪 80 年代初实施了“半城郊型经济”发展战略。1981 年，县委、县政府开始注重抓社队企业和多种经营，开放了集市贸易，下放了自留地。1982 年，明确作出了把工作重点转移到农、工、多三方面来的决定，从而实现了由“小农业”向“大农业”的转变。1981 年，全县粮食单产、总产、社队三级工副业总收入、分配总收入、纯收入、人均生活水平和人均口粮七项指标都达到了历史最好水平。全县工农业总产值也首次突破两亿元大关，达到 20291 万元。

从 1983 年开始，县委、县政府决心改变不合理的经济结构，实现两个“颠倒”，即把工农业产值比例中农大工小、劳力比例中农多工少的关系颠倒过来。县委、县政府作出了《关于解放思想 放宽政策 加快经济发展的若干规定》，要求全县干部群众牢固树立“不抓农业不稳，不抓工业不富，不抓商业不活”的观点，学会站在商品经济的高度总揽全局，把经济搞活。短短一年时间，全县经济便出现了大发展的好势头，工农业总产值达到 27781 万元，比 1981 年增长 34.1%，其中农业产值 18780 万元，比 1981 年增长 31.6%，工业产值 9001 万元，比

1981年增长39.6%。粮食亩产达到1293斤，总产43074万斤，棉花亩产165斤，总产2387万斤，乡村两级企业总收入5000万元，家庭副业收入6400万元，人均生活水平达到358元。上述指标均创历史最高水平。这一年，专业户、联合体也如雨后春笋般迅猛发展，并涌现出了24个专业村。全县各种产品商品率达到72.4%。财贸系统购销两旺、储蓄增加，信贷和财政收支平衡。

1984年，为加快商品经济发展，县委、县政府以中央一号文件为指导，紧紧围绕“翻两番、奔小康”的总目标，从改革入手，坚持“两个文明”一起抓，突出以经济建设为重点，组织了全县“翻番大合唱”。全县干部群众团结一致、艰苦努力，经济建设又向前迈进了一大步，出现了起飞的势头。

至1985年，全县工农业总产值在1980年1.79亿元的基础上翻了将近两番，达到了5.27亿元；工业产值比1980年翻了一番多，达到3.1亿元；农业产值比1980年翻了一番，达到2.16亿元。

第二阶段（1986—1990年）

在“半城郊型经济”发展战略的基础上，1988年，正定县提出靠城带乡的指导思想，促进城乡一体化发展。“七五”计划期间，至1990年，全县国民生产总值为6.95亿元，比1985年增长31.8%；国民收入为6.05亿元，比1985年增长29.1%；社会总产值为18.6亿元，比1985年增长98.4%；工农业总产值为15.2亿元，比1985年增长1.1倍；财政收入1990年完成3805万元，比1985年增长1.4倍。全县完成工业投入1.8亿元，对电子、机械、化工、轻纺等重点企业进行了技术改造。科技、教育、文化等各项社会事业得到较快发展，经过“半城郊型经济”“城乡一体化”的实践，“七五”期间，正定县跻身于河北省综合经济“十强”县，摘掉了农业“高产穷县”的帽子。“七五”期间是正定经济的过渡期。

第三阶段（1991—2000年）

这一阶段跨越了“八五”“九五”两个时期。20世纪90年代正定县先后提出“围绕提高经济效益，积极发展城郊型经济”“要以小康建设总揽农村工作，实施富县、富乡、富村、富民的四富工程”的发展战略。“八五”计划期间，原定2000年国民生产总值比1980年翻两番的目标，于1992年提前8年实现。按可比口径计算，“八五”期间平均增长27.2%，比“七五”高21.5个百分点。产业结构进一步优化，“八五”期间一、二、三产业增速分别为17.6%、40.9%和19.0%，三次产业比例由1990年的40.6∶30.9∶28.5调整到29∶44∶27。工农业总产值1995年完成57.9亿元，是1990年的3.8倍。财政收入1995年完成1.01亿元（不含留村乡），比上年增长25.7%，是1990年的2.5倍，“八五”期间平均增长20.4%。1995年，第三产业增加值完成9.1亿元，年均增长19%。从业人员达到9.05万人。市场设施建设步伐加快，全县形成各类市场49个。1995年消费品零售总额完成8.1亿元，平均增长33.6%。对内对外开放取得新进展。“八五”期间实际利用外资1527.8万美元，是此前累计利用外资额的18倍。1995年已有32家外资企业建成投产，5家被石家庄市批准为出口创汇先进企业。“八五”期间引进联合企业和项目80个，市汽车制造厂的两个分厂、天元蛋制品厂、世达乳制品厂、海森医药基地等企业在正定县安家落户。1995年外贸收购总值达到4亿元，年均增长67.9%。“八五”期间正定被列为国家、省、市三级科技示范县，被国家批准为历史文化名城和社会发展综合实验区。

1999年，正定县为了培育壮大主导产业，确定了全面实施“龙头、科技、外向、旅游”四大带动战略，推进可持续发展的决策。2000年将其修订为“科技、开放、市场、旅游”四大带动战略。通过实施“四大带动”战略，培育出了“板材家具、食品饲料、纺织服装、医药化工”四大主导产业。“九五”期末至2000年，国内生产总值完成71亿元，比“八五”末翻了一番，第一产业增加值14.7亿元，年均增长8.9%；第二产业增加值31.1亿元，年均增长16.9%；第三产业增加值25.2亿元，年均增长19.0%。三产比例由“八五”末的29∶44∶27调整为20.6∶44.0∶35.4，人均国内生产总值1.29万元，比“八五”末增加0.69万元。2000年财政收入2.367亿元，是“八五”末的2.2倍，年均增长17.2%。至2000年社会消费品零售总额完成20.3亿元，年均增长20.2%。新建、扩建各类市场40个，市场总数达到52个，其中专业市场19个，生产要素市场6个，市场交易额达到35亿元。

对内对外开放取得新成效。“九五”累计利用外资2819万美元，是“八五”时期的1.8倍，年均增长13%，建成了诚峰热电、鸿鹰塑料等一批投资规模较大的合资企业，外资企业达到37家。五年出口创汇达7200万美元，年均增长25%。5年引进经济合作项目262个，技术合作项目98个，引进域外资金8.43亿元。

“九五”期间全社会固定资产投资83.7亿元，是“八五”期间的2.7倍。先后完成了6万吨合成氨扩产、华北蓄电池扩产、热电厂建设、秸秆还田工程和大悲阁落架重修、机场南环路、农村低压电网改造等142个重大项目建设。

这一时期是正定经济新发展的奠定时期，尤其是对外开放外资引进取得了巨大成就。为下一阶段的正定经济发展奠定了良好基础。

第四阶段（2001—2015年）

2002年，正定县委七届八次全委会议上，明确了建设“经济强县、文化名县、旅游大县”的指导思想，正定县紧紧抓住了省会“1+4”组团发展机遇，2003年第八次党代会上提出，继续坚持建设“经济强县、文化名县、旅游大县”的目标，继续坚持“科技、开放、旅游、市场”四大带动战略，主动接受省会辐射，着力构建“两区一廊”（铁西工业区、城东工业新区和沿107国道市场走廊）和乡镇特色工贸小区，积极为石家庄市“退二进三”和项目建设搭建发展平台。“十五”期间，正定的经济结构越来越合理化，财政收入有了巨大变化。

2005年，全县地区总产值80.26亿元，财政收入3.476亿元，产业结构不断优化。三产比例调整为18.8 ：48.1 ：33.1。农业综合生产能力显著提高，形成了禽蛋、蔬菜、乳制品、肉类、板材、优质麦等六大特色农业，12万亩农田实施了节水灌溉工程。5年投资千万元以上项目167个，引进域外资金48.3亿元，累计利用外资3334万美元，出口创汇完成7860万美元。城乡基础设施得到改善，“十五”期间完成212个村797.3千米的低压电网改造，新建输电线路12.7千米。县域路网结构不断完善，新建、改建公路243.6千米，初步形成了连接所有乡镇以及98%以上行政村的公路网络。新增道路面积36.1万平方米，新增绿化面积201.9万平方米，绿化覆盖率44.7%，城市集中供热面积227万平方米，天然气年供气量500万立方米，人民生活水平不断提高。城镇居民可支配收入7505元，农民人均纯收入4325元，分别比“九五”

末增长 22.4% 和 20%。

“十一五”时期，全县经济平稳较快发展，经济实力明显增强。地区生产总值由 2005 年的 80.26 亿元增加到 2010 年的 160.9 亿元，年均增长 12.3%，总量实现翻番；人均地区生产总值达到 3.47 万元，是“十五”期末的 1.9 倍，高于全国和河北省平均水平，提前实现“全面建设小康社会”单体目标；2010 年域内固定资产投资完成 123.8 亿元，保持了 30% 以上增长速度，五年实施重点建设项目 66 项，完成投资 132.9 亿元，是拉动经济增长的第一要素；社会消费品零售总额 62 亿元，是“十五”期末的 2.4 倍，年均增长 19.15%；外贸进出口总值实现 10119 万美元，突破 1 亿美元大关；2010 年财政收入完成 8.03 亿元，年均增长 18.1%，是“十五”期末的 2.31 倍，其中地方一般预算收入完成 5 亿元，占全部财政收入比重达到 62.3%，财政调控能力显著增加；2010 年全县金融机构存款和贷款余额分别为 180.16 亿元和 71.02 亿元，分别增长 22.08% 和 48.46%，是“十五”期末的 2.29 倍和 2.54 倍，存贷比由 35.61% 提高到 39.42%，有力支持了地方经济建设。

“十二五”期间，正定抓住机遇，飞速发展。截至 2015 年，地区生产总值达到 275 亿元，人均生产总值达到 5.5 万元，全部财政收入达到 21.2 亿元。其中一般公共预算收入完成 14.08 亿元，固定资产投资完成 259.6 亿元，社会消费品零售总额完成 116 亿元。驻县各类银行达 16 家，社会存款余额达到 374.6 亿元，贷款余额达到 231.39 亿元，贷存比为 61.77%，三项指标均位居全市第一。

（三）农业农村发展

1. 农业发展状况

历史上，正定经济一直以农业为主。粟黍自“锄耕农业”以来就是主要的粮食作物之一。商周时期，小麦的种植已渐渐普遍化。油料作物主要有花生、芝麻、油菜等。种桑养蚕也是一项重要的农事活动。元代时，棉花从南方向北方普及，随着棉花种植的普及和棉纺业的兴起，桑蚕的地位逐渐没落，被棉花种植所取代。至明代，正定已成为重要产棉区。

新中国成立以来，正定农业生产不断发展，农业生产结构有了很大改变。从农业产值看，正定的农业生产在新中国成立后呈上升趋势，特别是党的十一届三中全会以来，因地制宜，扬长避短，发挥优势，使农业生产结构调整取得了可喜的成绩。在农业总产值中，林、牧、副业比重上升，种植业比重下降，经济作物比重上升，粮食作物比重下降，全县步入了农、林、牧、副、渔全面发展和综合经营的正确轨道。

1986年，正定县夏粮种植面积28000公顷，夏收粮食总产136070吨，平均每公顷4830公斤。秋粮种植24844公顷，粮食总产147140吨，平均每公顷5925公斤；2005年，正定夏粮种植20475公顷，总产151498吨，平均每公顷7935公斤；秋粮种植20339公顷，总产157122吨，平均每公顷7725公斤。扣除土地变迁因素，夏收粮食和小麦总产分别比1986年增长52.8%和51.9%，单产增长52.8%； 秋收粮食和玉米分别比1986年增长29.8%和29.4%，单产增长39.7%。

2006年全县粮食种植面积达到60.38万亩，粮食总产达到30.6万吨。31万亩小麦亩产503公斤，总产15.6吨；24.3万亩玉米平均单产556.3公斤，总产13.5万吨；蔬菜总产83.5万吨。肉、蛋、奶产量分别达到9.55万吨、12.08万吨和6.3万吨。

2015年，正定县粮食播种面积达61.6万亩，总产达31.02万吨，粮食生产实现“十二连丰”。油料面积达到7万亩，总产2.45万吨。肉、蛋、奶产量分别达到8.12万吨、12.99万吨和12.08万吨。培育了10个现代农业园区，瓜菜种植面积达13万亩，年产达87.04万吨。市级以上农业产业化龙头企业达15家，标准化农民专业合作社发展到141家，村级合作社覆盖率达到100%。农业产业化经营率提高到74.6%。新时期的正定农业向着生态化方向发展，服务民生的目标越来越明确。2015年正定县新增造林面积12168亩，森林覆盖率提高1.54%，达到了24.86%。

（1）农村基础设施完善

近年来，解决了17.54万人的饮水安全问题，实现农村安全饮水全覆盖。滹沱河综合整治一期全线通水，新建南北防洪堤 13.4 千米，防洪标准由 50 年一遇提高到百年一遇。完成 127 条农村公路建设，全县公路通车总里程达 828.95 千米，改造农村电网线路 1230 千米。

（2）粮食高产创建工作

正定县积极落实各项惠农政策，及时将国家良种补贴和农资综合补贴资金发放到户。2014 年落实粮食、棉花、花生良种补贴 773.8 万吨，落实发放“一喷综防”物化补贴农药 68.2 万吨。建成了以周家庄、高平、大寨、北孙等村为中心的 8 个万亩高产示范片，曲阳桥整乡推进粮食高产示范创建工作。

（3）特色高效农业工作

建成了正定镇万亩叶菜种植基地、曲阳桥乡万亩瓜菜生产基地和东贾村、西里双、陈家疃村、西关、西杨庄、西汉、南化等 10 个千亩设施蔬菜示范园。培育形成了塔元庄都市农业园、森林河·趣那主题公园、农耕时代农业观光园等 10 个现代农业园区。

（4）畜牧水产业发展

2014 年正定县大牲畜存栏 9.8 万头，奶牛存栏 5.1 万头，大牲畜出栏 7.7 万头，生猪存栏 44.1 万头，出栏 63.3 万头，禽存栏 1530 万只，出栏 2030 万只。

近年来，正定县培育形成了石家庄市惠康食品有限公司、河北永丰饲料公司、河北蕙兰面业有限公司、河北明光食品公司等市级以上农业产业化龙头企业达 15 家，标准化农民专业合作社发展到 141 家，农业产业化经营率由 2010 年的 68% 提高到 74.6%。

2. 农业龙头企业

（1）河北永丰饲料有限公司

公司始建于 1988 年，位于正定县牛家庄村，注册资本 500 万元，是一家集研制、生产、销售于一体的大型现代化饲料企业，产品以畜禽、水产饲料为主，以养殖宠物等高档饲料为辅，建筑面积 16000 平方米，现有员工近千人。公司拥有先进的现代化微机控制生产线和预混料生产线，存储设备达到国内先进水平，设备生产能力近百万吨。公司在河北省饲料行业名列前茅，被省政府确定为重点扶持的100家民营企业之一。

（2）河北蕙兰面业有限公司

公司始建于1989年，位于正定县新城铺，注册资金1500万元，总资产6300多万元，是一家中型民营企业，河北省农业产业化重点龙头企业和河北省应急成品粮定点加工和承储企业，河北省放心粮油进农村进社区示范加工企业、河北省著名商标企业和河北名牌企业。公司下辖河北康冉创鑫生物科技股份有限公司、河北梁石府食品有限公司、河北高粱王粮油贸易有限公司、正定县蕙兰粮食种植专业合作社等4家实体公司，产品包括小麦粉、玉米黄金粉和挂面等。

公司致力于"支持三农、服务三农"，大力开展农业产业化经营，探索"企业以工业理念经营农业，农民转变身份参与经营"的发展新理念、新思路，产生了较好的经济效益和社会效益。

（3）河北明光食品公司

公司始建于2008年3月，位于正定县南楼乡，总投资1500万元，是一家集科研、种植、加工以及销售为一体的现代化、专业化的速冻果蔬加工厂。公司是国家级农业高新技术企业、省级农业产业化重点龙头企业和省级信用优良企业，同时还是中国园艺学会草莓分会常务理事单位，石家庄市农业产业化协会理事单位和农业部农业国际合作促进会会员单位。

（4）正定县金河奶牛养殖有限公司

公司始建于2006年，位于正定县南楼乡东里双村。公司基地总占地280亩，现奶牛存栏1178头，日产鲜奶12000公斤。基地内配备有鲜奶速测仪及相应的检测设备，并有科学完善的组织管理制度和健全的记录核算体系，有标准化的饲养管理技术规程和管道式挤奶设备，配备消毒防疫设施及科学合理的饲料供应体系。

2008年7月，公司通过河北省无公害畜产品产地认定。2009年9月被国家奶牛产业技术体系综合实验站确定为"国家奶牛产业技术体系实验示范场"。2010年、2013年分别被农业部认定为"畜禽产品标准化示范场"，为带动当地养殖业的健康发展起到了示范带头作用。

（5）石家庄市惠康食品有限公司

公司始建于1993年，是河北省农业产业化重点龙头企业，是以出口贸易为“龙头”，以收购、生产、加工为“龙身”，以种植、养殖农户为“龙尾”的外向型创汇民营企业。公司主营肉类、果蔬类速冻熟食产品，主要有28个大类，116个品种。公司年消耗、转化肉类原料5500吨、果蔬原料26000吨。产品主要出口日本、韩国、美国、澳大利亚等国家和地区。尤其在日本主市场，“惠康”产品凭借食品安全和质量两大优势，已成为日本前十大（熟食）经销商争购产品。

3. 美丽乡村建设成就

正定县经过持续开展农村面貌改造提升和美丽乡村建设，103个村庄先后列入省级重点村庄，特别是2015年，按照“古城新姿、现代庄园、乡村风情、城市品位”的要求，全面完成了京广铁路以西44个重点村庄的美丽乡村建设任务，累计完成投资2.25亿元，被列入河北省美丽乡村九大重点片区。正定县循着“一元化、两对接、三廊区、四支撑、五工程”的发展路径开展了美丽乡村建设工作。正定县以道路硬化、厕所改造、饮水改造、污水处理、绿地广场建设等15件实事落实为基础，努力提升农村环境容貌整体水平。

至2015年底，44个重点村硬化道路31.12万平方米，安装路灯2945盏，改造卫生厕所3060座，铺设污水管网7000米，新建文化广场和绿地游园85个，村庄绿化25万株，推广节能环保锅炉4267台。

正定县还开通了美丽乡村信息服务系统，实施了农民办事不出村工程，在全县154个村庄建设了办事不出村微机管理系统，农民群众只要到村便民服务中心登记申请，即可办理户籍、计生、新农合等100余项便民服务事项。建立了农民土地流转服务平台，正定县已经完成土地流转10.5万亩，流转率33%。

为彰显特色，在44个省级重点村，每村建起了个性化村标、精品街道、街心游园。正定森林河·趣那主题公园、高平地道战革命教育基地暨范公都市农业观光园、大孙村农耕时代都市农业示范园、平安村野槐林休闲观光、西汉食用菌标准化产业园、塔元庄农业科技示范园等十大现代农业园区建设成效明显，为美丽乡村建设提供了产业支撑，形成了一批具有特色产业的美丽乡村典型。

（1）塔元庄村

塔元庄村

塔元庄村位于石家庄市区北侧15千米，滹沱河北岸，正定县城西侧1.5千米。全村共480户，2030人，其中共产党员95人，村民代表43人，耕地760亩，河滩3000亩。该村与慧聪公司建立合作关系，慧聪公司对“塔元庄”品牌农产品进行推广，如塔元庄品牌系列大米、面粉，在全国叫响塔元庄品牌。塔元庄立足实际，建立了农业科技示范园，园区定位为现代化绿色有机农业。该村依托滹沱河两岸景观带，将建成为集特色种植、观光旅游于一体的现代化观光农业生态园，成为省会北侧一大景点。该村建成了1万平方米的连栋温室、13座日光温室和30亩开心农场。2014年实现集体经济收益800万，农民人均纯收益10000元。2010年村里投资100万在村中心建成占地1万平方米的村民活动广场。该村村民物业费、暖气费、水费全免，天然气每户每年补贴700元，有线电视、医疗费用、农合农保集体承担一半。为鼓励学习，对考入全国前40名高校的学生由村集体出学费。该村先后荣获国家和省市县级多项荣誉，荣获“中国最具影响力百强村”“石家庄市十大魅力村庄”称号，得到中央、省、市、县各级领导的肯定。2012年该村荣获全国创先争优先进基层党组织称号。2015年该村尹小平被评选为全国劳动模范。

（2）北贾村

北贾村位于正定县城西北部，现有村民 1400 余户，5600 余人，村民以种植业、家具生产和销售为主，人均年收入近 8000 元。该村现有小件家具加工企业 20 家左右，平均每家有 8 ~ 10 名工人。该村的电商发展主要是自发式、家庭式、集群式三种，店主以 80 后年轻人为主，店铺大部分在自己家中开办。据不完全统计，北贾村村民在淘宝、天猫等网站做买卖的有 120 多户，开设店铺 180 多个，平均每个店铺需要 3 ~ 5 人，直接带动 700 余人就业，占全村人口的 12.5%，全县为淘宝店提供货源的加工企业有 30 多家，年销售额 3000 余万元，销售产品主要为鞋柜、电视柜、茶几等小件家具，初步形成了一条连接生产、销售、物流等环节的家具行业电商产业链条，还包括 10 余家外乡村供货的品牌厂家和为之服务的仓储物流、快递货运网点，带动了几千人就业。该村每年网络销售额达 3000 余万元，年盈利达 300 余万元。电商的迅速发展，有力地推动了本村及周边村的家具产业转型升级，对正定县家具产业提档升级起到了促进作用。2014 年，北贾村被阿里研究院命名为“中国淘宝村”。

（3）西里寨村

西里寨村是一个具有红色革命传统的乡村，从西里寨走出了赵永夫、赵永胜等多位将军。西里寨村现已经打造出林内公园、村史馆、林田花海等一批项目，打造出了集农家饭店、宾馆、农产品、蔬菜大棚于一体的欢乐乡村之旅。目前，该村充分利用紧依滹沱河的自然地理优势，计划建设滑沙场、赛马场、沙滩排球场等一批大型娱乐场所。

西里寨村

（四）工业发展

1. 工业发展概况

新中国成立前，正定县工业基础十分薄弱。全县仅有轧花厂、面粉厂、铁工厂、绷带公司、酱醋社5个较大的企业。1949年全县工业总产值为477万元，主要工业品年产量：铁制农具52.3万件、木制家具1.1万件、棉布330.4万米、皮鞋1.3万双、服装2万件、砖81万块，加工皮棉2967吨，加工粮食1094吨。

新中国成立初期，正定人民在党和政府的领导下，努力恢复生产、发展经济，使工业生产取得了较大成就。1952年，工业总产值达到727万元，比1949年增长了52.4%。

“一五”时期（1953—1957年），正定县顺利完成了对手工业、工商业的社会主义改造，各行各业的个体手工业者组成了手工业生产合作社（组），并实行按劳取酬。1956年，共有合作社（组）18个，手工业工人988人，资金19.48万元，固定资产6.08万元，社员股金4.25万元，年产值180.65万元。手工业为全县工业的发展奠定了基础、培养了人才。1957年，全县工业总产值654万元。在这五年中，国家用于正定工业的投资额为64万元，占“一五”时期基本建设投资总额304万元的21%。

“二五”时期（1958—1962年），正逢“大跃进”时期，正定工业企业搞“社社合并”。在这五年中，工业生产起伏很大。1958年至1960年，工业总产值分别为801万元、1817万元和2221万元。由于搞“以钢为纲”，开展全民大炼钢铁运动，工业总产值表面上升，紧接着便是大倒退。1961年工业总产值下降至1142万元，1962年再降至584万元。

调整时期（1962—1965年），为了扭转国民经济中的困难局面，解决比例失调的问题，1960年，党中央提出了“调整、巩固、充实、提高”的八字方针。正定县坚定不移地执行这一方针，1961年开始压缩企业、精简职工。1962年，将原来的21个全民工业企业精减到10个，1963年工业总产值降至375万元。1965年，工业总产值上升到959万元，总产值比1962年增长 64.2%。

“三五”“四五”时期（1966—1975 年），1966 年“文化大革命”开始，工厂的生产秩序被打乱，工业总产值由 1965 年的 959 万元下降到 418 万元，1967 年下降到 354 万元，低于 1949 年水平，之后由于排除“极左”路线干扰，坚持生产，又有所回升。1970 年，全县工业总产值达 1965 万元，比 1965 年增长 104.9%。1975 年，工业总产值达 3754 万元，比 1970 年增长 91%。

“五五”“六五”时期（1976—1985 年），虽然“文革”已经结束，但是“文革”错误尚未得到系统纠正，经济中“左”的倾向依然存在，经济上冒进主义有所抬头。党的十一届三中全会以后，正定县工业在“调整、改革、整顿、提高”方针的指引下，农村中开始试行家庭联产承包责任制，城市里私营经济重新登上历史舞台，经济发展逐步走上了健康轨道。1980 年工业总产值由 1976 年的 424 万元增加到 5101 万元。进入“六五”以后，工业生产形势更为可喜。1984 年，县办工业总产值达 12170 万元，比 1949 年的 477 万元增长了 24.5 倍，比“文革”后期的 1975 年增长了 2.2 倍。

“七五”时期（1986—1990 年），“七五”初期全国经济出现持续过热，不稳定因素增加，经过后一阶段的治理整顿，正定经济又重新焕发活力。1986 年，正定县有工业企业 6765 家，其中国有企业 26 家、城乡集体企业 144 家、村办集体企业 441 家、联合体 904 家、个体工业户 5250 家。从业人员 47463 人，完成工业总产值 39466 万元，占工农业总产值的 47.7%。实现利润 4148 万元，税收 855 万元，占当年县财政收入的 50.8%。国有和集体工业企业的产值占全部工业产值的 55.2%，利税占全部工业利税的 65.3%。主要产品有机械、电子、建材、化工、食品、轻纺、服装、家具制造、木材加工、造纸、印刷等十多个行业 200 多种。1987 年，工业生产中遇到资金紧张、能源短缺、市场疲软、销售锐减等诸多困难，县委、县政府采取调整结构、强化销售、启动市场、促进生产等措施和政策，食用植物油、罐头、服装、家具等与人民生活密切相关的产品增长较快。到 1990 年，完成工业总产值 98764 万元，工业企业实现利润 2732 万元，税金 3061 万元。这一时期正定工业发展逐步进入正常发展轨道，工业增加值由1986年的8803万元增长到1990年的18490万元，年均增值12.97%。

“八五”时期（1991—1995年），中国经济经历了高速增长，正定经济也不甘落后。在邓小平南方讲话的鼓舞下，到1995年，正定县工业企业发展到7803家，职工73780人，实现工业总产值444571万元，利润32633万元，税收8129万元，占县财政收入的70.2%。

“九五”时期（1996—2000年），全县工业系统加大实施名牌战略，积极推行现代化企业建设制度，围绕产业结构调整和优化升级、加快科技创新和技术进步，工业企业生产继续稳步发展，经济效益明显提高。2000年，实现工业总产值922931万元，税收23810万元，占县财政收入的78%，产值、税收分别比1995年增长2.02、2.93倍。

“十五”时期（2001—2005年），2001年，正定县区划调整后，工业企业减少为3524个，职工76496人，总产值872261万元，税收11622万元。当年，县委、县政府出台《关于优化发展环境的若干规定》，制定20项支持个体私营经济发展的优惠政策，全县主要工业产品产量的效益大幅提升。2005年，全县有工业企业5618家，实现总产值1401365万元，利润97759万元，税收20252万元。产值、税收比1986年，分别增长35.5倍和23.6倍。其中年产值500万元以上规模工业企业115家，从业人员13691人，年产值超亿元企业7家。

“十一五”时期（2006—2010年），全县实施固定资产投资项目1190个，完成投资280.5亿元，三次产业投资结构由“十五”期末的7.1 ：50.9 ：42调整到2010年的2.1 ：43.2 ：54.7，带动三次产业结构由“十五”期末的20.0 ：46.6 ：33.4调整到2010年的14.2 ：43.9 ：41.9。第二产业比重有所下降，但是仍保持主导地位。2010年，实现利税31.3亿元，缴纳税收所占比重平均达到43.9%；全县规模以上工业企业149家，累计完成产值397.06亿元，实现增加值67.7亿元，平均增速为22.88%，医药化工、建筑装饰、板材家具、机械加工、纺织服装和食品饲料六大传统产业加大技术创新力度，产业链条逐步延伸。

“十二五”时期（2011—2015年），新增规模以上工业企业16家，总数达到146家，完成增加值98亿元，年均增长6.8%。工业利润达到35.59亿元，年均增长9.7%，这一数字是1949年的近2000倍。创建省级对标示范企业11家，行业标杆项目173项。常山生化、橡一股份2家企业成功上市,实现了本土企业挺进资本市场的新突破。培育壮大中博汽车、常山生化、小蜜蜂工具等16家高新技术企业。上市企业2家，院士工作站2家，市级以上工程技术研究中心13家。增加值达到10.4亿元，同比增长20%。

“十二五”期间，正定经济不仅实现了快速增长，而且实现了优质增长。三产比重增加，产业结构趋于合理。初步形成了板材家具、纺织服装、化工医药、食品饲料、机械制造五大优势产业。涌现出了常山药业、小蜜蜂工具、兄弟伊兰、常山纺织等一大批优势企业，正在加快培育新能源汽车、生物制药、电子信息和环保科技四大新兴产业。服务业方面，正定是全国商贸名城，商贸传统悠久，拥有省级现代服务产业园区和商贸物流产业聚集区，目前各类市场达到60多个，市场经营面积达331万平方米，物流设施面积45万平方米，形成了沿107国道绵延6千米的市场走廊。

2. 板材家具产业

正定县板材家具产业开始于20世纪80年代初，兴于90年代。80年代初，正定县一些农户开始打制少量家具，主要以自用和替人加工为主，规模很小、式样单一，生产时断时续。1985年以后，随着改革开放的逐步深入、人民生活水平的提高，从事家具生产的个体户逐渐多了起来，原有的生产模式已不能满足人民的需求，开始批量生产，作为商品出售。如小临济村的家具生产在当时就比较有名气，与此同时，对木制板材的需求加大，带动了板材销售业的发展，正定县内出现了一批板材销售店铺。此后，运输销售板材已不能满足更大规模的需要，一些板材经销商开始摸索从事板材生产。90年代以后，正定县家具行业进入了快速发展时期，一些发展较早、具有一定物质基础和生产管理经验的个体户开始扩建工厂，发展成为私营企业，一些产值超百万元的大户开始出现，初步形成了北早现、曲阳桥、蟠桃、罗家庄、西上泽、大临济等一批专业村。家具行业的飞速发展,极大带动了板材生产企业的发展。1993年，针对正定县板材销售店铺经营分散，不利于发展、管理等情况，由正定县政府出面组织，商户出资，建设了恒山板材市场，使得板材产业的发展无论是在生产信息、运输成本还是产品销售上，都有了无可比拟的优势，同时也促进了家具行业的更快发展。到目前，家具产业已成为正定一个极具潜力的特色产业。

板材家具产业经过多年发展，已经成为正定优势特色产业，1996 年被认定为“河北省重点产业集群”。家具产业拥有坚实的发展基础，已遍布正定县 8 个乡镇，形成较大的群体规模。目前，全县家具生产企业及相关流通配套企业有 1700 余家，从业人员 3.7 万人，年营业收入 127 亿元，实现增加值 28.9 亿元，年产各类家具 150 余万套（件），成为名副其实的全县第一大产业。经过数十年的市场化经营发展，全县已生产出实木、板式、软体、金属等四大类近百个品种的家具产品，上缴税金 3800 万元，形成了直销华北，辐射东北、西北、中原、华东等 10 余个省、市的良好局面，并带动了物流业的快速发展，在中国北方家具及生产流通领域独树一帜。

以板材家具企业为龙头，有效带动了正定县上、下游产业的全面发展。一方面是带动了一批家具原辅材料企业发展。截至 2015 年，全县已形成板材企业 266 家、五金配件等家具辅料企业 130 家、商贸物流企业近千家，全县从事家具及家具相关产业的企业总数达 2000 多家，从业人员近 10 万人。另一方面是带动了一批与家具产业相关的市场发展，使正定县先后形成了恒山市场、三才家具市场、金河家居基地、高远红木博览城等高标准专业市场，总占地 1500 亩，建筑面积 120 万平方米，年营业收入近 160 亿元。

2001 年，为了促进正定县家具产业的发展，成立了正定县家具协会。2004 年，成立了正定县板材业技术研究发展中心，总投资 1000 万元，占地 17 亩，工作场所独立，办公设施齐全，建立了实验室、设计室、检测室及化验室。2014 年推广新技术 6 项，改进生产工艺 13 项，申报专利 2 项，培训员工 600 人次。

多年来，正定县大力发展家具产业龙头企业，将重点企业、优势产品作为名牌产品、著名商标培育的重点，从标准、计量、质量管理等基础性工作入手，引导企业采用先进的产品标准和技术管理方法。目前，集群内共有省级名牌产品、著名商标 6 个，河北省中小企业名牌产品 16 个。目前，正定县确立了金河家具基地、三才正定家具市场、吉林森工、河北平安家具有限公司、石家庄诺丹家具有限公司等 20 家龙头企业。

（1）金河家居基地

金河家居基地紧邻正定火车站、107 国道旁，南距石家庄市 12 千米，北距石家庄国际机场 16 千米，地理位置十分优越，拥有得天独厚的便捷交通优势。除京广铁路外，还有京珠、石太、石黄、青银、绕城、京昆、新元 7 条高速公路环绕周边，物流货运辐射全国。

金河家居基地由河北金河投资有限公司投资，石家庄金河房地产开发有限公司开发，石家庄盛世金河市场管理有限公司统一招商运营管理。其总建筑面积为 54 万平方米，由五座互通式独立场馆组成。金河家居基地经营范围包括家具、灯饰、五金、卫浴、陶瓷、橱柜等，吸引了一大批全国知名家居品牌入驻，是我国北方地区规模宏大、品项齐全、设施完备、贸易便捷的家具、建材集散中心。先后荣获河北省优秀诚信企业、河北省诚信示范单位、省级消费者满意单位和河北省明星家具卖场等荣誉称号，目前，金河家居基地已经入驻商户 1200 多家，入驻率达到 100%，并直接和间接地安置了上万人就业。

金河家居基地

金河家居基地自开业以来以批发带动零售，以建材带动家具的销售模式，吸引了正定、石家庄地区乃至保定、邢台、山西等全国各地的顾客来此选购建材、家具产品。每年举办春、秋两届家具订货会，参展产品主要为板式套房家具和半成品家具，销售范围覆盖华北、西北、东北、江苏、四川等地，订货会到场人数逐年递增，成功地为正定家具产业搭建了快捷平台，疏通了销售渠道，并将正定家具品牌推向了全国市场。

（2）三才正定家具市场

三才正定家具市场始建于2002年，现已发展成为河北省产业集中、设施齐全、批发功能强、辐射范围广的大型家具批零商贸中心。

三才正定家具市场坐落于正定成德街，交通便利。体育大街、友谊大街、胜利大街、石环公路等多条市政公路畅通链接，146、192路公交车从市场出发直通石家庄市中心，京石、京太、石郑高速铁路，石黄、石太、石张、107国道等公路纵横贯通，便捷的交通充分保障广大区域的客商自由采购、运输。

三才正定家具市场占地面积近30万平方米，由家具城、名品商厦、恒信大厦3座展厅组成，入驻商户近3000家，全国有合作的经销商达30000余家，市场年交易额已达数十亿元，增加就业岗位2万多个，已发展成为中国中西部最具发展活力的市场，奠定了“北香河、南正定”的家具市场格局。经营范围涵盖板式家具、实木家具、软体家具、餐厅家具、办公家具、灯饰灯具、家居装饰等家具产品。

（3）吉林森工

吉林森工前身是中盐银港人造板有限公司，创建于1993年，位于正定县曙光路，是中国盐业总公司、河北盐业公司和正定常山塑料制品厂合资兴建的一家大型板材企业。公司采用德国先进人造板生产工艺、技术和设备，具备生产1.6mm超薄中纤板、E0级中纤板和刨花板在内的各种规格的高品质人造板产品能力。公司资产总额达到22亿元，从业人员达到1700多人，先后从德国引进5条目前世界最先进的连续平压生产线，在河北石家庄、四川南充、湖北随州、河北承德建成四个现代化产业基地，年生产各种规格人造板的能力达到135万立方米。公司完成ISO质量、环保、职业健康管理国际认证，被国家评为中国绿色建材产品。

（4）河北平安家具有限公司

公司始建于1984年，是国内大型家具生产企业之一，1995年和香港戴尔马克公司合作成立中外合资平安家具有限公司，是一家专业从事生产销售高、中档套房家具和沙发于一体的大型集团公司，产品包括欧式、美式、现代三大风格六大系列。公司于2001年在全国家具行业率先通过了ISO9001质量体系认证和ISO14001环保体系认证。公司现拥有10万平方米的生产基地，生产人员1000余人，年产值达3亿元。公司下设平安家具有限公司、平安沙发有限公司。公司拥有国际先进生产线及数控生产中心，与多家国际设计公司合作，相继获得了“中国著名品牌”“国家A级优质产品”“绿色环保家具”“中国十八省市家具行业诚信企业”“中国家具行业十大知名品牌”“央视3·15诚信企业质量放心品牌”等几十项国家级、省级荣誉，2012年完成营业收入3亿元。努力生产符合国际潮流的高品质、高品位家居产品。销售网络遍布全国，并远销北美、西欧、东南亚等地。

（5）河北诺丹家具有限公司

公司创建于1979年，位于正定高新技术产业开发区，拥有占地面积5万多平方米的现代化厂房。公司秉承“以质量求生存，以创新求发展，以服务求超越”的企业理念，在三十余年的奋斗拼搏中建立起了一个集设计、开发、制造、营销为一体的大型公司，现已成为专业化、规模化、系列化生产欧美高端家具的大型企业。拥有先进的德国进口生产加工设备，全套流水线作业流程。生产区、行政区、生活区分别设立，条件优越，堪称星级花园式企业。公司引进意大利 、德国等世界先进的自动化生产设备，拥有德国豪迈生产线、意大利比亚斯数控生产中心，保证了生产的高精度，生产出高品质的家居产品。主要产品包括：卧房、客厅、儿童套房等系列产品。旗下的品牌：诺丹系列、金利嘉系列、幸福港湾系列、黑檀系列。产品多次被轻工业部评为优等A级产品，中国市场著名品牌、消费者信得过产品、优秀产品设计奖、优秀绿色环保奖、中国市场知名品牌等称号。

3. 商贸流通产业

正定县的商贸历史源远流长。由于正定地处要冲，信使往来、辇车络绎，特别是长期为巡抚驻节之所，居民稠密，加之寺塔林立、香客不绝，故商业发展较早，曾是“贸易丰盈”之所。后“自康熙八年，直省移治保定，旅食渐稀，贸易下降”。但尽管如此，正定的集市、庙会还是颇为热闹。据《正定县志》载：“正定城内天天有集。每月一日西关，二日小十字街，三日县前，四日阳和楼前，五日南关，六日顺城关，七日东关，八日北关，九日北门里，十日隆兴寺前，周而复始。”改革开放之前，商业贸易主要集中在农副产品购销，尤其是粮油购销上。集市贸易也是商业贸易的一个重要补充。“文革”期间，集市贸易受到了很大冲击，全县大部分集市被取消，保留下来的几个集市也处于萧条状态。十三届三中全会之后，集市贸易规模逐渐扩大。全县由原来的5个集市增加到10个集市：正定镇、东权城、曲阳桥、里双店、南牛、南村、新城铺、留村、北孙、八方集。这些集市贸易在改革开放初期，为人民生活提供了便利，带动了正定经济的发展，到1984年，集市贸易成交额达到1011万元。

1986年，国有商业在商品流通中发挥着主渠道作用，实现销售额4193.1万元，利润178.2万元，完成税收61万元。1986年，正定个体私营商业企业发展到1653户，主要行业有饮食、修理、客店、住宿、洗浴、美发、运输、货物配送、家具生产、小百货批发等。这时的全县私营商业还处于初始发展阶段，大部分经营者为趸进卖出型，摊位小而散，随机而设，占道经营，表现为路边式、地摊式，主要分布在解放街小学市场和以大十字街为中心的东、南、西、北四个街道上。1987年之后，正定商贸产业开始进入快速、全面发展时期。20世纪90年代初期，就已先后建成板材、蔬菜、禽蛋、农机、石材、汽车销售等八大专业市场。2001年10月，国务院确定，把建设“华北重要商埠”作为石家庄城市的发展定位，这是全国唯一被定为“重要商埠”的省会城市。2003年，河北省批准了石家庄政府大力推出的《总体规划》，提出：对城区商业布局进行空间调整与功能调整，用置换方式疏解主城中心区的商品批发功能；结合二环路以内批发市场的搬迁任务，引导其向二环路以外转移；集中力量培育一批具有产业带动、城乡连接、区域辐射功能的大型专业批发市场。正定在这一规划中被定位为“文化旅游贸易区”，成为规划中石家庄周边唯一的商贸区。按照这个规划，正定县委、县政府制定了商贸产业规划，主动将自身融入建设华北重要商埠当中，主动承接石家庄建设华北商埠的功能定位，倾力打造石家庄的副都市区、商贸次中心、华北重要商埠新商贸区。在这样的时代背景下，“正定国际小商品城”应运而生，并被列入河北省和石家庄市重点建设项目。正定县决策层以建设华北重要商贸城为目标，研究制定了《正定县商贸流通产业发展总体规划》，以正定国际小商品城为龙头，以正定恒山板材市场、中国北方茶城、正定家具城等专业市场为支撑，以现代物流、产业园区为重点，谋划建设了正定国际小商品城和市区外围批发市场集群，形成了沿107国道市场经济“聚集带”，成为华北重要商埠提速的“动车组”，正定是传统的商贸大县，千余年来一直是北方经济、政治、文化和商贸重镇，积淀了深厚的商贸文化底蕴。经过多年来的培育和发展，各类市场达到60多个，市场年交易额达155亿元，市场经营面积达300万平方米，物流设施面积45万平方米，形成了沿107国道绵延6千米的市场走廊。依托国际小商品市场和物流园区，规划建设了正定现代服务产业园区和正定商贸物流产业聚集区，2011年被省政府批准为全省首家现代服务产业园区。2015年，全县专业市场经营面积达311万平方米，各个商业综合体交易额实现翻番，达到207亿元，市场集群初具规模。

其中，正定国际小商品市场堪称中国北方单体面积最大的小商品市场，正定恒山板材市场被誉为国内规模最大的板材装饰材料市场之一，正定家具市场堪称中国北方品牌家具集散地，中国北方茶城集国际茶叶交易、中国传统茶艺培训、茶艺表演、茶叶价格指数发布、茶叶拍卖、仓储物流于一体，使正定荣膺“中国商贸名城”，引领华北重要商埠建设的发展进程。

4. 文化旅游产业

悠久的历史文化使正定文化产业发展具备了得天独厚的资源优势，近几年来，在中央和省、市文化产业大发展、大繁荣的政策支持下，正定县立足资源优势，突出古城特色，通过实施“规划驱动、政策推动、项目带动”三项措施，有效促进了文化产业的蓬勃发展。2014年全县文化产业实现产值6.8亿元，增长15%，高于国内生产总值增速5个百分点。依托珍贵的古建文化资源，全县旅游产业连续三年保持了高速增长态势。加强了历史建筑保护，开展重点片区、街道风貌整治，实施了元曲博物馆、抗战纪念馆建设，古城文化符号得到进一步丰富。加强了餐饮文化挖掘，推出了马家卤鸡、八大碗等一大批特色美食，倾力打造正定美食文化。充分利用荣国府、王家大院等景观的影视价值，场景出租收入高速增长。发挥国家乒乓球训练基地的辐射带动作用，推动国际培训交流、全民健身快速发展，2015年完成人才交流培训7000人次，实现收入3000万元。借助"中国书法之乡"的品牌，发展古玩字画市场，全县艺术品市场发展壮大。组建了正定演艺集团，变文化遗产为文化产业，大力引导常山战鼓、正定高照等非物质文化遗产走出正定，创造价值，2014年演艺集团收入突破1000万元。2015年正定县累计实施文化产业项目39个，总投资90亿元，主要有五大类，一是古城保护和文化旅游类。其中，护城河景观整治、中山路古城风貌包装改造、隆兴寺历史文物修缮现已竣工使用。南城墙修复和南关、开元寺、阳和楼、隆兴寺四大片区古城风貌整治进展过半，元曲博物馆、抗战纪念馆项目正在进行布展。二是演艺娱乐类。其中，金棕榈正定电影城、七星电影城已竣工。三是节庆会展类。重点建设正定国际会展中心。四是工艺美术和创意设计类。目前红木博物馆二期、平安家具文化研究设计中心已建成投用，荣盛正定文化创意科技产业园项目已完成前期工作。五是体育健身类。投资5亿元的河北省第三批文化产业示范基地华武文化产业园项目已竣工完成，国家乒乓球国际培训中心扩建项目一期已完成。同时，正定县积极抢抓京津冀协同发展机遇，对接京津文化产业项目，目前，总投资30亿元的河北省国际文化创意产业及服务贸易基地、投资20亿元的通用航空文化产业园、投资35亿元的城市乐园等一批重大文化产业项目已经签约。

5. 电子商务

随着国家"互联网+"战略的实施推进，2015年正定县提出"电子商务发展年"的口号，集中力量开展县级农村电子商务服务中心和网络平台建设、物流配送体系建设，一村一店服务网点建设开展密集的教育培训。与淘宝网联合开设"淘宝大学"，广泛开展电商培训6期，参与人数近千。2015年全省首家电子商务产业园——慧聪电子商务产业园落户正定，现已设立河北商品交易中心，与全省100多个县建立产业电商联盟，建成16个专业电商平台。"电子商务进农村"深入推进，北贾村被命名为"中国淘宝村"。正定电子商务产业发展迅速，正定县农村电子商务服务中心是县级农村电商公共服务平台，由慧聪网组建的专业团队管理，是综合示范县工程的总枢纽。其中的县域电商代买代卖平台、与京东、淘宝、一号店等主流网络购物平台相链接，是专门为一村一店网点开发的便民服务平台。与全省100多个县建立了产业电商化联盟，进行京津冀特色农产品网上销售。3家企业被商务部授予电商基地，建成了中国家具板材网、三才家家旺电商平台、华北门业意门商城等16个专业电商平台，68家中小企业加入阿里巴巴、中国网库等知名电商平台，全县应有电商企业达到210余家。2014年市场交易额完成180亿元，增长15%，服务业增加值完成110亿元，增长12%。正定县被确定为国家级电子商务进农村综合示范县。

6. 高新技术产业

正定县紧紧抓住京津冀协同发展的历史机遇，谋划建设了10.36平方千米正定高新技术产业开发区，大力培育发展高新技术产业和战略新兴产业，正定县积极推进省级高新技术产业开发区建设，成立高新区党工委，理顺管理体系，积极对接京津，精准打造承接北京非首都功能疏解和产业转移的平台和载体。新能源汽车项目一期投产，北区入驻亿元以上项目12个，特别是正定县把与中关村的合作项目作为推动京津冀协同发展的重要战略项目，召开了中关村与石家庄市协同创新区域合作工作组第一次会议，完成了集成电路产业基地产业规划编制，与精进电动等项目正式签约，与南通富士通等项目正在洽谈中。利用高新技术改造提升传统产业，提高产业核心竞争力，引进了一批高附加值、高科技含量的优质项目。以节能环保装备与技术、节能环保产品和节能环保服务为重点，集聚一批国内外领先企业，加快构建产业链完整、市场竞争力强的节能环保产业体系。到2020年，集聚10家左右有影响力的大企业，节能环保产业体系基本形成，实现从无到有的跨越，发展成为京津冀地区重要的节能环保产品生产服务基地。以珠海银隆新能源石家庄中博汽车搬迁技术升级改造等重大项目为支撑，加快新型储能电池配套项目建设，在市区进行新能源汽车配套设施建设和推广应用。

7. 会展经济

近年来，正定县积极打造和发展会展经济，初步形成了“正博会”“家博会”“茶博会”等会展品牌，2015年仅“正博会”实现综合经济效益就达257.6亿元，获中国十佳优秀特色会展称号。

（1）茶博会

茶博会是正定县重点打造的会展品牌，已经成为北方茶叶交流合作的重要平台，在全国茶行业具有较大知名度和影响力。正定作为我国北方重要的茶叶交易集散地、南茶北销的枢纽、连接生产与销售的绿色通道和茶事活动的重要基地，国内茶商和名优茶品纷纷汇聚正定。目前，中国北方茶城已经过8年历程，来自福建、安徽等17个主要产茶区的300多家茶商入驻经营，辐射范围延伸华北、东北、西北等12个省、市，年交易额2亿元以上。每年秋季，北方茶博会都会在正定国际小商品广场如期举行。2015年，北方茶博会在9月3日至6日召开。该届茶博会历时4天，共设展区2个，展区总面积达1.5万平方米。小商品市场中心广场为第一展区，设主、副两个展馆，主展馆为精装展位，全部为来自全国各地知名茶企、茶品牌。中国北方茶城作为第二展区，为入驻茶城商户商品展销展示。2015年，4天的展会共吸引了12万余人次前来参观、采购，交易签约总额突破5.98亿元。

（2）美食文化展

正定千年的历史沉淀着丰厚的饮食文化。多年来经过不断发展，正定的饮食已形成了具有自己特色的多个系列。正定县秉持绿色、生态、健康的理念，充分挖掘正定传统美食资源，着力打造正定饮食文化品牌，推广正定特色的美食文化名片。近年来，正定县召开了多次美食文化节。2015年举行了正定美食文化节暨设备展销会。该展销会以“打造特色美食品牌，推广正定饮食文化，促进食品及餐厨设备产业发展”为主题，设有中华名吃展区、正定特色美食展区、正定特色食品展区、餐厨设备展区、文艺活动展区5个展区，汇聚了台湾、北京、正定等全国不同地域的各类美食及餐厨设备参展商共计110余家。

（3）中国·石家庄（正定）国际小商品博览会

2005年8月21日，由河北正华集团投资建设的正定国际小商品城举行奠基典礼。同一天，《正定与华北重要商埠高层论坛》成功召开。论坛上，专家一致认为：石家庄建设华北重要商埠，是整个城市经济工作的一个“亮点”。“正定国际小商品城”在华北商埠建设中占有重要地位，扮演重要角色，应立足正定，融入石家庄，连接南北，面向京津，辐射三北，走向世界。2008年1月12日下午，时任国家副主席习近平到石家庄正定国际小商品市场视察时指出：“希望你们搞得更好，真正办成北方的小商品中心。”2008年4月26日，首届正博会在正定国际小商品城隆重开幕。

历届正博会回顾：

首届正博会于2008年4月26日至28日成功举办。正博会成果丰硕，共有来自27个国家或地区和国内20多个省、市、自治区的1638家企业参展、2800余家专业采购企业的7200余名采购商(其中有50个境外采购团组)前来参会，各展区参会参观的人数达到23万人次，总成交额达7.35亿元。2009年，在全国会展行业年会、第五届中国会展高峰论坛大会上，2008中国·石家庄(正定)国际小商品博览会荣获“中国最具成长性的品牌展会”殊荣。

第二届正博会于2009年4月26日至28日成功举办。与第一届正博会小商品展区相比，现场交易额增长了131.6%，购销合同金额增加了108.9%，合作协议金额增加了34.3%，合作意向金额增加了80.8%。本届正博会期间还举办了“商品展示展销及现场洽谈”“经贸洽谈会”“第十届河北正定千年古韵历史文化旅游节”“旅游商贸互动发展研讨会”等8个专题活动。

第三届正博会于2010年4月26日至28日成功举办。共有3个展馆，总面积3万平方米，设置1200个标准展位，展示展销服装纺织、饰品和工艺礼品、日用品、文体休闲用品、五金机电、电子电器、汽车用品、家居用品、茶产品及茶具、家装建材陶瓷、特色食品等11个大类商品，参展企业达894家，实际安置展位1200个、特装展位16个，其中来自韩国、越南及中国台湾、香港4个国家和地区的境外参展企业达216家，安排展位328个，占全部展位的27.3%，展会的国际化进程明显加快。特别是中国台湾和东盟参展企业达到了212家，为此，大会设置了中国台湾与东盟专区，安排展位 318 个，这在我国北方尚属首次。展会期间，先后共有 5646 家专业采购商前来参会，其中有来自德国、印度、澳大利亚、英国、荷兰、中国台湾等 21 个国家和地区的 90 个境外采购团组。各展馆 3 天客流量达 25 万人次，实现综合经济效益 18.35 亿元，同比增长 38.4%，其中：现场交易额 6700 余万元，同比增长 19.64%；各类对接洽谈活动共签署 19 个合同或协议，总金额达 17.68 亿元，同比增长 44.5%。

第四届正博会于 2011 年 4 月 26 日至 28 日举办。该届正博会取得了圆满成功，受到了与会客商的普遍认可，实现综合经济效益 101.048 亿元，同比增长 450.67%，其中，签署各类合作协议和购销合同 17 个，总金额达 100.198 亿元，同比增长 466.7%，现场交易突破 8500 万元，同比增长 26.9%。

第五届正博会于 2012 年 4 月 26 日至 28 日成功举办。共设 1 个主展馆、2 个分展馆，其中主展馆设在正定小商品城二期 C 区，展览面积约 2 万平方米，安排国际标准展位 620 个，特装展位 6 个，设境外展区、综合展区、省级非遗项目展区、河北省展区、石家庄市展区、正定县展区六大展区，展示展销了服装纺织、饰品工艺品、日用品、文体休闲用品、五金机电和汽车用品、电子电器、家居用品、特色食品、境外及台湾特色商品、非物质文化遗产项目产品等 10 个大类上万种商品，国内外知名品牌商品达到 40% 以上。分展馆设在正定小商品二期 A 区和盛华国际，安排普通展位 580 个。该届正博会 3 天客流量突破 40 万人次，现场交易额突破 9000 万元，实现综合经济效益 117.38 亿元，同比增长 16.16%，其中商贸、流通、工业、文化创意、高新技术、农业示范等 6 个方面 13 个项目成功签约，合同金额达 116.48 亿元，同比增长 16.25%，实现了一年一大步、一年一个新台阶的办会目标，得到与会嘉宾和客商的普遍好评。

第六届正博会于 2013 年 4 月 26 日至 28 日成功举办。共设 1 个主展馆、4 个分展馆，主展馆设在正定国际服装城 2、3 层，安排标准展位 800 个，面积 20000 平方米，4 个分展馆分别设在小商品城三期 A 区、C 区，小商品城二期 B 区、C 区，三才家具市场和兴业家具广场安排展位 700 个。展会期间主展馆共有 1368 家企业、客商参展，参展商品达 10 个大类上万种商品，采购商达6700余家。展会3天客流量突破45万人次，现场交易额突破43655万元，双创历史新高。经贸洽谈成果丰硕，共有电子商务、物流产业、工业、金融服务、商品购销、绿色农业等6个方面11个项目签约，合同金额达到60.618亿元，其他分展馆、分会场签约、订货、现场交易金额达到64.377亿元，实现综合经济效益129.36亿元，比上届增长10.21%。本届正博会无论是参展商、采购商的数量档次，还是研讨、论坛、推介活动的效果，都迈上了新的台阶，正博会品牌的国际影响力逐步扩大。

第七届正博会于2014年4月26日至28日成功举办。共设5个展馆，展位1500个。展会期间共有1300余家企业参展，参展商品达10个大类上万种商品。境外参展商分别来自东盟、韩国、乌干达、中国台湾等12个国家和地区，国内参展商来自20多个省、市、自治区。专业采购商云集，展会3天客流量突破38.65万人次，现场交易额突破6980万元，订单签约4.134亿元。

第八届正博会于2015年4月26日至28日成功举办。本届正博会共设置1个主展馆、5个分展馆，展位1500个，共有1327余家企业参展，参展商品达10个大类上万种商品。境外参展商分别来自东盟、韩国、巴基斯坦、德国、中国台湾等国家和地区，国内参展商来自20多个省、市、自治区，专业采购商云集，达12000多家。展会3天客流量突破39.12万人次，现场交易额突破7329万元，订单签约6.67亿元，分展馆意向订单84.522亿元。特别是“2015‘京津冀’协同发展暨河北正定高新技术产业开发区推介及项目签约仪式”的成功召开，取得了展示形象和经济效益双丰收的良好效果。邀请到重要嘉宾及客商150余人，会上一然生物微生物活菌制剂项目、新能源汽车电驱动系统产业化项目、棕榈影视商贸基地项目等16个重要合作项目在会上签约，总投资额达165.7亿元，涉及新能源汽车、电子商务、生物制药、板材家具、文化旅游等多个行业。该届正博会还组织安排了河北首届县域电子商务展览会、家具产业展览会、正定会展经济发展研讨会、正定市场发展高峰论坛、中小微企业上市新机遇高端说明会等10多个活动。

8. 机械工业

新中国成立初期，正定县机械工业十分薄弱，只能生产镰刀、镢头、犁铧等简单农具。20世纪80年代，正定县机械工业初具规模，拥有比较先进的技术队伍和生产设备。拥有柴油机厂、二轻机械厂、常山机器厂、油泵油嘴厂4个企业。改革开放后，正定县机械工业发展迅速，涌现了一批具有较高科技含量的大型机械公司，如：河北苹乐面粉机械集团有限公司、河北小蜜蜂工具集团有限公司、石家庄盛华企业集团有限公司等。

（1）河北苹乐面粉机械集团有限公司

河北苹乐面粉机械集团有限公司1991年建厂，1995年成立公司，2003年组建集团，是一家以粮机工程装备制造为主业、多元化经营的集团型企业。集团公司下设河北苹乐漯河企鹅面粉机制造有限公司、漯河苹乐豫鑫冶金设备有限公司、河北苹乐国际贸易有限公司、北京制粉科研所有限公司、埃塞俄比亚先锋水泥制造有限公司、埃塞俄比亚首都水泥粉磨和包装有限公司，总资产达6.94亿元，职工1100余人。该公司先后获得“河北省企业技术中心”“石家庄市创新型企业”“石家庄市百强企业”。

河北苹乐面粉机械集团有限公司

公司主要生产经营9～1000吨各种型号的面粉机械设备，并承揽100～1000吨钢结构成套设备交钥匙工程，产品市场覆盖全国各粮食主产区，营销代办机构80多处，产品出口埃及、埃塞俄比亚、印度、俄罗斯、英国、澳大利亚等32个国家和地区。

（2）河北小蜜蜂工具集团有限公司

该公司是河北省较大的专业研究开发和生产金刚石工具、合金工具产品的高新技术企业。集团始建于1994年，注册资本3000万，总资产1.4亿元，年销售额过亿元，利税1000万元，拥有职工1000余人，其中中高级经济管理、工程管理、财务管理及企划管理等各类专业人员106人，公司总占地面积8.2万平方米。销售网络已覆盖国内各大中城市及欧美和亚洲的30多个国家和地区。公司产品被评为中国优质产品、河北省名牌产品，公司先后荣获“石家庄市民营50强企业”、河北省院士工作站、“消费者满意推荐单位”等荣誉称号。

小蜜蜂集团科技开发和生产实力雄厚，建有市级企业技术研发中心，拥有20多项国家专利，已形成以金刚石工具为主体，以合金工具、铁铬铝金属纤维为补充的三大类1000多个品种的产品体系，其中多项产品被列入重点新产品开发计划，企业管理模式和理念均与国际接轨。

（3）石家庄盛华企业集团

集团由石家庄华成精密铸造有限公司发展而来，于2009年4月正式成立，注册资本3200万元。现旗下拥有石家庄盛华企业集团有限公司、石家庄华成进出口有限公司、石家庄盛华富邦房地产开发有限公司、石家庄盛华金地房地产开发有限公司、石家庄盛百商业运营有限公司5家子公司，是一个集生产制造、国际贸易、房地产开发及销售、商物业运营于一体的多元化发展的新型企业集团。

（4）河北金润矿山设备集团有限公司

公司始建于1988年，位于石家庄市正定县兴华路，注册资本3000万元，占地面积10.3万平方米。下设煤炭工业石家庄设计研究院选煤分院、河北正定矿山设备有限公司、河北金润电气自动化成套设备有限公司、河北金润工程安装有限公司、石家庄大唐泵业有限公司等5个全资子公司。主要产品有重介质旋流器、跳汰机、浮选机、振动筛、推焦车、熄焦车、渣浆泵等选煤、焦化成套设备，畅销山西、内蒙古、新疆、河北、河南等全国煤炭主产区，深受用户的信赖和好评。

9. 医药化工

正定县医药化工产业是20世纪60年代末开始发展起来的，80年代拥有磷肥厂、化肥厂和糠醛厂3个企业。化工行业经过几次扩建和改建，逐步形成了一定规模的生产体系。2000年以来，正定重点扶持发展形成了河北常山生化药业、金源化工大型医药化工企业。

（1）河北常山生化药业股份有限公司

河北常山生化药业股份有限公司是国内肝素行业唯一一家具有完整产业链的专业化生产企业。前身为河北常山生化药业有限公司，创建于2000年9月28日。公司自创立时起始终致力于肝素系列产品的研发、生产和销售，经过多年的发展，逐步确立了在国内肝素原料药及肝素制剂领域的领先地位。公司原料药车间、小容量注射剂车间、片剂及硬胶囊剂车间均通过了国家GMP认证，生产过程、工艺流程严格按照GMP规范执行。公司2008年被国家发改委、财政部确定为全国生物制药行业首家创业风险投资项目的高科技试点单位，先后多次被河北省认定为“高新技术企业”。2009年9月被认定为国家级高新技术企业，是国家发改委、财政部创新投资试点的首家生物制药行业企业。2010年公司的“肝素原料药技术改造项目”获得国家十二五规划“重大新药创制”专项项目支持，“肝素、透明质酸钠黏多糖项目”列入2010年国家产业结构调整专项项目，“低分子量肝素钙注射液”成为国家重点新产品。2011年8月19日公司正式在深圳证券交易所挂牌上市，成功上市并获得募集资金总额7.56亿元，为公司的高速发展提供了坚实后盾。2012年1月收购常州泰康药业有限公司成立常山药业江苏分公司。

公司主要从德国、美国和意大利进口的现代化生产设备和检测设备，以及自主研发具有独立知识产权的工艺技术是生产满足国内外高端市场需求的保证。公司先进的检测仪器和高素质检测人员，从组织设置、员工培训、供应商审计、原辅料检验到全生产过程监控，建立了与国际接轨的质量控制体系，保证了产品质量的可靠性、稳定性。

公司拥有专门进行糖制备研究的实验室300平方米，进行糖结构与化学分析的实验室200

平方米，进行糖生物活性、药理与毒理作用研究的实验室350平方米。拥有各类配套先进生产设备300余台（套），如：加拿大格兰特公司的纯化水机组、美国美利普公司的超滤、膜过滤设备，小水针制剂配有德国伊诺瓦全全自控预灌装流水线等国际先进设备。公司于2008年10月肝素原料药车间取得了CEP证书，2009年通过了法国GMP认证，公司肝素钠出口美国的DMF申请，已经获得美国FDA的受理。2013年1月23日，河北常山生化药业股份有限公司收到美国食品药品管理局（FDA）的现场审计报告（EIR），公司向美国FDA递交的肝素钠原料药的所有资料得到了FDA的认可，获准在美国市场销售。

（2）橡一医药科技股份有限公司

河北橡一医药科技2016年1月上市，是河北德盛投资集团的核心企业之一，位于石家庄市正定科技工业园，占地面积15万平方米，总投资5.5亿元人民币，建成具有国际先进水平的药用胶塞生产线，年产药用橡胶包装制品100亿只，是我国目前最大的药用胶塞生产企业。主要产品有卤化丁基橡胶塞、药用合成聚异戊二烯垫片（PP橡胶塞）、一次性真空采血器用橡胶塞、冻干制剂用丁基橡胶塞、原料药用铝桶橡胶密封圈等100个规格品种，其中多项产品获国家专利。

（3）河北金源化工股份有限公司

公司是1995年在原石家庄市正定化肥厂基础上组建的。由晋煤金石化工投资集团有限公司、河北建设投资集团有限公司、石家庄建设投资集团有限责任公司、河北恒瑞投资有限公司及自然人发起设立的多元化、规范化的股份制企业。公司拥有资产4.5亿元，股本总额12472.8621万股。公司被市政府确定为工业50强，2007年企业与晋煤金石合资合作，依托强有力的资源优势，企业得到长足发展。目前，企业已发展成为年产合成氨30万吨、碳酸氢铵26万吨、复合肥25万吨、甲醇12万吨、甲醛2万吨、二甲醚2万吨、二氧化碳5万吨的产品多元化综合性化肥化工企业。正在向“低投入、低消耗、低排放、低碳高效”的新型煤化工方向迈进。

（五）交通运输、邮电、金融

1949 年，正定公路通车里程仅有 40 多千米，20 世纪 60 年代后，公路建设速度加快，1966 年修建了京广公路正定滹沱河大桥。1964—1984 年共建桥 12 座，修涵洞 16 道。1984 年，全县已有干线、支线公路共 28 条，总通车里程达 183.7 千米。30 年来，正定交通运输业快速发展。2011—2015 年五年累计完成 127 条农村公路建设，全县公路通车总里程达 828.95 千米，比 2010 年增加 95.62 千米。

新中国成立初期，由于公路通车水平的限制，客货运输量比较低。随着公路建设的发展，客货运输量和周转量逐渐增大。1955 年，全县有机动车 25 辆，1984 年增加到 3817 辆（其中货运车 3808 辆），2012 年，正定县登记在册的各类机动车共 15.7 万辆，其中大中型货运汽车 0.97 万辆，小型汽车 4.75 万辆，农用车 0.61 万辆，二轮车、三轮车及各类摩托车 9.37 万辆。

1949 年，正定县仅有一条通石家庄的线路，系人工磁石电话机。正定火车站建有一个邮电所，主要投递工具是自行车。1950 年至 1955 年，正定县共有邮电局 1 个，邮电所 1 个，邮政站点 172 个，电话机 65 部。1965 年，全县邮电支局、所发展到 6 处，邮路总长度 632 千米，报刊征订份数已达 12682 份，长途线路增至 5 条，杆路长度全县为 134 千米。1976 年至 1984 年，投递线发展为 27 条，报刊份数 49181 份，市话装机容量为 500 门，装机用户 331 户。30 年来，正定县邮电通信业稳定发展。2012 年全县邮政业务总量完成 3249.5 万元，全年共发送函件 655.7 万件，特快专递 1.7 万件，订购报纸 536.13 万份；年末邮政储蓄存款余额达到 93412 万元，通讯部门（联通、电信、移动）固定电话用户达到 90664 户，国际互联网用户达到 74778 户。

正定县金融业发展稳定。2015 年驻正定县各类银行达 16 家，比 2010 年增加 8 家，社会存款余额达到 374.6 亿元，是 2010 年的 2.1 倍，贷款余额达到 231.39 亿元，贷存比为 61.77%，比 2010 年提高 22.37%，三项指标均位居石家庄市第一位。

（六）对外经济

1975年，正定县设外贸局。经营出口的产品有粮油、食品、针棉纺织品、土畜产品、轻工工艺品、化工医药、机械设备、五金矿产共9大类。出口商品有兔肉、鸡肉、活牛、花生、服装、布匹等37个品种。1975年，全县出口商品收购总值为96.8万元，到1980年达到412.8万元，比1975年增长4.3倍，平均年递增33.7%。最高年份的1983年出口总值达到842万元。

随着经济的飞速发展，正定县进一步完善招商引资政策，实行委托招商、专业招商、产业链招商、产业聚集招商等措施，成功举办“河北·正定（厦门）投资说明会”“2015‘京津冀’协同发展暨河北正定高新技术产业开发区推介及项目签约仪式”等，新能源汽车电驱动系统产业化等16个项目签约，总投资165.7亿元。全年引进域外资金52.6亿元。2015年先后成功举办4·26正定投资说明会等系列招商引资活动，有81个重大项目签约。2011—2015年累计利用外资1.16亿美元，引进域外资金199.5亿元，外贸进出口总额完成6.86亿美元。

（七）目标展望

1. 指导思想和目标要求

正定县将全面贯彻党的十八大和中央、省委、市委全会精神，坚持“四个全面”战略布局，坚持创新、协调、绿色、开放、共享发展理念，坚持协同发展、转型升级、又好又快的工作主基调，坚持发展、生态和民生三条底线，坚持“一核带动、三区联动、三城同创、三融共建”的总体思路。

一核带动：全力而又自觉地融入京津冀协同发展这一核心战略，积极承接北京非首都功能疏解、京津产业转移及功能外溢，发挥正定交通发达、产业园区齐备、文化底蕴深厚等优势，加快实现传统产业转型升级、新兴产业培育形成、协同创新快速发展的良好局面。

三区联动：实施“中东西”战略，进一步优化县域布局，即中部依托县城，突出古城特色，大力发展文化旅游业和商贸物流业；东部依托省级高新技术产业开发区，加大招商引资力度，大力发展工业特别是新兴产业；西部依托水资源保护地，发展现代农业，建设特色小镇、美丽乡村。

三城同创：牢固树立绿色生态发展理念，培绿植绿，努力创建林在城中、城在绿中的国家级园林县城；切实搞好古城保护提升，努力创建宜居宜游的国家优秀旅游城；充分运用现代信息技术，努力创建国家智慧城市试点示范区。

三融共建：按照功能集聚、城乡互补、产城一体的发展格局，加强古城保护，加快县城西跨、北拓，推进古城古韵、新城新景的有机统一，实现古新融合；加强园区重大工程和配套基础设施建设，推进高新技术产业、文化产业和现代化服务业发展，实现产城融合；统筹城乡发展，加快城乡一体化进程，实现城乡融合。

“十三五”时期，正定县的经济发展目标：经济保持高速增长，综合实力重返“河北十强”，增比进位在全省领先；发展迈入中高端，京津冀协同发展成果在全省领先；生产总值比2010年翻一番以上，城乡居民人均可支配收入比2010年翻一番以上；在石家庄市率先全面建成小康社会。

2. 经济发展的主要任务

正定县紧紧围绕“中东西”发展战略，以产业转型创新为重点，坚持“工业强县”和“商贸强县”双轮驱动，大力推进产业结构调整和经济发展方式转变。

（1）坚持以项目建设为核心

强化“抓项目就是抓发展，抓大项目就是抓大发展，抓一批大项目就是抓跨越式发展”的意识，把项目建设作为经济工作的核心。眼睛向内，挖掘潜力，破解土地指标、占补平衡指标制约项目落地难题；创新项目招商体制机制，创新招商模式，建立专业化、市场化、点对点的招商团队，推进定向招商、专业招商、以商招商；进一步完善项目建设招商引资考核办法，出台鼓励招商引资的意见，突出以政府购买社会服务方式招商。

（2）大力发展工业经济

发展工业经济的总方针是“12342”，即一大战略，坚持工业强县战略不动摇；两个并重，坚持促进传统产业升级改造、培育战略新兴产业并重；三区共生，努力建设高新技术产业开发区、传统优势产业集聚区、新市镇产城融合示范区；四大工程，着力实施转型推动、创新培育、扶持上市、企业家培养等工程；两大支撑，完善投融资渠道和差异化政策扶持。

提升传统优势产业。加快采用高新技术、先进适用技术改造传统产业，推动板材家具、机械制造、食品饲料等传统产业提档升级，向规模化、集约化、高端化发展。支持企业上市融资，支持企业建立研发机构，支持企业抓对标、抓技改、抓创新，培育一批骨干企业、龙头企业。推进“互联网＋工业”，完善以企业为主体、市场为导向、产学研紧密结合的技术创新体系。加快推进木都产业园建设，推动板材家具企业集聚集群发展。

培育战略新兴产业。主动适应经济新常态，以高技术和高附加值为导向，引导人才、技术、资金、土地等资源向战略性新兴产业领域集聚。鼓励企业通过扩大规模、兼并重组、技术改造、融资发展做大做强，培育产业龙头；围绕重点企业、重点产业，大力支持密切相关的上下游企业聚集发展，延展产业链条；支持电子信息、新能源汽车、高端生物制药和环保科技等高新技术产业集群发展，聚集产业规模。“十三五”末，新兴产业总产值占规模以上工业总产值比重增长到25%以上。

强化工业经济发展支撑。通过政府控股或参股形式，探索建立工业投（融）资集团、担保公司，形成工业经济的强力抓手。制定工业企业差异化扶持政策，对工业企业实行单位用地销售收入、单位能耗、缴纳税金、安排就业、安全生产、环境保护等多项指标综合评价，对优秀企业用地、用能、税费、金融等给予更多支持，倒逼企业转型升级。

（3）壮大现代服务业

正定县将按照“体制新、功能强、活力旺、争翻番”要求，以“园区支撑、项目引领、电商驱动、会展带动”为抓手，夯基础、调存量、补短板、促提升，推动“商贸大县”向“商贸强县”跨越。将以省级现代服务产业园区为支撑，以石家庄正定国际机场、石家庄综合保税区产业优势为依托，以培育电子商务、物流配送、网络购物等新型服务业态为重点，积极招引一批现代专业物流优势项目和商贸骨干企业，积极引进、培育战略性新兴产业、生产性服务业、总部经济及相关产业，努力打造省城“中部崛起”的战略支点、南北联动的重要枢纽、对接京津的重要平台。加快省级现代服务产业园区、商贸物流产业集聚区建设，全力推动深国际、卓新物流等项目建设，力争园区主营业务收入突破500亿元。依托与知名电商企业合作加快专业电商平台建设，大力发展电子商务。推进“全国电子商务进农村示范县建设”，抓好农村电子商务服务站和乡镇电子商务服务中心建设。采取市场化运作方式，办好正博会、家博会、茶博会等，建设国际会展中心，大力发展会展经济。

（4）提高农业现代化水平

正定境内地势平坦、土壤肥沃、耕种便利、地下水资源丰富，适合各类农作物生长，被国家确定为商品粮基地县、全国蔬菜发展重点县。西北部区域被石家庄市划定为省会水资源保护区，面积达227.3平方千米，占到全县总面积的48.8%。政府将依托水源地保护区，积极引进项目和资金，大力发展高效农业、生态农业、城郊型农业，彻底改变传统种植结构，建成一批集高效、生态、观光、休闲、旅游于一体的现代都市农业示范园，提高农业生产效益，增加农民收入，全力打造现代都市农业发展的实验区。积极推动粮油饲料统筹、农林牧结合、种植养殖加工业一体化，提高农业综合效益。加快推进一、二、三产有机融合，发展休闲农业、生态农业、体验农业，推动农业与旅游、健康、养老等产业深度融合，构筑“第六产业”。大力发展“互联网+农业”，提升农业生产、经营、管理和服务水平。以农业产业化为重点，支持农业适度规模经营，发展农业园区、农业公司、家庭农场、社区农场、农民合作社等新型经营主体，创建国家级现代农业示范区。

第九章　安居乐业的幸福生活

2015 年，正定县地区生产总值完成 276.39 亿元，固定资产投资完成 259.6 亿元，全部财政收入完成 21.2 亿元，公共财政收入完成 14.08 亿元，城镇居民人均可支配收入达到 25017 元，农村居民人均可支配收入达到 14508 元。先后十次荣获“中国最具投资潜力中小城市百强”称号，多次被确定为全国中小城市综合改革试点和国家智慧城市试点，全县呈现出经济健康发展、社会和谐稳定、人民安居乐业和党的建设不断加强的良好局面，群众幸福指数不断提高。

（一）人民生活

正定县明清时期多大家庭。民国初期，特别是五四运动以后，大家庭逐渐解体，经济独立的小家庭日渐增多。过去由于战争频繁，人们生活困苦，分家的户增多，致使户平均人口下降，到 1946 年全县平均每户人口 6.33 人。

新中国成立后，特别是土地改革以后，由于家庭的土地是按人口分配的，共产党和人民政府提倡男女平等，号召大家积极生产、发展经济、改善生活，家庭成员的地位发生了变化。为利于生产、方便生活，很多大家庭分成了小家庭。1949 年，全县每户平均 4.97 人。1978 年以后，随着家庭联产承包责任制的推行，分家方式越来越简单，兄弟们结婚后一般各自经营，独立生活。1985 年底，全县每户平均 4.08 人，以两代人或三代人组成，容易和睦相处。2005 年，全县有 118657 户，477107 人，户均 4.02 人，在第五次人口普查中，全县 4 人户占总户数的 31.51%，3 人户占总户数的 20.46%。

在共产党和人民政府的领导下，正定人民经过土地改革，实现了耕者有其田，自己做了土地的主人，生产热情不断高涨，农业产量明显提高，农民生活日益改善。1949 年，全县农民人均占有粮食 298 斤、棉花 16 斤、油料 34 斤，农业产值人均 137 元。到 20 世纪 60 年代初期，随着国家农业、农村政策的调整，允许社员经营自留地、闲散地，农业生产有了较大发展，到 1965 年，农民人均占有粮食 587 斤、棉花 36 斤，农业产值人均 214 元。1979 年以后，农民的生产生活水平迅速提高。到 1985 年，农民人均占有粮食 1105 斤、棉花 31 斤、油料 42 斤，农业产值人均666元，扣除生产费用和税金，平均每人纯收入523元。

新中国成立后，正定县工商业迅速发展，1949年时全县仅有职工1149人，每人年平均工资为331元，到1985年发展到职工总数14899人，工资总额1372万元，每人年平均工资921元。随着工资和集体福利的提高，大部分工厂都建起了职工宿舍楼。职工家中自行车、缝纫机已经普及，一般家庭都有自行车、电视机、电风扇、衣柜等大件家具。

到20世纪80年代末，全县人民收入增加，日常生活随之有了明显改善。在吃的方面，全县人民皆以小麦为主食，蛋、肉食品比过去大幅增加，油、盐、酱、醋等调味品消费量也成倍增长。在穿的方面，广大群众普遍穿的确良、涤卡、涤纶料的衣服，年均每户消费棉花105.4斤、化纤布45.55尺。在住房方面，经百户抽样调查，平均每户年内建新房0.31间，建筑面积4.26平方米。家庭用具方面也不断更新，1985年，经百户抽样调查，平均每户耐用品拥有量是自行车1.62辆、电视机0.52台、洗衣机0.33台、大型家具2.12件。

20世纪90年代以来，随着党和政府的一系列富民政策和措施的落实，促进农村经济迅速发展，城乡居民家庭收入大幅增加，生活质量、生活水平显著提高。到2005年，农民人均纯收入4325元，人均消费2877元。城镇人均收入11082元，人均消费6559元。住房条件也大幅改善，户均住房建筑面积124.46平方米。城镇百户拥有小轿车6辆、摩托车54辆、彩色电视机144台、空调140台、手机152部、电脑45台。

2012年，全县各项目标任务圆满完成，经济社会呈现快速发展的良好态势。全县地区生产总值完成219.48亿元，固定资产投资完成156.57亿元，全部财政收入三年实现翻番，完成13.09亿元。城镇居民人均可支配收入、农民人均纯收入分别达到13717元和7392元。先后荣获“全国粮食生产先进县”“中国书法之乡”“全国农村集体‘三资’管理示范县”等荣誉称号，连续七年荣获“中国最具投资潜力中小城市百强”荣誉称号。

党的十八大以来，在县委、县政府的科学领导下，认真贯彻落实党的十八届三中、四中、五中全会精神以及中央和省、市决策部署，以打造文化明珠、旅游名城、经济强县为目标，积极抢抓京津冀协同发展历史性机遇，克服各种不利影响，努力奏响建设经济强县最强音，打好古城保护攻坚战，全面实施建设文化强县新战略，着力推动稳增长、调结构、促发展、惠民生等政策措施的落实，推动县域经济社会健康快速发展，城乡居民生活水平不断提高。2015 年，城镇居民人均可支配收入 25017 元，同比增长 8.2%，农村居民人均可支配收入 14508 元，同比增长 8.5%。城镇居民人均生活消费支出 19913.7 元，恩格尔系数（即居民家庭食品消费支出占家庭消费总支出的比重）为 23.05%；农村居民人均生活消费支出 9291.6 元，恩格尔系数为 28.39%。城乡居民生活水平不断提高。

截至 2015 年末，城镇居民百户拥有家用汽车 37 辆、家用电脑 95 台、冰箱 106 台、空调 162 台、淋浴热水器 77 台、健身器材 15 套；调查的 80 户农村居民拥有汽车 31 辆、电冰箱 81 台、彩电 110 台、洗衣机 85 台、热水器 65 台、空调 81 台。城乡居民居住条件逐步改善，城镇居民人均住房建筑面积 35.2 平方米，农村居民人均住房面积 38.8 平方米。

（二）城镇建设

正定县历史悠久，地处要冲，新中国成立后，人民政府加强了对农村建设的规划、管理，房屋布局日趋新颖，内部结构逐渐合理，逐步摆脱了“四合院”“三合院”的传统模式。到 1985 年，全县辖 3 镇、22 乡、222 村（街）和 5 个居民委员会。城建方面，全城用上了自来水，13 条主要街道全部安装了钠灯，修建公共厕所 29 个，垃圾池 65 个，配有洒水车 1 辆，垃圾车 4 辆。农村建设方面，全部村（街）100% 通了电，95% 以上的村庄用上了自来水，县城至 25 个乡（镇）修通了沥青路。全县有 3.6 万户家庭按规划建设新房，部分农村建成了学校、图书室、阅览室、电影院、医疗站等公共设施。

进入新世纪以后，县委、县政府积极更新城市经营理念，积极引入民间资本、外资，五年间，县财政累计投入城市建设资金 1 亿元，融集民间资金 8 亿元。全县农村建设已初步形成“四镇”（行政镇）、“二带”（107 国道和正无、正灵路）条块经济繁荣的局面。1991 年至 2005 年，正定县连续获得石家庄市基础设施和城市容貌评比第一名。2005 年，更是首次获得河北省“人

正定县人民政府

居环境奖”。

2011 年，县委、县政府全面推进市政基础设施建设，积极推进城市精细化、标准化管理，以全面实现“三年大变样”各项任务目标为依托，坚持“古城古韵、新城新景”，谋划实施了园林绿化、古城风貌恢复等重点工程，城市基础设施日趋完善，城市承载能力不断提高，城市宜居宜游品位得以提升，成功创建为“河北省园林县城”。

2015 年，县委、县政府主动适应省会“一河两岸”发展战略要求，围绕国家园林县城、国家优秀旅游城、国家智慧城市试点“三城同创”，高标准搞好城市规划、建设与管理，大力实施城区绿化、品位提升、智慧管理三大工程，推动城市建设不断上水平。截至 2015 年 1 月，正定全县辖 3 镇、5 乡、2 个街道办事处、174 个村（街），总面积 468 平方公里，全县 50.01 万人，耕地面积达 44.8 万亩，人均耕地面积为 0.9 亩。

1. 城乡规划

1983 年，《正定县总体规划（1994—2010）》编制并实施，此后，又经三次调整和完善，1995 年 10 月，石家庄市人民政府批准《正定县总体规划（1994—2010）》。2004 年，石家庄市“1+4”（石家庄 + 正定、藁城、栾城、鹿泉）城市发展空间布局确定，新一轮正定县城总体规划开始编制，2005 年底，新规划文本经县人大、县政府通过并报市政府审批，其指导思想是：依据省会石家庄市空间发展战略规划确定的“1+4”空间发展模式，整合正定组团与石家庄市区及相邻区域间的空间发展关系，努力把正定建设成为经济繁荣、科技发达、功能突出、环境优美、生活方便的现代化卫星城市。同时，到2004年底，全县所辖9个乡镇也全部完成了规划修编工作。县委、县政府非常重视专项规划工作，先后完成了《正定县历史文化名城保护规划》《正定县文物保护中长期规划》《正定县城绿地系统规划》《正定县南部旧城改造控制性规划》等规划，积极推进城乡一体化发展，抓好农村路网、安全饮水等重点项目建设。2014年，编制完成了19项专题规划，其中，《正定县城乡总体规划（2014—2030年）》《隆兴寺历史文化街区修建性详细规划方案》《正定古城历史建筑认定研究》等5项规划经专家会论证通过，《太平庄村修复性详细规划》经市规委会审议通过。

2. 基础设施建设

1990年以后，正定县城市规划、建设和管理步入快车道，城市公园、广场、绿地、垃圾转运站、公厕、集中供热、天然气管网等基础设施逐步完善，城乡面貌明显改善。2005年，县城街道发展到17个，形成了七横七纵的网状交通格局，正定城区道路总长度达到92.65千米，硬化总面积达84.6万平方米。正定汽车站也经省交通厅批准，进行迁建，1999年8月竣工并交付使用，2005年成为石家庄市北部重要客运枢纽。其他方面，城市供水普及率达100%，排水普及率达96.95%，供热普及率达85%等。

2011年，城区集中供热面积达400万平方米，供热普及率达到96%；大力开展天然气利用普及工程，天然气管网沿线覆盖率达到93%，天然气普及率达70%；自来水供水管道总长56千米，日生产能力1.2万立方米；全年社会用电量187466.9万千瓦时。对城区道路照明设施、广场公园景观灯等进行检查维修，确保城区亮灯率达到98%。

2012年，投资8000余万元，完成晨光路拓宽等4条城市道路建设；投资929.9万元，完成33条农村公路升级改造；投资280万元，完成14个重点帮扶村道路硬化。投资4000余万元，完成4个出入市口、城区容貌和农村环境综合整治工作，顺利通过“省级卫生城”复审。

2015年，积极完善城区道路交通体系，完成了部分城市道路建设和市政设施改造，供热、供气、供暖以及城市地下管网等城区配套设施建设进一步完善，整个城区集中供热普及率达96.6%，天然气普及率达96.53%，集中供水率达98%，城区亮灯率达98%，城市承载率不断提升，城镇化率达到51.2%。

3. 生产生活设施建设

1992年，县委、县政府决定，在县政府大院原址建设新办公楼一座，1994年9月竣工并投入使用。住宅建设方面，从1999年开始，由正定县统一规划引导，到2005年底，县内成规模的住宅小区建有11个。2011年，累计投资1.06亿元，完成了103条乡村道路建设，不断完善农业农村基础设施。投资4663万元实施了6.34万亩中低产田改造，解决了2.38万人的安全饮水问题。发展节水灌溉19.56万亩，新增造林绿化面积8000余亩。开工建设28个省市级新民居示范村，完成投资5.1亿元。先后投资141亿元，开工建设城建项目358个，完成拆迁拆违86万平方米，开工建设保障性住房640套。2015年，投资近5000万元完成高标准农田建设、万亩田间工程和农村饮水安全等工程，解决了4.66万人的安全饮水问题，实现农村安全饮水全覆盖。

4. 园林绿化

1986年至1990年间，全县绿化工作仅限于城区主要街道两侧的树木绿化。1991年以后，逐步加大了绿化建设力度，到2005年，县城区绿化总面积502.65公顷，绿化覆盖率33.51%，绿地率22.55%。2011年，全县建成区绿化面积663.48公顷，绿化覆盖率达40.7%，绿地面积566.14公顷，绿地率34.73%，其中，公园绿地面积133.6公顷。到2012年，城市绿地率、绿化覆盖率、城镇化率分别达到37.29%、43.51%、50.1%。

2014年，县委、县政府全面开展园林绿化、市政设施、夜景亮化、施工扬尘等整治工作，新增绿地面积40.3万平方米，城区绿化覆盖率、城区绿地率、人均道路面积分别达46.61%、38.60%和14.1平方米。到2015年底，新建成区园林绿地面积达656.17公顷，绿地率 38.60%；建成区绿化覆盖面积 765.44 公顷，绿化覆盖率 45.02%；建成区公园绿地面积 173.87 公顷，人均公园绿地面积 11.78 平方米。

5. 城市管理

1986 年，设正定县城乡规划局；1991 年，改称正定县城乡建设委员会；1996 年，更名为正定县建设局。自 2000 年起，每年进行两次大规模的城市环境集中清理和综合整治，正定的城市承载功能、城市品位、城市管理都取得了跨越式发展。

党的十八大以来，正定县委、县政府积极发挥顶层设计功能，广泛应用物联网、云计算、大数据等新一代信息技术，完善城市综合交通、教育医疗、社会保障、环境保护、社会治安、应急处理等智能化信息系统，创建智慧城市。发挥数字城管功能，将城管热线与市级平台对接，促进了数字城管、综合执法，推进信息化与城市化深度融合，真正实现了资源共享，以信息化助推城市发展、经济转型。正定县获得住建部授予的“国家智慧城市 2014 年度试点县”的荣誉称号。

全县大力推行城市精细化管理，强化城乡统筹管理，坚持建管并重，以古城保护、园区建设、美丽乡村建设为目标，进一步理顺数字城管管理体制，实施“城市管理提档升级”“集团作业，洗路净天”等活动，建立居民小区规范管理体系、城乡垃圾统一处理管理体系，加大机械化清扫力度，城区机械化清扫率达 58%，突出解决“土、脏、乱”、城乡垃圾围村等问题，推进便民市场和垃圾处理场建设，积极开展城区环境综合整治，提升管理水平，营造了整洁靓丽、规范有序的城市环境。正定县成功入选国家中小城市综合改革试点县。

6. 生态环境保护

全县把生态环境改善作为一项刻不容缓的民生工作，坚持以压煤、降尘、控车、减排、增绿为重点，推动生态环境明显改善。大力实施“洗城净天”“碧水蓝天”行动，2011 年，全县空气质量二级以上天数达 322 天；2012 年，全县二级以上空气质量优良天数达到 323 天。

2014年，强力推进大气污染防治攻坚，开展了“五清净”专项行动，环境质量得到了有效改善。全年削减煤炭12.81万吨，取缔非法排污企业35家，关停不达标工地，高标准完成了环省会经济林、环村林带、五河绿化以及乡村主干道两侧绿化带建设任务，累计完成造林绿化6万多亩，森林覆盖率达到27.06%，有效地改善了铁西区域生态环境。2015年，全县以改善环境质量为主线，实施环境质量和污染总量双控，实施了“环保大检查”“大气污染专项检查”等6项环保专项行动，全县环境质量进一步改善。

7. 古城保护

全力做好古城保护工作。把古城保护作为头等大事、一号工程，认真贯彻习近平总书记重要批示和全国古城保护现场会以及省、市各项要求，坚持规划先行，坚持正确的古城保护理念，推动古城保护立法。2011年编制了《正定历史文化名城保护整治与提升规划方案》。2012年，聘请清华大学诚实规划设计研究院等知名规划设计单位，编制完成《正定古城整体格局与风貌规划设计方案》《正定古城南部控制性详细规划》等规划方案，有序推进完成古城普查工作，编制《正定古城整体格局与风貌恢复项目建议书》。坚持科学安排，把古城保护项目建设作为突破口，加大文物保护修缮力度。2011年，完成了府文庙等文物修缮工程和古城墙迁坟工作。2012年投资1116余万元，实施隆兴寺、赵云庙等景区升级改造等项目，隆兴寺文物保护、县文庙大成殿修缮等6个文物保护项目获国家文物局立项批复，古城墙整体保护项目获省文物局批准立项，护城河整治纳入全省中小河流治理工程。2014年，谋划实施总投资约56.5亿元的60个项目，推动古城保护不断取得实质性进展，全力以赴推进古城保护十大工程，积极推进完成城区历史建筑修缮项目普查、筛选和评定，逐步恢复古城历史风貌。

（三）美丽乡村建设

“美丽乡村建设”项目是党的十八大以来，河北省的重点建设项目。正定被列入全省美丽乡村九大重点片区之一，按照“古城新姿、现代庄园、乡村风情、城市品位”的要求和“332”总体思路，即精心打造三个重点村庄、培树三条精品路线、构建两个示范片区，制定“一元化、两对接、三廊区、四支撑、五工程”规划战略，遵循“一拆二建三美化”的工作思路，采取“6+”措施，突出抓好美丽乡村建设。积极推进财政向农村倾斜，突出乡村容貌、环境、特色、管理、产业等关键环节，重点抓好15件实事落实，努力提升农村环境整体水平。

按照省、市部署，坚持试点先行、典型带动、全民参与、合力攻坚总体思路，投入1.2亿元完成了全县23个省级重点村庄的农村面貌改造提升。投资近5000万元完成高标准农田建设、万亩田间工程和农村安全饮水等农建工程，解决了4.66万人的饮水安全问题，实现农村安全饮水全覆盖，被河北省水利厅评为农田水利基本建设“海河杯”竞赛先进县。集中打了一场农村改厕攻坚战，改造农村“连茅圈”23528个、旱厕7676个，彻底消除了“连茅圈”。全国农村改厕工作现场推进会在正定县圆满召开。大力开展“交通建设年”活动，投资1.15亿元完成55个公路建设项目，新改建公路89.27千米。严格实行耕地保护，严厉打击非法采砂和超限超载行为，保持了省级“无双超示范县”荣誉称号。积极推动农村土地承包经营权适度流转，建立县、乡、村土地流转服务平台，全县已完成土地流转10.5万亩，流转率33%。深化集体财富积累机制，村级集体收入达8500万元。新农合筹资水平、补偿标准不断提高，参合率达98.53%。开通了美丽乡村信息服务系统，在全县154个村庄建立了农民办事不出村微机管理系统，使农民不用出村就能享受到快捷方便的服务，即可以办理户籍、计划生育、新农合、新农保等100余项便民服务事项。规划建设了16千米绿色通道，实施了农村道路建设项目64个、总里程114.52千米。积极探索实施了农村垃圾处理市场化运作，在美丽乡村片区实行农村垃圾服务外包试点，努力从根本上解决农村环境脏乱差问题。在新农村建设中，各乡镇紧密结合本地实际，大力促进第一、第二、第三产业深度融合，在项目建设、招商引资、现代农业发展和维护稳定等方面，作出了积极贡献。

按照“古城新姿、现代庄园、乡村风情、城市品位”的总要求，循着“一元化、两对接、三廊区、四支撑、五工程”的路径，44个重点村改造提升工作成效明显，农村生产生活条件不断改善，农村面貌焕然一新。2014年，正定县被评为全省农村面貌改造提升行动先进县。

1. 正定镇

辖39个行政村，总面积83平方千米，耕地面积44701亩，人均耕地面积0.61亩，人口72993人。

农村面貌整体提升。以村庄整治为核心，以农村“硬化、亮化、净化、美化、绿化”为重点，改造农村“连茅圈”、旱厕927个。北贾村新建标准村庄标识牌楼1个，新安太阳能路灯100盏；西邢庄新打200米深井一个，铺设吃水管道300米，确保了村民吃水安全；岸下村投资400多万元改造了村内幼儿园，投资30多万元整治了村内爱国主义教育基地“岸下惨案”周边环境，新建纪念碑一座，新打耕地机井5眼，解决了村民浇地问题，新建住宅楼8栋共8万平方米，改变了村民居住环境；教场庄旧村改造拆迁31户，旧村拆迁完成80%，硬化小区路面1800平方米，完成了小区住户的暖气改造，老百姓的生产生活质量得到了明显提高。

注重古城保护。严格执行镇班子成员和镇村干部分包责任制，对工作中出现的问题和困难敢于面对，勇于承担，精于疏导，善于化解，在工作中练就了一支能征善战的干部队伍。有序进行了中山路两侧风貌整治及路网改造项目，对阳和楼复建、隆兴寺周边环境整治、开元寺历史格局恢复、临济寺及广惠寺周边环境整治4个项目已完成摸底调查，拆迁工作已经启动。完成了周汉河景观带升级改造和南关村改造项目的后续工作。严格按照《正定县古城区个人住房建设管理暂行办法》的要求，规范村民建房规划审批程序，依法严厉打击私搭乱建行为，拆除违法建筑3.9万平方米，有效遏制了村民违规建房、私搭乱建现象，营造古城保护的良好氛围。

强化维护稳定。重点规范了综治组织建设、矛盾纠纷排查、社会面管控，强化稳定创建工作体系，引导督促平安村街、平安学校、平安单位和平安企业的创建，全面推进综治维稳组织全覆盖。村街全部设立综治室、治保会、民调会，并确定治安信息员、流动人口协管员、调解员、法制宣传员维护村街的和谐稳定，推动平安和谐乡镇的建设。加强社会治安志愿者建设，全镇39个村街都相继组建了治安志愿者大队，全镇社会治安志愿者已达1656名。在每年“两会”、春节等重大节日活动期间，认真开展铁路沿线隐患排查整治工作，很好地发挥了第一道防线作用。

2. 新城铺镇

辖14个行政村，总面积36平方千米，户籍人口为38339人，农业人口为38216人，耕地面积34218亩。2014年农业总产值57358万元，农民人均可支配收入13079元。

重视基础设施建设。配合空港保税区建设，改建农村公路8000米，新建3500米；新建303省道、高铁沿线等地农村林网1400亩，构建了高铁沿线50米环村经济林绿化带，对西白庄、东白庄、中咬村等村进行了村庄的绿化美化。各村健全了“组保洁、村收集、镇转运”的垃圾收运体系。合家庄村被批准为省级美丽乡村，西白庄、中咬村被批准为市级美丽乡村。完成了2599户改厕任务，全国农村改厕工作现场推进会在新城铺镇合家庄、东白庄、西白庄村进行了现场观摩。

健全社会管理。借助县行政服务中心、镇便民服务中心、村便民服务站“一站式”服务平台，推行群众事务代办制，实现社会管理服务中心规范化。累计为群众代办事务5000多项，真正变“群众跑”为“干部跑”，极大地方便了基层群众，得到各级领导肯定。

3. 新安镇

辖14个行政村，总面积41平方千米，10249户，总人口42694人，人均可支配收入13492.03元。

加大招商引资和项目建设力度，到2014年底，实现在建项目6个，总投资4.35亿元，已完成3.27亿元；在谈、谋划项目5个，预计投资36.1亿元。培养和扶持一批有特色的科技示范基地，全力做好城镇及农村最低生活保障工作，完成城乡居民养老保险缴费工作，参保率97.04%，累计发放低保金130多万元。

2014年，以实施“环境整治、厕所改造、饮水安全、道路硬化、村庄绿化、危房改造”等六大工程为重点，抓好西权城、柳树科、南王庄三个环境面貌改造提升示范村的利民实事。三个示范村投资29万元完成村庄植树2000余株、投资195万元硬化道路2.35万平方米、投资24万元完成民居改造1.5万平方米、投资30余万元安装路灯120余盏、投资10余万元新建垃圾池30个、清理各类垃圾1000余方，农村面貌、村民居住环境得到明显改善。

4. 南牛乡

辖16个行政村，总面积40平方千米，耕地4.1万亩，总人口4.7万人，人均耕地面积0.87亩。2014年工农业生产总值为44.82亿元，财政收入4843.2653万元。

着力加强基础设施建设，规划建设污水处理厂及园区管网工程，日处理污水4万吨，占地100亩，计划总投资9384.19万元，分两期建设。创新农业经营方式，按照扶龙头、带农户的思路，积极扶持几个重点专业合作社，扩大经营范围，完善企业与农户的联结机制，带动全乡大批农民灵活就业，加强技术指导。狠抓农业科技队伍建设，力促农业技术员队伍知识化、年轻化。

农村环境面貌提升工作。牛家庄、拐角铺、曹村、木庄、西杨庄、南牛、东贾村7个村为2014年面貌改造提升重点村。清理垃圾1万余方，清理残垣断壁10处，墙体美化83万余平方米，改造“连茅圈”2506个，改造旱厕1555个，种植核桃、法桐、杨树、国槐、冬青等树木共计4.5万株，硬化道路10.8万平方米，购置垃圾桶1600个，极大地改变了农村环境。大力提倡使用无烟煤，最大限度地减轻大气污染压力。大力完善公共卫生服务，加强卫生室软件功能建设，强化平价药品惠民监督，做到群众不出村就能享受到高质量医疗保障服务。2014年城乡居民参保人员达到16457人，参保率为97.78%。

抓好宣传工作，树立“和谐南牛”新形象，打造“战鼓文化之乡”文化名片。深入开展“常山战鼓进校园”活动和“文化传承人赶大集”活动，充分发挥文化传承人的作用，大力弘扬战鼓文化，全力打造南牛群众文化活动名片。建设建筑面积300平方米、占地3000平方米的综合文化站一座，并配备培训室、阅览室、娱乐室及健身场地等。

5. 南楼乡

辖 22 个行政村，总面积 86 平方千米，总人口 56412 人，耕地 64583 亩。农村社会养老保险参保率 95%，新农合参合率达到 95%。全乡工农业总产值 139615 万元，财政收入 1377 万元。

采取“乡干部包村、村干部包片、村民代表包户”的办法，把环境整治工作层层分解到村、落实到人。通过广泛宣传，调动广大群众参与美丽乡村建设的积极性。利用春冬两季空闲时间，在道路两旁、房前屋后、田间地头植树种花，美化环境。落实检查制度，对各村村容村貌进行不间断巡查，采取定期检查考核和临时抽查考核相结合的办法进行评比，将考核结果直接与各村支部书记、村主任奖惩挂钩。坚持“铺天盖地建农业项目，千方百计上工业项目，攻坚克难上大项目”的招商引资总体思路，不断加大对外招商引资力度。适龄儿童入学率达到 99% 以上，基础教育设施逐步完善，服务功能更加健全，校点布局更加科学。共组织乡村干部、“大学生村官”300 余人次，动用铲车 50 余台次、农用车 100 多台次，清理生活建筑垃圾及杂草秸秆 25000 多方。全力推进改造“连茅圈”工作，高质量改造“连茅圈”4084 座。

6. 西平乐乡

辖 10 个行政村，总面积 23 平方千米，耕地面积 26940 亩，总人口 23620 人。2014 年全乡工业总产值 15.17 亿元，乡财政收入 1550.10 万元，居民人均可支配收入 11872.74 元 。

项目建设方面，紧紧围绕“强乡富民”的工作目标，全力构建乡域经济发展平台。一是作为县重点项目的石家庄天诚特种设备公司年产 5000 吨石化专用设备新建项目进展顺利；二是推进河北正定盛元数控科技有限公司数控机床和轴承生产加工项目建设。该项目总投资 4000 万元，位于西平乐乡政府东侧，利用闲置土地建设数控车床、磨床、精超机床三大系列以及系列超精轴承生产线。建成规模生产、零部件加工、装配、销售于一体的机械加工企业。

该项目总占地规模10亩，达产后预计可实现年利税260万元；三是石家庄旌旭纺织有限公司新建棉布及床上用品生产线项目。该项目总投资3000万元，位于西平乐乡南化村，占地20亩，主要新建两条棉布生产线。新上生产设备207台（套），设计能力为年产白布500万米。项目达产后，可实现销售收入8000万元，解决150人就业。床上用品生产加工项目设计生产能力为年产40万套床上用品，可实现年销售收入5000万元，解决80人就业，两项共实现税收150万元。新上纺织机118台，已经投入生产，年底实现销售收入5700万元；四是正定县凡得绚玻璃器皿厂新建项目。该项目总投资1000万元，位于西平乐乡政府南侧，占地18亩。主要建设生产结婚礼品用器皿套装、玻璃茶壶、玻璃套具及塑料配件四条生产线，建筑面积9000平方米。该项目采用全自动喷涂生产线，设计生产能力为年产各种玻璃器皿240万套。

通过进一步优化农业区域布局，逐步形成"一村一品，一村一业"的发展模式，全乡现有各类合作社34家，在种植养殖新技术运用与推广方面发挥了先锋队和主力军作用。全乡的优质麦、蔬菜、特色养殖等农业产业化项目规模不断扩大，产业化经营组织能力不断强化。

文化建设方面，积极发挥文化宣传工作的先导和服务作用，加强思想道德建设、深化精神文明创建活动，高标准建设了乡综合文化站，各村建有图书室、科技文化活动室、远程教育室，并成立秧歌队、腰鼓队等多个文艺小分队。

保证改厕任务的顺利完成，提升农村环境卫生改造。采取乡干部包村、村干部包片、党小组组长包户形式，层层分解，全乡2000余户改厕工作顺利完成，改变了农村环境卫生和农民的生活习惯，村民绿化家园、美化家园、净化家园的积极性明显提高，农村环境和村容村貌发生了明显变化，有效地解决了长期困扰农村脏、乱、差、臭等老大难问题。

7. 北早现乡

辖19个行政村，面积43平方千米，户籍人口3.82万人，耕地3.98万亩。2014年财政收入完成4796.74万元。

农村面貌改造提升工程中，全乡共建设透绿式围墙640米，粉刷墙体9600平方米，喷绘文明墙230面，改造“连茅圈”2154个，改造旱厕819个，种植核桃、法桐、杨树、国槐、冬青等树木共计3.5万株，购置垃圾桶1500个，极大地改变了农村环境。大力推广洁净型煤，最大限度地减轻大气污染压力。进一步规范土地巡查及拆违制度，全年共开展土地执法46次，拆除违法建筑87处，恢复耕地260余亩，切实做到对违法违规行为早发现、早制止、早处置。加快淘汰供暖和工业燃煤锅炉，积极推广以型煤为燃料的新型采暖锅炉进村入户，目前已入户安装近2000台。重点实施滹沱河两岸、中华大街沿线、京昆高速两侧的绿化工程。2014年种植经济林2536亩，植树15万株。农业发展方面，推进农民专业合作社规模化、标准化建设，鼓励和支持不同形式的农民专业合作经济组织，规范壮大“泓宇”、“农来乐”、“种发粮蔬”等农民专业合作社，实现企业化经营、规范化发展，切实提高农民组织化程度，为农民增收搭建服务平台。组建了北孙军乐队、雕桥舞狮队、南岗战鼓队、小客军乐队、贾永书画院、康平文艺队等六支重点文艺队伍，大力推动鼓乐、秧歌、舞狮、书法等文艺活动。在上水屯村南、羊曲线北侧建成北早现乡综合文化站，并安装室外活动体育器材、宣传栏等配套设施。建立农村书屋，每年平均为各村农家书屋配发图书200余册，并配有书桌、座椅、书橱等用具。

8. 曲阳桥乡

辖19个行政村，总面积64平方千米，耕地面积60825亩，户籍总人口53716人。2014年全乡工业总产值9.35亿元，乡财政收入完成2214万元，年人均可支配收入实现13710元。

项目建设方面，实施项目带动、环境推动战略，形成了以通天管业为代表的工程材料产业，以永生家具、大地沙发为代表的家居产业，以三力绝缘材料为代表的工业材料产业。总投资额约3500万元的食用菌种植项目，正在加紧建设。在陈家店道口投资2000多万元新建曲阳桥乡综合贸易楼，已投入运营。占地2200亩，建设项目总投资3500万元的东曲阳绿家生态农业观光采摘园建设项目，2014年底特色林果区已竣工。

农村面貌改造提升，遵循“因村制宜、试点先行、示范带动、逐步实施”的原则，以建立健全农村环境卫生保洁长效管理机制、改善农村环境卫生面貌为重点，完善农村基础设施建设，规范垃圾处理模式，强力推进全乡垃圾集中清理处理工作，实现了垃圾及时集中倾倒，统一收集，统一处理，全年全乡共清理垃圾25300方。强力推进全乡农村改厕工作，已累计完成改厕任务近1.5万座。社会保障工作全面加强，新农合参合率为95.71%。加强村级文化建设。全乡26支文艺队在农闲季节积极开展文艺演出活动，受到群众一致好评。发挥农家书屋优势，实现农家书屋全覆盖。规定每周开放借阅时间不得少于20小时，选配农村好青年进行管理，营造了全民读书、终身学习的良好氛围。

（四）科学技术

新中国成立以后，正定县先后建立各级科技管理机构及科研团队，大力普及科技知识，促进了生产建设的发展。1956年9月，建立正定县科学技术普及协会，后于1958年更名为科学技术协会（简称“科协”），并于1983年2月，实行科协与科委分设，到1985年底，县级各类协会、学会发展到19个。1978年以后，全县随着经济建设的发展，新的科研成果不断出现，科学技术事业蓬勃发展。从1981年到1985年底，全县通过县以上技术鉴定的科研成果有33项，其中省级26项，在省级以上报刊发表的科技类论文40余篇。1986年至2005年，正定县委、县政府实施“科技带动”战略，不断加大科技资金的投入，调动了广大科技人员的积极性。期间，正定先后获得“全国星火管理先进集体”“全国科技工作先进县”“全国技术市场金桥奖”“全国科技进步先进县”“国家可持续发展试验区工作先进集体”等荣誉称号。到2005年，全县科技对经济增长的贡献率达56%，科技成果转化率保持在80%以上。

从1980年以后，全县就积极引进科研项目、规范科研经费改革、不断加大人才开发与培养。高度重视工业科技，到2005年底，全县累计承担市级以上工业技术项目137项，其中国家级12项、省级52项，获市以上工业科技成果奖109项，占应鉴定项目的79.6%。持续加强农业科技，到2005年，共承担市级以上农业技术项目118项，其中国家级5项、省级40项，通过县以上技术鉴定的农业科研成果有100项。在科技成果产业化方面，到2005年，全县已累计有 93 项市以上工业科技成果实现转化，科技成果转化率达 80%。

1998 年，正定县被批准为河北省专利工作试点县，县政府出台《正定县专利工作试点方案》，2005 年，正定县专利拥有量达 249 件，其中发明专利 48 件、实用新型专利 155 件，外观设计专利 46 件。正定已拥有一个比较固定的专家智囊团，定期通过各种途径传播科技信息 4000 余条。新时期，正定县政府加强对高新技术企业和工程技术研究中心的建设管理，全力实施国家知识产权强县工程，做好“专利提升行动”，帮助企业进行专利申报，争取省市专利申请资助，加强与北京科委合作，强化院士工作站管理。

新时期，正定县继续实施“科技兴县”战略，科技创新能力不断增强。到 2011 年底，经升级认定的高新技术企业发展到 5 家，市级以上工程技术研究中心 8 家，全年组织实施重点技术创新项目 22 项。科技成果显著，全年争取国家、省、市科技项目 29 项，争取资金 1049 万元。取得国内先进水平以上科技成果 9 项，全年申请专利 136 项，授权 64 项。有 5 个项目获得石家庄市科技进步奖，推广重大科研成果 11 项，研发市级以上新产品 10 个。

党的十八大以来，正定县先后荣获“全国科技进步先进县”“国家知识产权强县工程试点县”“国家可持续发展先进示范区”“河北省科技管理工作先进县”等荣誉称号。2012 年末，经升级认定的高新技术企业发展到 7 家，全年组织实施重点技术创新项目 16 项，高新技术产业化项目 4 项。全年争取国家、省、市各类科技计划项目 36 项，支持资金 1177 余万元，完成鉴定验收 29 项，拉动企业和社会投入 1.8 亿元，取得国内先进水平以上科技成果 24 项。全年申请专利 146 项，授权 133 项。全年有 5 个项目获得省市科技进步奖。推广重大科研成果 11 项，研发市级以上新产品 10 项。

到 2014 年末，经认定的高新技术企业发展到 14 家 ，拥有院士工作站 2 家，省级工程技术研究中心 2 家，市级工程技术研究中心 12 家，取得国内领先水平以上的科技成果 6 项，申请专利 228 项，授权 205 项，推广重大科研成果 11 项，研发市级以上新产品 10 个。重视科技项目管理创新。积极谋划实施国家、省、市重大科技项目，支持发展县级项目；狠抓技术示范和推广，积极开展特色农产品深加工，强化新农村科技示范建设；支持企业加快产品更新换代，加强科技服务，提高企业自主创新能力。截至2015年底，已拥有国家火炬计划重点高新技术企业1家，拥有高新技术企业达到16家，省级工程技术研究中心2家，市级工程技术研究中心12家。全年组织实施重点技术创新项目11项。全年争取国家、省、市科技项目36项，争取资金1577万元，完成鉴定验收12项，拉动企业和社会投入2.08亿元，取得国内领先水平以上科技成果12项。全力实施国家知识产权强县工程，做好“专利提升行动”，积极开展“企业专利消零”，2015年全年申请专利257项，授权238项，有2个项目获得省市科技进步奖。推广重大科研成果11项，研发市级以上新产品10个。

落实国家可持续发展先进示范区建设规划，开展了奶业、果蔬产业化、木业产业化方面的技术创新，组织实施国家粮食丰产科技示范工程、奶业产业化科技示范工程、科技特派员示范工程等，实施国家星火计划12396项，取得了初步的经济、社会和生态效益。于2014年6月，顺利通过国家可持续发展先进示范区评估，并得到专家组的高度评价。

重视科学普及工作，新中国成立以后设立专门机构，重点宣传以农业为主的科技知识。到1978年以后，随着各行各业对“学科学、用科学”的迫切需求，全县通过科技讲座、放映科技电影、“科普宣传月”“科普赶集”等活动，加大科普宣传，受教育者达175万余人次。推广先进技术，抓好科普和科技下乡工作。1999年，由科技局牵头成立专门的科技下乡服务队。到2005年，科技下乡与农村专业技术协会、示范户工作结合，通过开展技术交流、技术服务、技术培训等活动，引导农民进入市场，使先进适用技术普及率达到90%，科技进步对农业的贡献率达到53%，促进农业增效、农民增收。2014年，加快科技信息传播速度，与网上技术市场链接，推动科技合作、成果转化，做好《正定科技网》《科技兴县信息通道》等信息平台，开展全国科普日活动、科技活动周活动等，全年组织科普活动15次，组织科技下乡活动20多次。

2014年11月16日，河北省人民政府发布了《关于同意设立省级正定高新技术产业开发区的批复》，规划面积10.36平方千米的正定高新技术产业开发区正式获批。两年来，正定高新技术产业开发区建设如火如荼，精准打造承接北京非首都功能疏解和产业转移的平台和载体。

（五）文化教育

1. 文化

（1）概述

历史上，正定的民间艺术、文学创作以及书法、绘画等，都有程度不同的发展，有的已作为传统文化流传至今。新中国成立后，各项文化事业都有了较大的发展，特别是图书、广播、电视、电影等新兴文化内容发展，大大丰富了人们的文化生活。

1995年，正定县建成了占地4000平方米，集图书阅览、歌舞排练、作品展览、人才培训、机关办公为一体的文化中心。2003年，恢复了正定县文艺繁荣奖，文艺创作积极性空前高涨，创作精品佳作纷呈，到2005年，累计创造各类文艺作品6000篇（件），其中获市级以上奖励的近400人次。

党的十八大以来，先后推出了《常山少年——赵云》《王牌》《阳和楼》《贾大山和他的朋友》等一批影视剧、文艺文学作品等精品力作。建立健全公共文化服务体系，加强图书馆、文化馆建设，积极筹建博物馆，实现了全县154个行政村“农家书屋”全覆盖。坚持深挖历史文化内涵，大力宣传和推介以临济寺为重点的佛教文化，以赵云为代表的名人文化，以元曲为代表的戏剧文化，以正定国家乒乓球训练基地为代表的体育文化，以常山战鼓、正定高照、竹马、剪纸等为代表的非遗文化。在全国乃至国外叫响“三国子龙故里、佛教临济祖庭、京外名刹之首、世界冠军摇篮、元曲创生中心、红楼文化经典”六大文化品牌。擦亮国家历史文化名城、中国书法之乡、中国民间文化艺术之乡“一城两乡”品牌。正定现有国家级文物保护单位9处，省级5处，县级24处，有古碑刻300多通、馆藏文物7672件，其中，国家一、二级文物264件，国家级文物在全国县级行政区中位居第二，还拥有国家级非物质文化遗产2项，省级非物质文化遗产保护项目6项。

正定县积极发挥国家历史文化名城优势，实施文化强县建设八大工程，促进文化大发展、大繁荣，不断提升正定发展软实力。深入开展群众性精神文明创建活动，抓好社会主义核心价值观涵育基地建设，整合提升文化品牌，创新文化活动形式，唱响社会主义核心价值观和中国梦宣传主旋律。推进公民道德建设工程，积极开展“讲文明树新风”公益宣传，认真做好“最美正定人”暨道德模范评选表彰和“好家风”家庭评选活动，全力打造正定县精神文明建设活动品牌，推广建立《功德录》和《好人档案》。大力实施文化惠民工程，通过举办“彩色周末”、开办“正定讲堂”、送戏下乡等活动，引导广大干部群众加强社会公德、职业道德、家庭美德和个人品德建设，成功创建河北省公共文化服务示范县，被评为河北省文化产业十强县，连续多年获得“省级文明县城”荣誉称号。

成立了正定文化产业协会，依托众多文物古迹和深厚的文化积淀，积极培育文化产业，加快发展文化事业。文化产业协会自成立以来，积极为正定县文化事业的发展搭建平台、营造氛围，促进了文化产业的繁荣发展。规划了投资5.3亿元、占地近300亩的正定县文化科技创意产业园区，通过旧有厂房设施改造，建设包括艺术家园区、培训园区、手工业坊园区、“剧”园区、影视园区、书画园区、戏曲园区、展示园区等8个特色园区。在民国年间修建的马家大院基础上“改造”了正定元曲博物馆，总投资260万元，总占地962平方米。博物馆以“曲韵天成、遗音流响，正定元曲、文化陈列”为主题，共分为4个单元5个展厅，收集高仿元代磁枕26件，古书籍140余册。白朴雕像、白朴书房模拟造型及由他创作的《墙头马上》《梧桐雨》等作品，都以直观的表现形式陈列于博物馆内。馆内还专题介绍了中国古代戏曲的发展脉络、元杂剧的剧本形式、五宫四调与曲牌。其“元曲创生中心”成为正定“六张名片”之一。

（2）广播电视

1958年正定县广播站建立，全县安装广播喇叭和入户喇叭45万只，各村都能收听广播。1976年建立县广播事业管理局。1984年，更名为县广播电视局，当年建立正定人民广播电台，全县25个乡（镇）广播放大站都具有收转有线和无线广播的能力，全县广播覆盖率为100%。2005年，随着有线电视的普及，全县有线和无线广播已被变为配角。电视方面，据

1985年底统计，全县有各种电视机41520台，一半村有电视机的户数占总数50%以上，全县城乡都能收看中央电视台（1频道）和河北电视台（10频道）等台的电视节目。1993年5月，正定电视台试播，1997年5月通过省厅验收正式播出。到2005年，播出频道增至37个，全年电视节目播出时间6570小时，其中自制节目时间1433小时。正定广播电视台加大改革力度，实行完全频道制，通过加强宣传报道信息量，开办新节目、栏目，加快文化产业发展，使节目更加丰富，内容更加精彩，有线电视入户率73.2%。2014年，进一步加大改革力度，实现经济收入1600万元，新开办《直播民生》等栏目，相继开辟了《古城保护我们在行动》《农村面貌改造提升 建设幸福美丽家园》等十几个专栏，全年播发新闻稿件5000多条，使电视台节目更加丰富，深受观众欢迎。

（3）文化站馆

正定县文化馆，原名正定市民众教育馆，始建于1947年，1950年更名正定县文化馆。到1982年全县各乡（镇）先后建立文化站，到1985年大部分村庄建立“青年之家”或俱乐部。截至2005年，文化馆累计举办各种转出文艺演出1000场，演出文艺节目15000个，观众260万人次，2004年被命名为国家三级文化馆。全县通过推广试点村经验，建成城区文化活动点站25个，乡镇文化站10个，建成文化广场104个，文化大院86个，文娱活动室132个。1955年，建立正定县图书馆。到1985年，图书馆占地面积660平方米，藏书5万册，日均读书240人次。农村有图书室96个，藏书104万册。2003年，在省市有关部门支持下，筹建全国文化信息共享工程正定中心，提高了图书馆的服务功能，被河北省文化厅命名为“全省公共图书馆规范服务达标活动示范馆”，图书馆实行开架借阅，图书利用率达95%。2003年之后每年购书10万元，并顺利通过国家二级图书馆评估定级工作。到2004年底，全县建有农村图书室36个，总藏书7万余册，读者借阅达10万人次，成为农村传播科技文明的窗口。2011年末，全县拥有县文化馆1个，乡镇文化站10个，县图书馆藏书17万册，农村图书室146个，藏书15万册。

党的十八大以来，以建设文化强县和古城保护为契机，加强公共文化基础设施建设，繁荣城乡公共文化、文化建设各项工作持续取得新进展。完成了对现有县级文化馆、影剧院及图书馆的升级改造，并抓好乡镇一级综合文化站的建设，8个乡镇已全部配有综合文化站，积极推进各行政村文化活动室、文化广场、农家书屋建设，现已实现了农家书屋的全覆盖、全免费开放，农村图书室共有154个，藏书达23万册，统一配送了价值10万元图书、20.8万元的阅览桌、椅等，使基层群众共享文化建设成果。

（4）文化活动演出

2000年以后，文化演出不断向社区、农村辐射延伸，以此带动了社区文化、农村文化等蓬勃发展。全县重点推广普及“正定新秧歌”，组织开展万人学跳“正定新秧歌”活动，开启彩色周末等文艺娱乐活动。到2003年，全县174个村，村村都建立了业余健身舞蹈队。到2005年，全县有159支业余文化表演队伍，成员8000人，做到了重大节日村村有活动、乡乡有会演、县城有调演，成为全县文化生活中的一道靓丽风景线。

联合县其他各文艺团体，组建基层群众文艺队伍，积极开展各级各类文艺活动，扩大文化艺术受众面。通过举办各类书法展、书画摄影展等，积极打造正定书法文化特色，成为省会第一家、河北省第三家获得中国书法之乡的县。加强非物质文化遗产宣传、推介，培养年轻化的非遗队伍，通过“文化遗产日”宣传、民间艺术展演及推介非遗项目参加全国表演等措施，不断提升了县城“非遗”知名度和普及率。2014年，全年举办各类群众文化活动100余场，通过春节文化活动展演、鼓王争霸赛、“彩色周末”系列文化活动等，不断丰富群众精神文化生活，积极组织和指导各行各业开展文艺活动，建立文艺辅导基地40个，年培养文艺骨干1000余名，拥有基层文艺队伍240多支，演员3000余人，年演出450场次以上。

（5）电影

1951年，河北省中苏友好协会电影九队来正定巡回放映。1954年，石家庄专署电影168分队来正定巡回放映。到1956年，这两个电影队先后归属正定县，1958年，县建立电影管理站，1972年到1975年，县电影队先后下放到公社，1978年开始有村办电影放映队。到1979年，县电影管理站更名为正定县电影发行放映公司。1985年，全县有电影放映单位85个，全年放映电影 10831 场次。1993 年，县电影公司组建正定县科技电影服务中心，组织全县各影队下乡为农民放映农业科技电影。到 2003 年，电影公司影队送科技下乡放映 400 场，发展农村影院 7 个。主要的影剧院有：常山影剧院、正定电影院、工人俱乐部等。

2. 教育

（1）发展概述

真定县（今正定）明、清时，城乡设有私塾、义学、府学（县学）等，到 20 世纪 40 年代初全部停办。历史上有名的书院有崇正书院、风动书院、尊闻书院等，民国前全部停办。

教育行政方面，新中国成立后，县政府设教育科，1958 年更名为文教局，1979 年更名为教育局。中小学全部由政府接管，教育经费以地方财政拨付为主，1952 年时拨款约 38.76 万，之后县拨教育经费逐年增加，到 1985 年达 385 万元。

新中国成立后，全县幼儿教育、初等教育、中等教育、成人教育等各类教育快速发展。1986 年至 2005 年，县委、县政府坚持“科教兴县”战略，大力普及九年义务教育，推进教育体制改革，增强基础设施建设投入，促进了教育事业的大发展。

幼儿教育。1955 年，县办第一所幼儿园设立，1975 年，全县幼儿园恢复发展到 99 所，在园幼儿 5083 名。到 1985 年发展到 251 所，在园幼儿 9821 名，占应入园幼儿的 96.2%。2005 年，全县投入资金达 3235 万元，建成规范化幼儿园 47 所，在园幼儿达 8823 名。当年，顺利通过河北省“普及学前三年教育达标县”验收。

初等教育。1949 年，全县有初级小学 154 所，完全小学 20 所。1956 年，除个别小村外，一般村庄都有了小学校。1978 年以后学制改为六年一贯制。1985 年，全县有小学 213 所，在校学生 48355 名，全县学龄儿童入学率 100%。2001 年，经撤并整合后，全县小学拥有量精简到 116 所，在校生 31848 人。

普通中等教育。1953 年，全县有中学 3 所 34 个班，在校学生 1474 名。1958 年底，全县有各类中学 26 所 89 个班，在校生 4451 人。1978 年，全县中学（包括七年制和九年一贯制学校）发展到186所（其中高中和完中34所），在校学生38557名。后经结构调整，到1985年，全县境内有省办中学1所，县办中学4所，乡办中学30所，在校学生26687名，教职工1952名。1990年，全县共有普通初中29所，在校生14160名，教师1437名。到2005年，全县因区划调整，实有初中27所、高中7所。高中在校生发展到14341人，教职员1123人。

师范教育和职业教育。1924年建直隶省立第八师范学校，专办完全科，1928年更名为河北省立第八师范学校，到1949年更名为河北省正定师范学校。1983年建正定师范学校，1985年，已有师范学校2所，在校生1140名，教职工208人。1980年以后，城乡出现各类私立职业学校，分别设缝纫、木工、建筑、美术等专业，规模都不大，学习期限也各不相同。据1985年底统计，实有私立职业学校101所，在校学生4872名。农民、城镇居民教育方面，到1980年以后，业余学习以科学知识为主，各乡先后开办农业技术学校。职工教育方面，1951年开始，各工厂、企业开办职工业余学校，设小学班和初中班，1962年停办，到1978年，各工厂、企业继续办文化补习班。到2005年，全县从事职业技术教育学校8所，教职员384人，在校生2714人。2007年，经河北省政府批准，河北正定师范学校更名为“石家庄科技工程职业学院”，开展高等职业教育。

教师队伍。新中国成立后，全县中小学教师发展很快，1949年有538名，1958年增加到1255名（其中民办教师128名）。1978年以后，对中、小学校进行调整，1985年，全县小学、中学（包括职中）、师范学校教职员工共4147名（其中民办教师1884名）。2005年，全县小学、初中、高中教师人数4825名。新中国成立后，经过在职进修、培训以及师范院校毕业生补充等，教师队伍的文化素质逐年提高。到1985年，在全县小学1968名专任教师中，中师（或高中）及以上毕业的887名，初师（或初中）毕业的685名。在全县中等学校1346名专任教师中，大专毕业的276名，中师（或高中）毕业的858名，中师（或高中）肄业的212名（多为老教师）。到2005年，小学教师中本科以上学历人数达637人，占总数的27.6%，初中教师本科以上学历人数占总数的53.4%，高中教师本科以上学历人数占总数的84.1%，均已没有高中或以下学历的教师。并且根据国家劳动人事制度改革规定，所有在岗教职工实行全员合同聘任制。新时期，重视师资队伍建设，进一步修师德、树师风、提师能，提升教师队伍整体素质，努力打造“德才兼备、理念先进、学识渊博、业务精湛、开拓创新、充满活力”的教师队伍。

2005 年，全县各级各类全日制学校、幼儿园总计 206 所，教职工 6023 人，在校（园）生（幼儿）82330 人。中学、小学的信息技术教育普及率分别达 100%、98%。

2011 年，全县不断加大教育投入，推进教育事业均衡发展，优化教育布局，当年内整合中小学校 39 所，积极推进教育改革，教育质量稳步提高。到 2011 年底，全县有中等职业教育学校 6 所，在校学生 3771 人。普通中学 22 所，在校学生 22757 人。小学 108 所，在校学生 33145 人。幼儿园 64 所，在校儿童 14288 人。全县高中阶段毛入学率达到 87.9%。

截至 2014 年底，全县有各级各类学校 140 所，其中公办学校 131 所、民办学校 9 所。幼儿园 186 所，在园幼儿 21430 人，其中公办幼儿园 91 所，公办幼儿园就读 10698 人。中小学在校生 61385 人，其中小学 34327 人，初中 17491 人，高中 9567 人，高中毛入学率为 88.7%。特殊教育学校 2 所，在校学生 169 人。幼儿园教职工 1464 人，其中公办园职工 447 人。中小学教职工 5329 人，其中公办教职工 4649 人，民办教职工 680 人。

2015 年，正定县响应上级号召，实施“美丽校园”建设，投入 5832 万元，新建设项目 40 个，新建校舍 4.5 万平方米，使万名师生用上宽敞明亮的教室、住进整洁舒适的宿舍。投入 1730 万元改造提升 20 所学校校园环境，校园环境进一步提档升级。积极落实教育惠民政策，积极对接京津，引进优质教育，创新学校管理体制，加强学前教育、义务教育和高中教育的教育管理科研水平，坚持“一线工作法”，不断提高教学质量，促进教育公平。高度重视学校德育工作，培育社会主义核心价值观，弘扬中华传统美德，推进素质教育。重视职业教育和特殊教育发展。先后被评为河北省教育督导评估先进单位，顺利通过了国家义务教育基本均衡评估，荣获“国家级培训项目优秀区县”称号。

（2）河北正定中学

河北正定中学始建于 1902 年，由当时的正定府学和恒阳书院改设而成，坐落于国家级历史文化名城正定，是河北省历史最为悠久的首批重点中学和示范性高中。学校始名“正定府中

河北正定中学

学堂”，后曾更名为“直隶省立第七中学”“河北省第七中学”“河北省立正定中学”“晋察冀边区正定联合中学”“晋察冀边区第四中学”“河北正定第一中学”，1979年定名为“河北正定中学”，简称“正中”。学校分东、西两个校区，占地面积共计473亩，拥有教学楼、实验电教楼、图书馆、体育馆、办公楼、礼堂、学生宿舍楼、园丁楼等18座建筑，环境优美，基础设施齐备，教学设施完善。现有教职员工近600人，有专任教师270名，其中特级教师13人，高级教师72人，在校生7500多人。先后获得全国规范化管理先进单位、全国文明单位、全国中小学班级管理创新先进单位、河北省教育系统先进集体、全国“中华民族传统美德教育优秀实验学校”、石家庄市十大知名学校、石家庄市德育示范学校、石家庄市高中教学质量先进单位等荣誉称号，被誉为石家庄市“城市品牌”。

（3）石家庄科技工程职业学院

石家庄科技工程职业学院是经教育部批准，石家庄市政府主办的一所全日制国办普通高等职业院校，面向全国招生。学院坐落于正定华安西路29号。该校现占地面积237亩，建筑面积12万平方米。学院现有在校生5500多人，教职工近300人，专任教师214人。设有经济贸易系、管理工程系、艺术与建筑工程系、机电工程系、信息工程系等，设有软件技术、应用电子技术、计算机应用技术、护理等23个专业。主要建筑有多功能图书馆、教学楼群、实训楼、体育馆、艺术楼、实验楼、礼堂、学生宿舍楼群、餐厅、塑胶田径场、标准化篮排球场等。建有“教、学、做”一体化实训场地27455平方米，校内实训基地53个，校外实习基

石家庄科技工程职业学院

地44个。

该校由著名的教育家张伯谨先生创建于1924年，始称“直隶第八师范学校”。1933年以地名命名，改称“河北省立正定师范学校”，1953年改名为“河北正定师范学校”。该校源源不断地为社会输送着既有坚定理想又德才兼备的人才，有的担任较高行政职务，有的已经成为专家、学者，大多数都成为战斗在教育战线上的骨干。知名校友有曾任国家统计局局长、中国人民大学等多所大学兼职教授、曾获评“影响中国60年经济建设的100位经济学家”的李成瑞，曾任最高人民检察院副检察长兼任经济检察厅厅长的郗占元，曾被评为全国优秀教师的张文森，当代著名画家、国家一级美术师刘永增，一级作家、国务院特贴专家袁学骏。中师时期，该校曾被国家教委定为“中国—联合国儿童基金会合作培养小学师资项目学校”，被省教委定为第一批实现办学条件标准化的学校。曾被时任国务委员、国家教委主任李铁映称赞为“滹沱河畔一枝花”。

1999年开始培养大专生，2001年更名为“石家庄师范专科学校正定分校”，2004年更名为“石家庄学院正定分院”，2007年改建为“石家庄科技工程职业学院”，实施高等职业教育。学校重视学生实习就业工作，先后与海尔集团、格力电器有限公司、东方领航教育集团、天津滨海迅腾科技集团有限公司、北京京东方显示技术有限公司、长城汽车股份有限公司、上海中锐集团、博深工具有限公司等50多家大中型企业建立实习就业合作关系。近年来，毕业生就业率持续在95%以上。

学校以“沉毅果决、敦厚温和、勤苦砥砺、切磋琢磨”为校训，以“求真至善、求精创新”为校风，以“庄严恳挚、博学善导”为教风，以“励志明德、力学笃行”为学风，形成了“以人为本，就业为先，产学结合，特色兴校”的办学理念。建立了包括国家奖学金、国家励志奖学金、国家助学金和学院特有的张伯谨奖学金、院级奖学金及月伙食补贴在内的“奖、贷、助、补”多元化资助体系。

先后荣获“中国轮滑示范学校”“市文明单位”“省会平安高校建设先进单位”、全市“六五普法先进单位”等教育教学、管理、科研方面的多项国家级和省市级荣誉称号。

（4）正定县教师进修学校

正定县教师进修学校是省教育厅命名的河北省示范性教师进修学校，位于国家级历史文化名城正定县城内。主要承担全县中小学教师和教育行政干部继续教育、业务培训和能力提高工作。校园占地 21 亩，建有两座教学楼，建筑面积达 7720 平方米，配备了可供千人培训的教室，有可容纳 500 人的宿舍和食堂。学校有计算机网络室、音乐室、美术室、舞蹈室、心理健康辅导室、实验室、录播室、多媒体教室、学术报告厅、阅览室和图书资料室（软件管理）等 14 个专用教室。校舍和配套的生活设施能同时承担千余人的集中研训，职能部门能够融合各种资源，确保研训设施设备齐全，满足工作需要。

1991 年以来，正定县教师进修学校先后获得“河北省教师教育工作先进集体”“河北电大教学管理先进单位”“河北广播电视大学教务管理先进单位”“河北省示范性教师进修学校”“教育工作先进单位”“河北省电大教育先进单位”“石家庄市文明单位”“石家庄市示范性教师进修学校”“教育督导评估实绩突出单位”等荣誉称号。

2015 年，学校有教职工 73 人，其中专任教师 69 人，50 周岁以下专任教师全部具有大学本科以上学历，有 14 人系研究生毕业。专任教师高级职称 17 人，中级职称 21 人。

（5）正定县第一中学

学校创建于 1980 年，位于正定华安东路 2 号。2001 年被命名为“河北省示范性普通高级中学”。学校师资力量雄厚，教学设施齐全。校园占地 5.6 万平方米，建筑面积 4.3 万平方米，现有 60 个教学班，3000 余名学生。教职工近 300 人，其中中学高级教师 77 人，特级教师 1 人，省级骨干教师 2 人，市级学科名师 5 人，市级骨干教师 9 人。学校建有标准的教学楼、实验楼、

正定县第一中学

体育馆、田径场、多媒体教室、图书室、阅览室、学生餐厅等。校园绿树成荫，环境优雅，文化氛围浓厚，为学生的健康成长提供了良好的环境。学校秉承现代教育理念，以“培养学生健全人格，关注学生终生发展”为宗旨，坚持“办适合的教育，做最好的自己”的办学理念，遵循“思变、图强、励志、日新”的校训，尊重学生的个体差异，着眼学生的全面发展，注重因材施教，推行“层级”特色管理，让每位学生都能品味到学习的乐趣，都能成为社会的有用之材。学校先后荣获“河北省文明单位”“河北省依法治校先进单位”“石家庄市文明单位”“石家庄市德育工作示范学校”“石家庄市教学工作示范学校”“石家庄市高中教学质量先进单位”等荣誉称号。

（6）正定县第六中学

正定县第六中学坐落于古城正定中心，隔着子龙广场就是县政府，与县文庙对门而居。自 1913 年成立正定县第一中心男子学校以来，在这块教育热土上先后经历了“正定县第一中心男子学校—正定县第一小学—正定县城关社中—正定县第六中学（1991 年）”的嬗变。

学校的办学理念是：“教育不是灌输，而是点燃火焰”。校训是：“厚德博学，健体尚美”。办学目标是：“办学生高兴、教师幸福、家长满意、社会认可的省级一流名校”。近年来，学校先后荣获“河北省心理健康教育实验学校”“河北省家长教育实验学校”“石家庄市文明单位”“石家庄市规范化学校”“石家庄市德育示范学校”“石家庄市德育科研先进单位”“石家庄市安全文明校园”“石家庄市体育传统项目学校”“石家庄市十佳风采学校”“石家庄市素质教育示范校”“石家庄市现代化学校”“石家庄市消防安全示范学校”“正定县教育开放学校”“正定县特色化学校”“正定县素质教育示范校”等荣誉称号。

学校占地面积 38380 平方米，建筑面积 13463 平方米，有教学楼 2 座，实验楼 1 座，青少年活动中心楼 1 座，多功能数字学术报告厅 1 个，高标准塑胶运动场 1 个，全县唯一的室外塑胶篮球场 2 个。学校拥有一流的现代化教学设施：微机室 2 个，电子备课室 1 个，电脑 399 台，高标准理、化、生实验室以及各种功能室，教师实现人手一机。所有教学班均实现白板（智慧教室）网络化教学。是一所大家公认的环境优美、布局合理、功能完备、设施齐全的现代化学校。

学校现有教职工 169 人。其中，中学高级教师 28 人，省级名师 1 人，省级骨干教师 11 人，市级名师 11 人，市级骨干教师 22 人。所有教师都获得过县、市级评优课证书。现有教学班 36 个，学生 2021 人。

（7）正定县第八中学

在正定古城主干道府西街北端路西，坐落着一所淳朴敦厚、生机盎然、钟灵毓秀、蓬勃向上的年轻学府——正定县第八中学。

正定八中是 2000 年由县政府投资兴建的一所国办初级中学，2003 年被石家庄市教育局批准为“正定外国语学校”。学校全面贯彻党的教育方针，积极推进新课程改革，向管理要水平，向科研要质量，坚持德育为首、教学为主、安全为重，使学生在德、智、体、美、劳等方面得到全面发展。

学校全面推进素质教育，以“坚持学生全面发展，引领学生个性发展，实现学生可持续发展”为办学理念，以“争创教育高质、教学高效、管理现代化的市级名校”为办学目标，以“人人有事做，事事有人管，时时有人抓”为管理理念。秉承三风一训精神，即校训：立德、勤学、健体、报国。校风：文明诚信、团结进取 、互助友爱、健康向上。教风：严谨执教、文明表率、探索求实、教书育人。学风：乐学、慎思、善问、求活。

学校实行八轨编制办学， 现有 24 个教学班，1352 名学生，116 名教职工。其中专任教师 110 人，教师学历达标率为 100%，教育教学成绩始终名列全县前茅。学校占地面积 35600 平方米，校舍面积 9200 平方米，体育运动场面积 20500 平方米，建有 1 个天然草坪足球场、3 个塑胶篮球场、6 个羽毛球场、1 个 400 米标准环形塑胶跑道等。学校硬件设备一流，教育教学设施齐全，建有多媒体视频会议室、理化生实验室、音乐教室、美术教室、体育器材室、图书室等各种功能教室。24个教室均配备了多媒体和电子白板。学校环境优美，布局合理，被石家庄市教育局命名为“花园式学校”。

学校先后被全国中小学教师继续教育网评为国家级“国培优秀学校”，在河北省第二届书画大赛中被河北省教育厅评为“艺术教育特色学校”，荣获省政府教育工作督导“先进单位”、市级“万名教师访万家先进单位”。

（8）正定镇中学

正定镇中学

正定镇中学，坐落在古城正定恒山西路49号，是一所全日制公办初级中学。学校始建于1912年，前身系正定第一高级小学，迄今已有百年的历史，1991年8月23日迁至现址。

正定镇中学现有两个校区。校本部占地50余亩，建有3座教学楼，一座实验楼，一座艺术楼，建筑面积11260平方米。学校有42个教学班，学生3000余人，教职工185人，专任教师178人。其中，中学高级教师38人，省级骨干教师11人，市级骨干教师12人，市级名师5人。29名教师曾荣获市青年教师评优课一等奖，98%的教师获得过县青年教师或中老年教师评优课证书。北校区为原正定县永安中学，为贯彻中央促进教育均衡发展战略，2013年6月并入正定镇中学，其占地15.6亩，建有一座教学楼，一座实验楼，一座学生宿舍楼，建筑面积4324平方米。8个教学班，学生500余人。

学校有电脑500多台，建有2个学生计算机房，学校图书室藏书12万册，有学生阅览室1个，演播室1个。目前，学校已实现无线信号全覆盖，教室全部安装电子白板教学设备，一线教师每人一台电脑。学校设有心理健康课，并建有心理健康咨询室。学校建有露天昼夜篮球场、乒乓球室等运动场地。

经过多年努力，学校取得了可喜成绩，是河北省教育科学规划重点课题实验学校、河北省现代教育技术实验学校、河北省信息技术实验学校、河北省心理健康教育实验学校，是石家庄市首批“现代化学校”“素质教育示范校”。学校先后获得“石家庄市文明单位”“石家庄市综合治理先进单位”“石家庄市省会绿化美化花园式单位”“石家庄市体育传统项目学校”等荣誉称号。2015 年 12 月 16 日，正定镇中学教师赴北京景山学校参观学习交流对接成功。12 月底，在石家庄市“我最喜欢的校训、校徽”活动中，荣获一等奖。

（9）正定弘文中学

由资深校长吴传君创办于1996年，坐落在国家历史文化名城正定燕赵北大街，现设小学部、初中部、高中部、培训部，共 94 个教学班，在校生 5000 余名，教职工 400 多人，占地 210 亩，建筑面积 5 万平方米，图书馆、实验室、专用教室均达到省级示范性高中标准。2006 年，弘文中学被省教育厅命名为河北省民办教育明星学校。该校弘扬儒学，读经诵典，对学生进行传统美德教育，学校建有大成坛，每逢孔子诞辰，全校师生举行祭孔大会。注重学生的全面发展，大力推行新课改，2012 年，中考全县前十名该校占 7 个。学校把常山战鼓定为校本课程，整理鼓谱，编写教材，成立由 200 名师生组成的常山战鼓队，为申报省级、国家级非物质文化遗产，对弘扬民间优秀文化作出了重要贡献。

正定弘文中学

（10）正定县技工学校

正定县技工学校隶属县人事劳动局和社会保障局，是正定县唯一公办技校，河北省重点技工学校。学校占地近百亩，建筑面积 15000 平方米。现设有数控加工、机电一体化、计算机应用、电脑美术设计以及电工电子、纺织、服装设计与制作等专业，建有标准化教学楼、办公楼、学生公寓、学生食堂和标准操场，配备有先进的电工电子实验室、计算机教学系统，以及数控、车工、焊工、钳工、服装等实习车间，满足了各专业学生的实习操作技能训练，为学生掌握过硬的实用技术打下了坚实基础，是一所现代化综合性技工学校。招生人数连年位居全市技工学校前茅，在校生达 1800 余人。学生入学签订就业合同，合格毕业生的就业率达 100%。办学 20 多年来，学校先后荣获“河北省先进技工学校”“河北省模范职工之家”“河北省教学质量管理优秀单位”“全市职业教育先进集体”等荣誉称号。

（11）正定县解放街小学

今天的解放街小学所在地，原为正定府文庙东祠，即“六忠祠”。清乾隆四十二年（1777 年），知府方立经在此建尊闻书院。道光十年（1830 年），知府关炳改为恒阳书院。光绪二十八年（1902 年），正定府学和恒阳书院改建为新式学堂，名为“正定府中学堂”。辛亥革命后（1912 年），改为“直隶省立正定中学校”。1917 年，改为“直隶省立第七中学”，北伐战争后（1928 年），改为“河北省立第七中学”，直到 1937 年“七七事变”后解散。

1924 年 12 月，中共北方区党组织派张兆丰、郝久亭到正定从事革命工作，在省立七中进步学生中发展党员，并成立了中共省立七中支部，杨天然任书记，尹玉峰、高克谦分别负责

正定县解放街小学

正定县解放街小学综合实验楼

组织和宣传工作，正定县第一个中共党组织由此诞生。1925 年 5 月，七中党支部改组为正定特支，肩负起领导正定群众开展革命斗争的重任，在反帝反封建、反对军阀卖国、反对日本侵略者奴化教育的斗争中影响深远，在正定人民的革命斗争史上，写下光辉的一页。

1914 年夏，由天主教会出资创办的私立首善完全小学，在城内隆兴寺西邻天主堂（今256 医院）内建立。开始只设男生部，1922 年增设女生部，实行男女分校的七年制西式殖民教育。1939 年初，对外招收非教徒子弟入校，学校规模逐渐扩大。20 世纪 30 年代，学校两部各有教学班 7 个，男部学生 300 多人，女部学生 200 多人。1947 年 4 月，正定县解放后，县教育科在停办的“私立首善完全小学”的教学设施、师资和生源基础上兴办新校，1951 年定名为“正定县第二完全小学”。1954 年 7 月，将第二、第三完全小学合并，校址迁到今址。1955 年更名为“正定县解放街小学”，主要招收县城东半部适龄儿童，当时学校有 6 个年级，23 个教学班，学生 1150 人，教职工 38 人，学校被确定为县级重点小学。1972 年，学校与民主街小学（原县立第一中心小学）合并，重新命名为“正定县解放街小学”，主要招收民主街、解放街、大众街、常胜街四个街道的学生，实行五年一贯制。当时有 10 个教学班，学生 500 人，教职工 20 人。1979 年成为河北省首批重点小学，直属县教育局领导。

1987 年，经正定县计划委员会批准，投资 33 万元建设第一座教学楼（2 号教学楼）。1989 年，学校按上级规定达到了必备办学条件。1991 年，投资 52 万元建设学校第二座教学楼（1 号教学楼）。1997 年，投资 60 万元建设学校第三座教学楼东半部分。1999 年投资 60 万元建设学校第三座教学楼西半部分。2001 年，正定县将原学校门前小商品市场土地划归学校。学校实现整体规划改造，改建大门，新建操场。2003 年，投资 216 万元建综合实验楼。

该校先后荣获“河北省德育工作先进集体”“河北省文明单位”“河北省先进少年军校”。被市委、市政府命名为“军民共建先进集体”。获石家庄市语言文字工作先进集体、市体育传统项目学校、市首届科技活动先进单位、市体育传统项目学校。

（12）正定县子龙小学

正定县子龙小学，原名正定车站街学校，始建于 1945 年。2011 年 11 月，学校整体搬迁，

正定县子龙小学

更名为正定县子龙小学。学校占地40147平方米，建筑面积20761平方米，总投资6588.3万元。学校现有65个教学班，在校学生4687名，教职工221人。学校教学设施齐全，配有标准的实验室、微机室、图书阅览室等专业教室，建有标准的乒乓球馆、篮球场、足球场等体育训练场地。

坚持立德树人，开展文明校园创建：恪守“尚美、乐学、弘志、求新”的校训，以“让每个学生都能快乐成长、让每个教师都能幸福发展、让每位家长都能享受成功的喜悦”为目标。传承、弘扬子龙的“忠、勇、仁、义、智”精神，以有形寓无形，形成具有特色的“子龙文化”。倡导善行河北，争做美德少年，传承子龙“忠、义”精神：德行养成，活动入手。利用重大节日、纪念日开展多种形式的活动，对学生进行德育、文明礼仪、习惯养成等教育：清明节缅怀先烈诗歌朗诵会。迎国庆歌咏大赛、社会主义核心价值观主题班队会等。依托乡村少年宫开展丰富的社团活动，弘扬子龙“勇、仁、智”精神：开展足球、乒乓球、武术、平衡车、高跷、战鼓、书法、绘画、葫芦丝、古筝、航模等社团活动，为学生提供展示天赋、培养兴趣、发挥特长的平台。以人为本，尊重学生差异，全面实施素质教育，让学校成为学生成长的乐园。

（13）正定县特殊教育学校

正定县特殊教育学校创建于1997年，是正定县第一所由政府投资兴建的公办特殊教育学校，直属正定县教育局，位于石家庄市正定县顺城关。设有听障、智障学生小学部、初中部，共有8个教学班，在校生63名，教职工18人。拥有多媒体计算机房、图书室、教具室、美术室、律动教室，坚守“点燃人生，照亮未来”的办学理念，在语言康复教育、职业技能培训等方面，具有一定特色。

（六）医疗卫生

1. 改革发展

自古以来，正定县人民长期靠中医中药治病，多数医生兼开中药铺。近现代比较出名的医生有中医妇科医生刘晏清、西医眼科张晓楼等，民国八年（1919年）李仲群在城内井楼坊街开办第一家西医院。新中国成立前夕，全县有中医100余名、西医20余名。

新中国成立后，正定县医疗卫生事业发展很快。1950年，建立县医院，1951年各区建立卫生所，到1958年基本实现村村有中西医结合的保健站。1953年，设立正定县人民政府卫生科和县妇幼保健站。1956年，设立正定县卫生防疫站。1970年设立卫生局。1985年，全县已有各类医疗机构434个，病床532张，医务人员1910名。县医院已具备抢救危重病人、做胸腹部大手术能力。1996年，被河北省卫生厅授予“计划免疫先进集体”，1998年，被河北省卫生厅评为“农村卫生三项建设先进单位”，1992年至2004年，被命名为“省级卫生县城”。2005年底统计，全县有医护人员2798人，其中主任医师20人，副主任医师85人，主治医师369人，中西医师977人。到2011年末，全县有各级各类卫生机构402个，卫生技术人员2668人，床位1643张。同时拥有卫生防疫、防治机构1个、妇幼卫生机构1个，全县乡镇卫生院9个，床位381张。标准化乡镇卫生院达标率为100%。

2015年，全县实施医疗惠民工程，卫生事业进一步加强。总投资7650万元、床位540张的县医院新病房楼正式投入使用。对部分乡级卫生院进行了升级扩建，其中总投资675万元的新城铺、西平乐、南楼三所卫生院扩建项目于2014年底圆满竣工投入使用。到2014年底，全县共有卫生机构472个，卫生技术人员3353人，床位1897张。拥有卫生防疫、防治机构1个，卫生技术人员47人，妇幼卫生机构1个，卫生技术人员76人，全县乡镇卫生院9个，卫生技术人员529人，床位235张，标准化乡镇卫生院达标率为100%，全县群众就医环境进一步提升。2015年末，全县共有卫生机构557个，其中，县直医疗卫生机构3个，乡镇卫生院9所，拥有床位1882张，卫生技术人员3799人，其中执业医师及执业助理医师2515人，其中主任医师28人、副主任医师118人、主治医师330人、护师（士、助产士）789人。

发展医疗保健制度，全面落实基本公共卫生服务项目。自1952年起，国家机关、全民事业单位干部职工及二等乙级以上荣誉军人，实行公费医疗，到1985年全县已有5369人实行公费医疗。自1953年起，全县国有企业中的干部职工实行劳保医疗，医疗费由本单位自筹，到1985年已有16887人实行劳保医疗。1992年，县政府实施大病统筹改革，到1993年底享受公费医疗近万人，年支出医疗费200余万元。自1994年开始，规定对公费医疗实行社会统筹与个人账户相结合的管理办法，由用人单位和个人统筹负担，医疗保险费用筹资比例控制在上年度职工工资总额的8%左右，最高不超过8.5%。在新型农村合作医疗改革方面，2006年12月，省政府正式批准正定县为2006年新型农村合作医疗制度新增试点县，2006年全县333891名农民参加了合作医疗，缴纳参合资金3338910元，参合率88.99%，中央、省、市、县各级每年拨付资金达1300余万元。到2011年，医疗保险方面全县城镇职工参保人数为31852人。新农合门诊统筹和大病统筹全面实施，积极推进新型农村社会养老保险试点工作，争取上级补贴资金3120万元，新农合参合率达89.05%。

2015年，农村、城镇基本医疗卫生体制改革基本完成。乡镇卫生院、村卫生室药品价格下降30%，标准化乡镇卫生院达标率100%。城镇职工参加基本医疗保险人数32132人，参加居民基本医疗保险人数15768人，已有98.5%的农民参加了新型农村合作医疗。到2015年，全县新农合人均筹资水平由340元提高至390元，参合农民实行了新农合意外伤害保险，基本公共卫生服务项目经费达到人均30元，为全县42.5万居民建立了健康档案，在县医院试行了就医一卡通，新农合参合率达到98.52%。

深化公立医院改革，先后完善了163项规章制度，102个岗位职责，2000多项操作规程。加强对药品采购、定价、供应等环节的管理，实行了药品零差率销售，有效提高了医疗服务质量。大力开展公共卫生，注重妇幼保健工作，加大普查普治力度，提高妇幼保健服务质量，荣获全省唯一一个“孕产妇和新生儿健康监测项目试点县”。2005年，全县预防接种人数178811人，接种率达99.8%，同时完成疫苗初种及复种。加强疾病防控工作，全面落实各项国家基本公共卫生服务项目，认真做好结核病防治、“非典”、禽流感等防治工作，有效提高了群众健康水平。

不断完善城乡医疗救助“一站式”及时结算系统，县境共有定点医疗机构24个，实现了“一站式”定点医疗救助机构全覆盖。根据医疗救助资金的支出水平，先后两次调整了医疗救助比例和最高限额。已发放医疗救助资金370万元，救助困难群众4100余人次，有效缓解了城乡群众因病带来的生活困难。

2. 正定县人民医院

正定县人民医院始建于1950年4月，迄今已有60多年的历史，现已发展成为一所医疗项目齐全、医疗设备先进、技术力量雄厚的现代化综合性医院。被卫生部批准为二级甲等医院、国家级“爱婴医院”，被河北省精神文明办授予“三星级”文明服务窗口单位，被河北省卫生厅授予“百佳医院”。被国际狮子会、国家卫生部确定为防盲、救盲治疗区，被指定为正定县孕产妇抢救中心、正定县干部职工医疗保险定点医院、正定县农村医疗合作定点医院、正定县120急救站、交通事故定点医院、正定县司法医学鉴定中心。

医院总占地40亩，建筑面积28000平方米，现有职工710人，其中拥有高级职称者56人，中级职称者305人，开设床位450张，固定资产7500余万元，设有普外、脑外、骨外、胸外、泌尿外科、肛肠外科、神经外科，以及内科的心血管、消化、呼吸、血液、肿瘤，妇、产、儿、耳鼻喉、口腔、眼科、康复科、皮肤性病科等20多个临床科室。其中颅脑手术、骨科手术、胸科病和各种肿瘤放化疗及介入治疗等技术已跨入国内先进行列。腹腔镜微创手术、各种肿瘤的介入手术、断指再植术、大面积烧伤治疗、眼科人工晶体置换术、妇科新型剖宫产术已广泛开展。医院配有先进的核磁共振、螺旋CT机（二台）、彩色多普勒B超（五台）、四维彩超、遥控X光机、CR机、肠道水疗机、高压氧舱、电子胃镜、支气管镜、结肠镜、血液透析、体外碎石机、钴-60放疗机、大型血管造影机（C型臂）、全自动化学荧光免疫分析仪等100余台（件）大型设备。

3. 正定县中医院

始建于1984年，坐落在县城中心。是全县唯一技术力量雄厚、设备先进、功能齐全、特色突出，并集医疗、教学、预防、保健、康复于一体的国家二级甲等中医院。近年来，医院始终坚持“中西并重，专科突出”的发展战略，不断适应市场需求，全力打造服务和质量两大品牌，在外部形象和内涵建设上下工夫，各项指标全面提高，逐步成为群众满意、百姓放心的医院。中医院现有医护人员149名，其中知名专家、主任、副主任医师等高级技术人员20余名，设有内科、脑血管病科、妇产科、男性病、口腔科、外科、肛肠科、脾胃病、皮肤病等专业科室，实现了学科有带头人，科室有骨干的良性组合。其中重点特色专科有脑血管病、妇产科、男性病、肝胆科、口腔科诊疗水平已具国内或省内先进水平，并以其显著的疗效、优质的服务、合理的价位赢得了广大患者的信赖。为满足患者需求，医院先后购置了日本东芝全身CT、彩色B超、遥控胃肠镜、意大利全自动生化系统、乳腺红外检测等大型医疗器械，先进设备拥有量已具正定县前列。同时，在正定县首家成立了专业化的体检中心，为群众治疗、预防提供科学依据。

4. 中国人民解放军第256医院

中国人民解放军第256医院隶属于北京军区后勤部，地处正定县中山路158号，是一家集医疗、教学、科研为一体的现代化综合性三乙医院。该院技术先进、设备精良、专科齐全，设有肝病科、心内科、呼吸内科、消化内科、内分泌科、血液内科、中毒科、神经内科、骨外科、放射科等科室，拥有住院床位450张，环境优美，诊室宽敞明亮。在地区率先成立了相关疾病专项实验中心，对各类常见病、多发病及疑难杂症进行监控、研究。拥有全身CT、彩超、全自动生化分析仪、彩色多普勒超声扫描仪、血气分析仪等先进设备，年门诊量达10万余人，先后多次被评为“精神文明建设工作先进单位”“百姓放心示范医院”“文明单位”等称号。

中国人民解放军第256医院

河北中医肝病医院

5. 河北中医肝病医院

河北中医肝病医院创建于1984年，位于石家庄市新元高速公路正定出口处。是一家集临床、科研制药为一体的二级甲等现代化肝胆病专科医院，是省市医保定点和新农合定点医院。该院现占地50亩，建筑面积25000平方米，职工300余人，其中副主任医师以上职称48名，设有肝病科门诊部、肝病科一病区、肝病科二病区、肝病科三病区、医务科、药剂科等综合配套部门。拥有现代化的检验、抢救设备和硬件设施，建立了符合国家GMP认证的现代化制剂室。创立了治疗各种肝病的五套特色疗法、35种治肝方药和72个汤药协定处方，并相继开展了腹水超滤浓缩回输等一系列先进的肝病微创治疗项目，形成了独具特色的学术思想和治肝理论，得到社会认可。该院先后被批准为国家重点肝病专科医院、河北省中医肝病治疗中心，还被批准为全国中医肝病专科继续教育基地，主动承担了河北省卫生厅、河北省中医药管理局主办的肝病防治春雨工程，免费为全省乡村医生进行肝病防治知识培训。

6. 正定县妇幼保健院

正定县妇幼保健院始建于1980年，是集医疗、保健、培训为一体的一级甲等妇幼院。现有两栋三层办公楼，设有保健科、婚检科、妇科、产科、儿科、普外科、中医科等科室，拥有光电子多功能妇科治疗仪，胎心监护仪、多普勒胎心检测仪、妊高正监测分析仪、婴儿培养治疗两用箱、血球计数仪等先进仪器设备。年平均儿童体检近10万人次，妇女普查3万余人次，妇、产、外科及其他门诊住院手术700余例。

（七）民政救济

1. 民政事业发展

清朝时期，县衙先后设户曹、户房。民国时期，县公署第一科分管民政工作。抗日战争时期，正定人民踊跃参军，并积极开展支援前线活动，经常给八路军送粮、送菜。解放战争时期，积极开展社会救济和对抗战牺牲、受伤战士的抚恤工作。

新中国成立后，县政府设民政科，各区设民政助理员，各村设民政委员。1972年4月，设民政局，1983年10月，民族宗教科并入民政局。

1986年4月，正定县被河北省人民政府定为社会养老保险制度改革试点县。1997年在全县城乡建立起最低生活保障制度，1999年在县属企业中建立失业保险制度，2002年对公费医疗制度进行了改革，2004年建立廉租房制度，2006年在农村全面实施新型合作医疗制度。2005年，提供就业岗位3123个，其中下岗失业人员再就业157人。2011年，就业和再就业范围不断扩大，全年新增就业岗位2450个，转移农村劳动力7100人。城镇登记失业率控制在3.39%以内。

新时期，县政府加大对民生的财政投入，积极开展社会救助，抓好平安创建工作，城乡低保实现全覆盖，优抚安置政策全面落实，努力营造和谐稳定的社会环境，进一步完善社会保障体系。截至2014年底，已有3829户7527人享受居民最低生活保障，其中农村居民3577户7088人。养老保险和失业保险社会化发放率和足额发放率继续保持100%。认真落实就业和再就业政策，2015年城镇新增就业2500人，农村劳动力向非农产业转移2764人，城镇登记失业率控制在4.5%以内。开工建设保障性住房1038套，竣工640套。落实安全生产责任制，境内共安装2000个摄像头，圆满完成了“天网工程”，群众安全感和满意度大幅提升。城乡低保、医疗救助、社会福利工作得到稳步推进，涉军优抚安置、农村五保供养政策全面落实，救灾救济工作及时有效，社会养老事业健康发展，群众幸福指数不断提高。

2. 优抚安置

圆满完成了各年度退役士兵、复员士官、专业士官等安置工作，通过发放一次性经济补偿金、审批办理自主择业等接收退役士兵。1950年，全县有烈属631户2524人，军属2873户11620人，二等以上荣誉军人136名。到1985年，全县有烈属593户1025人，军属3828户17226人，在乡退伍、复员军人13872名。全县各行各业积极开展拥军优属、拥政爱民活动。2005年，全县共接收安置军队离退休干部69人，退伍士兵、转业（复员）士官238人。2014年，共接收退役士兵239人，发放自谋职业一次性经济补偿金56万元，发放自主就业一次性经济补助212.96万元。

重视优抚工作，实行县优抚资金全部社会化发放和对重点优抚对象免费体检。2005年，县政府印发《正定县重点优抚对象医疗保险暂行办法》，积极为伤残军人支付保险医疗费，开展免费体检等活动，实现了“省级双拥模范县”五连冠和“市级双拥模范县”六连冠的荣誉称号。2014年开始实行优抚资金全部社会化发放，共发放各类生活抚恤补助金总计867万余元，发放医疗救助金 22.6 万余元。

3. 救灾救济

大力加强救灾救济工作力度，开展低保家庭在校大学生专项救助活动等，及时帮助因临时性、突发性事件造成基本生活暂时出现困难的家庭。2004 年，县政府出台《正定县救灾预案》，2005 年，县民政局出台《自然灾害救助工作管理暂行规程》《正定县农村特困群众医疗救助试行办法》等，进一步规范了自然灾害救助及社会救急等工作。2005 年对城镇低保家庭实行动态管理，不断提高特别困难人员的救助水平，打造“阳光低保”，月人均标准提高至 155 元，全年城乡共发放保障金 165.66 万元。2014 年共下拨临时救济款 39 万元，救助困难群众 440 户，开展对低保家庭中大学生专项救助活动，发放救助资金 52.5 万元，全年发放救灾款 80 余万，救助困难群众 9900 多人次。

4. 养老保险

至 2005 年，正定县社会养老保险由单一的企业养老保险发展为企业、农村、事业单位、流动人员、个体私营业主等多种养老保险业务，为全县 14.5 万农民、19 万在职人员提高社会养老服务。新时期，城镇职工基本养老、医疗、失业、工伤保险覆盖面逐步扩大，城镇居民养老保险试点全面启动，养老服务体系建设不断健全。2011 年，全县社会保障支出 24795 万元，保障了离退休人员、失业人员和低保人员的生活保障资金按时足额发放。实施城镇居民社会养老保险试点工作，企业养老保险参保 26880 人，基金申报核定实际完成 8960 万元，支出 11097 万元，机关事业养老保险参保 11604 人，养老金支出 4596 万元。积极开展社区居家养老等工作，到 2015 年初，全县已建成使用社区居家养老服务站 10 个，床位 126 张，初步满足了城区老年人日间照料的需求。积极开展农村社会养老“幸福工程”，全县 154 个村，除部分村街整体搬迁无场地外，其余各村均已建成了农村互助幸福院，真正解决农村空巢老人生活寂寞无人照顾的烦恼，为农村青年外出就业务工解除后顾之忧。全县参加城镇职工基本养老保险人数为 47848 人，保险费收入近 300 万元。

（八）党群工作

1. 全面加强党的领导

1921 年，中国共产党诞生。正定县是河北省建党较早的县之一。1924 年 12 月，建立了中共第七中学支部，这是正定县第一个党组织。1925 年，中共第七中学支部委员会改名为中共正定特别支部委员会，隶属于中共天津地方执行委员会。1925 年，阎步洲等在北豆村建立了第一个农村党支部。1926 年 1 月，成立中共正定地方执行委员会，直属北方局领导，辖正定、藁城、无极等 14 个县的党、团组织和革命活动。1927 年 6 月，正定地委改为中共正定县委员会，隶属顺直临时省委领导。

1947 年 4 月，正定县城解放，在县城建立了正定市委（县级市），隶属冀中第十一地委领导。石门市解放后，联合县撤销，1949 年 9 月，改属中共石家庄地委领导，时辖 8 个区委，192 个党支部，3468 名党员。1951 年 2 月，全县召开第一次党员代表会议。1976 年“文革”结束后，正定县进入社会主义现代化建设新时期。1983 年 11 月，中共正定县委进行了机构改革。从 1984 年 11 月开始，根据上级指示部署，分配两批进行了整党，增强了党的战斗力。

1986 年至 2005 年，召开了中共正定县第四、五、六、七、八次代表大会，选举产生了相应委员会和纪律检查委员会。党的基层组织不断完善，党员队伍不断扩大，到 2005 年底，全县共有 9 个乡镇党委、2 个工委、743 个党支部，共有党员 23587 名。

不断加强党风廉政建设，坚持标本兼治、综合治理、惩防并举、注重预防，认真贯彻落实中央八项规定和省、市有关规定，加强干部队伍作风建设，坚决克服“四风”，抓好全县“清空饷”、领导干部正风肃纪等专项行动，严格执行公务用车、因公出国、办公用房等规定。逐步深化行政审批制度改革，建立“零障碍”服务全程协办等机制，实现民主评议满意率 100%。

切实加强各级干部队伍建设管理和培训，大力弘扬实干、苦干、狠干作风，敢于担当、干事创业的作风，引导各级干部争做廉洁自律的模范、真抓实干的模范、服务企业和群众的模范，努力打造既廉又勤的干部队伍。按照“注重基层、注重实干、注重人品”的用人导向，坚持多渠道选拔使用年轻干部，建立农村实用人才选拔、培育等六项机制，实施“农村实用人才工程”，认真抓好干部监督，落实干部选拔任用“一报告、两评议”制度，定期聘请各级专家教授举办干部和人才轮训班。

深入推进学习型、创新型、服务型党组织建设，全县共有基层党组织630余个，创新党组织设置方式，认真落实“一定三有”“四议两公开一监督”工作机制，严肃纪律、严格要求做好农村“两委”换届选举工作，进一步加强和规范基层党组织活动。严格发展党员程序，实行各部门联审机制和票决制，提高发展党员质量，实施“双育”工程，全面提升党员素质。完善党内关怀激励机制，对生活困难党员和老党员建立健全“四必访一必到”等关爱制度，积极做好重要节日期间关心慰问老党员活动，每年“七一”对先进基层党组织、优秀党务工作者、优秀共产党员（“两优一先”）进行表彰。积极组织开展党员志愿服务活动，全县成立志愿服务队1250个，参与注册党员1.2万余人，在职党员注册率达100%，充分发挥了广大党员的先锋模范作用。

2. 重视发挥群众社团积极作用

全县共有社会团体47个、民办非企业43个。各社团组织，以创新明标，以服务会员为重点，团结带领广大会员在发展中积极发挥应有的作用。

正定县总工会：着力加强新形势下职工群众工作，积极开展劳动竞赛及经济技术创新工作，扎实推进企业文化、职工文化建设，加强企事业单位职代会民主管理，团结动员全县广大职工，着力构建和谐劳动关系，开通“12351”职工维权热线，认真做好职工服务中心及困难职工帮扶工作，切实落实女工维权和法律援助工作。全县现有各级各类工会组织1168个，会员11万余人。

共青团正定县委员会：坚持党建带团建、团建抓创新，不断扩大团组织有效覆盖面，推进街道区域化团建工作，重点扶持青年创业就业，提升服务青年能力，在学校、农村、企业等各个战线加强引导青少年践行社会主义核心价值观，坚定理想信念，提出了“创振兴正定的大业，做奋发有为的新人”的口号，激发广大团员青年的责任感和使命感，引领青年服务大局。

正定县妇女联合会：不断扩大“妇女之家”覆盖面，以提高妇女综合素质为重点，更加注重推进妇女发展，注重维护妇女权益，注重服务妇女儿童民生，推进城乡妇女创业就业，深入推进“美丽庭院”评选创建活动，组织开展了寻找“最美家庭”活动，深化具有妇联特色的家庭工作，妇联各项工作实现了创新发展。

科学技术协会：大力实施“基层科普行动计划”，加大科普宣传力度，深入开展“科技周”“三下乡”等科普宣传、科技培训活动，开展“全国科普日”“科普大篷车”等活动，搭建科普画廊、乡村科普图书室、村民文化室等科普平台，不断加大科普基础设施建设，举办了各类科技讲座、青少年科技创新大赛，有效推进了全民科学素质工作。

正定县工商业联合会：加强基层组织建设，以组建基层商会为平台，围绕会员企业实际，通过举办各类招聘会、培训会、产品推介会，积极指导行业商会规范发展和发挥作用，推动基层商会规范发展，不断提高行业商会的代表性和影响力。

正定县残疾人联合会：全面加强残疾人社会保障和社会服务“两个体系”建设，着力抓好残疾人康复、教育、就业、扶贫、宣传文体、维权等业务工作，积极为残疾人排忧解难，认真落实残疾人优惠规定，确保法律法规中优惠扶助残疾人的内容落到实处，切实为残疾人办实事、解难事，不断推进全县残疾人事业又好又快发展。

3. 积极发挥群众文化团体作用

正定古文化研究会：成立于1993年6月6日，是全国首家县级古文化研究组织，会长赵建军，共有会员80余人。古文化研究会的主要任务是：对正定古文化遗产进行深入挖掘、整理研究；组织学术讨论、学术报告、交流信息、介绍经验；参加国内有关学术活动。以《古圃》

为会刊，分为人物春秋、文物长廊、探赜索引、民俗风情、往事追忆等栏目，定期将有关石家庄历史文化、古城保护、滹沱河文化、正定儒释道文化、非物质文化遗产等方面的研究成果结集出版，对开发利用古代文化为正定的发展提供宝贵的资料。另外，古文化研究会还对古代人物、重大事件及民风民俗进行挖掘整理，极大丰富了正定历史文化的内涵。这些研究成果对正定县精神文明建设和旅游业的发展起到了积极作用。

正定文化研究中心：2016 年 4 月经石家庄市机构编制委员会办公室批准成立，是隶属于石家庄科技工程职业学院的正科级文化研究单位。正定文化研究中心的职责是聚焦省会经济社会发展、京津冀协同发展、大正定新区建设，开展跟踪和超前研究，围绕地方文化发展需求，调查挖掘文化资源，发挥思想智库作用，以文化创新发展带动区域文化建设。该研究中心办有一份经河北省新闻出版广电局批准的内部资料性出版物《畅道正定》，核准为双月刊，每刊 64 页。该刊物的定位为“畅道不忘初心，筑梦根植正定”。主旨是：“秉时度势，与进审时；畅扬臻思，躬行大道；梦遂愿趋，力凝航启；正播浩存，本固邦定”。刊物栏目设有：滹沱探脉、不忘初心、常山夜话、冀融京津、文教科创、国防纵横、高端声音、国学课堂、周汉河·副刊。

（九）人民武装

2014 年，正定县人民武装部紧紧围绕“听党指挥、能打胜仗、作风优良”的强军目标要求，按照警备区党委工作安排部署，认真落实党管武装，突出抓好自身建设、依法征兵、军事训练、安区管理等工作。坚持把思想政治建设放在首位，认真抓好各项教育实践活动。高标准做好年度征兵工作，切实加强组织领导，积极征兵宣传，规范工作程序，确保兵员质量。2014 年实际完成征集兵员任务 222 人，其中，大学毕业生 8 名，大学在校生 39 名，圆满完成征集任务。认真做好安全稳定工作，按照军区“八个方面安全”基本工作规范建设内容，突出抓好“摆上位、重教育、常排查、抓重点”等工作，同时抓好保密工作，有效防止了泄密案件的发生。加强民兵军事训练工作，积极协调有关单位投入 75 万余元对民兵训练基地进行整治提升，创建了安全环境。积极组织干部军事理论学习和技能训练，组织民兵应急训练演练等。

第十章　华丽嬗变的现代正定

时隔近30年，随着省会发展和城镇化建设推进，正定县的辖属范围发生了巨大变化。1985年，正定县全县设22乡、3镇，辖222村，全县面积585平方千米。1992年省会设立石家庄高新技术开发区，正定县西兆通、留村、南村、二十里铺、宋营5个乡镇被划归石家庄高新技术开发区。2009年石家庄市委、市政府借鉴国内外先进经验，作出北跨滹沱河、建设正定新区的决策，正定县三里屯、朱河、诸福屯3个乡镇划归正定新区。2014年，国务院正式批准设立石家庄综合保税区，石家庄综合保税区选址在正定国际机场东侧，规划面积2.86平方千米，围网面积2.58平方千米，包括正定县新城铺镇小吴村、小邯村和藁城区部分村庄。广义的正定区域包括现在的滹沱河沿岸、正定县辖区域、正定新区、石家庄综合保税区、石家庄正定国际机场。

2015年，石家庄市第十三届人大常委会第十七次会议听取并通过了《关于区划调整后城市规划建设管理工作情况的报告》，滹沱河北岸确立了大正定新区的远景规划，目前正在积极推动正定新区、古城、综合保税区功能整合和一体化建设，全力打造正定古城的历史文化名牌，重点建设低碳、生态、智慧的正定新区，充分发挥机场、高铁、高速公路等交通优势，用足用好综合保税区政策。在市委九届七次全会上，市委、市政府把“大正定新区”建设作为石家庄市参与京津冀协同发展的“一号工程”，力争再造一个石家庄经济区域。

（一）低碳、生态、智慧的正定新区

正定新区位于滹沱河北岸，正定古城东侧地区，规划面积135平方千米，现有人口17万，包括正定县、藁城区7个乡镇、62个村。其中，起步区约35平方千米，位于正定县境内。2010年河北省人大十一届三次会议将正定新区建设列入全省百项重点工程，石家庄市委八届五次全会和市人大十二届三次会议，对正定新区建设作出了全面部署。目前，正定新区正在申报国家级新区，未来的正定新区将成为承接北京非首都功能疏解和京津产业转移的主平台、省会“十三五”建设发展的主战场，正定新区将被打造成京津冀协同创新的示范区、战略性新兴产业的聚集区、新型城镇化和城乡统筹的试验区以及对外开放的引领区，河北省委、省政府2015年提出要把正定新区打造成为省会乃至全省新的经济增长极。

正定新区效果图

1. 正定新区的基础设施

（1）地铁交通

正定新区起步区规划有地铁1、2、4号线。其中，1号线在正定新区起步区内共设有4站3区间（会展中心站、商务中心站、园博园站、天元湖车站及区间），全长3.8千米，总投资30.25亿元。目前会展中心站、商务中心站已基本完成，园博园站、天元湖站已开工建设。地铁2号线将从栾城区穿过主城区，向北至正定古城再达到正定新区。地铁4号线则由西环路穿越主城区至东部产业区，再到达正定新区。《正定县城乡总体规划（2014—2030年）》中明确显示，在建的地铁1号线将连接正定新区直达正定国际机场，同时预留2号线、4号线、5号线等城区轨道线路用地，与石家庄城区轨道交通相衔接。京石城际铁路也将在正定新区设站。

（2）完善的交通路网

目前，正定新区规划了95条道路，起步区已经形成了三横三纵的主路网。从西至东13条主干路分别是：园博园大街、新城大街、顺平大街、太行北大街、天泽大街、文正大街、怀德大街、天祥大街、燕都大街、赵都大街、兴国大街、三丘街、九门大街。东西走向，从北至南9条主干路分别是：多宝路、义慧路、崇因路、安济路、天宁路、迎旭路、隆兴路、恒阳路、河阳路。其中，新城大街为石家庄市东、北二环北延线，双向八车道，直达正定新区仅需6分钟，太行北大街正无路以南路段，于2015年通车，正定新区内路段为太行北大街，建成后将直通石家庄正定国际机场。未来正定新区将进一步强化与周边地区的交通联系，推进恒阳路、河阳路、迎旭路、新城大街、太行北大街等14条主干道、10条次干道和14条支路建设，增加道路通达里程90千米，实现起步区内主次干道全覆盖，打造连接各地的便捷通道。

正定新区新城大道

（3）国际标准的污水处理厂

正定新区污水处理厂是河北省首座环保型、高标准化、花园式、地下式污水处理厂，主要承担正定新区和正定古城的污水处理任务。正定新区污水处理厂占地166亩，总投资4.3亿元，日处理污水能力10万吨，2015年6月份通水试运行，出水水质优于国家一级A标准（COD国家一级A标准为50mg/L）。远期规划日处理污水30万吨。经过处理的水，将用于周汉河景观用水及中水回用，另外，在远期规划中，根据市政配套建设以及中水用户情况，还可能回用至城市杂用水等，回用水率达到70%以上。

污水处理厂

（4）能跑汽车的地下综合管廊

正定新区为石家庄市地下综合管廊建设示范区。综合管廊建设是正定新区一大亮点，它从根本上解决了“拉链马路”问题。正定新区地下综合管廊标准段埋深8～9米、高5米、宽8.4米。地下管廊设计年限为100年，管廊仓室分为水、电两仓，可以容纳给水、再生水、供热、

正定新区地下综合管廊

燃气、电力、通信等6类管线，还配备完备的消防、供电、照明、通风、排水、监控等附属设施，无论是设计标准还是建设规模，在国内均处于领先地位。水仓除了自来水管道，还将布设热力管道等。电仓主要铺设强弱电线路，包括高低压电缆、各种通信电缆和有线电视线路等。近期地下综合管廊建设36千米，远期规划建设120千米，目前主体完工19千米。预计2018年完成近期目标，2025年完成120千米地下管廊建设。2016年，石家庄市成功申报财政部、住建部中央财政支持的地下综合管廊试点城市，共获得中央财政连续3年、每年4亿元、共计12亿元的资金支持。

（5）现代化的公共交通网络

正定新区内规划设置客运枢纽两个。一级客运站，位于起步区轨道交汇处和城际铁路客运枢纽站西侧，占地约6 ~ 8公顷，主要承担省际长距离客运任务。二级客运站，位于东石环北延线西侧，主要承担附近城镇间的公路交流任务。目前，通往正定新区的公共路线有6条，其中，从市区发车的为130路、132路、164路、177路，从正定县发车的为133路、143路。另外，石家庄市快速公交2号线工程项目也启动建设，项目建成后，主城区和正定新区间将实现快速公交联通，保障8000 ~ 15000人/小时单向高峰出行，对带动正定新区发展和缓解主城区交通拥堵起到积极作用。

2. 生态绿化工程

正定新区强力打造新区水系工程。遵循“以水为脉、以绿为体、以文为魂”的理念，按照“流畅、水清、岸绿、宜居、繁荣”的目标，坚持系统规划、统筹协调、综合治理、科学管理的原则，全面实施周汉河景观提升工程，贯通周汉河与园博园、中心湖、滹沱河联系，构建全长 7.4 千米河道，水面 200 万平方米、绿化 300 万平方米的“一河一园一湖”水景体系。另外，在园林绿地建设上，按照“注重生态、师法自然、独具匠心、彰显特色、因地制宜、整理地形、提升档次、建园造景”的思路，对新建道路沿线和重要节点实施大规模、宽尺度绿化，突出地形，增强层次，扩展景深，丰富色彩，增大绿量。

（1）石家庄最大的公园——河北省园博园

河北省园博园位于正定新区主轴线中心位置，南距滹沱河 3.2 千米，西距正定县城 1.5 千米，占地约 1200 亩。设七大功能分区，分别是主入口广场、燕赵园、社会园、专类园、康体园、滨水景观区、山体休闲区。园内拥有世界最大、最有特色的喷泉，湖区的音乐喷泉长 128 米，主喷高度能达到 120 米，可用来播放水幕电影，创下世界之最。2012 年 4 月 28 日，河北省第一届园林博览会在园博园开幕。室内展集中在会展中心，分各设区市展厅和专题展厅。室外展览，共设 11 个园子展示各设区市园林造园艺术。

河北省园博园

园博园内景

（2）周汉河综合整治工程

周汉河发源于正定县西北部，经正定古城、正定新区向东，于藁城区九门乡汇入滹沱河。周汉河综合整治工程位于正定新区起步区中心位置，东西向横跨起步区。整治工程将对原护城河道加宽、加深和疏浚蓄水，对河岸进行护砌、绿化、铺设沿河景观路，实现雨污分流，防洪与景观建设的结合，重点治理河段（护城河段）长4.3千米，规划河道平均宽度30米，两侧绿带平均宽度各20米，串联4个公园。将来，周汉河将具备通航条件，被打造为滨河景观绿带系统，成为联系正定古城与正定新区的城市功能和景观文化纽带。

周汉河规划效果图

3. 正定新区的教育和医疗

正定新区具备高水平的教育、医疗等公共服务功能，积极吸引京津高校落户新区，提高新区教学质量和科学技术水平。

（1）河北省最大的职教园区——石家庄市职业教育园区

石家庄市职业教育园区是省、市重点项目之一，建成后将进一步整合石家庄市职业教育资源，整体提升职业教育办学水平，届时在校生规模将达到2.8万人，教职员工2500余人。项目位于正定新区太行北大街以东、永宁路以南、天泽大街以西、华阳路以北3个地块，总占地约1830亩，总投资约25.6亿元。按照规划，一期建设占地约645亩，建筑面积21.5万平方米，规划投资7.74亿元，建成后，市区12所职业学校将被整合为石家庄市服装动漫学校、石家庄市信息技术学校、石家庄市现代职业技术学校、石家庄市商贸物流学校、石家庄市城乡建设学校、石家庄市艺术学校、石家庄市机电化工学校和石家庄市特殊教育学校等8所学校进入园区。目前，石家庄市特教学校已于2015年8月竣工使用，石家庄市信息技术学校正在进行内外装修。

石家庄市特殊教育学校前身是石家庄市聋哑学校，1957年建校，1980年被定为河北省聋哑中心校，承担着组织指导省内聋校教育教学研究、学术交流、师资培训等任务。学校集聋、盲教育为一体，涵盖学前康复教育、义务教育、中等职业教育，是河北省特殊教育窗口学校。石家庄市特殊教育学校位于石家庄市职业教育园区西南部，规划在校生1000人、教工300人，主要招收盲、聋、自闭症等有特殊教育需要的残疾儿童和青少年。新建设的特殊教育学校在设计和建筑上，充分考虑聋盲哑、智障和肢体残疾孩子的特点，楼宇之间连廊衔接，运动区域独立设置，让残疾孩子在共享园区美好世界、树立自信的同时，提高生存生活能力和职业发展能力，推动残疾人教育迈向新水平。

石家庄信息技术学校是以信息技术教育为特色的国办、省级重点职业学校，直属石家庄市教育局。学校奉行“脚踏实地，追求卓越”的办学理念，把“家长学生惊喜，社会企业满意”作为工作的出发点和落脚点，是“河北省职业教育教学改革先进单位”“石家庄市职业教育先进单位”“ 国家计算机应用与软件技术专业领域技能型紧缺人才培养培训基地”“ 河北省计算机技术专业实训基地”“ 河北省电子行业特有工种职业技能实训基地”和“国家职业技能鉴定所”。学校是石家庄市职教园区重点建设项目之一，项目占地 43 亩，建筑面积 3.6 万平方米，总投资约 7000 万元。一期工程由四座单体建筑构成，分别是一座教学楼、一座食堂和两座学生公寓楼，均为现浇钢筋混凝土框架结构。

（2）河北体育学院

河北体育学院 1956 年始建于天津，1984 年恢复重建于省会石家庄，1985 年由原国家教委正式批准建院，坐落在石家庄市学府路 82 号，占地面积 500 余亩，是河北省唯一一所独立建制的本科体育专业院校。河北体育学院现有教职工 240 人，其中专任教师 126 人，包括教授 16 人，副教授 37 人，4 人具有博士学位，44 人具有硕士学位，高级教练 16 人。学院始终把培养德、智、体全面发展的社会主义事业的建设者和接班人作为根本任务，以“教书育人、管理育人、服务育人”为中心，以提高教学和训练质量为重点，为培养适应社会急需的各类新型体育人才，不断开拓进取。正定新区校区占地 200 余亩，毗邻河北省奥林匹克体育中心。

（3）河北地质大学

河北地质大学创办于 1953 年，是原地质部直属五大院校之一，国土资源部、河北省人民政府共建大学。学校拥有理学、工学、管理学、经济学、法学、文学、艺术学七大学科门类，53 个本科专业，其中有 4 个国家级特色专业，4 个国家级、省级综合改革试点专业，4 个河北省高等学校本科教育创新高地，8个河北省高等学校品牌特色专业。学校面向全国31个省、直辖市、自治区招生，全日制在校硕士、本科学生14000余人。学校现有专任教师912人，其中47%具有高级专业技术职务，88%具有博士、硕士学位。学校拥有9个省级重点学科和重点发展学科，拥有河北省矿产资源战略与管理研究基地、河北省水资源可持续利用与产业结构优化协同创新中心等6个省部级科研基地，拥有水资源可持续利用与开发、光电信息与地球探测技术等省级重点实验室及130余个专业实验室。正定新区新校区位于正定新区二期南侧，起步区以东、滹沱河以北，占地2810.6亩。

（4）正定新区第一中学

正定新区第一中学位于起步区核心地带，紧邻园博园，西至白朴街，东至梦龙街，南至华阳路，占地50亩，总投资6000多万元，建筑面积2.37万平方米，设置30个教学班，可容纳1500名学生。正定新区第一中学建有综合教学楼和室外运动场两部分，在建设中广泛采用了太阳能光伏发电、太阳能热水装置、太阳能光导照明、雨水收集利用和节水喷灌、屋面绿化等新技术、新工艺、新材料，全面体现正定新区“低碳、生态、智慧”的建设理念，正定新区第一中学是正定新区建设的第一所初中。

正定新区第一中学

（5）河北省二院正定新区医院

河北省二院正定新区医院

河北医科大学第二医院是河北省最大的一所集医疗、教学、科研、保健、康复、急救为一体的综合性三级甲等医院。河北省二院正定新区医院占地491.1亩，分建南、北两区。其中，北区建筑面积45.97万平方米，拟建设门诊、医技、住院等医疗用房以及医疗服务的行政会诊、体检中心、家属陪患楼。南区建筑面积14.44万平方米，拟建设教学、科研、宿舍、动物实验室、医疗会议中心、养老院等。整个项目总建筑面积60.4万平方米，容积率1.79，建筑密度29%，绿地率40%，配建机动车位4737个。

4. 全力推进建设的各类场馆

（1）河北奥林匹克体育中心

河北奥林匹克体育中心位于正定新区起步区东南部，建设位置东至奥体街，西至太行北大街，南至河滨堤坝，北至恒阳路，2011年开工奠基，建设规划占地916亩，建筑面积29万平方米，总投资29亿元。整个项目由体育场、体育馆、游泳跳水馆、网球馆、综合训练馆和田径（篮排）馆构成，一场五馆呈围合布局之势，通过平台将建筑连接。主体育场建筑面积11.8万平方米，地上5层，地下1层，可容纳6万观众，为甲级大型体育场。体育馆综合体建筑面积12.4万平方米，独具创意，可谓“四馆合一”，包括八千人体育馆1座、三千人游泳馆1座、综合训练馆、网球馆、田径馆、篮排球训练馆。此外，体育中心还建有群众健身园、

河北奥林匹克体育中心

卡丁车赛道、体育俱乐部、体育文化公园等体育休闲健身设施。室外运动场占地面积 6.3 万平方米（含 2 块室外田径场、2 块足球训练场、1 块投掷场地、12 块篮球训练场、12 块网球训练场地），规划道路和广场用地面积 15.3 万平方米，景观绿化用地面积 8.4 万平方米，停车场用地面积 5.9 万平方米。

目前，体育场内跑道铺设、座椅安装已全部完成，正在进行收尾，体育馆综合体正在进行内外装施工，整体工程 2017 年 3 月完工。

（2）石家庄国际会展中心

石家庄国际会展中心位于正定新区核心区域，东临新城大街，南临河阳道，西临大临济街，北临恒阳道，占地 966.6 亩，建筑面积 35.5 万平方米，总投资约 25 亿元。包括：中央大厅、会议中心，7 个标准展厅和 1 个多功能展厅，以及地下交通配套设施。建筑以中央大厅为中心，展厅和多功能厅在其两侧有序排列，设有四个入口。中央大厅拱形曲线设计灵感来源于赵州桥，展厅屋顶形式则借鉴了中国屋顶歇山式抱厦孤例的宋代建筑瑰宝——摩尼殿。同时，室外区域将延伸至河边，结合景观设计，通过建筑、结构形成低碳、生态、智慧建筑。

石家庄国际会展中心规划效果图

预计2019年完成竣工验收。

（3）青少年活动中心

青少年活动中心位于正定新区起步区东南侧。北临河阳路，南临滹沱河防洪堤，东、西两侧为城市绿地。占地69亩，建筑面积5.8万平方米，其中地上建筑面积4.2万平方米，地下建筑面积1.6万平方米，建筑高度46米，总投资约5.2亿元。功能包括篮球馆、游泳馆、小型剧场、天象厅、阅览、展览等公共功能区以及艺术类、体育类和文化类3组培训教室。青少年活动中心设计方案以“滹沱帆影”为意象，表达场地的滨水特质，形成标志性滨水景观，“帆”也寓意青少年为梦想扬帆起航。目前该项目已完成围墙垒砌，正在进行基础土方开挖，预计2017年12月竣工。

（4）规划馆

规划馆位于正定新区隆兴路南侧，综合商务中心东南，与图书馆遥相呼应，占地30亩，建筑面积4.5万平方米，其中地上建筑面积3.1万平方米，地下建筑面积1.4万平方米，建筑高度24米，总投资约4亿元。展馆由规划展览、会议接待、办公等3部分构成。规划馆设计从石家庄纺织厂房汲取灵感，借鉴了赵州桥等传统建筑中“拱”元素，相似的纵向拱状单元组成开敞的大空间，一排排天窗提供采光，并形成韵律，兼具结构合理性与艺术特色。目前该项目已完成围墙垒砌，正在进行基础土方开挖，预计2017年12月竣工。

（5）图书馆

图书馆位于正定新区隆兴路南侧，综合商务中心西南，其东南方向为中心公园，占地48亩，建筑面积5.5万平方米，其中地上建筑面积4万平方米，地下建筑面积1.5万平方米，建筑高度为24米，总投资约5亿元。图书馆规划为市级公

正定新区图书馆规划效果图

共图书馆，是石家庄市文献信息资源的收藏中心、交流中心、服务中心（包括计算机网络信息服务）和协作协调中心。图书馆包含文化商业、市民阅览大厅、开架阅览室、电子阅览室、儿童阅览室、密集书库、办公区、会议区等功能，是一座能够提供多种生活场景的互联网时代下的新型图书馆。目前该项目已完成围墙垒砌，正在进行基础土方开挖，预计2017年12月竣工。

5. 正在集聚的总部经济

正定新区积极把握京津冀协同发展的机遇，加紧与京津产业对接，强化招商引资力度，创新招商引资举措，积极引进国内外战略投资者参与新区建设，努力把新区打造成为省会建设发展的新地标、现代产业集聚的新高地、城市转型升级的新引擎。北京碧水源河北总部、河北服装科技大厦、省国控总部、石家庄利那格商务大厦、康河园、立正国际商务中心、国际人才总部基地前期工作已基本就绪。同时正定新区集中打造核心区总部经济集聚区，中铁建区域总部、碧桂园、北京大数据应用产业园、隆基泰和文化科技创新城、深圳宝能健康城、清华启迪科技园项目已达成合作意向，通过大项目、好项目引进和迅速集聚，提升新区建设品位，增强新区竞争力、美誉度和影响力。

（1）亚宇喜来登酒店

亚宇喜来登酒店由北京亚宇欣联投资有限公司投资建设，位于正定新区核心区域，东临新城大街，西至安惠街，南依隆兴路，占地48亩，建筑面积28万平方米，接驳新区地铁枢纽站。项目引进、运营国际品牌喜来登五星级酒店。亚宇喜来登酒店是包括五星级酒店、5A级写字楼、定制总部楼、公寓、大型商超、餐饮、休闲、娱乐为一体的商业综合体项目。项目紧依商务中心，地铁出入口与地下商场相连，全玻璃幕墙设计，强调人、建筑、景观、现代感的最大契合。预计2018年5月底竣工。

（2）河北出版传媒创意中心

河北出版传媒创意中心项目位于正定新区起步区的核心区域，南临隆兴路，东临顺平大街，占地93.6亩，建筑面积25万平方米，总投资约12亿元。河北出版传媒集团有限责任公司是全国知名的大型综合性文化企业，主要业务包括图书、报刊、电子音像和数字网络出版、出版物印制发行、出版物资贸易和文化投资等，拥有27家全资和控股子公司。河北出版传媒创意中心项目是河北出版传媒集团“出版产业创新工程”重点项目之一，被列入河北省文化产业振兴规划项目。该中心建成后，将成为集编辑出版、文化创意、会议展览、文化消费等功能于一体的现代化、信息化、智能化的标志性文化建筑。

河北出版传媒创意中心规划效果图

（3）石家庄报业传媒大厦

石家庄报业传媒大厦是石家庄市文化产业重点项目，位于正定新区“中央商务区”，新城大街以西，北距园博园100米，西南距市商务中心500米，占地61.5亩。石家庄报业传媒集团是由石家庄日报社出资组建的国有独资公司，下设发行、印务、燕赵数字传媒等9家分公司，是以新闻传播为主业，以广告、发

石家庄报业传媒大厦规划效果图

行、印刷、数字产品等多产业协调发展的综合性现代传媒集团。石家庄报业传媒大厦将围绕“新媒经济、产业经济、楼宇经济、报业经济”四大功能建设，由两栋大厦(一期为A座，二期为B座)和5600平方米文化广场组成，设有传统报业区、新兴媒体区、新闻发布区、产业拓展区、广告开发区、后勤服务区等六大功能区。

（4）石家庄宝能中心

石家庄宝能中心

石家庄宝能中心由深圳市宝能投资集团有限公司投资建设，占地96亩，建筑面积29万平方米，总投资约15亿元。项目定位为集金融产业、政府配套、总部经济、文娱医疗产业于一体的商务地标，包括2栋超高层甲级写字楼和精装特色办公公寓，投用后将引进宝能集团河北总部、前海人寿河北总部等知名企业入驻办公，成为总部办公基地。超高层的高度将达到150米，成为正定新区第一高楼。目前，6号、7号楼28层已封顶，9号楼主体完成，8号楼已投入使用，预计2017年10月底竣工。

（5）中烹协技能鉴定中心

中烹协技能鉴定中心由河北千喜鹤饮食股份有限公司投资建设，位于正定新区迎旭路与太行北大街交口西南角，占地40亩，建筑面积4万平方米，总投资约2.5亿元。千喜鹤股份有限公司成立于1993年，总部设在北京市海淀区，是经营范围涉及后勤社会化保障、餐饮服务、餐饮咨询、社区便利、金融、粮油果品贸易、物流配送、职业技术教育等多个领域为一体的大型股份制企业，下属20多个全资子公司。项目涵盖教育培训、餐饮研发、商业娱乐及商务办公等多种业态。

（6）河北国际人才港项目

河北国际人才港项目由河北纳贤投资有限公司投资建设，首期占地 72 亩，建筑面积 17 万平方米，总投资约 12 亿元。项目借鉴北京海创园模式，吸引有专利、有知识、有创新，自主研发的科学家、海外留学人员到总部基地进行项目创业和孵化。项目建成后将聚合国际高端人才创业、教育、培训、咨询、认证、猎头等人才产业服务机构，吸引千余名高端国际人才，形成人才产业聚集效应。

（7）正定新区文化产业园

正定新区文化产业园位于正定新区起步区，南邻滹沱河，北至罗园路，西依新元高速，东至顺平大街，占地 1429 亩，建筑面积 90 万平方米，总投资约为 112 亿元。以河北省独有的“吴桥杂技”“蕉林书院”和“临济禅文化”三大核心文化主题为主，倾力打造融“远见东方杂技城、河北传统文化体验区、聚合国际禅林”三大功能为一体的省会大型文化产业园。

（二）美丽的滹沱河畔

随着石家庄启动北跨战略后，滹沱河将变为石家庄城区的内河，成为连接新老城区的纽带。滹沱河地处石家庄的上风上水区域，地理位置得天独厚，其生态价值、景观价值和绿化价值十分重要。2010 年 7 月，滹沱河市区段全线蓄水，干涸了近半个世纪的滹沱河重现“上下天光、一碧万顷”的美景。滹沱河的改造，为正定提供了东西长 3 千米、南北宽 1100 ~ 1600 米，总面积达 5865 亩的滨河景观带，使正定变成名副其实的“滨河新区”。

1. 滹沱河森林公园

滹沱河国有林场，始建于 1961 年，东起正定固营村，西至灵寿忽冻村，沿河两岸全长 35 千米、宽 3 千米。早年栽植的刺槐林，已初具规模，树姿苍劲古朴，遮天蔽日。依托滹沱河国有林场，石家庄在滹沱河沿岸积极建设城市森林公园，初步规划设计面积 1.5 万亩，工期 3 年，投资1.5亿元。滹沱河城市森林公园建成后，将为省会增添一处规模宏大、景色壮丽，集旅游、观光、休闲、科普、养生为一体的大型城市森林公园，在缓解城市热岛效应、维护生态平衡、美化城市景观方面，具有十分重大的意义。

2. 石家庄的最大亲水广场——叶子广场

滹沱河叶子广场位于G107滹沱河大桥以西，水面300万平方米，美丽的河心岛镶嵌于水中，水面宽阔，水波荡漾，水清见底，游鱼可见。主要包括“三区、两场、一码头、一营地”，即高档餐饮区、娱乐竞技区、儿童游泳沙滩车专区、水中啤酒广场、音乐广场、游船码头、自驾车营地等，总面积2万平方米。广场设有7000平方米停车场、5条古代画舫、11条游船等。同时还引进了很多新的项目，有水上飞车、水上碰碰球、热气球等，供游客们游玩。

滹沱河叶子广场

3. 石家庄森林河·趣那主题公园

森林河·趣那主题公园

森林河·趣那主题公园紧邻滹沱河古河道，是规划建设的万亩森林和大型湿地公园。公园地势开阔，环境优美，交通便利，乡村森林特色明显，占地面积2000余亩，内设有紫色烂漫爱情圣地的薰衣草庄园、富有挑战冒险运动的户外拓展区、温馨便捷的房车露营区和农耕采摘的农业休闲观光区等。

4. 黄金海岸

黄金海岸

黄金海岸线长800米、宽600米，沙滩上的沙子全部来自海滨城市秦皇岛。该地为滹沱河整治改造4号水面工程，主体已基本完工。自2015年起，环湖路以内水面、沙洲及人工沙滩等景观局部向游人开放，日均游客上千人。景点种植苗木近5000棵，水生植物约9万平方米，铺设景观沙1.4万立方米、草皮8.81万平方米。此外，建造了观景亭和观景台，并用鹅卵石、木栈道铺设出洁净平坦的环湖路。

（三）石家庄正定国际机场

石家庄正定国际机场位于正定县境内，距石家庄市区32千米，是国内4E级主干线机场。石家庄正定国际机场为冀中南城市圈的中心和首都经济圈最重要的一环，是北京首都机场的主要分流和备降机场，是河北航空公司、东航河北分公司和中国邮政航空公司运营基地、中国国际航空公司训练基地，中国北方重要的国际航空货运中转基地，是河北省最重要的空中交通门户和对外开放窗口。

石家庄正定国际机场

1. 硬件设施

机场跑道全长3400米，飞行等级为4E级，跑道全长3400米、宽45米，每侧道肩7.5米，总宽60米，建有等长平行滑行道1条，快速出口滑行道2条，可保障世界各类大型飞机起降，世界最大货运飞机

石家庄正定国际机场

AN–225 曾多次飞抵石家庄机场，最大客机 A380 曾在机场进行飞行展示。飞行区灯光系统等级为 I 类精密进近系统，分南、北两座灯光站，助航灯光系统和场内导航台分别有南、北两个灯光变电站供电。机场 T1 候机楼面积 5.5 万平方米，停机坪总面积 21 万平方米，共有 8 个登机廊桥，其中含 1 个 E 类双头飞机廊桥。停机位 31 个，消防等级八级，候机楼内设有商业面积约 3000 平方米，可供餐饮、购物、娱乐、休闲等经营项目。T1 前停车场面积约 5 万平方米，共有 332 个停车位。T1 候机楼高峰每小时旅客吞吐能力达 1500 人次，可满足年旅客吞吐量 500 万人次需要。2010 年 2 月建设的 T2 候机楼面积 15.4 万平方米，停机坪面积 40 多万平方米，停机位 38 个，货运区面积 25 万平方米。T2 候机楼机场年旅客吞吐能力达到 2000 万人次，货邮吞吐能力达到 25 万吨。货运库库区面积达 1.5 万平方米，重要物品库、危险物品库各 1 个，备有齐全的货物装卸大型设备，可以处理民航规定运输的所有货邮。

2. 航线简述

石家庄正定国际机场于 1995 年 2 月 18 日正式开航。目前，通航城市达到 70 多个，开通至欧洲、美国、俄罗斯、中国香港、中国台湾等多个国家和地区航线，保障国际货运包机 9900 余架次，运输货物 22 万吨，运送出入境旅客超过 12 万人次，具备较完善的口岸联检设施和国际航班保障能力。2010 年以来，机场新增河北航空、华夏航空、西部航空、山东航空、韩国航空等 8 家航空公司执飞运力，新开航线 24 条，航班加密城市 12 个，新增通航城市 10 个，周航班总量达到 1000 架次。

3. 河北机场集团

河北机场集团前身为民航河北省管理局， 2004 年 1 月 8 日注册成立，是河北省人民政府授权的行业性国有资产经营和航空运输服务保障大型企业。2015 年 5 月 20 日，河北省国资委与首都机场集团公司签订《河北机场管理集团有限公司委托首都机场集团公司管理协议书》，河北机场集团公司正式纳入首都机场集团公司管理，从而实现京津冀三地主要机场统一管理、一体化运营。河北机场集团现有员工2000余人。现辖石家庄正定国际机场和秦皇岛山海关机场，托管张家口宁远机场。河北机场集团坚持科学发展、低碳发展、建设绿色机场的思路，努力打造“绿色、文明、生态机场”，积极履行社会责任，圆满完成了北京奥运会、南方冰雪灾害、汶川地震救灾物资及国际人道主义援助等多项重大航空运输保障任务。“从家飞”服务品牌是河北机场集团向航空公司、旅客和货主提供规范、优质服务的品牌总称。多年来，河北机场集团围绕“从家飞”服务品牌，不断推出服务新产品，提升服务品质，旅客满意率保持在96%以上，航空公司满意率达到100%。河北机场集团积极贯彻落实京津冀协同发展战略部署，促进优化区域分工和产业布局，加快河北省承接北京非首都功能转移，培育石家庄机场为枢纽机场，积极发展航空快件集散及低成本航空，力争2020年前年旅客吞吐量突破1500万人次。河北机场集团的安全运营、优质服务赢得了社会各界的广泛赞誉，先后荣获“全国‘旅客话民航’用户满意优质奖”“全国民航文明单位”“北京奥运会、残奥会机场运行保障突出贡献集体”“抗震救灾特别支持奖”等荣誉称号。

（四）石家庄综合保税区

石家庄综合保税区于2014年9月15日获国务院批准设立，位于石家庄正定国际机场东侧，规划面积2.86平方千米。石家庄综合保税区战略定位为京津冀国际商贸物流基地、京津冀产业协作先行区、石家庄产业升级新引擎、京津科技成果转化平台。分为口岸物流区、保税物流区、保税加工区、保税服务区、贸易功能区五大功能区。重点发展高端制造、现代物流、国际贸易、创新服务四大产业体系。其中：高端制造业重点发展高端装备、半导体和集成电路、生物医药和高端纺织服装；现代物流业重点发展国际商贸物流、制造业物流、口岸物流和第四方物流；国际贸易产业重点发展跨境电子商务、货物贸易和服务贸易；创新服务业重点发展研发设计、检测维修、贸易展示和融资租赁。石家庄综合保税区的功能和有关税收、外汇政策按照《国务院关于设立洋山保税港区的批复》的有关规定执行。

石家庄综合保税区

石家庄综合保税区交通畅达便利。紧邻的石家庄正定国际机场为 4E 级干线机场、国际口岸机场，可起降世界最大客运机 A380 和最大货运机 AN–225，开通了到欧洲、俄罗斯、日本、韩国、泰国、蒙古、乌克兰、爱沙尼亚、中国台湾、中国香港等国家和地区的客货运航线。京石高铁正定机场站，到北京仅需 1 小时，到郑州、太原只需 2 小时，空港联运的车站候机楼使高铁与航空实现了“零缝隙”对接，摆渡车 5 分钟即可抵达。京港澳高速从东侧擦肩而过，新元高速在西侧与京昆高速互联互通，京广铁路在北侧设有新乐编组站，形成了航空、高速公路、铁路多种交通方式的高度集聚。

石家庄综合保税区将积极复制推广自由贸易实验区的创新制度，推进投资贸易便利化措施的落实，充分落实国家税收、贸易、外汇、保税等各方面优惠政策，为周边区域，特别是京津地区的商贸物流业、制造业和服务业发展提供配套服务，努力打造成为京津冀地区对外开放的新高地。

（五）灿烂美好的未来正定

“十三五”时期，是正定重大发展机遇最为集中的时期，是正定各种优势最具张力的时期，是正定破解难题、补齐短板最为紧要的时期，是正定转型升级、率先发展最为关键的时期。一是京津冀协同发展的机遇。正定县作为协同发展“4+N”平台之一，有望成为京保（定）石（石家庄）创新轴上一颗闪耀的明珠。二是申报国家级正定新区的机遇。作为核心区，有望使正定成为区域经济中心。三是石家庄市委、市政府把正定区域作为未来发展的“主平台”“主战场”“一号工程”，无疑给正定带来巨大的发展空间和先机。

1. 京津冀协同发展战略提出的背景

京津冀协同发展战略是以习近平同志为核心的党中央作出的一项重大战略决策。《京津冀协同发展规划纲要》由京津冀协同发展领导小组组织编写，中央政治局常委、国务院副总理张高丽任组长，办公室成员由北京市、天津市和河北省的发改委副主任，以及交通部、环保部、民航总局等相关部门人员组成。《规划》除明确区域整体定位及三省市定位以外，还确定了京津冀协同发展的近、中、远期目标。既有顶层设计纲要，也有实施方案细则和路线图。细则包括：交通一体化细则、环保一体化细则和产业一体化细则。作为高层力推的国家级区域规划，将带来巨量投资，极大地改变京津冀三省市的产业格局，相对落后的河北无疑将有巨大的发展空间。

（1）功能定位

功能定位是科学推动京津冀协同发展的重要前提和基本遵循。京津冀区域整体定位和三省市功能定位，体现了区域整体和三省市各自特色，符合协同发展、促进融合、增强合力的要求。京津冀整体定位是：“以首都为核心的世界级城市群、区域整体协同发展改革引领区、全国创新驱动经济增长新引擎、生态修复环境改善示范区。”区域整体定位体现了三省市“一盘棋”的思想，突出了功能互补、错位发展、相辅相成。三省市定位服从和服务于区域整体定位，增强整体性，符合京津冀协同发展的战略需要。北京市定位为全国政治中心、文化中心、国际交往中心、科技创新中心；天津市定位为全国先进制造研发基地、北方国际航运核心区、金融创新运营示范区、改革开放先行区；河北省定位为全国现代商贸物流重要基地、产业转型升级试验区、新型城镇化与城乡统筹示范区、京津冀生态环境支撑区。

（2）空间布局

京津冀确定了“功能互补、区域联动、轴向集聚、节点支撑”的布局思路，明确了以“一核、双城、三轴、四区、多节点”为骨架，推动有序疏解北京非首都功能，构建以重要城市为支点，以战略性功能区平台为载体，以交通干线、生态廊道为纽带的网络型空间格局。“一核”即指北京。有序疏解非首都功能、优化提升首都核心功能、解决北京“大城市病”问题是京津冀协同发展的首要任务。“双城”是指北京、天津，这是京津冀协同发展的主要引擎，将进一步强化京津联动，全方位拓展合作广度和深度，加快实现同城化发展，共同发挥高端引领和辐射带动作用。“三轴”指的是京津、京保石、京唐秦三个产业发展带和城镇聚集轴，这是支撑京津冀协同发展的主体框架。“四区”分别是中部核心功能区、东部滨海发展区、南部功能拓展区和西北部生态涵养区，每个功能区都有明确的空间范围和发展重点。“多节点”包括石家庄、唐山、保定、邯郸等区域性中心城市和张家口、承德、廊坊、秦皇岛、沧州、邢台、衡水等节点城市，重点是提高其城市综合承载能力和服务能力，有序推动产业和人口聚集。

（3）京津冀协同发展战略意义

京津冀地区是中国与世界经济主要结合部之一，是推进丝绸之路经济带建设的重要中心地，也是推进21世纪海上丝绸之路建设的重要战略支点区，是实现新的两个大局战略构想的重要引擎，协调东中西、平衡南北方，在国家经济空间协同发展上，具有的重大战略地位。一是在明确北京全国政治中心、文化中心、科技创新中心、国际交往中心战略定位的基础上，以教育、科技、文化、卫生、交通、行政功能为先导，采取外科手术式的方式，调整和疏解非首都核心功能。同时，将天津建成全国高技术产业基地，提升天津北方经济增长极以及综合交通、金融市场和物流贸易中枢的功能。提升河北教科文卫功能和商贸物流业基地功能，强化河北首都圈生态屏障和水源涵养区功能，实现河北产业升级和绿色崛起。二是巩固提高北京、天津国家中心城市地位，强化石家庄、唐山区域中心城市地位，把沧州、邯郸建设成为新的区域中心城市，把保定、廊坊、秦皇岛、张家口、承德、邢台、衡水建设成为专业化中心城市，以中心城市为依托、以1小时通勤圈为先导，培育各具特色的都市圈，形成多中心多圈层均衡发展格局。三是加强多中心一体化综合交通网络建设，实现从单中心放射型，向多中心网络型交通布局的转变。四是以“燕山—太行山、黑龙港流域集中连片特殊困难地区”扶贫攻坚为基本，以基本公共服务均等化为重点，以收入分配差距缩小为方向，着力推进区域生活水平均等化。

2. 河北省“十三五”规划中的区域发展布局

河北省“十三五”规划中明确提出：按照“一核、双城、三轴、四区、多节点”京津冀空间发展格局及其功能指向，实施主体功能区战略，依据主体功能区定位，河北省重点打造四个战略功能区，构建要素有序自由流动、主体功能约束有效、基本公共服务均等、资源环境可承载的区域协调发展格局。石家庄市、邯郸市、邢台市和衡水市，充分发挥产业基础良好、自然资源丰富、增长潜力较大的优势，重点承担科技成果产业化、高新技术产业发展和农副产品供给功能，努力成为全省转型升级的重要引擎，城乡统筹的重要示范区。加快对接引进京津战略性新兴产业、现代服务业，推进冶金、建材、纺织服装等传统产业改造升级和布局优化，重点发展生物医药、高端装备、电子信息、节能环保等先进制造业和现代商贸物流、现代农业，促进产业结构向中高端迈进。加大正定新区、冀南新区、邢东新区和滨湖新区等重点平台建设，加快交通沿线主要城镇发展，提高综合承载和辐射带动能力，加强环境治理与生态建设，促进城乡一体化发展。石家庄将强化科技创新和文化引领，促进高端要素集聚，突出综合交通枢纽地位，重点发展生物医药、新一代信息、高端装备、节能环保、商贸物流等产业，搬迁和改造传统产业，建成全省经济中心、国家重要的综合交通枢纽和物流中心。

3. 抢抓京津冀协同发展战略的石家庄

未来五年，石家庄将围绕京津冀协同发展的主要目标任务，着力推动交通一体化发展、生态环境共建共享和产业对接协作，在交通、生态、产业三个重点领域率先实现突破。

推进交通一体化发展。石家庄坚持协同发展交通先行，主动适应疏解北京非首都功能和产业转移升级需要，着力推进交通一体化发展。围绕建设“轨道上的京津冀”，重点推进京石城际铁路、津石铁路、石衡沧黄城际铁路建设，强化与京津冀主要城市之间铁路通道功能，构建区域性的快速运输通道网络，形成与京津及周边城市 1 小时交通圈。进一步完善与北京、天津及周边地区的高速公路网建设，不断加密互联互通的公路网络。积极参与京津冀北方机场群的分工协作体系，全面提高正定国际机场的客货运输功能，做大做强空铁联运，打造华北地区枢纽机场和航空货运与快件集散中心。构建统一开放的运输市场，提升一体化运输服务管理水平，建立与京津对接的区域综合交通信息共享平台，推动各种运输方式之间“联程联运”和货物“一票到底”，积极推进京津冀区域内交通“一卡通”。到 2020 年，基本建成与京津紧密对接的一体化交通网络。

加强生态环境共建共享。石家庄按照“统筹规划、严格标准、重点突破、联防联控”的原则，划定和严守生态保护红线，落实京津冀区域环境监测预警、信息共享和协调联动机制，推进跨区域环境联合监察、跨界交叉执法、环评会商、区域污染联防联控。与京津联合开展污染防治技术攻关，持续推进科学治霾、精准治污。参与建立区域生态环境保护基金和横向生态补偿机制，重点支持生态建设和环境保护领域的重大工程。到 2020 年，形成与京津冀生态环境共建共享、联防联控的合作机制。

推进产业对接协作。石家庄把承接京津产业转移与加快自身转型发展有机结合，在更高层面上参与区域产业分工协作。以特色产业园区为载体，借力京津技术研发和高端产业制造优势，围绕新一代信息技术、生物医药、高端装备制造、新材料、节能环保等产业链长、协同发展基础好的重点领域，着力增强配套生产能力、提升加工制造水平、加快科技成果转化、拓展研发营销服务，与京津共同构建多形式、多层次、多领域的产业合作体系。积极探索与京津共建、共管、共享园区新模式，重点推进中关村（正定）集成电路产业基地、高新区节能环保产业园等载体建设。利用京津品牌优势和招商渠道，吸引符合产业发展导向的央企和国内行业龙头企业入驻，打造京津冀产业协作新亮点。充分发挥省会优势，有序承接京津信息服务、物流平台、专业市场等功能转移。到2020年，形成与京津优势互补、分工协作、协同共赢的产业发展格局。

精准承接北京非首都功能疏解。按照提升省会综合服务功能的要求，省会石家庄积极承接教育、医疗、培训、健康养老等社会公共服务功能。引进优质教育资源，吸引一流高等院校设立分校或合作办学。积极争取与北京职业教育机构、培训机构合作建校，建立职业教育订单培养模式，建设面向京津冀的劳动力输出与技能培训一体化劳务中心，形成华北最大的职业教育培训基地。加大与北京院校之间共建实验室和研究中心，共同承担国家重大专项和基础课题研究，形成一批具有国内外领先水平的研究成果。吸引北京知名三甲医院设立分院或共建特色专科医院，与北京知名医疗机构和大型医疗集团建立深层次合作，加强技术协作，组建医疗联合体，建立双向转诊和疑难重症会诊制度，全面提高医疗卫生服务水平。积极承接中华医学会部分功能转移，推进高端医技、医疗、康复等产业项目落地。引进京津、国外优秀服务品牌和先进管理模式，吸引北京养老机构转移，争取养老政策延伸覆盖，促进健康养老产业发展。石家庄将以正定新区为承载主平台，主动承接公共服务功能与行政事业机构疏解，吸引总部机构、研发创新中心入驻，配套引进专业服务机构。依托28个省级以上产业园区（开发区），密切与京津合作，承接生物医药、轻工食品、集成电路和信息设备制造等产业转移，带动先进制造业集聚发展，加强与京津大专院校、科研院所、龙头企业、行业协会和产业联盟等单位合作共建，创新体制机制，聚集生产要素，培育打造一批有特色、有支撑的产业园区。

4. 京津冀协同发展战略中的未来正定

石家庄市委、市政府以集约利用、生态优先、区域统筹和以人为本为理念，统筹正定古城保护和正定新区发展，根据资源环境承载力、开发现状和发展导向，明晰生活空间、生产空间和生态空间布局，努力打造古城文化保护区、科教文化商务区、高新技术产业聚集区、临空产业园区、现代商贸物流发展区和美丽乡村生态功能区，形成功能集聚、城乡互补、产城融合的发展格局。

明确功能定位。正定新区围绕构筑京津冀协同发展的主平台，明确功能定位、合理分区布局，加快基础设施建设，积极承接北京非首都功能疏解和京津产业转移，努力争取正定新区上升为国家级新区。正定新区按照《京津冀协同发展规划纲要》中河北省“三区一基地”的定位，综合考虑省会及自身的基础优势和现实条件，努力打造生态文明示范区、协同创新先行区、现代商贸物流中心、新型城镇化和城乡统筹试验区。到2020年，正定新区发展基础条件明显改善，功能布局基本清晰，生态环境进一步优化，特色产业体系和相关配套服务体系基本形成，新区开发建设初具规模，初步形成河北省乃至京津冀区域新的经济增长极。

强化政策支持。石家庄市委、市政府采取统一领导、统一规划、统筹协调、分区实施的模式，推进正定新区开发、建设、管理和运营。市政府积极争取国家和河北省专项资金，对正定新区符合条件的基础设施、城乡社会事业和生态环境保护建设项目给予优先扶持，支持正定新区加快投融资体制创新，鼓励新区加快培育战略性新兴产业和高新技术产业，优先安排年度用地计划指标，保障正定新区规划建设必要用地，积极鼓励京津地区人才到正定新区创业置业。

加快建设步伐。正定新区坚持基础设施建设先行，统筹重大基础设施规划布局，加强交通、市政、环保基础设施和教育、文化、卫生等公共服务设施建设。围绕生物医药、电子信息、高端装备制造等战略性新兴产业和金融、商贸物流、电子商务、信息服务、会展服务、科技研发、服务外包、文化创意等现代服务业，实施超常规招商引资，吸引京津冀乃至国内外重点企业和重大项目落户新区，促进产业快速集聚发展。正定县加大正定古城历史文化街区和文物古迹的修缮保护力度，尽快恢复古城历史风貌。市政府加快综合保税区建设，推进“大通关”基地、快件中心和国际航空物流中心项目建设。

5.“十三五”规划中的未来正定

“十三五”时期，大正定新区面临三机叠加、四期同至的重大战略发展机遇：从国家层面上看，党中央、国务院作出了推进京津冀协同发展的重大决策部署和重大国家战略。“十三五”时期是京津冀协同发展战略深入实施的重要阶段，为大正定新区借势借力京津，加速发展提供了千载难逢的历史机遇。从地方层面上讲，省委、省政府提出要把大正定新区打造成为省会乃至全省新的经济增长极，支持正定新区申报国家级新区和地下综合管廊建设试点，在财政、土地、金融等方面给予更多优惠政策，允许新区在管理体制、科技创新、财政融资等方面先行先试。市委、市政府将大正定新区确定为全市“十三五”时期发展建设的主战场，把“大正定新区”建设作为我市参与京津冀协同发展的“一号工程”，努力打造产城融合、特色鲜明、绿色低碳、品质一流的现代化新城区。“十三五”时期是大正定区域重大发展机遇最为集中、各种优势最具张力的黄金时期，是大正定区域全面加快建设、实现绿色崛起的攻坚时期，是大正定区域创新城市发展模式、打造现代化新城的决胜时期。

（1）发展思路

正定县“十三五”时期的总体思路是：“一核带动、三区联动、三城同创、三融共建、一个保障”。一核带动，即充分纳入京津冀协同发展这一核心战略，积极承接北京非首都功能疏解产业转移及功能外溢，发挥正定比较优势，加快实现产业转型升级、创新协同发展。三区联动，即实施“东部高新、西部生态、中部古韵”分区布局，东部依托省级高新技术产业开发区，大力发展战略新兴产业；中部依托古城县城，大力发展文化旅游业和商贸物流业；西部依托水资源保护地，发展现代农业，建设美丽乡村。三城同创，即创建国家级园林县城、国家优秀旅游城和国家智慧城市。三融共建，即加快县城建设，推进古城古韵、新城新景的有机统一，实现古新融合；加强园区重大工程和配套基础设施建设，推进高新技术产业、文化产业和现代服务业发展，实现产城融合；统筹城乡发展，加快城乡一体化进程，实现城乡融合。一个保障，就是加强党的领导，锻造一支精神振奋、素质优良、作风硬朗、敢打能拼的干部队伍。

正定新区“十三五”时期将坚持“123471”的总体发展思路，推动全区加快发展。一核引爆，即全力推进商务中心加快建设和如期投用，以机关单位的顺利入驻带动人力、财力、物力等要素向新区集聚。双管齐下，即一手抓民生保障，一手抓项目建设。一方面，通过加快土地征收居民安置、积极推进股份制改造、完善社会保障体系、实施高质量就业、开展市民化教育活动，为辖区群众安居乐业扎实奠定基础。另一方面，围绕“基础设施配套、城市功能完备、优质产业集聚、城市品位彰显、经济社会繁荣”目标任务，把项目作为龙头和牵引，大干快上一批大项目、好项目，以项目的大集聚推动新区面貌大改善、形象大提升。三轴联动，以隆兴路综合商务轴、新城大街复合功能轴、太行大街金融形象轴构建城市发展轴线，吸引总部经济、商务办公、金融服务、创意研发项目落户新区，带动新区尽快成为投资热土和创业家园。四维融合，一是统筹主城区和新区融合发展。促进主城区布局不断优化，新区功能不断完善。二是统筹新区与正定古城融合发展。把滹沱河北岸地区作为整体，进行综合研究、系统决策、统一规划、同城建设，实现古城古韵和新城新景的有机融合。三是统筹产城教融合发展。加强城市基础设施建设，推进高新技术产业、现代服务业和文化产业发展，谋划启动大学园区建设，全力打造产城教于一体的城市发展新模式。四是统筹城镇化和市民化融合发展。积极推进城镇化建设，加快农民向市民、农村向城市的转变步伐。七星托月，就是以教育医疗、文化创意、总部经济、信息技术、金融服务、商业住宅、现代商贸七大板块引领带动新区产业发展，全面提升城市整体服务功能和综合承载能力。一个保障，就是坚持党要管党、从严治党，加强领导班子自身建设和干部队伍建设，充分发挥党支部的战斗堡垒作用和共产党员的先锋模范作用，为新区建设发展提供强有力的组织保障。

（2）发展目标

“十三五”时期正定县经济社会发展的主要目标是：“四个领先、两个翻番、一个建成”。四个领先，即历史文脉传承和古城保护成效在全国领先；综合实力重返“河北十强”，增比进位在全省领先；京津冀协同发展成果在全省领先；空气质量改善程度在全市领先。两个翻番，即生产总值比2010年翻一番以上，城乡居民人均可支配收入比2010年翻一番以上。一个建成，即率先在全市全面建成小康社会。主要预期量化目标是：地区生产总值年均增长 8% 以上；固定资产投资年均增长 12% 以上；一般公共预算收入年均增长 10% 以上，努力实现翻番达到 30 亿元，力争突破 40 亿元；城乡居民人均可支配收入年均分别增长 9% 和 10% 以上。

正定新区“十三五”期间的总体目标是，围绕打造“产城融合、特色鲜明、绿色低碳、品质一流的现代化新城区”，到 2020 年，正定新区将实现“一心带动、三区建成、五馆投用、七大成效、九项突破”，即商务中心顺利竣工入驻，先导区、大学园区、安置区全部建成，奥体中心、国际展览中心、图书馆、规划馆、青少年活动中心竣工投用，基础设施配套、生态景观提升、城市功能齐备、现代产业集聚、文化品位彰显、经济社会发展、社会保障完善，新区建设成效初现；建成区面积突破 30 平方千米，财政投资突破 300 亿元，社会投资突破 1200 亿元，地区生产总值突破 500 亿元，公共预算收入突破 30 亿元，开工项目突破 200 个，开工面积突破 4500 万平方米，竣工面积突破 3000 万平方米，人口突破 30 万人。

后　记

新版《正定古今》是全体作者通力合作的成果。石家庄科技工程职业学院党委书记张炬、院长黄盛兰，石家庄市委研究室副主任张素钊，河北人民出版社社长马千海、常务副总编辑荆彦周对本书编写进行了总体策划，并对书稿作了最后审定。

编著者有吴梅菊（优越通衢的地理区位、一脉相承的历史沿革），郭务观、李龙平（群星荟萃的古今名人），任丽娟（回味无穷的史海撷英），高艳伟（古朴迷人的名胜古迹），袁淑玲（高雅瑰丽的文学艺术），杨东静（特色独具的民俗风情），梁文海、赵萌（物阜民丰的经济基础），范哲（安居乐业的幸福生活），刘永涛（华丽嬗变的现代正定）。吴梅菊、李龙平、张越参与了材料整理汇编和校对工作，李鸿光、郭牧进行了图片收集整理和摄影工作，韩永生、魏志军、卢玉杰予以大力支持，刘辉峰、王星籴对本书的编写出版作了大量的组织协调工作。

在本次编著过程中，感谢河北出版传媒集团、石家庄市委研究室、正定县委、正定县政府、正定县政协、正定新区管委会、石家庄科技工程职业学院等单位给予的大力支持，感谢河北人民出版社的领导和编辑所做的大量工作，感谢石文生同志对本书编写工作的指导。

在编写中，我们参阅了《正定古今》第一版、《正定县志》（1986—2005 年）、《走进古城正定》以及正定年鉴等诸多文献资料，并选用了一些老照片。因年代久远，未能一一标注作者，敬请见谅。

因编者水平有限，书中难免有不足之处，恳请广大读者批评指正。

编者

2016 年 12 月

后记